중국법제사연구
- 가족법 -

니이다 노보루(仁井田陞)

松本高等學校를 卒業하였으며, 1928年에 東京帝國大學法學部를 卒業한 뒤, 東方文化學院 東京研究所 研究員을 거쳐서, 1942年, 後身인 東京大學 東洋文化研究所 敎授. 1964年까지 勤務하였다. 그 사이에 東洋文化研究所의 所長을 歷任하기도 하였다.

中國法制史의 分野에서, 『中國法制史』『中國法制史研究』등의 大作을 남겼다. 런던을 訪問하던 동안에 腦腫瘍이 發病되어, 日本에 歸國한지 얼마 되지 않아서 死亡하였다(1904年 1月 1日~1966年 6月 22日).

『唐令拾遺』(東方文化學院東京研究所, 1932), 『唐宋法律文書の研究』(東方文化學院東京研究所, 1937), 『支那身分法史』(東方文化學院, 1942), 『中國の社會とギルド』(岩波書店, 1951), 『中國の農村家族』(東京大學出版會, 1952), 『中國法制史』(岩波書店, 1952), 『中國社會の法と倫理』(弘文堂, 1954), 『中國法制史研究』全4卷(東京大學出版會, 1959~1964), 『中國の法と社會と歷史』(岩波書店, 1967), 『東洋とは何か』(東京大學出版會, 1968), 『中國の伝統と革命』(平凡社, 1974).

伯父는 明治時代의 民法典制定에 貢獻하였던 法學者인 仁井田益太郎씨이다.

박세민

대구남산여자고등학교(1992), 이화여대 법학사(1996), 서울대 법학석사(2001), 서울대 법학박사(2007), 대법원 전문직 재판연구관(2007~2008.8), 경북대 법학전문대학원 전임강사, 조교수(2008.9~현재).

임대희

1953년 경주출생. 덕수초등학교, 중앙중고등학교, 서울대학교 동양사학과, 일본 도쿄(東京)대학. 일본 이바라키(茨城)대학 전임강사. 일본 쓰쿠바(筑波)대학 역사인류학계 외국인 방문학자, 일본 교토(京都)대학 외국인 초빙교수. 남경사범대학 법학원 강좌교수. 현재 경북대학교 사범대학 역사과 교수 겸 아시아연구소 소장.

중국법제사연구 -가족법-

초판 인쇄일 : 2013년 8월 20일 / 초판 발행일 : 2013년 8월 27일
기획 : 경북대학교 아시아연구소(CASKNU)
지은이 : 니이다 노보루(仁井田陞) / 옮긴이 : 박세민·임대희
발행인 : 김선경 / 발행처 : 도서출판 서경문화사
등록번호 : 제300-1994-41호 / 주소 : 서울 종로구 동숭동 199-15(105호)
전화 : 02-743-8203, 8205 / 팩스 : 02-743-8210 / 메일 : sk8203@chol.com

ISBN 978-89-6062-110-7   94360

HOTEI CHUGOKU HOUSEISHI KENKYU I KEIHOU
Copyright ⓒ 1980 by Atsuko Araya
Korean edition arranged with University of Tokyo Press, Tokyo

*파본은 본사나 구입처에서 교환하여 드립니다.

정가 20,000원

경북대학교 아시아연구소(CASKNU)
아시아총서 제4집

중국법제사연구

가족법

니이다 노보루(仁井田陞) 지음
박세민 · 임대희 옮김

서경문화사

출국하는 비행기 안에서 잠깐 보았던 어느 신문에서 치우(蚩尤)를 주인공으로 하는 소설이 연재되고 있는 것을 읽었다. 중국에서 알려진 최초의 전쟁은 신농(神農)이 부수(斧燧)를 토벌한 전쟁이며, 그 뒤에는 황제(黃帝)와 치우(蚩尤)의 탁록(涿鹿) 싸움이 잘 알려져 있다. 약 4~5천 년 전, 산서(山西) 서남부의 황제족(黃帝族)과 염제족(炎帝族)이 융합한 후 황하 양쪽 계곡을 따라 오늘날 화북(華北) 대평원의 서부지대로 뻗어나갔다. 그에 비해서, 하북·산동·안휘 지역의 접경지역에서 흥성하였던 치우(蚩尤)의 구려(九黎)족들은 동쪽에서 서쪽으로 발전하여 나갔다. 이 두 세력이 맞닥뜨리게 된 것이 바로 탁록(涿鹿)이라는 곳으로서 이곳에서 이들은 오랜 전쟁을 치렀다. 탁록(涿鹿)의 싸움은 여러 가지 이야깃거리를 남기고 있지만, 마침내 이 전쟁에서 승리한 부락 연맹의 수령인 황제(黃帝)는 화하(華夏)족의 공동 조상이 되었다. 탁록(涿鹿)이라는 곳은 당시에는 매우 중요한 전략적인 위치에 놓여있었던 것이다.

그런데, 이 전쟁과 비슷한 내용이 인도에서는 오릿사(Orissa) 전쟁이라는 것이 있다. 기원전 3세기에 마우리아 왕국의 아쇼카 왕이 가링가 왕국을 정복하는 과정에서 오릿사에서 매우 격렬하고 참혹한 전쟁을 치르게 되었다. 그후에 이곳에서 불교의 수행승(修行僧)을 만나게 되어서 불교에 귀의하게 되었다고 한다. 그리고, 기원전 2세기에는 쟈이나교의 수행자들이 이 서쪽 지역에서 고행(苦行)을 시작했다고 한다. 지금도 이곳에는 사찰들이 매우 많으며, 인도 국기(國旗)에 들어있는 바퀴둘레도 이곳에 있는 사찰에서 비롯된 것이다. 이 지역은 마치 한국의 오대산 자락의 물이 홍천강(洪川江)에 모이는 지형을 가지고 있으며, 홍천에서 바다에 맞닿아 있는 것과 유사하다고 볼 수 있다. 그리고 오릿사 주의 변두리 산악 지역에 철광(鐵鑛)과 석탄(石炭)이 무진장 매장되어 있으며, 아직 거의 개발되지 않았다고 보면 된다.

위에서 언급한 두 곳 모두, 지금은 옛 전쟁의 모습을 찾아보기는 힘들고, 각기 현지에서는 포근한 바람결이 자연스럽게 불어오는 따사한 곳이다. 그런데, 여기서 장황하게 옛 전쟁터의 이야기를 하는 것은 우리가 외국에 제대로 잘 진출하기 위해서는 전략적인 접근이 필요하다는 점을 이야기하고 싶었기 때문이다. 위의 오릿사(Orissa)지역에는 POSCO가 포항제철 규모의 제철소를 짓기 위해서 지금 몇 년 동안 여러 가지 절차를 진행 중이다. 인도내의 규정이 있기에 서둘러서 될 일도 아니다. 현지 사정에 걸맞게 추진할 수 밖에 없을 것이고, 이를 위해서는 현지의 정서를 파악해야만 한다. 현지 주민의 감성은 한국 사람과는 전혀 다르다는 것도 이해해야한다. 물론, 그 가운데에는 오로지 보상비를 높이기 위해서 무지한 주변사람들을 동원해서 사업 자체에 항거하게 만드는 악덕인도 있을 것이다. 이러한 복잡한 환경 속에서 현지의 부정확한 언론 보도에만 너무 민감해서도 안 될 것이고, 또 한편으로는 의사소통의 방법이 전혀 없이 너무 누시해서도 안 될 것이다.

지금, 한국 경제를 활성화시킬 수 있는 가장 좋은 방법은 각국과 좋은 조건의 FTA를 체결하여, 한국에서 생산된 물품들을 좋은 조건으로 세계 각국으로 파는 것이다. 이 방법은 국내의 실업률 문제도 해결하면서도 우리의 삶의 질도 보장받을 수 있는 길이다. 그러나, 다른 나라들이 이렇게 우리에게 유리한 방식을 그대로 바라보고만 있을 리는 없다. 그렇다면, 우리는 어느 정도의 어려움을 감수하면서 외국으로 진출해 나갈 수밖에 없다. 그러려면, 우리가 진출하기에 적합한 외국을 제대로 잘 선정하여야 할 것이고, 또한 그렇게 선정된 외국에 대해서 심도 깊게 파악하여야 할 것이다. 또한, 진출방식에 있어서는 개별적인 진출보다는 선단형(船團型)의 진출이 바람직하다는 이야기도 덧붙여두고 싶다.

이제 우리가 외국에 진출할만한 남아있는 분야는 한정되어 있을 것이다. 어느 한 분야의 개개 기업이 진출하는 것은 결코 바람직하지 않다. 장소 선정에서도 그러하다. 이제 남아있는 시장은 대상 지역의 특수성 때문에 우리 쪽에서 기업이 진출하는 것이 유리할 경우에 나가야 할 수 밖에 없겠다. 적어도, 아직은 외국기업이 많이 들어가 있지 않지만, 적어도 항구 하나만은 좋은 조건을 갖추고 있는 곳으로 들어가야 할 것이다. 가령, 인도의 오릿사 주(州)의 바로 남쪽에 있는 Andhra Pradesh 주(州) Vishakhapatnam 시(市)는 인구 300만 도시인데, 천혜(天惠)의 항구를 가지고 있는 곳으로 유명하다. 이곳에서 한국 기업에 여러 가지 좋은 조건을 제시한다면, 우리들이 그곳으로 진출할 수 있는 여지가 있는데, 어느 하나의 기업이 진출해서는 안 될 것이다. 대단위 기업이 들어가면서, 그 부품공장들도 같이 들어가고, 그 하부의 부품공장도 또한 들어가게 되어서, 심지어는 그곳에 한국음식점마저도 들어갈 수 있도록 되어야 한다.

본 연구소는 아시아 각 지역에 대한 연구를 촉진하고자 설립되었는데, 그 가운데에서도 중국과 인도에 중점을 두고 있다. 중국에 관한 연구는 최근 40여 년 동안 많은 진전을 이룩했지만, 중국·일본 및 서구 각국 등의 다른 나라에 비해서는 아직도 다루어지지 않고 있는 분야도 꽤 남아있다. 특히 학문적인 융합이 필요한 부문에서는 이를 수용해 줄 수 있는 대학 내의 학과가 제대로 없다보니 전공하는 교수가 제대로 갖추어지기가 쉽지 않아서, 전공자가 거의 없는 편이다. 가령, 전통 중국법은 그 당시 시대에는 지금과는 다른 법체계 속에서 살았던 것이므로, 우리들의 법문화 전통을 이해하는 데에 필수적인 분야이지만, 법학에서도 소홀히 취급되고 역사학에서도 힘들일 수 있는 형편이 되지 못 하는 형편이다.

그리고, 인도에 관련해서는 문학·철학·종교·미술 및 요가 등의 분야에서는 이미 세계적인 수준의 성과를 이룩하고 있다고 자랑할 만하다. 그러나, 현실적으로 중소기업들이 경제적으로 인도에 진출하려 할 때에 기초적인 이해를 위한 학문적인 뒷받침이 모자란다는 지적을 받게 된다. 인도에 대해서 사회적·경제적으로 체계적인 정리가 필요하다. 이들 각 분야에 관련된 내용에 대해서는 활용할만한 자료가 부족하다. 마치, 두상(頭像)은 잘 만들었는데, 신체 전체의 모습을 다듬어내지 못하는 조각상과 같다고나 할까.

앞으로, 본 연구소에서는 상업성이 좀 떨어지더라도, 각 지역을 이해하기 위해서 꼭 출판되어야 할 도서를 선정하여 세상에 햇빛을 보게 하고 싶다. 각 분야를 골고루 다루어주면서도 전체적으로 커다란 윤곽을 그릴 수 있도록 기획하고 싶다. 그리하여, 우선은 앞으로 10년동안 아시아 지역과 관련한 도서를 50권정도 만들어내고 싶다. 이러한 책들이 바탕이 되어서, 우리들이 해당 지역을 이해하는 데에 자그마한 징검다리 역할을 할 수 있었으면 좋겠다. 한편으로는 학술적인 접근을 시도하면서도, 다른 한편으로는 우리 학계가 성장하는 데에 뒷받침이 되고 있는 이 사회에 보답하는 방편이 되었으면 좋겠다. 적어도 우리의 다음 세대가 이 세계에서 풍요롭고 희망차게 살아가는데, 서로가 도울 수 있는 방안이 그 가운데에 배어있기를 기대하는 바이다.

실은 지금 한국의 몇몇 주요 기업 산하의 연구소에서는 풍부한 자금력과 훌륭한 인력을 바탕으로 하여 상당한 해외지역에 대한 정보력을 갖추고 있는 경우가 많다. 그러면서도 그들이 갖고 있는 훌륭한 정보력이 사회에 스며들지는 않고 있다. 이것은 그들 기업 연구소들이 애초에 설립 목적이 사회전체를 대상으로 하고 있지는 않기 때문에, 이점에 대해서 안타깝게 생각할 필요는 없을 것이다. 이러한 점에서 대학 부설 연구소는 한편에서는 그 자체가 가지는 전문 연구과제도 수행하면서, 다른 한편으로는 해외에 관련된 이해를 사회에 환원시키려는 노력도 겸할 수 있다. 어쩌면 사회에서 필요로 하는 내용을 서비스하는 차원일 것이다. 바로 이러한 점에서 대학 부설 연구소가 건실하게 육성되어야 할 필요가 있는 것이다. 본 연구소에서는 이러한 사회적인 수요를 충분히 살펴가면서, 국가사회에 이바지하고 싶다. 앞으로 본 연구소가 추진하는 아시아총서가 사회 각지에 좋은 기여를 할 수 있도록 최선을 다하고자 한다.

2009년
인도 오릿사에서
경북대학교 아시아연구소
소장 임대희(任大熙)

제2부 서역에서 발견된 가족법 관계문서

1부 가족법

중국사회의 동족과 족장권위
- 특히 명대 이후의 족장 파면제도

제1절 서언

이 글은 명대(明代) 이후부터 1949년 전까지 중국사회에서의 동족과 족장 권위를 둘러싼 문제에 대하여 족장파면제도를 하나의 주요 관점으로 하여 서술한 것이다. 동족 내지 족장의 권위와 가부장의 권위와의 관계에 대한 문제도 포함한다.

전통 중국사회에서의 족장과 족인, 족보[宗譜]·족전(族田·義莊), 기타 동족관계 전반에 대한 개인적인 견해는 이미 『지나신분법사(支那身分法史)』[1]나 『中國의 農村家族』[2] 등에서 설명한 바 있다. 그래서 여기에서는 족장을 중심으로 하여 앞의 두 책을 출판한 이후에 내가 이해한 바를 서술하고자 한다. 다만 족장에 의한 가족내부지배나 족장파면제도에 대해서는 『中國의 農村家族』 재판(再版) 서문 등에 개요를 기술해 두었으며, 그 점에 대하여는 결론적으로 말해 위의 재판 서문에서 기술한 것 이상으로 나올만한 것이 그리 많지 않다. 그러나 재판 서문은 원래 『中國의 農村家族』 본문에서의 족장에 대한 기술을 보충하는 의미를 가진 것이고, 또 서문인 관계로 지나치게 상세

---

1) 仁井田陞, 『支那身分法史』(1942년 1월, 103쪽 이하).
2) 仁井田陞, 『中國の農村家族』(초판 1952년 8월, 재판 1954년 10월 59쪽 이하).

히 다루는 것은 지양할 수밖에 없었다. 또한 자료의 제시도 매우 신중하여야 했다. 게다가 내가 예전에 동양문고(東洋文庫) 소장본(所藏本) 등과 관련하여 많은 시간을 들여 조사하고 수집했던 방대한 분량의 자료는 1945년 동경(東京) 공습으로 집과 함께 대부분 재로 변하였기 때문에, 위 서문의 자료는 주로 우선 가까운 동경대학 동양문화연구소 소장본과 저자의 수집본을 조사의 범위로 한정하였다. 이 글의 제2절은 이 구고(舊稿), 즉 위 서문을 기초로 해서 이를 증보하고 그런 다음 자료 보완을 한 것이다. 또한 최근에 다가 아끼고로우[多賀秋五郞]가 『宗譜의 硏究』 「資料篇」[3]을 공개하였는데, 그 가운데에 동양문고(東洋文庫)나 국회도서관 소장본 등에 의한 조사자료로 가훈(家訓)·족약(族約) 등이 비교적 다수 수록되어 있어 그것으로부터도 나는 제2절에 언급했던 연구의 일부를 회복하는 데에 많은 편의를 얻었다. 감사해 마지 않는 바이다. 제3절은 오히려 제2절의 내용의 전제가 되는 것이다. 따라서 제3절은 절의 위치로 보아서는 제2절 앞에 두어야 할 것이다. 그러나 『中國의 農村家族』 재판 서문의 내용을 기준으로 하여 집필하다 보니 본문과 같은 순서로 하는 것이 적절하였다. 또한 제3절은 제2절을 보충하는 것으로 보아도 좋을 것이다.

『中國의 農村家族』 재판 서문에서 기술한 바와 같이, 중국에서 '끼리끼리'[4] 지향은 고대·중세를 일관하여 존속하여 왔다. '끼리끼리' 지향 가운데에서도 두드러지는 한 가지는 혈연주의[族的結合]이었다. 만일 이러한 자연적 관계를 겉으로만 본다면 고대와 중세의 역사적 분리는 불가능할 것이다. 마

---

3) 多賀秋五郞, 『宗譜의 硏究』 「資料篇」(1960년 3월).

4) 〈옮긴이주〉 일본어 원문은 '仲間'인데, 이 용어를 한국어로 번역하는 데에 적합한 용어를 찾기 힘들었다. '패거리', '끼리끼리', '또래'라든가 '同類'라는 용어도 검토했으나 '同類'로는 본문에 쓰여진 문장에서 어색한 곳도 있으므로 적합하지 않았다. 결집의 밀도 등을 고려한다면 한국에서는 "우리가 남이가"라는 표현에 유사하기도 하겠지만, 역시 '끼리끼리'에 그나마 표현상으로는 근접할 수 있겠다. 일본의 이러한 용어와 관련된 개념의 다양성에 대해서는 土居健郞나 中根千枝의 연구가 참고될 것이다. 土居健郞, 『'甘え'의 構造』(弘文堂, 1971) ; 中根千枝, 『タテ社會의 人間關係 單一社會의 理論』(講談社現代新書, 1967) ; 中根千枝, 『社會人類學 アジア諸社會의 考察』(東京大學出版會, 1987 / 講談社學術文庫, 2002) 등 참조.

끼노 다쯔미[牧野巽]는 일찍이 『지나가족연구(支那家族研究)』5)에서, 족적 결
합은 "보통은 과거에는 강대하고 시대가 흘러 세상이 개방됨에 따라 해체되
는 것으로 생각"되지만, 중국, 특히 화중(華中)·화남(華南)에서는 11세기경
이후에 "오히려 시대를 거슬러 강화·확대되는 것 같은 느낌을 줄 정도로 그
약화과정이 인정되지 않는 것은 무엇 때문인가"라고 하며 의문을 제기하고
계시지만, 그것에 대한 대답은 유보하셨다. 그리고 단지 '끼리끼리' 끼리의
상호협조의 필요성이 사회에서 없어지지 않았던 점을 지적하는 것에 그치셨
다. 이와 같은 지적에 오류가 없다고 하더라도 그 상호협조의 필요성에 대한
역사적이고 질적인 이해는 중요한 문제점이 되어야 한다. 똑같은 자연적·혈
연적 관계라 하더라도, 자체적으로 그 사이에 고대와 중세를 나누는 한 획이
그어져야 한다.6)

　중국의 중세적 정치지표의 하나는 새로 발흥한 대지주지배 아래의 농촌질
서의 안정화이다.7) 다시 말해서 족적 결합의 핵심을 이루는 족전(族田·義
莊), 제전(祭田)은 단순히 '끼리끼리' 끼리의 상호협조를 위한 것만이 아니다.
"대지주체제의 자기모순을 해결하기 위한"8) 사적 부조조직이고, 계급대립의
혈연적, 동시에 지주적인 해결방법이며, 일종의 대지주제도인 것이다(농민재
생산의 기반으로서의 문제에 대해서는 따로 별도의 글이 있으니 그것을 참조
하기 바란다).9) 따라서 이러한 부조조직이 11세기에 소주(蘇州)에 창설되고,
후세에 화중·화남에서 특히 강화되어 왔던 것은 그 시기와 지대(地帶)에 있
어서 중세적 대지주체제와 대응되는 면이 있었기 때문이다. 그 혈연적 상호
협조는 중세의 것이어서 고대와는 구분해야 하는 질적인 차이가 당연히 존재

---

5) 牧野巽, 『支那家族研究』(1944년 12월, 565쪽 이하).

6) 仁井田陞, 『中國の農村家族』(앞에서 인용한 책) 再版 序 1쪽.

7) 仁井田陞, 「中國社會の「封建」とフューダリズム」『東洋文化』5호(1951년 4월, 35쪽 이
하) ; 仁井田陞, 『中國法制史』(岩波全書 1952년 6월, 152쪽 이하) ; 仁井田陞, 『中國
法制史研究』 노예농노법 제4장 제5절 참조.

8) 仁井田陞, 『中國の農村家族』(앞에서 인용한 책), 157쪽.

9) 仁井田陞, 「中國の同族又は村落の土地所有問題 －宋代以後のいわゆる'共同體'－」『東
洋文化研究所紀要』10책(1956년 11월, 301쪽 이하).

한다. 족적 결합집단의 분포도는 결국 중세적 대지주체제와 분리해서는 이해할 수가 없다. 그러나 『中國의 農村家族』의 경우 기본자료나 관점도 그 중심을 족적 결합이 비교적 미약한 화북농촌에 두고 있었기 때문에, 이 대지주체제에 대해서는 그 중대성을 인정하면서도 거의 언급하지 못하였다. 또한 동족과 가족의 상호관계는 중국 사회를 이해하는 기본축의 하나이므로, 앞의 책에서도 어느 정도는 그 이해에 유념하였다. 그러나 그 기술내용이 충분하다고는 할 수 없었다. 이 논문은 이 두 가지 점에서 앞의 책을 보충하면서, 또 그 책에 대한 여러 학자들의 비평에도 어느 정도 답변하는 것이 되었으면 한다.[10]

권위주의와 관련하여 일반적으로는 언급할 수 있겠지만, 가부장 권위라든지 족장권위라고 한다면 이것을 제약하는 것은 아무것도 없다는 것을 전제로 생각해버리고는 한다. 그러나 나는 중국의 경우에 대하여는 제약성, 즉 조건성, 역사성을 고려하여야 한다고 생각하고 있다. 가부장적 권위에 대해서는 『中國社會의 法과 倫理』[11]라는 책 속에서 어느 정도 종합적인 구상을 기술한 바 있으므로 이를 참고하기 바란다. 그러나 이 논문에서는 가부장에 의한 지배와 족장[12]에 의한 지배와의 관계를 별도의 자료로 구성하여 기술하려고 노력하였다. 가부장도 결코 배타적인 무제한의 권력을 갖고 있었던 것이 아니고, 족적 결합이 강한 동족일수록 가(家)의 규율에 대하여 족장이나 동족이 간여하여, 족장의 지배 내지 동족 지배와의 관련성이 강하였다. 또한 족장의 권위 자체에 대한 것으로서, 북송(北宋)의 대중상부(大中祥符) 4년(1101) 12월에 월주(越州)의 지방관이 말한 바에 의하면, 회계(會稽, 浙江)의 구씨(裘氏)는 19대, 이백 수십 년에 걸쳐 동거동재(同居同財)를 해 왔으며, 별거하는 자가 있어도 동일한 촌락 내에 모여 살고, 농업을 본업으로 삼았으며, 동족 가운데에서 한 사람의 족장을 추대하였다고 한다. 그리고 친족내의 사건은

10) 仁井田陞, 『中國の農村家族』(앞에서 인용한 책) 再版 序, 1~2쪽.
11) 仁井田陞, 「中國の家父長權力の構造」 『中國社會の法と倫理』(1954년 2월, 法原理叢書 1쪽 이하) ; 仁井田陞, 『中國法制史研究』 家族村落法 제2장 참조.
12) 족장권력에 대해서는 仁井田, 『中國の農村家族』, 82쪽 이하, 특히 87쪽 참조. 仁井田陞, 『中國法制史研究』 다음 절인 제2절 참조.

족장의 재결(裁決)에 따랐다. 족장은 족인에 대하여 징계를 하거나 족내의 규율을 어지럽히는 자를 매질하기도 하였다. 그 족장은 대나무로 만들어진 태장(笞杖)을 대대로 전수하였는데, 그것은 이를테면 족장의 통솔력, 족장 권위의 상징이었다.[13] 그렇다고는 하나 "구씨집안에 있어서의 통솔력도 반드시 자의적이고 무한한 힘이었던 것은 아닐 것이다"라는 점을 나는 『지나신분법사(支那身分法史)』에 쓴 적이 있다.[14] 족장이라 하더라도 족내 규율에 복종하고 동족에 대해서 공정하고 충실하여, 그런 의미에서 동족을 통솔하는 역량을 가지고 있지 않으면 안 된다고 하는 것은, 16세기 이후의 것이라면 구체적으로 많은 자료를 제시할 수 있다. 오히려 이미 명의 홍무 5년(1312) 노강군(廬江郡, 안휘 안경지방)의 『하씨가기(何氏家記)』에 의하면, 방장(房長, 族長)이[15] 동족의 최고연장자일지라도 공정하지 않으면 안되고, 만약 편애하거나 아첨 등으로 공정하지 못할[私曲] 시에는 족의 구성원이 방장을 그 지위로

---

13) 『燕翼詒謀錄』(百川學海本) 卷5, 〈越州裴氏義門旌表〉 "族人雖異居, 同在一村中, **世推一人爲長**, 有事取決, 則坐於聽事, **有竹箪亦世相授矣, 族長欲撻有罪者**, 則用之". 仁井田, 『支那身分法史』(앞에서 인용한 책), 118쪽 이하. 또한 廣池千九郎, 『東洋法制史本論』(1915년 3월, 259쪽)은 說郛에 따르고 있다.

14) 仁井田陞, 『支那身分法史』(앞에서 인용한 책, 118쪽 이하).

15) 『廬江郡何氏家記』(玄覽堂叢書續集). 壬子 洪武五年父公事餘作義田 遺訓 序曰, "…… 時(以下別行) 大明洪武壬子五年中奉大夫山東等處行中書省參知政事何眞義祠序". ① 一義祠主事者三, 曰**房長**, 曰**主祠**, 曰**主賦**, 行自者十, 一祭祀, 二戶役, 三義塾, 四分瞻, 五恤族, 六嫁娶, 七喪葬, 八睦隣, 九修造, 十餘積. ② 一**房長**選族最長者爲之, 歲支谷壹百石, 與其食用, 令稽本祠租賦收支, 并懲族之有過者, 如狗私**衆黜之**, **選有德者代之**. ③ 一**主祠**以長子嫡孫主人, 歲支谷壹百石, 與其食用, 令**主祭**兼同**房長**稽數察過, 若貪私者, **擧賢卽替之**. ④ 一**主賦**專理太祠租賦, 仍選廉幹二人副之, 歲俱支谷壹百石, 與其食用, 凡收支須報**房長主祠**, **眼同**登簿, 勿致食匿, 如食匿, 致餘不積, 田不增, 用不敷, 惠澤不流, 此簿義者, **房長與主祠**會衆, 追其侵匿, 罷其支瞻, 革不入祠, … ⑤ 一族有忿爭, 非奸盜人●重事, 不得冒官司, 須投**房長主祠**, 分剖是非, 令改過, 如再犯, 則罰一年分瞻, 如不改, 又罰三年分瞻, …… ⑥ 一族婦不幸舅姑, 不顧家務, 嗜酒無禮者, **房長諭其夫**, 令改過, 如諭三次, 不改者出之, 如淫行者, 不在三誡限, 卽出之, 若夫縱容, 是玷家門, 卽永絶支瞻, 不許入預祠祭. 仁井田陞, 「舊中國社會の'仲間'主義と家族」(『家族制度の硏究』, 法社會學會, 1957년 4월, 155쪽 이하 · 162 · 179쪽). 『何氏家記』, 의 主賦條의 '眼同'라는 용어에 대해서는 仁井田陞, 『中國法制史硏究』家族村落法 第5章 第1절, 제2절 참조.

부터 물러나게 하고 새로운 방장을 선택하게 되어 있었다. 또한 주사(主祠, 宗子)는 장자 적손으로 하고 조상의 제사를 담당하게 했는데, 이 사람도 편애하거나 아첨 등으로 공정하지 못한 것[私曲]이 있으면 다른 사람으로 바꾸게 되어 있었다.16) 방장, 주사 이외에 주부(主賦)가 있어서 태사(太祠)의 조세와 부역을 담당하였는데, 여기에 부정이 있으면 방장과 주사는 족중(族衆, 族人)을 회집하여 그를 처벌한다. 족내의 분쟁은 방장과 주사가 그 해결을 맡는다. 이런 점을 보면 방장과 주사라는 것은 동족의 다른 족장과 종자(宗子)에 해당하는 것으로 여겨진다. 또한 시부모에게 불효한 부인이 있으면 방장이 그 남편을 교도(敎導)하여 고치도록 하였다. 음행한 여자는 즉각 축출해 버린다. 족장의 지위는 종신이며 그런 의미에서 무기한적인 것이었지만, 무조건적으로 그 지위가 보장되어 있었던 것은 아니었다. 족인은 그 발의(發意)에 의해 스스로 선출한 족장을 그만두게 하고, 그리고 나서 다시 족인의 합의로 후임자를 선택할 수 있게 되어 있었다. 요컨대 족장은 동족 최고의 운영자이기는 하였지만 영구한 권력자는 아니었다. 이와 같은 족장파면제도는 특히 16세기 이후의 문헌에서는 결코 예외적인 것이 아니었다. 꽤 많은 동족집단이 이를 지지하고 있었던 것이다. 따라서 이를 크게 받아들이는 것은 중국의 동족제도를 이해하는 데 있어서 중요한 문제점이라고 생각된다. 물론 공정하고 충실하다는 명목으로 행해지는 권력행사와 그에 대한 동족간의 항쟁, 또는 족장을 포함한 장로집단 내부의 항쟁에 실은 중요한 문제를 포함하고 있다는 것은 말할 필요도 없다.17) 그리고 이 논문의 자료는 주로 14세기 이후, 특히 16세기 이후의 것인데, 거기에 나타나는 족장의 지위가 당시의 사회 변화, 변모에 대응하는 것인지 여부, 족내의 옛 세력에 대한 일반 족인(특히 소작농)의 대항이 그러한 변화와 변모 속에서 일어난 것인지 여부는 앞으로 연구할 문제에 속한다.18)

---

16) 『鄭氏規範』(學海類編本)에 "一宗子上奉祖考, 下壹宗族, **家長當極力教養, 若其不肖, 當遵橫渠張子之說, 擇次賢者易之**"라고 되어 있는 것은 宗子의 경우에 관한 것이지만, 문제의 연혁을 고려한다면 이 점도 또한 참조되어야 할 것이다. 仁井田, 『支那身分法史』(앞에서 인용한 책, 117쪽).

17) 仁井田陞, 『中國の農村家族』(앞에서 인용한 책, 再版 序 2쪽).

제2절 족장권위와 족장파면제도
-가족 내 규율에 대한 족장의 간여를 포함하여

족보(族譜)를 만들고 종사(宗祠)를 세워서 공동의 조상을 제사 지내고 의장(義莊)·제전(祭田)을 설치하고 족장의 통솔하에 두었던 것은 명청시대 화중·화남(화북지역에 대해서는 다음에 다루겠다)에서는 동족의 일반적인 예이었다. 그리고 족장으로는 한 세대(世代)에서 동족 가운데에 최고(最高)인 자로 하는 경우(가령 『福州郭氏支譜』 同治 13년 序刊 등)도 있었다.[19] 그러나 족인이 그 족장을 절대로 소환(recall)할 수 없었던 것은 아니었다. 명대 초기, 14세기에 노강군(廬江郡, 安徽)의 『하씨가기(何氏家記)』에 대해서는 앞 절에서 언급하였지만, 16세기 이후의 화중지방의 가보, 예를 들면 호남(湖南) 장사(長沙) 『단산진씨가보(檀山陳氏家譜)』(明刊)의 족약(族約)[20]에 의하면, 종자 이외에 족정(族正)이나 호수(戶首) 또는 약정(約正)이나 부약정(約副)이 선출된다. 그리고 족인(族人, 族衆)은 족장의 '교령'을 준수해야 하나, 족장이나

---

18) 주 16) 참조.

19) 『福州郭氏支譜』卷7 家矩 "按舊例, 昭穆最高者推爲**族長**, **族副**則以齒最甲者爲之, 不論輩數". 이것은 明天房志科公議行團拜禮의 族長族副의 註이다.

20) 『長沙檀山陳氏族譜』(明刊, 萬曆 刊인 것 같다). ① 〈家訓〉 "一立宗子, 宗子主大宗祠祀者也, 立宗子本無禁, 但人自不行耳, 凡缺必依房分次第立之, 長房盡, 方及次房, 庶免爭端, 亦無嫡立長之遺意也, 爲之繕舍宇贍, 朝夕製禮服, 須立有成親, 除目佃田糧外, 其本身丁口, 幷族內雜辨差役, 盡行優免, 令合族代之" "已上條目, **約正副**, 脩已以主約, 務協於公論, **否則易之**, 族之人同心以踐約, 毋撓私意, **否則罰之**, 若事情重大者, 卽鳴之官, 毋得狗私縱惡, 扶同隱匿, 以致後悔". ② 〈族約訂議〉 "宗子主祭大宗, 在誠心以凝一家之福, **族正**主盟族約, 在正心以端一家之本, 戶首主司戶役, 在秉公心以急公家之務, …… **族衆**則當遵其教令, 勿違背以取罪戾, 倘事不盡善, 則必婉言幾諫, 不使陷於有過之地, …… 立宗子一條, 前言已詳, 族衆當加隆重, 務使不失統衆之禮, 以爲一家具瞻, …… **族正戶首**, 如招物議, **必自力求退**, **而更之**, 亦無難者, 若宗子將奈之何, 必行長年長, 或德或爵, **酌取以代主祭**, **俟其改過而復之可也**". 萬曆拾陸年參月十六日呈驗蒙(以下別行) 長沙縣知縣駱 批詳, 觀族約宜家化俗之心, ……. 이 『陳氏族譜』에 대해서는 仁井田, 『支那身分法史』, 1942년 1월, 121쪽 이하·124쪽 이하·127·129·142쪽을 참조하기 바란다.

호수도 만약 문제를 야기하고 물의를 일으킬 경우에는 교대하도록 예정되어 있다. 약정이나 부약정도 공론에 따라야 한다. 만일 그렇지 않을 때에는 파면된다. 또 종자라 하더라도 잘못이 있으면 일시적이나마 교대를 행하게 되어 있다.

호북(湖北) 한양(漢陽)의 『용예대씨종보(龍霓戴氏宗譜)』(중화민국 9년 刊)의 청말기 기사에서도,[21] 족내의 질서에 따르지 않는 족인은 족장이나 족정(族正) 등 장로(長老)에 의하여 처분을 받지만, 족장 등도 공정하고 품행 또한 훌륭한 자를 세워야 한다고 한다. 청대의 안휘 동성지방의 족보에는 족장 등의 파면제도 또는 그와 관련이 있는 제도를 실은 것이 상당수 있다. 동성(桐城)의 『주씨종보(周氏宗譜)』[22]에 의하면, 종자 이외에 호장(戶長)을 천거하여 제사나 그 밖의 족정 전반에 있어서 종자를 돕게 한다. 이 호장에는 연령과 덕이 높고 공정한 자를 임명한다. 자제(子弟)로서 종자·족장(여기에는 족장이라고 되어 있다)을 기만하고 능멸할 경우에는 그 자제를 중벌에 처한다. 족내에 분쟁이 일어나서 해결하기 어려운 경우는 종자와 호장은 공평한 조치를 강구해야 한다. 만약 사사로운 정에 따라 뇌물을 받고 불공정한 조치를 할 경우에는, 족인은 이러한 종장(족장의 의미인지[23]) 또는 종자와 호장의

---

21) 『龍霓戴氏宗譜』第2册〈家規〉"一**族長族**正, 上奉祖靈, 下敦族誼, 一族老幼皆遵其命, 非方正自矢老成練達者, 不足以任, 此庶好惡, 不由一己之私, 而使是非不明, 賞罰, 不拘一己之偏, 而使親疏異議, 一遇本宗有事, 必依理處分, 毋阿富毋徇情, 總須品行端正, 方可爲我輩之表率者**閤族公平**" "一族中各**房**, 公擧房長, 有事則投**房長**, 不服白之**族長**, 公同議處, 毋得徇情偏袒致滋事端, 以傷族誼" 光緒三十一年六月府示 "一議, **族長族正房長**, 均須公正紳者, 方能承當, 不得擅行擧立, 違議稟究, …… 一議, 尊卑長幼, 制應循序守分, …… 顚倒是非, 違者至祠聽憑**族長**及**族正**, 公議處分, …… 如該族中有不肖子弟, 從中把持抗阻, 及不守族規情事, 許由該**族戶房長**, 按照所議**族規**, 稟公辦理, 其各懍遵毋違, 特示". 그리고 같은 해 10월의 縣示에도 같은 취지의 글이 보인다.

22) 嘉慶 10년 序刊, 順治·乾隆 등의 토지매매증서가 있다. 『周氏宗譜』卷2 家訓.〈立宗長〉"…… 不立**宗子**, 以主祭以攝家政, 使衆人有所統法, 通俗大事咸屬主理, 先大宗後小宗, 必擇才德兼優者, 始克勝任焉, 旣立宗子, 則必擧**戶長**, 以輔襄祀政, 亦須擇齒德兼隆, 秉公持正者任之, …… 凡族有忿爭莫解, 必先鳴祠, 廳宗子**戶長**, 以公理處, 免擾公廷, 敢有頑子侄, 自揣理虧難逃衆論, 因捏詞誣控, 上瀆家法, 徇情退縮, 受賄囑, 而曲直不分, 有此**宗長**, **衆共擯之**".

의미인지 분명치 않음)을 파면한다.

동성의 『류씨종보(劉氏宗譜)』[24]의 가규(家規)에 의하면, 종자를 선출하여 제사뿐만 아니라 가정(家政)까지도 담당하게 한다. 일족(一族, 一家)의 대사 (大事)는 모두 그의 관할에 속한다. 종자에는 재덕을 겸비한 훌륭한 자로 정하여 비로소 그 임무를 감당하게 하고, 종자를 선출하는 인적 범위를 대종(大宗)에만 한정하지는 않는다. 이 가규에 의하면, 아직 종상(宗相)을 세우지 않은 동안에는 호장을 천거하여 제사를 맡기고 가정(家政)을 일체 다스리게 하고 있다. 이 호장에는 연령과 덕이 높고 공정한 자를 임명한다. 족내에 불공평한 일이 있거나 규율을 위반하는 자가 있을 때 족장은 족인을 종사에 모아서 곡직을 분별하고 공정하게 처리한다. 족장이 나이가 많고 노약할 때에도 그만두게 하지 않고 보좌인으로서 가상(家相)을 둔다. 만약 불공정한 조치가 드러날 때에는 족인에 의한 비난을 면할 수 없다. 이 족보에서도 될 수 있는 대로 공적인 법정에서 소송하는 것을 피하게 하려는 의미가 있어서 족내의 문제는 우선 종장(여기에는 원문에 宗長이라 되어 있다)에게 제소하여 동족에 의하여 처리하게 하며, 또한 카스트적인 제도가 있어서 동족이 하인[隸卒]이나 광대[優儒]가 되어 조상을 욕되게 하는 것을 금지하고 있다.

동성의 『진씨종보(陳氏宗譜)』[25]에서는 종자로서 대종(大宗) 가운데 최연

---

23) 『周氏宗譜』(앞에서 인용한 책)에는 '족장'이라고도 쓰여 있다.

24) 同治 9년 序刊, 乾隆年間의 序文 있음. 『劉氏宗譜』卷1 家規. ①〈立宗子〉"族代傳世 遠子姓益繁, 繁則難爲整齊, 故必擇**宗子以主家政**, 使千萬人有所宗法, 擧家大事, 咸屬主理, 然必**才德兼優**, 始克勝任, 不得以大宗限焉". ②〈擧戶長宗相附〉"**宗相**未立, 則必擧**戶長**以主祀攝**家政**, 亦要齒德尊隆持公正者, 任秉之, 族有不平, 如犯法干憲等事, **族長**詣祠集衆, 分別曲直, 從公處分懲治, 倘族長年高老弱, 更擇賢達家相, 以輔佐其不及, 設有恃頑違傲逞刁告官, 即同**戶長捧譜**直証, 苟縱奸豪而殃愚弱, 挾貲私而衛勢貴, **衆共非之**". ③〈禁刁訟〉"同室燕秦, 比鄰楚越者, 皆因刁唆之徒, 恃其口舌機詐, 藐視三尺罔恤身, 家間有小隙, 遂構大訟, 經年不絕, 以致傾家殞命, 今後不可恃刁執梗, 事有不平, 先投鳴宗長, 集祠蔽論情實, 從公勸釋, 毋許圖害善良, 欺侮寡弱, 如有强梁不服, 刁唆構釁, 宗長即將情實送官懲治". ④〈禁賤役優附〉"亢宗强祖, 業以讀書爲上, 次則農工商賈, 以及醫卜技藝之屬, 皆可治生, 若**隸卒優儒**, 甚足玷辱祖宗, 尤有甚者, 侵冒犯法, 追贓禍身, 究至賠累宗族, 以後吾族子弟, 相禁不應入衙". 이 점에 대해서는 註 27)·31)·35)·47)·51) 참조.

---

20 중국법제사연구

장자를 세운다. 만약 종자가 나이가 젊어서 일족을 통솔하기 어려운 때에는 별도의 합의하에 호장 1인을 뽑고, 또 각 지파에서 고장(股長)[26] 1인을 뽑아서 협력하여 가정(家政)을 담당하게 한다. 그 호장 등은 재덕을 겸비하여 여론의 지지를 얻은 자이어야 한다고 한다. 마찬가지로 동성지방의 『동피조씨종보(桐陂趙氏宗譜)』[27]의 가규에서는 종자를 세우는 데에 있어서는 재덕 모두 훌륭한 자로 비로소 그 임무를 잘 감당해낸다고 하고 있지만, 종자를 세우지 않은 동안에는 가정(家政)을 다스리는 것에 대해서는 이 가규에 이른바 '존장(尊長)'을 내세워야 한다.[28] 그 존장은 단지 나이가 많아 세대가 높다는 것뿐만 아니라, 성실하고 공정하며 그 임무를 잘 수행하는 자이어야 한다. 족내에 규약을 지키지 않는 자가 있을 때에는 방장의 소추에 따라 존장이 재판을 한다. 그때 만일 존장이 사건을 은폐하고 사사로운 정에 따르는 등의 행위가 있으면 족내의 비판을 면할 수 없다.[29]

예전에 마끼노 다쯔미[牧野巽]가 소개한 적이 있는 『시씨종보(施氏宗譜)』[30]의 가훈도 역시 안휘의 동성의 일례였다. 그것에 의하면 종자를 세우고 제사와 가정(家政)을 맡기며 일족의 대사는 모두 그가 주관한다. 그래서 종자로는 반드시 재덕을 겸비한 훌륭한 자를 선출할 필요가 있다. 종자를 세우고 나서는 호장을 천거하여 종자를 돕게 한다. 이 또한 연령과 덕이 높고 공정함을 갖고 있는 자를 뽑아서 임명한다. 호장이 노약할 때는 종상(宗相)·가상(家

---

25) 光緖 3년 刊, 順治의 原序 이하를 싣고 있다. 『陳氏宗譜』卷一 陳氏家政에 立宗子로서 "於大宗中, 就**宗子**擇最長者立之, …… 倘遇**宗子**年幼力微, 難以對越先靈, 表率一族, 乃議合戶立**戶長**一人, **每房立股長**一人, 相與紀網戶事, **選才德協輿論乃可**"라고 있다.

26) 여기의 股長은 다른 宗族에서 말하는 房長에 해당할 것이다.

27) 光緖 9년 刊. 『桐陂趙氏宗譜』卷首 〈家規〉. ① 立**宗子** "必才德兼優者, 始克勝任". ② 舉**尊長** "**宗子**未立, 則家教不行, 董理家政, 須議**尊長**, …… 然**擧尊**自必選其醇謹老誠, 年尊輩長者爲之, **擧長**必擇持公秉正廉而能者任之, …… 其或有犯規不遵約束者, 該**房長**詣祠**捧譜**稟明**尊長**, 分別懲戒, 如隱忍不發, 貪昧 狗私, 及廢公怠祭者, **族共非之**". 그리고 주 42)도 보라.

28) 존장에 대해서는 다음 절의 『延平李氏宗譜』·『桐西胡氏宗譜』 참조.

29) 그리고 이 族譜의 가규에서는 宗子更立의 규정이 뒤에 나온다.

30) 牧野巽, 『支那家族研究』(1944년 12월, 594쪽).

相)을 선출하여 보좌하게 한다. 족내의 분쟁은 종자와 호장에게 처리를 일임한다. 자기의 주장을 억지로 관철시키고자 공적인 법정에 제소하는 자가 있으면 호장은 정리(正理)에 따라서 정직하게 증언해야 한다. 소송한 자의 부귀를 두려워하거나 정에 구애되어 뇌물을 받고 시비곡직의 구분을 바르게 하지 않는 일이 있어서는 안 된다. 만약 이러한 종장이 있으면 족인들은 함께 이를 파면한다. 또한 명분을 어지럽히는 족인에 대해서는 종자·족장이 중벌을 부과하고, 특히 파당을 결성하여 무리를 이루거나 강도질을 하는 자에 대해서는 모든 종족(宗族)이 이를 공격하여 그로 하여금 자진(自盡)하게 만들었다.

안휘(安徽) 안경부(安慶府)의 『은씨종보(殷氏宗譜)』[31]에서도 그 가훈과 가규에 의하면, 호장은 종자를 대신하여 일족을 통솔하는 자이고 가훈과 가규를 분명히 하여 족내의 자제로서 따르지 않는 자를 처분한다. 특히 부도(婦道)를 지키지 않는 처가 있으면 그 남편이 처분을 받는다. 근로를 싫어하는 처 혹은 자제가 있으면 남편 혹은 부형이 처벌을 받는다. 그리고 그 호장은 세대를 불문하고 재덕을 겸비하고 지위와 명망도 높은 자를 택하게 되어 있다.

안휘 육안의 『반씨종보(潘氏宗譜)』[32]의 가훈에 의하면, 시조(始祖)를 이은 적통인 대종(大宗)에서 일족의 수장이자 통솔자로서 종자를 세운다. 종자는 현자라야 비로소 그 직임을 감당해내지만, 종자라고 해서 모두 현명한 것만

---

31) 중화민국 5년 刊, 嘉慶年間의 서문 있음. 『殷氏宗譜』卷首 家訓에는, 立戶長으로서, "戶長之設, 原以代宗子, 理家政統率族姓者也, 不論行次, 必擇才德兼偶位望並隆者, 方能勝任, 公事則倡以奉行, 紛爭則直以排解, 每逢祭祀畢時則以始祖而下柄事某故逐一詳晷指示, 再宣家訓家規, 使族內子弟, 皆知勸勉, 倘有不率者, 戶長處之". 또한 가규에는 肅閨門으로서 婦道를 지키지 않는 여인에 대해서는 "吾族有此, 痛責其夫". 勤紡績으로서 "… 一旦情冷反唇詆罵, 辱及大夫, 賤孰甚焉, 族有犯者, 責其夫以懲之", 勤耕種으로서 "…… 遊手好間, ……族有其人, 父兄責之".

32) 宣統 3년 重修, 光緒 5년 仲冬月 이하의 序 있음. 『潘氏宗譜』卷1 家訓. ① 敬祖宗 "若侮慢先人, 族長嚴加責懲". ② 尊君上 "貪墨不仁, 族長宜公懲戒之". ③ 立宗子 "宗子乃一家之所宗也, 宗其繼始祖者百世不遷者也, 合族宗之是爲大宗, 其繼高祖者, 五世則遷者也, 三從兄弟宗之, 宗其繼曾祖者, 再從兄弟宗之, 宗其繼祖者, 堂兄弟宗之, 宗父嫡長子親兄弟宗之, 皆爲小宗, 家有大事, 則大宗命小宗, 小宗率群弟子聽命焉, 必賢者而後可任此職也, 但宗子未必皆賢, 而大體不容廢, 則公擇族中之賢者, 以贊禮之是爲宗相, 非其人卽另擧以代之".

은 아니었다. 그러나 일반적으로 말해서 그를 그만두게 하는 것은 허용되지 않지만, 그러한 경우에는 동족 가운데에서 현자를 종상(宗相)으로서 공선(公選)하여 종자를 돕게 한다. 만약 그 종상이 적임자가 아니라는 것을 알게 되면 그 자를 그만 두게 하고 다른 사람을 선출할 수 있다. 이 가훈의 다른 조항에 의하면 족규(族規)를 어지럽히는 족인에 대하여 족장이 제재를 가하도록 되어있다.

안휘 안경부 회녕현(懷寧縣)의 『오씨종보(吳氏宗譜)』[33]에 이르러서는 족장들은 (刑具를 관청에서 지급 받아서까지) 족내의 예법을 지키지 않는 족인에게 제재(撲責)를 가하며, 개전(改悛)하지 않는 자에게는 그 부형 및 백·숙부를 문책하고 저항하는 자에게는 사형을 부과하게 할 정도이었다. 그리고 그 족장은 방장과 함께 연령의 장유(長幼)나 세대의 상하(신분의 존비)에 상관없이 정직하고 사사로움이 없는 공정한 자 가운데에서 선택된다. 족장은 종족의 모든 일을, 방장은 각 방(각 股)의 일을 담당한다. 그리고 방장에게 편파적인 행위가 있으면 족장에게 고소하여 족인들이 함께 이를 다른 사람으로 바꾸고, 족장에게 편파적인 것이 있는 경우에는 방장들이 이 또한 다른 사람으로 바꾸는 것이 허용된다. 이 오씨의 예 뿐만 아니라 족장의 소환(recall)은 방장 같은 족내의 유력자나 장로가 움직임으로써 일반적으로는 실현되었다고 생각된다.

강소 진강의 『단종요씨족보(丹從姚氏族譜)』[34]에서는 족장이거나 분장(分

---

33) 중화민국 3년 序刊, 康熙年間 等의 序文 있음. 『吳氏宗譜』卷首 宗譜10議. ① 一議立宗長. "世無無網之網無領之衣, 故族長房長不可不立也, 其人不拘年之長幼分之尊卑, 須以正直無私不偏, 喜怒不狗情面者爲之, 通族之事, 族長主之, 各房之事, 房長主之, 如族人有忿爭者, 各股房長評定曲直, 其理曲者, 以家法處之, 如房長偏袒, 許投鳴族長, 與族衆公議變置, 族長偏袒者, 亦聽各股房長變置". ② 一議肅家法 "有祠有長, 則家法不可不肅也, 倘日後宗祠旣建, 宗長旣立, 須當官請給刑具, 凡子弟有不循禮法者, 族長房長, 量其所犯輕重, 於祠堂內加以撲責, 至滅倫爲盜及行竊不改者, 責其父兄及親伯叔, 擧手卽行溺死不貸".

34) 宣統 3년 刊, 康熙年間의 序文 있음. 『丹徒姚氏族譜』卷下 ① 譜規 "一主祭行禮, 主祭者, 上爲祖宗所憑, 下爲族衆所式, 今議族長分長, 或老疾難勝, 卽擇五十以上行誼無過, 儀節習熟者, 代之, …… 族長分長, 若無故不與祭, 察出議罰". ② 家法 "一從重責, 治十五扑至三十, 從輕者五扑至十而止, ……" "一加倍責罰, 謂族長分長總理, 一

長)이거나 이유 없이 조상의 제사에 참가하지 않은 경우에 처벌을 받는다. 가법(家法)을 따르지 않는 족인에게는 복형(扑刑, 5대에서 10대까지, 15대에서 30대까지 등)도 이용되고, 불효에 대해서는 하늘의 벼락이 있을 것이라고 설명하고 있다. 상주(常州)『비릉오씨종보(毘陵伍氏宗譜)』[35]에서도 종장, 즉 족장은 단순히 나이가 많다는 것만으로 뽑아서는 안 되며, 강의(剛毅)하고 과감하며 공평하고 정직하여 일족을 통솔하기에 부족함이 없는 자를 뽑아야 한다고 하였다.[36]

상주의 『안양양씨족보(安陽楊氏族譜)』[37]에서의 양씨(楊氏)는, 상주부 지

應任事之人, 或有干犯家教者, 詐財受賄者, 倚勢欺孤者, 違衆抗公者, 悞時失事者, 特加重處, 以示痛戒, …… 俱登記文簿". ③ 家訓 "一父母宜孝, 五刑之屬三千, 而罪莫大**於不孝, 故遭雷擊者, 多出於不孝之人**, 凡我族人勉之戒之".

35) 중화민국 18년 刊, 康熙年間等의 序文 있음. 『伍氏宗譜』卷2 宗規16條. ① 立**宗子** "…… 按大宗爲本初第一支, 小宗爲本初第二支, 是雖大宗子法不能行, 而小宗五世一輪, 擧不可紊也, 必**宗子**立, 而主祭, 有人事有統屬焉". ② 擧**宗長** "家之有**宗長**, 所以振飭名分, 統率羣庶也, 必當其人而後可, 非徒以年齒相尙虛冒塞責已也, 苟不愼之初, 將見恃尊以凌轢卑幼者有之, 狹私以左袒勢力者有之, 故必遴擇, 其剛毅果敢, 公平正直, 堪爲一族之表率者爲之, 庶家道正, 而祠親行矣, 或卽于幼輩中擧之, 名曰**宗正**, 亦無不可" 다음에 明繼嗣의 조항이 이어진다.

36) 仁井田陞, 『中國の農村家族』 再版 序 4쪽 이하.

37) 중화민국 3년 重修, 明 萬曆, 淸 順治 이하 同治의 序를 싣는다. 『安陽楊氏族譜』卷22 祠規. ① 大宗祠祠規7條(順治 17年刊定) "一推擇**主祭**, 所以崇祀典也, 古禮**宗子**主祭, 吾宗至第八代**宗子**乏嗣, 傳至今日, 邃不可考, 今議臨時公擧族中齒長有爵者, ……". ② 大宗祠禁例6條(順治壹17年刊定) "禁祭祠喧譁, 祭後飮福, 倘因酒過喧譁於祠, 祖宗在上, 大爲不敬, 犯者**族長**責戒". ③ 大宗祠續增禁例4條(康熙 30年刊定) "祠田不許族人耕種, 恐拖欠租米, 此舊例也, 今年久禁弛, 管祠多容情, 其弊豈可漸長, 嗣後族人種祠田者, 於春祭前一日, 管年同**族長**算明方許入祠與祭, 恃强不服者, 祖宗前責治, 仍行告理, 至代佃還租, 將低米塘塞, 更屬可詫, 祭祠日指名公究, 所以懲頑梗也". ④ 在廟勸言2條(雍正 7年) "**管祭管租**, 惟賢能是擧, ……". ⑤ 大宗祠續增祠規6條(同治 12年刊定) "一子孫或産業往來, 或言語口角, 以致紛爭, 須訴之**族長分長房長**, 及族中公正人, 齊集宗祠, 聽憑分別是非, 秉公調處, 恃强不服者, 家法治之, 毋得輒易興端搆訟, 如有好訟, 而身受官刑者, 卽行革出, 永削其名" "一祠田不許族人耕種, 恐拖欠租米舊例也, ……" 族田을 족내 또는 족외에 소작시키는 예는 이외에도 많으며, 그것에 대해서는 다른 글에서 서술하겠다. 『范氏家乘』의 경우는 註 43) 참조. 仁井田陞, 『中國法制史硏究』 가족촌락법 제5장 4절 참조.

방에서 여러 세대에 걸쳐 같이 살면서 재산을 공동으로 관리하는 것[累世同居共財]을 계속하다가 어느 시기에 4개의 큰 분파로 가산을 분할하였다는 기록을 가지고 있는 일족이다.[38] 이 족보에서는 제사를 주관하는 사람[主祭者]인 종자에 대해서, 8대째의 종자에게 자손이 끊어진 뒤에 족내의 연장자이자 (최연장자에 한정되지 않는다) 벼슬이 있는 자를 주제자(主祭者)로 뽑았다고 한다. 족장의 선출 방법에 대해서는 기록하고 있지 아니하나, 이 또한 단순히 최연장자로 한정하지는 않았을 것이라고 생각한다. 이 족장은 동족의 통솔자이고 족내 분쟁의 조정자였다. 분쟁은 어떤 일이든지 예외 없이 족장, 분장(分長), 방장(房長) 등에게 제소하여 족장 등의 손에 의해 종사에서 조정(調停)·화해(和解)되도록 하였다. 만약 조정에 승복하지 않는 자는 가법에 의해 처단된다.

국가의 법정은 분쟁해결을 위해서는 유효·적절한 장소라고 생각되지 않았으므로, 국가의 법정은 분쟁해결에 개입되는 것을 애써 피하려고 하였다. 이 점은 『여강군하씨가기(廬江郡何氏家記)』나 『강종씨회규(講宗氏會規)』와 같은 명대(明代)의 문헌에서도 명료하게 나타나 있다.[39] 이리하여 공적인 법정에 다툼을 제기하는 것이 저지된다. 만약 공적으로 제소하여 그 자신이 공적인 제재를 받기에 이른 경우는 그 자를 동족의 호적에서 제외시켰다.

또한 족장이 아니라 의장(義莊)의 주재자인 장정(莊正)의 경우이긴 하지만, 소주의 『정씨지보(程氏支譜)』[40]에서는 장정에는 의장(義莊)을 건설한 자의

---

38) 仁井田陞, 『支那身分法史』(1952년 1월, 151쪽 이하·470쪽 이하) 참조.

39) 明 洪武 연간의 『廬江郡何氏家記』(玄覽堂叢書續集)에서는 방장과 主祠(족장과 宗子)가 족내 분쟁을 해결하는 소임을 맡았으며 국가의 법정에 사건을 제기하는 것을 극력 회피하였다. 제1절 註 15) 참조. 명의 『講宗約會記』(訓俗遺規卷二) 情息訟의 기사에서도 종장이 각 방장을 소집하여 합의를 시키고, 분쟁해결을 도모하고, 관헌에 제소하지 않고 족내에서 사건을 처리하려고 하고 있다. 타족과의 다툼의 경우에도 특별히 중대한 사건인 때 이외에는 타족과 직접 절충하고 조정·화해의 방법을 강구하려 하였다. 仁井田陞, 『支那身分法史』(앞에서 인용한 책, 119·170쪽).

40) 光緒 31年 刊. 『程氏支譜』卷1 「義莊規條」(賓敬義莊規條). "一莊正, 以建莊者之嫡長子孫, 世世相繼爲之, 莊務悉歸經理, 另擧本房公正廉明才識幹練者, 爲莊副, 一切莊務聽兩人會同辦理, 族中雖尊長, 不得干預, 如莊正副, 果有侵蝕廢弛實據, 許族房長, 邀合族公議, 輕則勸諭, 重則更換, 以昭公允" "一族中設有無後者, 莊正副會同族房長,

적장자손(嫡長子孫)이 대대로 그 땅을 이어가고, 또 부장정[莊副]을 두고 협력케 하며, 이성양자(異姓養子, 出繼外姓 내지 螟蛉41)異姓)를 인정하지 않고 이들에게는 의장(義莊)의 전곡을 분배하지 않는다. 불효부제(不孝不弟)도 축출하여 이들에게도 의장미를 분배하지 않는다. 기타 장정(莊正)·부장정[莊副]의 조치에 대해서는 동족의 장로도 이를 견제할 수 없는데, 그래도 장정·부장정에게 불공정한 처사가 있으면 족·방장이 동족회의를 소집한 뒤, 가벼우면 타이르고 무거우면 파면하는 것이 허용되었다. 이 장정과 부장정은 족인 가운데에 후사가 없는 자가 있으면 족·방장과 의논해서 후사를 정한다. 장정이나 부장정도 상당한 실력자가 선출되었음에 틀림없다. 저 소주의 범씨 의장(范氏義莊)의 경우에 대해서는 『지나신분법사(支那身分法史)』를 참조하기 바란다.42)

절강의 『산음주산오씨족보(山蔭州山吳氏族譜)』43)의 가훈에서는 종자와 종장이 함께 세워지고 있다. 그 종자는 제사를 담당하고 적장자(嫡長)로 지명하

遵熙律例議嗣, 如係丁單, 遵熙**兩祧**之例, 以重宗祧".

41) 이성양자는 '義子' 또는 '義兒' 등으로 불리기도 하고, 속어로 '螟蛉子'라고 한다. 명령(螟蛉)은 원래 뽕나무벌레인데, 자녀를 낳고도 스스로 키우지 않고 오히려 蝶蠃[일종의 굼벵이벌(土蜂)]이 이것을 키운다는 詩經에서 유래하여, 이성양자를 이렇게 말한다고 한다. 『中國法制史』(岩波全書, 1952년 6월, 271쪽 이하). 더 상세한 것은 仁井田, 『支那身分法史』(앞에서 인용한 책, 792~793쪽) 참조.

42) 『范氏家乘』의 경우 范氏 16房에서 각 1명이 管掌人으로 천거되었다. 范氏義莊의 토지는 족인에게 소작(租佃)하는 것이 허용되지 않았다. 그 점에 대해서는 仁井田, 『支那身分法史』, 188쪽 이하. 동족에 대한 소작금지의 예에 대해서는 仁井田, 『中國の農村家族』, 80쪽 참조. 范氏家乘에 대해서는 牧野巽, 『近世中國宗族研究』(1949년 7월, 123쪽 이하·128쪽 이하), 그리고 D. C. Twitchett, Documents on Clan Administration : I, The Rules of Administration of the Charitable Estate of the Fan Clan, Asia Major, New Series Vol. Ⅷ, part 1, 1960, pp.1~35 참조.

43) 中華民國 13년 序刊, 明 弘治·萬曆 등의 序가 다수. 『山蔭州山吳氏族譜』第3部 元字集, 吳氏家訓. 〈家禮三十二則〉 "一本祠**宗長**一人, **房長**四人, **以分齒**, **宗正**四人, 以德行, **宗宜**四人, 達事理, **宗使**四人, 專催辦, 宗理八人, 掌民產, **宗禮**八人諳禮節, **宗書**四人, 掌書記, **宗孫**一人, **係嫡長**". 〈家教三十則〉 "一**宗子主祀**, 固以嫡長, 亦須德行無玷, 乃爲無愧, 若有過失出於無心者, 不得議罰, 果有大過, **輿論不可者黜**, **擇次賢者代之**" "一子孫得罪祖父, 而祖父容隱, 姑息之愛也, 醸成大禍, 職此之由, 戒之戒之, 若被人發覺, 得實, **幷罰祖父**".

는 것은 말할 것도 없지만, 덕행에 부족한 점이 있어서는 안 되며, 큰 잘못이 있을 때는 여론으로써 이를 파면하고 또 다른 적임자를 뽑아서 이를 대신하게 한다.[44] 이 오씨에서도 자손의 죄를 용인한 부조(父祖)는 처벌을 받는다. 또한 종장은 사당 앞에 족인들을 소집하여 불효한 자녀를 벌하고, 불효한 자녀를 고발하는 일을 게을리 한 방장도 처벌을 받도록 되어 있다. 이 족보의 『가법속편(家法續編)』(康熙 26년 6월)에서는 불효한 자녀를 그 부모가 스스로 다스릴 수 없을 때는 방장이 종장에게 이를 고소한다. 고소를 받은 종장은 족인들을 사당 앞에 모아 놓고 자녀를 처벌한다. 만약 방장이 고소를 소홀히 하였을 때는 방장도 처벌을 받는다. 이처럼 오씨만의 일은 아니나 동족의 규율이 일가 내부에도 영향을 미쳤다는 것을 볼 수 있다. 가부장도 결코 배타적인 권력을 가지고 있었던 것은 아니다.

그리고 『남해학정황씨족보(南海學正黃氏族譜)』[45]에서는 동족의 묘지참배

---

44) 前節의 註 16)에 인용한 『鄭氏規範』을 참조하기 바란다.

45) 宣統 3년 刊, 光緒年間의 서문이 있다. 『南海學正黃氏家譜節本』卷12 雜錄譜(鄕規). ① 宗子 "永享堂**宗子**, 每年給穀參百斤(採訪册)". ② 長壽社 "此社爲送死而設, 光緒十一年始創, 其例族中男丁(十一歲以上)及婦人(或妻或妾)皆得隨時入會, 凡入會者, 每人每月供銀壹分以陸拾簡月爲滿, 至仙遊之日, 卽拾棺金銀大員, …… 鄕中**水糞**, 每年入息, 皆撥入社內, 以爲支應之用, 其議曰, 闔鄕**水糞**, 久嚴盜賣, 如有不法之家, 將**水糞**私賣別人, 或灌樹木者, 卽將其家自始祖至房祖, 永遠停胙, …… 光緒十九年四月十二日集祠公議" "凡女子出嫁給花金銀貳大員 …… **蓋以酬其水糞也**". ③ 墓祭會 "碑記曰, 掃墓之禮, 先儒以爲非古, 而東郭播間之祭, 孟子已有明文, 則周祖所傳, 自不得疑無據, 秦漢以後謁陵上塚, 代有定禮, 史不絶書, …… 若墓無拜歸, 以至牧竪摧殘, 奸人侵竊, …… 集會積金, 歲分餘息, 使千秋奕世, 務務無荒, …… 若蕩檢踰閑敗嘗亂約, 則無論爲**宗長**, 爲貴胄, 而罪情己著, 亦應爲**家法**之所不容, ……". 이 家譜에 나오는 鄕規의 동족공동부조 조직은 다른 家譜에는 별로 보이지 않는 기재라는 점에서 귀중한 자료이다. 여기에 그 일부를 초록해 두었다. 長壽社는 주로 장례에 관한 일을 위해 설치된 조합이다. 光緒 11년 창립. 입회자는 5년간 매월 일정액의 괘금(掛金, 보험료)을 납입하며, 사망한 경우 棺을 마련하는 비용이 지급된다. 鄕中의 분뇨는 조합이 사용하게 되며 임의로 처분하는 것이 금지되어 있다. 그리고 임의로 처분하는 자는 祭肉(胙)의 공급이 영구적으로 정지된다. 딸이 출가하는 경우에 일정한 금액이 지급된다. 분뇨의 대가(代償)라고 한다. 墓祭會도 조직되어 있어서 돈을 적립하여 그것으로써 분묘에 제사를 지내는 경비를 만들게 되어 있다. 덧붙여 말하면 중국의 묘제의 역사는 전국시대로 거슬러 올라갈 정도로 오래된 것이다. 중

[墓參會]의 규정을 위반한 경우에는 종장이라고 하더라도 비판을 면할 수 없었다. 절강의 『기양서씨종보(暨陽徐氏宗譜)』[46]의 사규(祠規)에 의하면 족내의 분쟁은 가장(家長)에 의해 해결된다. 만약 족인이 임의로 관에 고발하는 것은 불효라고 여기고, 족인들은 오히려 이를 함께 비난하고 중의를 관에 전달한다. 부모의 훈계를 배척하는 자녀에게는 1년간 조육(胙肉)의 분배를 정지한다. 만약 가장이 그것을 돕는 경우가 있으면 그 가장을 면직시키고 새로 공정한 자를 들어 가장으로 삼는다. 여기에서는 이른바 가장도 족장과 마찬가지인 것이다.

위에 서술한 것과 같은 족장에 관한 규약이 직접 보이는 것은 아니나, 『오흥순효리반씨세보(吳興純孝里潘氏世譜)』[47]에서는, 족내의 출계(出繼)·승사(承嗣)가 단순히 일가의 일로만 보이지는 않는다. 이는 일족의 일로서 가부장이 임의대로 결정할 수는 없었다. 다시 말해서 대제사[大祭]의 하루 전날 족장에게 통지하고 제사가 끝나고 따로 사당에 고한다. 출계·승사의 조건에 적합하지 않은 자에 대해서는 족인이 이를 시정할 수 있는 것으로 하였다. 광동의 『사회요촌오씨족보(四會窯村吳氏族譜)』[48]에서는 동족의 장로(방장, 族

국이나 일본에도 그 사실을 알지 못하는 연구자들이 있다. 이 族譜, 그 밖에 가령 뒤에 나오는 『交河李氏族譜』나 『蔣灣嬌周氏續修宗譜』 등에 때때로 '公議' 또는 '通族公議'라고 나타나는데, 그 公議의 의미에 대해서는 今堀의 소견을 참고해야 할 것이다. 今堀誠二, 『中國の社會構造』(1953년 12월, 75~83쪽). 今堀誠二, 「淸代における農村機構の近代化について」(『歷史學硏究』191호, 1956년 1월, 3쪽 이하 ; 192호, 같은 해 2월 14쪽 이하) 등.

46) 光緒 13년 重修, 康熙等의 서문이 있다. 『暨陽徐氏宗譜』(光緒 13년 重修) 卷3 祠規, "萬一**家長**有袒護情弊, 則鄕黨自有公論, 恕其告官之罪, **反除家長之名, 以懲偏私之弊, 着其房分內另擧公正者爲家長**" 여기에 이른바 가장을 족장인 것 같다고 한 하나의 이유는 卷3 議據(成豊元年 6월)에서 본문에 族長이라고 되어 있는 것을 署名에서는 家長이라고 쓰고 있기 때문이다. 다음 절 참조.

47) 明 萬曆刊. 『吳興純孝里潘氏世譜』(明刊, 萬曆刊). 권말에 "潘氏世譜重修敏口口甲寅孟夏之吉"이라고 되어 있다. 甲寅 위의 두 글자는 분명하지 않지만 '萬曆'에 해당한다고 생각한다. 그렇게 하면 甲寅은 萬曆 42년(1614)이 된다. 卷末의 祠堂約 "一族中凡有出繼承嗣者, 俱當于大祭之時, 先期一日, 禀知**族長**, 祭畢, 另具酒果告于祠堂, **其不可者, 衆共正之, 不得苟且自便, 有犯宗約**". 義田呈 "萬曆二十五年, **族長**潘庚星, 會同潘朝陽等, …… 會同**房長**潘朝陽, ……".

老) 등이 가산분할이나 사자(嗣子)를 결정하는 데 대해서도 관계를 가지며, 동족은 광대나 노복[皂卒]이 되는 것과 또 이들과 통혼하는 것이 금지되고, 『남해서초량씨가보(南海西樵梁氏家譜)』[49]에 이르러서는, 가(家)의 규율에 대한 동족의 간여가 상세하게 규정되어 있고, 특히 자녀에게 패역행위(사리에 어긋나고 거스른다는 것은 조부모, 부모 또는 족장에 대해서 말하는 것인 것 같다)가 있을 때는 그 부형도 음복고기[祭肉胙]를 주지 않는 등 족적 제재를 면할 수 없고, 부모를 매도하는 것도 또한 족적 제재를 받으며, 며느리가 시부모를 매도하는 경우에는 그 남편인 아들도 동족적인 처분을 받아야 한다고 한다. 그리고 향린(鄕隣)과의 계투(械鬪)도 그 중심인물인 자는 영구히 추방하고 그 '끼리끼리'들에게도 10년 동안 음복고기를 주지 않았다. 『수갱사씨가보(水坑謝氏家譜)』[50]에서도, 부모를 거스르고 배반하는 자에 대해서는 부로(父老)가 종사에 모여 자제의 처벌(杖刑)을 의논하고, 조예(皂隷)가 되는 자, 노복과 결혼하는 자도 처벌(음복고기를 주지 않음)하였다. 이와 같은 것은 『경강곽씨가승(京江郭氏家乘)』[51]이나 『남해불산최씨족보(南海佛山崔氏族

---

48) 중화민국 13년 刊, 明의 嘉靖, 청의 乾隆年間의 서문이 있음. 『四會窯村吳氏族譜』卷4族規譜(勸諭, 禁約) "一族內子孫, 有父母俱亡, 而食指衆多, 勢難共爨者, 其祖父所遺產業, 當請房長族老, 及諸曉事族衆, 秉公分析, 如有任意妄愚以長欺少, 以卑抗尊, 致涉訟庭, 辱門戶者, 合同斥責, 革胙" "一族內子孫無嗣者, 當投明房長族老, 擇本支昭穆相承者爲後 ……" "一族內子孫, 有流娼優皂卒者, 及與此輩聯婚者, 公同斥責, 永遠革胙" "一族內子孫, 婆妾納婢, 均宜恪守規矩, 正名定分, 如有縱情溺愛, 以妾爲妻, 顚倒尊卑, 致玷門戶者, 公同斥責, 革胙".

49) 중화민국 12년 중수, 明의 嘉靖 등의 서문이 있음. 『南海西樵梁氏家譜』外集 家規第2繩愆條約. "凡父母毆子女致死, 有律例在必讅實禀究, 以免株累, 翁姑於媳婦同, 餘可類推 凡子女犯忤逆, 依律例禀究外, 仍停其有服尊長胙三年, ……" "凡詈罵父母, 子則停胙五年, 遊刑兩日, 女照遊刑" "凡結怨鄕鄰釀成械鬪, 爲首之人, 永遠出族, 其黨停胙十年" "凡媳婦辱罵翁姑, 或不遵翁姑約束, 大言頂撞必須痛懲, 幷將其夫男革胙, …… 其丈夫若肯自首免罰, 若故意袒庇, 甚或恃婦刁撥, 須合力痛懲, ……" "凡婦女犯事遊刑, 其或情節重大, 應當應離者, 當依律例禀究" "凡不嫁之女, 在族內, 不法酌量議罰, 若事關重大, 仍停其父兄家長胙".

50) 光緖 4년 중수, 崇禎 15년의 舊記, 乾隆 12년의 原序 있음. 『水坑謝氏家譜』卷2 家規 "一忤逆父母, 父老集祠, 從重議杖" "一子孫有下流自居, 身爲皂隷, 永遠罰胙" "一子孫有與奴僕結結, 永遠罰胙".

譜)』[52] 등에서도 마찬가지이다. 『곽씨가승(郭氏家乘)』에서는 부모를 매도하는 아들은 족보에서 제명하고 부인으로서 불효한 딸은 그 남편을 처벌한다. 『곽씨족보(霍氏族譜)』에서는 족보를 더럽히고 손상하는 자에 대해서는 족장은 족인들과 함께 징계를 가하고, 흉악하고 투기가 많은 부인에 대해서는 그 남편을 벌하고, 승려(僧道)나 서리·노비(胥隷)가 되거나, 광대(優戲) 또는 백정(屠宰)이 되거나 혹은 도박을 하는 자에 대해서는 그 방장을 벌하는 것으로 하였다.[53] 동족은 어떤 종류의 직업·신분·집단계층과의 교통을 차단하고 있었던 것이다.

전통 중국사회의 동족 결집력은 화중 특히 화남에서 두드러지는 것에 반하여 화북에서는 그것이 상대적으로 약하여, 족보, 종사(宗祠), 제전(祭田) 같은 것도 화북에서는 비교적 수도 적고 규모도 적은 것은 『中國의 農村家族』에서 기술한 대로이다. 그러나 가령 다음과 같은 하북(河北)의 족보는 손쉽게 볼 수가 있다. 하북의 정흥현의 『정흥록씨이속보(定興鹿氏二續譜)』에 의하면,[54] 록씨들은 청초(淸初)부터 이미 종사를 세우고 제전(5頃 29畝 남짓)을 마련하여 소작료를 징수하고 있었다. 그리고 마찬가지로 하북의 교하현의 『교하이씨족보(交河李氏族譜)』에도[55] 종사가 있고 제전(香火地 13畝)이 있어서 그

---

51) 宣統 3년 중수, 乾隆의 서문이 있다. 『京江郭氏家乘』卷7 宗祠儀制 "一孝弟宜先也, …… 甚至詈罵父母者, 罪不容誅, 除重責外, 更削去譜名, 生不入祠, 死不立主, **婦有不孝, 罪坐其夫**".

52) 道光 28년 중수, 康熙·乾隆 등의 서문이 있다. 『南海佛山崔氏族譜』卷2 家訓(宗規). ① 譜牒當重 "…… 或有不肖輩, 鬻譜賣宗, …… 衆共黜之, 不許入祠, 仍會衆呈官, 追譜治罪". ② 閨門當肅 "…… 凶悍妬忌, 傲僻長舌, 私溺子女, 皆爲家之索, **罪坐其夫**, 若本婦委果冥頑, 化誨不改, 夫亦無如之何者, 祠中據本夫告詞, 詢訪的確, 當祖宗前, **合衆給以除名帖, 或屛之外氏之家**, 亦少有所驚矣, ……". ③ 職業當勤 "……爲**僧道**, 爲**胥隷**, 爲**優戲**, 爲椎埋, 屠宰, 若賭博一事, 近來相成成風, …… 宜會族衆送官懲治, **不則罪坐房長**".

53) 仁井田陞, 『中國の農村家族』 再版 序 5쪽.

54) 光緖 22년 중수. 『定興鹿氏二續譜』卷9 規條, 祀田.

55) 중화민국 26년 序刊, 乾隆의 서문이 있다. 『交河李氏族譜』「李氏譜例家訓」(李氏譜例15條). ① 一立**總族長**一位管理合族事務. ② 一旣爲**族長**必須品端心正, 性情和平, 及可服人亦可拿事. ③ 一凡定**族長**賴其約束, 族人志須恪遵家訓, 規步方行, 方可訓敎子弟, 如行誼有愧觸犯規條, 合族齊集公討其罪, 如稍有改悔, 聊示薄懲, 以警其後, 不然

수입으로 공동의 조상의 제사를 위한 경비로 충당하는 등의 기록이 있다. 이
씨의 제전 면적은 작지만, 그러나 이씨족보에 수록된 규약류(規約類, 아마 淸
嘉慶 연간의 것인 듯하다)에 의하면 1인의 족장(총족장)이 있어서 일족의 사
무를 처리하였는데, 이미 족장이 되어서는 품성이 정직하고 공평해야 비로소
사람들을 복종시켜서 일을 처리할 수 있다. 족장이면서 만일 족내의 규약을
범하는 경우에는 일족이 합의하여 그 죄를 묻고 개전하지 않으면 족장을 그
만두게 한다. 그리고 다시는 이 자를 족장으로 세우지 않는다. 족장이 그 권
위를 가지고 함부로 행동하는 것을 허용하지 않으며, 족인을 처분할 때에도
족인들의 공론에 따라 죄를 정하고 처단하며 족장의 천단(擅斷)을 허용하지
않는다. 이러한 규약을 통해서 알 수 있는 것은, 족장은 일족을 뒷바라지하는
최고의 자리에 있기는 하지만 영구한 권력자는 아니며, 족장이라 하더라도
족인에 의해 추방될 수 있었던 것이다.

동족사상(同族思想)인 가족내에서의 충실이라는 것이 잘 드러나는 예로 양
자(養子)제도가 그 하나이다. 이 족보에서는, 이성불양(異姓不養)을 원칙으로
하여 장문(長門, 형)에게 아들이 없을 경우에는 차문(次門, 아우)의 장자를
양자로 하고, 차문에 아들이 없을 경우에는 장문의 차남을 양자로 한다. 그
외에 이들 양자로 할 적격자가 없을 경우에 양자를 결정하는 절차가 상세히
정해져 있다.

족인은 그 존장을 존경해야 하지만, 존장도 자중하지 않고 아랫사람을 희
롱하거나 매도할 때에는 그에게도 벌로 향과 초를 과징하고 사당에 꿇어앉게

則**削去族長名字**, 永遠不許再立. ④ 一凡**族長已斃**, 卽刻公議明白, 擇其端方正直者而
補之, 不許久空其缺, 有悮公事. ⑤ 一不許恃**族長**名色做事不端, 處事不公, 以致家法
紊亂, 凡族人有犯訓者, 公議明白, 按事定罪, 秉公處斷, 不得妄出己見, 致令人心不服.
⑥ 一凡有晚妻帶來之子, 不許叙入族譜, 有犯**異姓亂宗**之例. ⑦ 一凡無子之家, 必導長
門無子, 過次門之長, 次門無子, 過長門之例, 不許亂爭, 如無應繼之人, 必擇其近支之
子多者而繼之, 如近支無人, 必選其遠支之有才者而繼之, 如遠近均無可繼, 過嗣外人
之子, 必須合族人等立字畫押, 然後許入族譜, 不然斷無續入族譜之例. ⑧ 一凡族中有
不論是非, 不遵家訓, 毀罵宗族者, 領受責罰外, 凡合族人家, **不論輩次尊卑**, 令其逐門
叩首, 以警衆. ⑨ 一凡族中有不遵法律, 敗壞**倫常**, 或做賊放火任意邪行者, 合族公議,
立刻**處死**, 伊家眷屬, 不得阻撓.

한다고 규정하고 있다. 그리고 족규를 따르지 않고 동족을 매도하는 등의 행위가 있는 자는 존비를 불문하고 동족에서 축출한다. 또한 동족이 법률을 따르지 않거나 윤리와 강상(綱常)을 거스르거나(다시 말해서 불효, 不貞 같은 것) 혹은 도적이 되거나 방화를 하는 행위 등에 이르면 동족회의에서 즉각 사형에 처하고 그 일가 사람들도 이를 저지할 수 없다고까지 규정하고 있다.

따라서 이곳에서도 화중·화남의 족보에서와 마찬가지로 가족 내부질서를 족장이 통솔하고 있다고 하기보다는 족장을 포함한 족내의 장로를 주축으로 하는 동족적 통제라는 인상을 준다(또한 일반 족인의 힘에 대한 평가도 문제로 삼아야 할 것이다). 결국 동족내에서는 종족에 미치는 동족적인 힘이 작용하며, 가(家) 내부에 있어서도 외부적인 지배력으로서의 동족사상과 분리될 수 없는 것이 있었다. 또한 동족이 이발업이나 발의 굳은 살빼기, 발톱깎기(薙頭·修脚), 배우나 악사(戱子·吹手)가 되는 것과 가노(家奴)와의 결혼을 금지하고, 신분이 다른 자와의 법적·윤리적인 내왕을 차단하여, 직업 및 혼인에서도 화중·화남의 경우와 마찬가지로 동족적 지배를 관철하고 있다.56)

족장은 공정해야 하고 편애하거나 아첨 등으로 공정하지 못한 점[私曲]이 있어서는 안 되며, 족인들이 힘이 있는지의 여부에 따라서 동족규범의 적용을 신축(伸縮)적으로 하는 일이 있어서는 안 되고, 만약 족장이 공정하지 않게 천단(擅斷)하는 경우에는 족인이 족장을 파면하는 것을 인정한 것은 화북에서도 하북 교하 이씨뿐만이 아니다. 산동 위해의 『필씨종보(畢氏宗譜)』57)에서도 같은 예를 볼 수 있다. 화북에서도 결속력이 강한 동족에서는 화중·화남의 경우와 거의 질적으로 구별할 수 없을 정도이다. 나는 화북 농촌관행을 조사한 것으로 『中國의 農村家族』을 썼을 때에 족장지배 또는 동족사상이 가의 규율에 상당히 큰 영향을 미칠 뿐만 아니라 깊이 침투하고 있는 것을 알게 되었다.58) 그러나 이상과 같이 보면 그것은 별반 이례에 속하는 것도 아니다. 『中國의 農村家族』은 동족관계의 연구가 그다지 진행되고 있지 않은

---

56) 仁井田陞, 『中國の農村家族』 再版 序 2쪽 이하.
57) 중화민국 17년 刊. 『畢氏宗譜』第1冊 畢公裔家訓.
58) 仁井田陞, 『中國の農村家族』(앞에서 인용한 책, 82·83쪽). 연구자는 이 절의 기재 내용과 앞에 든 책을 대조하기 바란다.

상태에서 쓴 것이기는 하지만 견해가 잘못되지는 않았다고 생각한다.

나는 이상의 연구를 통하여 족보에 나타나는 정도는 대략 윤곽을 잡았다고 생각한다. 그러나 이제 다가 아끼고로우[多賀秋五郞]가 정리한 『宗譜의 研究』(資料編)59)에서 이 점에 대한 자료를 더 상세히 조사하여 문제를 명확하게 해보고 싶다.

호북 신주의 『엽씨족보(葉氏族譜)』60)에 의하면, 족인은 족장의 통제에 복종해야 하고 복종하지 않는 자는 제재를 받는다. 그러나 그 통제에 있어서도 일정한 기준으로서 '가규', '가법'이라 불리는 족규가 있었다. 그리고 족상도 족규에 따라야 했는데, 족규를 따르지 않는 족장에 대해서는 동족들이 사당에 모여 족장의 잘못을 분명히 밝힌 다음, 다른 적임자로 족장을 다시 세울 수 있도록 했다.

호북 한양의 『류씨종보(劉氏宗譜)』61)에는 족장 1명, 족정(族正) 1명, 방장 약간 명을 세우게 되어 있다. 족장은 일족의 대표이고 조상제사도 그 직무내용으로 되어 있다. 이 종보(宗譜)에는 직접적인 족장파면제도를 싣고 있지는 않지만, 그래도 족장으로는 연령이 비교적 높고 공정하며 덕망이 있는 자를 지명하는 것이 명시되어 있다.

안휘 합비의 『형씨종보(邢氏宗譜)』62)에서는 시조의 적파(嫡派)에서 종자를

---

59) 多賀秋五郞, 『宗譜の研究』資料篇, 1960년 3월.

60) 淸 宣統원년 刊. 『新州葉氏家譜』第1本 修省齊公 家規20條. 多賀秋五郞(앞에서 인용한 책, 761쪽). "一族長不守家規, 爲子弟者反覆委曲開論, 及終不聽, 然後會族告于祠堂, 以彰其過, **更立以次賢者**, 主執**家法**, 若子弟不遵家規者, **族長**以家法懲治, 其不服者, 責此赴官以不孝論".

61) 중화민국 22년 刊. 『劉氏宗譜』卷2 計開 族規第16條(中華民國九年). 多賀秋五郞(앞에서 인용한 책, 768쪽). "一遵向章公立**族長**一人, 族正一人, 房長額數不等, 要知**族長**原爲一族之代表, 督率各房長贊襄祠務, 勤修祭祀, 非年分較長公正廉明德望素孚者不克膺".

62) 淸 光緖원년 刊. 『邢氏宗譜』卷1 家規. 多賀秋五郞(앞에서 인용한 책, 736쪽). ① 一統大宗 "大宗者, 始祖之嫡派也, 語曰家有長子, 又曰宗子, 有君道焉, 則一族之人, 皆所聯屬, 凡族中口角, 必具呈禀於大宗, 以聽裁處, 如有恃强抗拗者, 先責二十, 然後再審, 所禦之事, 至大宗亦不得自恃宗正而不修德, 倘宅心不正處事不公, 則另**擇其次之賢**及族中端方者以代之". ② 一立戶長 "**戶長**者, 一戶之人尊之爲長, 非必其人之年之

제1부 가족법
제1장 중국사회의 동족과 족장권위 **33**

세운다. 이 종자는 일족의 장(長)으로서 족내의 분쟁 해결의 임무를 맡는다. 만약 종자에게 불공정한 행위가 있으면 족인은 종자의 지위에서 물러나게 하고 다른 적임자 또는 족인 가운데의 단정한 자를 선출하여 이를 교체할 수 있다. 종자와는 별도로 1호(하나의 경제단위로서의 가(家)가 아니다)에 장(長)으로서 호장(戶長)을 세우고, 방(房)에는 방의 영수로서 방장(房長)을 세운다. 족내의 재판은 사당에서 행해진다. 호장은 종정과 함께 상좌(上坐)에, 각 방장은 좌우에 자리 잡고, 분쟁당사자[兩造]를 대질한 뒤 호장과 종정이 판단을 내린다. 호장도 재덕을 겸비한 훌륭한 사람이어야 한다. 만약 뇌물을 탐하여 편파적인 조치를 했을 때에는 파면하고 다른 사람을 호장으로 세우는 것이 허용된다.

마찬가지로 안휘 동성의 『동피조씨종보(桐陂趙氏宗譜)』[63]에서는 대종(大宗)·소종(小宗)에 각각 1인의 종자를 세워 제사를 주관하는 사람으로 삼았는데, 만약 불초하거나 병자이거나 할 때에는 그 다음 순위의 사람을 세우

派, 實長於一戶也, 凡族中有事, 必具稟於**戶長**, **戶長**協同**宗正**, 批示某日訊審, 原被兩造及詞証, 先至祠室伺候, 至日原告設公案筆硯, **戶長**同**宗正**上座, **各房長**左右座, 兩造對質畢, 靜聽**戶長宗正**剖決, 或罰或責, 各宜凜遵, 違者公究, 然**戶長**必才德兼優, 始克勝任, 如貪賂畏勢, 私己偏親, 及罷軟不能決事者, 除應罰不應罰外, **另行議立**. ③ 一擇房長 "**房長**者, 公理各房之事, 乃一房之領袖也, 自祠堂墳塋祭祀, 以及一切公租出入者, 皆**房長**之職, ……".

63) 淸 光緖 9년 刊. 『桐陂趙氏宗譜』卷首 家約. 多賀秋五郎(앞에서 인용한 책, 738쪽). "宗法不立, 則家敎不行, 但吾家分爲三戶, 渙散久矣, 今立**大宗小宗**, **各一人**以奉祭祀表率族人, 如不肖, 或有故疾及昏磧無知覺者, 立其次, 如其父已孝, 子已成立者, **立其子**, 恐**宗子**年幼, 或不曉事, 不能踔作, 二**宗子**外, 立**宗正**二人, 董正之, **宗子**有定序, 選其醇謹老誠衆以爲可任者任之" "子弟最不肖者, 莫如盜賊, 多爲饑寒所迫故耳, 使族人以時賑濟, 必不至此, 及其旣敗悔, 亦何及, 今後如有居無室, 長無妻, 衣食不足者, 當賑給之, 以親疎爲差等, 務使得所, 若通不周恤, 致令有犯, **宗子**合衆處治, 鳴鼓攻其親房, 仍紀錄示戒" "同姓之子, **昭穆不順**, 亦不可以爲後設, **不得已養弟養孫**, 以奉祭祀, 當撫之如子, 與之財産, 受所養者奉之如父, 如古人爲嫂制服, 今世爲祖承重之意, 而昭穆不亂" "凡族人田宅, 如有賣者, **先儘親房**, 次及族人, 族人不買, 然後賣與外姓, 族人互相典買, 其**價比外姓稍厚**, 不得中强輕奪, 違者具告**宗子**, 合衆處分, 如偸賣外姓, 不通族人, 知者罰之若有意先賣, 破族人産者, 以不孝不弟論, 族人備價責令贖回, 若賣産者, 先已告過, 俟其賣後, 尊長挾要勸償, 此最無恥者, **宗子**合衆鳴鼓攻之, 仍紀錄其過".

고,[64] 부친이 연로하면 그 아들을 세우는 것이 용인되고 있었다. 그리고 종자가 어리다는 등의 사정이 있을 때는 종자 이외에 종정을 세울 수 있다. 종자가 되기 위해서는 동족 내에서 정해진 서열에 따라야 하지만, 종정에 대해서는 그러한 제한이 없다. 적임자를 뽑아서 종정으로 삼을 수가 있다. 덧붙이자면, 동족 가운데에 아들이 없는 자에 대해서는 소목(昭穆) 상당(백부와 조카와의 관계와 같음)의 자를 양자로 삼는 것이 순리에 맞겠지만, 이 조씨에서는 양제(養弟)나 양손(養孫)에 의하여 제사가 모셔지는 것도 고려되고 있었다. 이 조씨의 종자는 제사를 주재하는 자로서만이 아니라 동족사상을 충실히 수행하여야 하는 점에서도 큰 역할을 맡고 있었다.

종자는 공적인 부담을 소홀히 하여 동족에게 누를 끼치는 자를 단속하며, 족내의 경제적 부조에 유념하는 것은 물론이다. 족인의 자제로서 가장 불초한 것은 도적이 되는 것이지만, 그것은 기아와 추위로 인한 결과이다. 근친의 혈연관계에 있는 자에 대하여는 특히 힘써서 그 부조를 소홀히 하지 않도록 해야 한다. 만일 부조를 태만히 하여 범죄를 저지르는 자가 생기게 되면 종자는 족인과 함께 그 근친자를 비난한다. 조씨의 종자는 족인의 재산처분에도 간여하도록 되어 있었다.

중국에서는 청대에도 부동산거래에 선매권(先買權, Vorkaufsrecht)의 법관습이 행해지고 있어서,[65] 족인이 자기 소유의 토지나 가옥을 매도할 때에 일차적으로 근친에게, 이차적으로 그 밖의 동족에게 매각하여야 하고, 동족 가운데에 매수하려는 사람이 없을 때에 비로소 동족 외의 자에게 매도할 수 있었다. 이러한 순서를 지키지 않으면 선매권자는 대가를 지급한 뒤에 목적물

---

64) 『鄭氏規範』(學海類編本). 宗子의 次位를 세우는 것에 대해서는 이미 송·원시대에 說이 있으며 행하여지기도 하였다.

65) 中田薰, 「唐宋時代の家族共產制」(『法制史論集』제3권, 1336쪽)에는 『宋刑統』卷13 起請에 의해 설명되어 있다. 중국의 先買權은 唐 이전부터 행해진 것이 틀림없지만 문헌으로 가장 오래 된 것은 『唐會要』卷85 天寶14載8月制과 같은 唐代무렵의 것이다(仁井田陞, 「唐宋時代に於ける債權の擔保」, 『史學雜誌』42권10호, 1931년 10월). 그리고 그것은 變化消長을 거쳐 어쨌든 혁명전야까지 행하여졌다. 이 법관습의 연혁에 대해서는 仁井田, 『中國法制史研究』(토지법·거래법)에 수록된 「中國賣買法の沿革」, 343쪽 이하·359쪽·기타 524쪽 등을 참조하기 바란다.

을 환수할 수 있었다. 동족간의 거래가격이 동족외의 자와의 거래의 경우보다 약간 높은 것이 관례이었으므로 동족이 싼 가격으로 거래를 강제할 수 없도록 하였다.[66)]

만약 이것을 강제하는 자가 있으면 매도인은 종자에게 고소하여 족인회의에서 매수인의 주장을 제압할 수 있도록 하였다. 그리고 매매의 순서를 지켜 거래가 이루어진 뒤에 매도인의 존장(백부, 형 등)이 목적물을 자기 수중으로 되찾으려고 하면, 종자는 동족과 함께 이를 비난하고 그 죄과를 기록해 두어야 했다. 이 조씨의 종자는 다른 종족에서의 족장과 같은 역할을 맡고 있었으며, 그 권한은 종족 생활의 넓은 영역에 영향을 미쳤다. 그리고 이 조씨에서는 종자가 세워지지 않은 경우에 '존장'이라 하여 이 또한 족장의 실질을 가지는 자를 택하도록 하였다(이것은 이미 기술하였다).

강소 강도의 『손씨족보(孫氏族譜)』[67)]에는 "효는 백행에 앞선다[孝爲百行之先]"로 시작되는 사규(祠規) 29개조가 실려 있다. 족내의 통솔자는 족장이며, 족내의 규율을 어지럽히는 족인에 대해서는 사당에 감금하거나[鎖入祠堂] 벌금을 부과하거나 동족으로부터 추방하고(형벌로 말하면 금고형, 벌금형, 추방

---

66) 〈옮긴이주〉李鍾贊,「『名公書判淸明集』을 통해 본 宋代 不動産 거래와 親隣法」,『法史學研究』31, 2005 참조.

67) 同治 7년 刊.『孫氏族譜』卷1 祠規. 多賀秋五郎(앞에서 인용한 책, 818쪽 이하). ① 一本族世遠裔蕃, 不無强弱衆寡之別, 以祖宗視之, 皆係子孫, 有等挾勢欺人, 不思同宗共祖之情, 以强凌弱, 以衆暴寡, 黨惡害良, 引誘子弟, 姦淫嫖賭者, **族長**糾族中有才有德者, **鎖入祠堂**, 嚴加責罰, 倘恃强橫不遵家法, 合族公呈送官究治. ② 一閨門乃風紀之原, 惟嚴無怠, 晝不遊庭, 夜行以火, 爲婦人之正道, 近有燒香看戲, 男女混雜, 不願羞恥, 深可痛恨, 宜一槪禁止, **犯者罰其夫**, **寡婦則罰其子**, **如夫男俱無**, **罰其房長**, 更有防閑不密, 致取玷辱干犯倫理者, 指實呈祠, 依律重處. ③ 一夫死之婦, 守節爲上, 儻不能守嫁之最, 當如有稚子幼女, 須令親房撫養, 若無所依, 聽其携育長大歸宗, 必須立約祠內, 以爲後日歸宗之照, **若招贅異姓**, 乃引姦入室, 小則破家, 大則亂倫, 爲害殊甚, 如有貪財恃强違禁者, 合族**攻禮銀入祠**, 定行逐出. ④ 一偸竊無論大小, 名行有關, 不獨撬挖門洞爲賊, 卽田禾蔬菜瓜果竹木池魚等物, 雖小亦賊也, 皆因父兄之敎不先子弟之率不謹, 如有犯者, **本人公祠重處外**, **仍責其父兄**, 以警訓敎之不嚴. ⑤ 一**族長**乃子孫視效所關, 宗族家務所係, 務須言循理行順道, 凡族中有聿修丕德, 無忝前人者, 奉公旌賞, 有不守家規, 違背敎令者, 依理處罰, 而親睦之道, 於是乎篤焉, 若**恃尊**行以撓法, 執僻見以抗公, 更且假公濟私, 受賄狥情, 苟有此弊, **族衆攻之**, **定行倍罰**.

형), 경우에 따라서는 그 권위를 자제의 부형에게까지 이르게 하여 부형을 벌한다. 예를 들어 혼인은 이른바 문당호대(門當戶對)[68]인 자를 선택하여야 하는데[擇門楣相當, 家聲清白者], 만일 부귀를 좋아하고 빈곤을 싫어할 때는 동족의 공론으로 엄히 처분한다.

규문(閨門)의 풍기문란에 대해서는 그 남편을 벌하고, 과부인 경우는 그 자녀를, 만약 남편도 자녀도 없을 때는 방장을 처벌한다. 과부는 수절을 제일로 여긴다. 그런데도 남편 사후에 다른 성씨의 후부(後夫)를 맞이하는 것[招贅][69] 같은 행동을 하면 벌금을 내게 한[合族攻禮銀入祠] 뒤에 종족에서 축출한다. 부귀를 노린 양자는 허용되지 않으며, 유아살해[淹男溺女]도 금지되나, 만약 방장이 이를 고소하지 않을 때는 방장을 처벌한다.

절도(作物竊盜 등)는 도둑 본인을 벌하는[公祠重處] 것은 물론, 그 부형도 처벌한다. 이와 같이 족적 지배는 도작(盜作)뿐만 아니라 일가의 혼인이나 양자에까지 미친다. 그러나 족장도 존엄에 기대어 법을 왜곡하거나 편견을 고집하여 동족의 이익을 해하며, 뇌물을 받고 사사로운 정을 따르는 경우에는, 족인이 이를 공격하여 족장에 대한 것이라 하더라도 처벌을 회피하지 않는다. 그리고 직무의 성질상 족장, 방장 이외에 사정(祠正)을 두었다.

『손씨족보(孫氏族譜)』와 같은 형태의 파면제도는 강소 진릉의 『장만교주씨속수종보(蔣灣橋周氏續修宗譜)』[70]의 가규에도 나와 있다. 이 가규도 "효는 백행에 앞선다[孝爲百行之先]"고 하는 것을 제1조로 하는 123개조로 구성되어

---

68) 문당호대(門堂戶對), 혼인과 동격인 경우에 대해서는 仁井田陞, 『中國の農村家族』, 101쪽 이하·115쪽 등을 참조.

69) 招贅에 대해서는 仁井田의 앞에 인용한 책 179쪽 이하.
〈옮긴이주〉 가와무라 야스시, 「송대 데릴사위(贅壻)소고」(임대희 옮김) 『송대양자법』(서경, 2005)도 참고가 될 것이다.

70) 光緖 17년 刊. 『蔣灣橋周氏續修宗譜』卷1 家規. 多賀秋五郎(앞에서 인용한 책, 742쪽 이하). ① 一**族長**乃子姓視效所關, 宗族家務所係, 務須言循理行順道, 凡族中有聿修厥德, 無忝前人者, 奉公獎賞, **違背教令**者, 依理**處罰**, 而親睦之道, 於最乎篤矣, 倘有恃尊, 妄行更且, 假公濟私, 受賄徇情者, **族衆其攻**. ② 一古人云寧爲雞口毋爲牛後, 我族淸白傳家, 倘有不肖子孫**賣身爲奴及充賤役者**, 玷辱祖宗, 公議**逐出**. ③ 一族內昆仲叔姪或因財産爭論, 應聽**族長**及公正者調處, 不得偏執, 已見逕自成訟, 以致自相戕賊, 如有此等, **通族公議**嚴處, 又因小事爭論, 輒相毆罵者, 亦**公議**嚴處.

있다. 여기에는 조상을 욕되게 하는 무뢰한 자제를 동족회의에서 축출하고, 동성(同姓)이면서 혼인한 자를 동족회의에서 축출하며, 레비레이트(Levirate; 兄亡收嫂, 弟亡收弟婦)를 금지하고, 몸을 팔아 노(奴)가 되거나 천역(賤役)에 종사하여 조상을 욕되게 하는 자를 동족회의에서 축출하며, 족내의 분쟁은 족장 등이 조정을 맡고, 국가의 법정에 사건을 가져가는 것을 금지하는 것 등을 규정하고, 그리고 총체적으로 족장의 통솔에 따르도록 하고 있다. 그러나 그 족장도 스스로 존엄을 기대어 사사로운 이익을 추구하거나 뇌물을 받아 사사로운 정에 따르는 등 자의적인 행동을 할 수 없다. 만약 그런 천단, 자의적인 행동을 한 경우에는 당연히 족의 구성원의 비난을 피할 수 없다.

강소의 『강음육씨종보(江陰六氏宗譜)』71)에 의하면 종족 가운데에서 연장자 1인을 추대하여 종장(족장)으로 삼고 족인들을 통솔하도록 하고, 종사(宗史)로 하여금 동족의 출생·사망·혼인·장례 등의 기록을 담당하게 하고, 종직(宗直)으로 하여금 족인들의 언행·행동거지를 기록하도록 하며, 후사가 없는 자에 대해서는 지파(支派)에서 적격자를 선발하도록 하여 이른바 이성 양자를 금지한다. 동족의 기록에 대해서는 종장이 종사·종직 등을 소집한 뒤에 등기(登記)하는 것으로 되어 있다. 이 종보(宗譜)에는 종장의 파면에 관한 것은 기록하고 있지 않지만, 종사·종직이 적임자가 아닌 경우(적임이 아니게 된 경우)에는 중의를 모은 뒤에 해임하고, 다른 사람을 추대하는 것으로 되어 있다.

강소(江蘇)의 『강도변씨족보(江都卞氏族譜)』72)에서는 종자를 세우기는 하

---

71) 光緒 22년 刊. 『江陰六氏宗譜』卷2 宗規. 多賀秋五郎(앞에서 인용한 책, 746쪽). "一宗譜旣脩, 各房收掌一部, 不可損壞遺失, 族中推年長一人, 曰宗長, 以督率族人, 更選通文義者一人, 曰宗史, 凡族中生娶卒葬, 每年於新正望前, 公同一一記載, 以備後人纂修, 再推有才望者一人, 曰宗直, 族人言行可法, 及行止不端者, 悉擧報以誌其本末, 分善惡得失, 以俟勸懲, 有本房無嗣者, 查明支派, 循次推嗣, 不得承繼異姓, 以亂宗祧, 凡書錄, 宗長會集宗史宗直暨族人公同登記, 不許私相抄寫, 察出議罰, 若宗史宗直不稱職, 則議更擧".

72) 道光 10년 刊. 『江都卞氏族譜』卷1 江都卞氏其沙祠堂條約. 多賀秋五郎(앞에서 인용한 책, 809쪽 이하). ① 一族長當兼齒德合族尊之人, 豈可專論年齒, 故必於行輩最尊中擇有德者, 奉爲族長, 以督率族人, 敎誨宗子, ……. ② 一族忿當早解釋, 族有小忿

지만 일족을 통솔하는 실권은 부여하지 않고 있다. 그 실권은 족장에게 있다. 족장으로는 연령과 덕을 갖춘 고매한 인물을 선출한다. 다시 말해서 단순히 연령이 동족 가운데에서 최고라고 해서 되는 것이 아니다. 세대가 가장 높고 또한 덕이 있는 자를 뽑아서 족장으로 삼고 그 족장으로 하여금 족인을 통솔하게 한다. 만약 동족 내에 분쟁이 발생하는 경우에는 족장이 방장들을 소집하여 조정·화해시키고, 국가의 법정에 분쟁을 가져가는 것을 저지하려고 힘쓴다.

강소 비릉(毘陵)의 『비씨중수종보(費氏重修宗譜)』[73]에서는 오역불순(忤逆不順, 즉 불효)을 대악(大惡)으로 여겨서 중벌을 부과하여 장벌(杖罰) 40대(責40板), 사당 내 감금 1개월[鎖祠內一月]에 처하고, 누범은 벌을 가중한다. 백부·숙부 등에 대한 간범(干犯)에게도 같은 종류의 제재를 가한다. 아전의 임무를 맡거나 배우가 되는 자는 추방한다.

하남의 『안양마씨사당조규(安陽馬氏祠堂條規)』[74]에서는 딸을 팔아 첩으로 만들거나 노비로 만들거나 창녀로 만들거나 자녀를 팔아서 노복이나 광대로 만들거나 의붓아들이나 승려로 만드는 것은 족약위반이다. 악공(樂工)·도호(屠戶)·체두(剃頭)·장수(長隨) 등이 되는 것도 마찬가지였다. 절강지

微嫌, 告知**族長**, 隨當傳喚該分分長**房長**, 諭令**調處**, 並須引家訓中對症之言, 以爲藤石, 反復勤戒, 自可冰釋, 若不卽時解釋, 設使各逞己見, 釀成訟獄, 豈不遺憾與, …….

73) 同治 8년 刊. 『費氏重修宗譜』卷1 宗規(罰例). 多賀秋五郎(앞에서 인용한 책, 721쪽). ① 一忤逆不順大惡也, **責四十板**, 鎖祠內一月, 再犯鎖責如前, 公議暫革出祠, 俟其悛改, 復入三犯, **鳴官處死**(忤逆不順은 다음 조부터 보면 불효인 것으로 생각된다. 종자나 족장에 대한 행위도 혹시 포함되는지도 모른다). ② 一伯叔皆父行也, 其有諸姪或姪孫, 干犯伯叔父伯叔祖父者, **責二十板**, 鎖祠內十日, 再犯責三十板, 鎖祠內二十日, 三犯公革出祠, 其或恃祖父行欺凌卑幼者, 量事緣由, 重者議責, 輕者議罰. ③ 一兄弟有序, 以弟犯兄不恭責三十板, 以兄凌弟不友責十板. ④ 一充當胥役, 以及身列俳優者, 公出革出.

74) 光緒 16년 刊. 『安陽馬氏祠堂條規』. 多賀秋五郎(앞에서 인용한 책, 830쪽). ① 敎訓子孫 "或耕或讀, 須有正業, 尤以孝弟勤儉爲本, 若縱子孫爲非作惡, 以及賣女爲妾, 爲婢, 爲尼, 爲娼, 賣子爲奴, 爲優, 爲義子, 爲僧道, 皆以犯規". ② 勿爲優隸 "**優**如唱戲, **隸**如皁役, 皆賤而又賤者也, 卽鬧鼓班當箱主, 充民壯充書吏亦在所禁, 以及**樂工屠戶剃頭長隨小馬**等類, 俱不準爲違者, 皆以犯規論".

방의 족보로 족장파면제도를 가장 분명히 해두고 있는 것은 절강 근성의 『화씨종보(華氏宗譜)』75)이다. 이 족보의 「명덕당가훈(明德堂家訓)」에 의하면 "효하는 것은 인도의 시초이고 백행의 근본이다[孝者人道之始, 百行之原]"로 시작되는 25개조 가운데에 종장(족장) 통솔규정이 포함되어 있어, 동족에 대한 제재(杖刑, 벌금, 추방도 보인다)를 가하고, 또한 동족내의 분쟁은 종장이 곡직을 분변하고 국가의 법정을 멀리하여서 종족 보호의 도리를 꾀하는 것이다. 동족내의 무사함은 어느 동족에게도 일반적인 소망이며, 강소(江蘇)의 「조씨가훈(趙氏家訓)」에서도 "대사(大事)를 소사(小事)로 변하게 하고, 소사(小事)를 무사(無事)로 바뀌게 하는 것은 보신보가(保身保家)의 방법이다"라고 하고 있다.76) 그와 동시에 이 화씨의 『명덕당가훈(明德堂家訓)』에서는 종장이 현명하지 못한 것은 족인에 의한 파면원인으로 되어 있다. 족인들은 종장을 파면시키고 다른 적임자로 이를 대신하게 하는 것을 인정하고 있다. 소위 "드나들 때에는 서로 친구가 되고 지키고 있을 때는 서로 도와준다[出入相友, 守望相助]"라는 것처럼 일족의 공적인 일이 있는 경우에는 일족의 협력이 요청된다. 요청에 응하지 않는 자는 처벌을 받으며, 그것을 다시 범하는 자에게는 종장이 각 방장과 회동하여 이를 엄중히 처벌한다.

절강의 『소산주가단주씨종보(蕭山朱家壇朱氏宗譜)』77)의 「선철유훈(先哲遺

---

75) 光緒 24년 刊. 『華氏宗譜』卷首「明德堂家訓」. 多賀秋五郎(앞에서 인용한 책, 649쪽). "立宗長以振風俗, 司馬溫公曰, 凡我家政, 必謹守禮法, 以御輩弟子及家衆, 分職受事, 而責其成功, 制財用之節, 量入爲出, 子孫宜推尊以遵其敎, 小事大事必熏明, 而後可行, 違逆不遵者黜, 傲慢不遵者黜, 爲匪者宗長可杖, 嫖賭者宗長可杖, 崇尚異端鳴官究治, 若偶犯小過, 諒其輕重罰之, 以充公用, 宗長不賢, 衆擧其次長賢德者代之, 庶有所秫式, 而我族其敦厚矣夫""宗族爭鬪骨肉相殘, …… 凡我族或有不平實之, 宗長辨其曲直, 從而罰其曲者, 伸其直者, 庶幾訟端不興, 亦保家俏身之道也""族有公事, 須會同齋出, 所謂出入相友守望相助, 倘有冥頑推諉者倍罰不貸, 再敢逞强不服, 宗長會同各房長究治之".

76) 『大港趙氏遷居住賀庄重修族譜』卷1「趙氏家訓」. 多賀秋五郎(앞에서 인용한 책, 665쪽). "一日禁詞訟, …… 願我子孫, 以無事爲福, 仁厚爲心, 使大事化小事, 小事化無事, 此保身保家之道也".

77) 同治 8년 刊. 『蕭山朱家壇朱氏宗譜』卷2 先哲遺訓10則. 多賀秋五郎(앞에서 인용한 책, 635쪽). "一族長所以網維家政統理大小者也, 務須德行老成已不欺, 凡族中公是公

訓)」 제1조는 『화씨종보(華氏宗譜)』처럼 확실한 문언은 아니지만 이것도 파면제를 규정한 것으로 이해해도 좋을 것이다. 이에 의하면 족장은 가정(家政, 族政)을 총괄하는 자이므로, 족장에는 연로하면서 덕행이 구비되고 자신을 바르게 하여 거짓이 없는 인물을 뽑아야 한다. 족내의 분분한 의견은 족장의 재단(裁斷)을 기다려 징계하여야 하는 자는 징계하고 벌해야 하는 자는 처벌해야 한다. 그러나 불공정한 처분을 내리는 족장에 대해서는 족인이 이를 비난하고, 별도로 차장(次長) 1인을 천거하여 그 통솔을 따르더라도 괜찮다고 되어 있다.

또한 절강의 족보에서 족장이나 종장이 있는 경우가 아니고 종자가 있어서 그 파면을 규정한 것을 한두 가지 들어보자. 절강의 『산음안창서씨종보(山陰安昌徐氏宗譜)』[78]에서는, 종자는 동족의 제사를 주재하는 자이며, 적장(嫡長)을 세우는 것이기는 하지만, 그 경우에도 덕행에 부족함이 있어서는 안 된다. 그리고 과실이 있다면 이를 벌하지 않지만, 큰 허물이 있고 여론이 이를 허용하지 않을 때는 종자라 하더라도 그 지위를 파면하고 다른 적임자를 선택하여 이를 대신하게 하는 것으로 되어 있다.

절강의 『소산관씨종보(蕭山管氏宗譜)』[79]에 의하면, 이곳에는 족장이라고

非, 事有不平, 聽其裁斷, 或懲或罰, 無苟或違, 倘以長淩幼, 以私廢公, 不但失教育之道, 抑且大傷和氣矣, **着令衆共鳴攻**, 另**擧次長一人**, 表率可也, 爲子弟者, 亦宜率教一聽其督責, 如有不遵, 小則祠堂治以家法, 大則公庭治以官刑, 各當體認愼毋貽競他方也".

78) 光緒 10년 刊. 『山陰安昌徐氏宗譜』卷2 家教. 多賀秋五郎(앞에서 인용한 책, 639쪽). ① 一宗子主祀, 固以嫡長, 亦須德行無玷, 乃爲無愧, 若有過失, 出於無心者, 不得議罰, 果有大過, **輿論不可者黜**, **擇次賢者代之**. ② 一子孫得罪祖父, 而祖父容隱姑息之愛也, 釀成大禍, 職此之由, 戒之戒之, 若被人發覺得實, **幷罰祖父**.

79) 光緒 원년 刊. 『蕭山管氏宗譜』卷4 祠規(光緒 4년). 多賀秋五郎(앞에서 인용한 책, 821쪽 이하). ① 一族中必以德分最尊者一人爲**家長**, 凡事須禀明而後行, 淸明**墓祭**, 家長主之, 又立長支嫡孫一人爲**宗子**, 以主中元之祭, **家長將宗子**加意教養, 使知道理, **若有不肖**, **當擇次賢者易之**, 又每房立**房長**一人, 以帮家長行事, 如源一府君房, 立一人, 源二府君房, 立一人, 源三府君房, 立一人, 又立**總理**一人, 以理宗祠之事, 大小事務, 皆歸總理, 專主可否, 又立**通紏**二人, 以察一族之是非, 必選剛方正直, 遇事能幹者爲之, 凡族人有過, 通紏擧鳴於**家長**, **家長房長總理**, 亦當以公正存心, 以至誠待族, 不可徇私偏向恃尊, 妄爲以虧一族之表率. ② 一**宗族無子**者, **家長房長公同會議**, **擇其昭穆**

불리는 자가 있기는 하나 그 지위는 명목상의 것일 뿐이다. 그리고 다른 동족에서의 족장과 같은 실질적 권한을 가지는 자를 '가장(家長)'이라 하고, 그 자가 동족의 지휘·통솔을 맡고 있다. 그리고 가장이 청명(淸明)[80] 묘제(墓祭)까지도 담당한다. 그러나 동족의 장지적손(長支嫡孫) 1명을 종자로 삼고 종자가 중원(中元)[81]의 제사를 담당한다. 종자의 교육은 앞서 언급한 가장이 맡으며 종자가 불초한 경우에는 또 다른 적임자를 선발하여 이를 대신하게 하는 것으로 되어 있다. 이 경우 종자의 교체에 대해서 동족의 의사에 따른다고 기록되어 있지는 않다. 동족간에 분쟁이 발생했을 때는 가장·방장들에게 재판이 위임되는데, 그 경우 가장 등에게는 공정한 태도가 요망된다. 존엄에 의지하여 자의(恣意)를 개입시키는 것은 허용되지 않는다. 그러나 이 경우 파면제도까지는 명시되어 있지 않다. 방장은 방(房)마다 1명을 세운다. 또한 총리(總理) 1명을 천거하여 종사(宗祠)의 사무를 맡기고 통규(通糾) 2명을 세워서 일족의 시비(是非)를 살피게 한다. 족인 가운데 과실이 있으면 통규는 이를 가장에게 보고하는 절차로 이루어져 있다.

이런 종류의 족약 가운데에는 동족의 이념이자 당위의 규정으로 외관적이고 형식적인 면도 없지는 않을 것이다. 그러나 그러한 것으로만 구성되어 있는 것은 아닐 것이다. 여기에는 정도의 차이는 있을 것이지만, 실천적이고 구체적인 동족규범이자 동족집단의 규범의식이 드러난 경우가 적지 않았을 것이다.[82]

이상과 같이 족장을 포함한 장로집단의 통제는 족적 결합이 강한 지방에서는 일반적인 것이고, 그것이 가족 내에도 침투하여 가부장 권위를 그만큼 제약하고 있었다. 그러나 한편 족장 등에 대한 파면도 비교적 넓게 족적인 제도가 되어 있었던 것 같고, 그만큼 족장권위도 무조건적이지는 않았다고 생각

相應者繼之, 雖或擇愛, 亦當依倫序, 不許偏私越繼以啓爭端, 如有妄爭者, **家長責罰**. ③ 一**族長**係通族之望, 公道之所自出也, 大小事勢, 先投**家長**併族中衣冠, 說明約日詣祠公訊曲直, 輕者**簡錢**重者**責治**, 如有頑抗家法不能治者, 送官重處斷, 不輕恕.

80) 청명은 4월 15일이다.
81) 중원은 7월 15일이다.
82) 仁井田陞, 『中國の農村家族』(앞에서 인용한 책, 再版 序 5쪽 이하).

한다. 물론 파면제도가 설령 가보(家譜)에 기록되어 있지 않는 경우라도 이러한 가보를 가진 동족에게 이와 같은 제도가 없었다고 단언할 수는 없을 것이다. 족장은 동족 장로 '끼리끼리' 가운데에서 중심적인 지위이기는 하지만, 동족의 최상세대, 최고 연령자로 한정시키지 않았던 것은 여러 자료에 나타나는 바이고, 족장도 동족에 대하여 공정·충실하여야 하는 것이 기본의무로 요청되었으며, 동족에 대하여 중대한 규약위반이 있는 경우에는 족장이라 하더라도 족적 제재에 복종해야 하는 것으로 되어 있었다.[83]

그리고 가부장 권위가 전적으로 지배하고 있었다고 생각되기 쉬운 가족 내에서도 동족의 지배가 침투하여 동족사상을 거부할 수 없었다. 동족 내 규율은 그 척도에 따라 가부장의 권위를 유지하기도 하고 제지하기도 하였다. 동족관계에서는 족내의 권위를 유지함과 동시에 좌우의 횡적인 힘의 관계를 고려할 필요가 있다. 또한 이것은 위로부터의 힘도 제약한다. 가족, 특히 가족 공동의 부조(父祖)를 가장으로 하는 부자조손(父子祖孫)간의 관계에서도 수직적인 지배복종관계뿐만 아니라 동족적인 횡적 힘의 관계를 제외시키는 것은 생각할 수 없다. 가부장의 권력이 가산균분주의를 바꾸기 어려웠던 것에 대해서도 동족적인 횡적 힘을 고려하는 것이 필요할 것이다. 가산균분주의도 또한 가내에 있어서의 동족사상의 한 표현이기 때문에 그러하다.[84]

---

83) E. Stevens, Clanship among the Chinese, Chinese Repository, Vol.4, 1835, pp.413 ~414에 의하면 마을에 관리가 駐在하지 않는 경우에도 반드시 촌장이 있다. 그는 마을 주민에 의해 선출되어 봉급을 받았지만, 마을은 동성촌락이거나 거의 동성뿐인 촌락이어서 촌장은 동성의 유력자라고 한다. 그런데 그에게 부적절한 행위가 없으면 문제가 없지만, 부적절한 행위가 있으면 마을의 주축이 되는 사람들의 합의에 의해 파면되었다. 마을에서는 새로운 촌장을 선출하여 교체했다고 한다. 족장과 촌장을 동일시할 수는 없지만 그 파면에 대해서는 같은 종류의 제도가 시행되었던 것이라고 생각된다. 『支那叢報』제4권 해설, 98~99쪽 참조.
84) 仁井田陞, 『中國의 農村家族』(앞에서 인용한 책, 再版 序 5쪽 이하).

제3절 동족내의 장로집단 구성

　동족의 지휘통솔자는 족장이지만 족내의 통제가 족장 1인에 의해 행해지는 것은 아니고, 족장을 중심으로 하는 장로집단에 의해 행해지고 있었다.[85] 종자는 동족의 적장(嫡長) 계통으로 동족 공동 조상의 제사의 주재자가 되고, 족장은 동족 가장 높은 세대의 최고 연령자 가운데에서 선출되어 동족의 통솔자이고, 방장은 동족 각 지파의 장이라고 일반적으로는 말할 수 있을 것이다. 그러나 종자이면서 동시에 족장 지위를 가지는 자도 종종 있었다[86](이 점은 앞 절에서 여러 가지 예를 들어 두었다). 종자 외에 종상(宗相)을 두어 종자를 돕게 하거나 족장 외에 족정(族正)을 두어 족장을 돕게 한 경우도 있었다. 마찬가지로 족장적인 지위를 갖고 있으면서도 항상 반드시 족장이라고 불리는 것은 아니었으며, 호장(戶長)이나 호존(戶尊)으로 불리는 경우도 있었다. 호존은 족장이라고 바꾸어 말할 수도 있었다(동성지방). 또 방장도 고장(股長)이라든지 고두(股頭)라고 불리기도 하였다. 방장은 지파의 수장이었다. 호존이라고 불리는 것도 실제로 한 사람만이 아니었고, 또한 방장도 지파마다 지파의 수만큼 세웠다.

　『오흥순효리반씨세보(吳興純孝里潘氏世譜)』(明, 萬曆 刊으로 추정)에 의하면[87] 명대에서도 족장 이외에 방장을 세웠다. 명(明)의 왕맹기(王孟箕)의

---

85) R. F. Johnstone, Lion and Dragon in Northen China, 1910, p.155. 족장도 동년배 가운데의 우두머리인 primus inter pares에 지나지 않는다.

86) 『健餘先生文集』4권 「健餘堂宗法記」에서 "嫡長子孫으로 宗子를 삼는데, 종자는 제사를 담당할 뿐만 아니라 족내의 전반적인 통솔자이어서 이른바 족장의 직분을 수행한다. 따라서 여기에는 종자 외에 족장을 두지 않는다. 그러나 이와 같은 것은 일반성은 없었던 것 같다"고 하였지만(仁井田, 『中國の農村家族』, 1952년 8월, 84쪽), 그것은 정정할 필요가 있다.

87) 이하 인용하는 족보는 앞 절에서 거론한 것이 많으므로 그것을 참조하기 바란다. 그것에 대해서는 가능한 한 註에 기재하지 않는다.

『강종약회규(講宗約會規)』에도 종장과 함께 방장이 세워져 있는 것을 볼 수 있다.[88] 호남 장사 『단산진씨족보(檀山陳氏族譜)』(明刊)에는 종자(그 직분은 대종의 제사를 주재하는 것임), 족정[主盟族約], 호수(戶首, 主司戶役) 이외에 약정(約正) 및 부약정[約副]이 있었다.[89] 호북 한양의 『용예대씨종보(龍霓戴氏宗譜)』[90]에는 일족 가운데에 점잖고 나이가 많은 사람을 족장, 족정, 방장으로 세운 것으로 나타나고 있다[族長族正房長, 均須公正紳者]. 『려강하씨대동종보(廬江何氏大同宗譜)』(중화민국 10년 刊)는 동쪽으로는 강소, 서쪽으로는 광서에 이르는 하씨의 대동종보(大同宗譜)인데, 여기에는 종자를 세우고 종자가 없으면 분존(分尊)의 연장자가 이를 대신하며, 그밖에 호장, 방장이 세워져 있었다. 이 족보들은 중화민국이 되고 나서 중수(重修)된 것이기는 하나, 그 족장·방장제도의 내력은 오래된 것이다. 안휘 동성의 『정씨종보(程氏宗譜)』[91]에는 강희(康熙) 10년(1671) 2월의 동족의 제전(祭田)에 관한 합동의약(議約)이 수록되어 있는데, 거기에는 세 명의 호존(戶尊)의 이름이 열거되어 있다.

康熙十年二月二十五日立合同議約首事存廣存朮等, 今因戶下人心不一, 疎失祭典以致祖堂被侵, 歷年搆訟, 有八房絶產二坵, 載種五斗, 原因玉光年老無嗣, 且係一戶之尊, 暫付養老, 今玉光年至八十, 缺少棺木, 本族公議, 照人派銀, 共成四兩一錢, 將田買入公堂, 以爲世世子孫祭祀之資, 其出銀者, 方許押字, 淸明之日, 祭掃不用出費, 不押字者, 此田無分, 出費方許祭

---

88) 『講宗約會規』(平情息訟). 仁井田, 『支那身分法史』(1942년 1월, 119쪽 이하·170쪽 이하).

89) 『檀山陳氏族譜』에 대해서는 仁井田, 『支那身分法史』(앞에서 인용한 책, 121쪽 이하) 참조. 明 洪武 5년 廬江郡, 『何氏家記』의 방장은 족장 같은 것일 것이다. 이에 대해서는 제1절 참조.

90) 중화민국 9년 刊. 『戴氏宗譜』第2冊 租課의 토지증여문서(光緖 23년 겨울)에도 족장 및 족정이 나타난다.

91) 중화민국 10년 刊. 『程氏宗譜』卷26. 송대의 예이지만, 『勉齋先生黃文肅公文集』卷 40 判語에 '족장 數人'의 자료가 있다. 방장까지도 족장이라고 한 것인지 여부의 문제이지만, '족장'의 수를 복수로 보인 예이다. 仁井田, 『支那身分法史』(앞에서 인용한 책, 116·118쪽).

掃, 此係**公議**, …… 恐後無憑, 立此合同議約, 久遠存照

	柱	
戶尊	玉光	俱押
	琢	

	正還	
公親	汪子衍	俱押
	吳德先	

　마찬가지로 『동성동씨종보(桐城董氏宗譜)』[92]에서는 강희 10년 10월에 동족 가운데에 어떤 사람이 자기 소유지를 동족에게 제전으로 기부한 경우의 증여증서에 호장 3명, 고장(股長) 여러 명의 서명이 나란히 기록되어 있다. 도광(道光) 21년(1841) 7월의 합동의자(議字)에도 호존 1명, 호장 여러 명의 연서(連署)가 보인다. 동족 규범을 비교할 때 설령 그 현실화에 문제가 있었다고 하더라도 종규(宗規)나 가훈 같은 것에 주목하는 것은 의미 있는 일이라고 나도 생각한다.[93]

　또한 의장(義莊), 제전(祭田)과 같이 동족의 경제적 기초에 깊은 관련을 가진 규범을 제외시킬 수 없다는 것은 말할 필요도 없다. 나는 그것과 함께 동족의 금약(禁約), 의약(議約), 계약서 등[94] 동족 생활에 있어서 현실과 밀접한 관계를 가진 여러 자료도 제외시킬 수 없다고 생각한다. 동성의 『육엽씨종보(陸葉氏宗譜)』(同治 5년 刊)에서는 종자가 나이 어릴 때는 호장을 세워서 일족을 통솔하게 하고, 각 방(房)에 (동족의 지파마다) 방장을 두고, 종상(宗相)을 두어서 보좌하게 하였다. 동성의 『당씨종보(唐氏宗譜)』[95]의 가규에서는 종자를 세우고 호장을 천거하며 각 방에는 고장을 세우게 되어 있다. 그

---

92) 光緒 32년 刊. 『桐城董氏宗譜』卷5 君進公捐田遺囑.
93) 牧野巽, 『支那家族研究』(1944년 12월, 577쪽) 참조. 그렇다고는 하지만 나는 宗規, 가훈 같은 것들이 전부 현실화되어 있었다고 생각할 정도로 낙천적이지는 않다.
94) 仁井田, 『支那身分法史』, 151쪽 이하에는 족보에 나타난 여러 세대 동거가족의 가산분할문서 등을 어느 정도 수록하고 있다.
95) 同治 9년 刊. 『唐氏宗譜』卷末 議約.

리고 옹정 6년(1728) 정월, 동족의 분묘에 관한 의약(議約, 아래 게재한다)을
보면,

> 立議約戶尊德秀三若等, 前因七房素書兄弟安葬祖父母係私葬公山, 以致
> 合族共憤, 比憑戚友戶族處山價銀壹佰二拾兩整, 親手領訖, 書定山界, 彼
> 此業已無說, 今墓下子弟, 又欲砍伐蔭樹, 親友從中捺勸素書等出祭田八擔,
> 復將蔭樹買入公堂, 永蔭祖基, …… 凡我昆弟姪, 永敦一本, 不得異說, 立
> 此議約, 永遠存據
> 　　擁正六年正月十九　　　　　　　　日立議約戶尊秀德若三
> 　　　　　　　　　　　　　　　　　　　憑戶長　占秀武若

처럼, 호존과 호장이 각각 두 명 세워져 있었다. 그러나 그 가운데 한 사람은
호존임과 동시에 호장으로서 서명하고 있다. 그리고 같은 족보의 옹정 6년
정월의 계약(문서)[96]에 의하면, '戶尊[上股股若, 下股德三]'이라고 되어 있는
것으로 보아 동족은 위와 아래로 나뉘어져 있었고, 그 각각에 호존이 있었다.
또한 당대(唐代) 동족 가운데 한 사람이 동족에게 그 가옥을 매도한 건륭乾
隆 22년(1757) 3월의 증서[97](다음에 게재한다)에 의하면,

> 立賣屋契人唐巨芳同男敦典, 因該公堂銀兩無償商議, 情願將自己居屋,
> …… 憑族戚, 出賣與合族名堂名下, 以爲祠廟, ……自賣之後, 巨芳父子聽
> 從公堂起造, 此係兩意情願, 竝無勒逼等情, 恐後無憑, 立此賣契, 永遠存
> 照
> 　　乾隆二十二年三月初四日立賣屋契巨芳押
> 　　　　　　　　　　　　　　同男　　敦典
> 　　　　　　　　　戶尊　　　占五
> 　　　　　　　　　憑戚　　　倪志剛(以下略)
> 　　　　　　　　　房長　　　廷佩(以下略)

---

96) 『唐氏宗譜』卷末 合同.
97) 『唐氏宗譜』卷末 屋契.

처럼, 한 명의 호존과 여러 명의 방장이 연서(連署)하고 있다. 덧붙여 말하지만, 이 매매증서에는 당거방(唐巨芳)과 그 아들인 돈전(敦典)이 함께 매도인이고 부자공유의 가산을 부자합의 하에 처분한 것으로 되어 있다.98) 그리고 그 공동의 매도인으로서의 부자연서(父子連署)가 있다. 동성지방의 예를 조금 더 들면, 『황씨종보(黃氏宗譜)』(同治 12년 刊)의 가규에서는 족장을 세워 일족을 통솔하게 하는데, 예를 들어 족보를 더럽히고 훼손하는 자에 대하여는 족장이 족인과 함께 징벌을 부과하고, 노비, 배우, 백정(屠宰)이 되는 것을 금지하고, 도박을 허용하지 않으며, 위반하는 자가 있을 때는 족인과 회의하여 위반자를 관청에 보내어 징벌을 가하고, 경우에 따라서는 방장을 처벌하는 것으로 되어 있었다. 이 황씨의 족보에 실려 있는 건륭(乾隆) 27년(1762) 5월의 조상의 분묘를 수호하기 위한 동족의 금약(禁約)99)에서는 호존이라고는 있어도 족장이라는 것은 없고, 그밖에 호장 몇 명 및 한 명의 고장(股長)의 서명이 있다.

雲峯山禁約
立合同禁約戶尊襄武等, 今因二世祖文一公五世祖銘公, …… 俱葬懷雲峯山, …… 歷行封禁, 今族衆人繁, 恐有不肖墓丁不顧祖塚, 肆行竊葬, 以致斬罡截脚破塚裂壙爲害不殘, …… 襄武等公議加禁, …… 立此合同禁約爲據
乾隆廿七年五月初二　　　　日立合同禁約戶尊襄武

	鳳三	彩文	廷仕
戶長	遇擧	聖淸	
	京夢	眉彩	
股長	雲山		

98) 仁井田陞, 「舊中國社會の仲間主義と家族 －團體的所有の問題をも合わせて－」(法社會學會, 『家族制度の硏究』, 1967년 4월, 191쪽 이하)에도 기록한 바와 같이 家族共産과 같은 단체적 소유관계는 부자사이에도 성립하였다. 부자사이에는 "어떠한 의미에서도 공유관계가 성립되지 않는다"는 설이 있지만, 그것은 채용할 수 없다. 또한 仁井田, 『中國法制史硏究』(토지법·거래법, 1960년 3월, 338쪽 이하·352쪽 등) 참조.
99) 『黃氏宗譜』卷20 禁約.

마찬가지로 가경(嘉慶) 10년(1805) 3월의 합동의약(合同議約)에서는 두 명의 호존 외에 여러 명의 방장의 연서가 있다.[100]

> 敦本大公堂契據
> 立議約合同三大股**戶尊雲霞向榮**等, …… 我等三**股**商議, 共出田價銀三
> 十一兩, 付**中股**收領, ……
> 嘉慶十年三月二十　　　　　　　日立合同議約
> 　　　　　　　　　　　戶尊　雲霞　　向榮
> 　　　　　　　　　　　**房長**　鳳林　　殿成　　合叢
> 　　　　　　　　　　　　　　　鳳叢　　土謨　　格孚
> 　　　　　　　　　　　　　　　勒元　　盛南　　吳禮中筆

결국 호존도 복수(複數)이고, 방장과 고장은 같은 뜻인 것 같다. 그리고 이 호존 '雲霞'는 뒤에 나오는 가경(嘉慶) 모년 11월의 합동의자(合同議字)의 호존 또는 족장인 '雲霞'와 동명(同名)이다. 이 호존도 족장으로 바꾸어 말하여도 상관없었을 것이다. 그리고 족인이 동족 공동의 조상을 위한 제전(祭田)으로서 토지를 기부하였을 때, 족장이 '憑'(증인 또는 입회인)으로 되어 증여증서에 서명하고 있다.[101]

> 立捐田契十七世孫興邦, **同男**浩然文然文魁, **孫**開甲吉來等**商議**, 情原將
> 花園坂保土名黃家老屋田種六斗額租六擔, …… 憑**族長**出捐興(以下別行)
> 敦本堂大公堂名下, 收租管業納糧當差, 永爲**祭田**, 嗣後凡我子子孫孫無得
> 異說, 立此捐田契存照
> 　　同治十一年八月十八　　　　日立捐田契　興邦　親筆押
> 　　　　　　　　　　　　　**命男**　浩然　文然　文魁
> 　　　　　　　　　　　　　**孫**　開甲　吉來　俱押
> 　　　　　　　　憑**族長**　昭文　錦江　炳奎
> 　　　　　　　　　　　　春發　根生　德勝　俱押
> 　　　　　　　　　　　　中美　兆雲

---

100) 『黃氏宗譜』卷20 議契.
101) 『黃氏宗譜』卷20 田契(續捐田契).

이 증서에 대해서 다소의 설명을 더한다. 이것은 동치(同治) 11년(1872) 8월에 가부장인 황홍방(黃興邦)이 그 아들들인 호연(浩然), 문괴(文魁), 그리고 손자인 개갑(開甲), 길래(吉來)와 상의한 끝에 父子(祖孫)간의 공동재산102)인 토지를 돈본당대공당(敦本堂大公堂)에 기부하여, 그 제전으로 한 내용의 계약서이다.103) 그리고 앞서 기록한 부자조손(父子祖孫)이 모두 증여자로 서명하고 있다. 그리고 여기에는 또한 족장이 '憑'으로 서명을 하고 있다. 여기에는 호존은 없고 언뜻 보기에 호존 외에 족장이 있는 듯하지만, 다음의 가경(嘉慶) 모년 11월의 합동의자(合同議字)에서는,104)

立合同議字江夏氏戶尊房長雲霞蒼海絅尙鳳林孔道殿成等, ……
嘉慶　　年十一月二十八　　　　　　日立合同議字
　　　　　　　　　　　　　族長 雲霞 蒼海 任宏鳳林 殿成
　　　　　　　　　　　　　以仁(以下四名略)

처럼, 본문에 호존, 방장의 이름이 나와 있고, 본문 끝에 동일인이 족장으로 되어 있는 것으로 보아, 호존은 족장을 바꾸어 말한 것임을 알 수 있다. 그리고 『황씨종보(黃氏宗譜)』에 수록되어 있는 건륭(乾隆) 26년(1761) 3월의 금약(禁約)의 예에서는105) 호존 두 명과 방장 여러 명이 금약의 '憑'으로서 연서하고 있다. 『동피조씨종보(桐陂趙氏宗譜)』(光緒 9년 刊)의 가약의 일부에

---

102) 家族共産은 부·자·조·손 간에 성립된다.
103) 『易丹陽太祖墓嘗業綠』(光緒 원년 刊) 「圖形契文彙綠」에 수록된 康熙 26년(1687) 12월의 가옥매매증서에 매도인으로 父子 외에 장손의 서명이 있지만, 『黃氏宗譜』의 경우에는 부자 외에 손자 두 명의 서명이 있다. 이것은 부자조손 간의 단체적 소유관계를 나타낸 것이고, 註 97)에 나타난 것과 같은 종류의 예이다. 다만 『黃氏宗譜』의 경우에는 '男浩然' 위에 '命'자가 쓰여 있다. 그것은 '奉命'의 의미일 것이라고 생각한다. 기록해두고 나중에 검토하고자 한다. 그러나 부자합의에 의한 재산처분에서 이와 같이 '命'이라고 쓰여 있어도 처분의 합의를 완전히 부정할 필요는 없다.
104) 『黃氏宗譜』卷20 田契.
105) 『黃氏宗譜』卷22 禮房山契 "乾隆二十六年三月禁約, 廷佐廷玉同姪澤周俱押, 憑 戶尊襄武聖淸, 房長永若尙珍蘇再培遠俱押".

의하면 대종(大宗), 소종(小宗) 각 1명을 세워서 제사를 받들게 하고 족인을 통솔하게 하고 있는데, 두 명의 종자 이외에 종정 두 명을 두어 보좌할 수 있게 되어 있다. 그리고 그 족보의 계약 일부106)에는 건륭(乾隆) 60년(1795), 도광(道光) 8년(1828), 동치(同治) 13년(1874)의 금약, 의자(議字)가 있고, 그 것들은 호존 또는 호존방장 또는 족장을 중심으로 하여 작성되어 있다. 앞서 언급한 정씨종보(程氏宗譜), 황씨종보 및 조씨종보의 예로 보아도 동족의 금약과 같은 공동행위, 기타 동족간의 계약에 있어서 그 중심이 되는 것은 호존·호장·고장 혹은 족장·방장 등으로 불리는 동족의 장로임을 알 수 있다. 동성의 『진씨종보(陳氏宗譜)』(光緖 3년 간)의 규약(陳氏家政)에는 대종 가운데에서 종자를 선출하고, 그 이외에 호장 1인과 동족의 지파인 방마다 고장을 선출하도록 되어 있다. 또한 동성의 『연평이씨종보(延平李氏宗譜)』107) 에서는 가경(嘉慶) 6년(1808) 8월, 같은 해 7월 그리고 순치(順治) 10년(1653) 3월의 금약이 순차적으로 수록되어 있다. 그 내용은 모두 조상의 분묘를 수호하기 위한 것이다. 이 가운데에서 호존 및 호장이 나타나 있는 것은 순치

---

106) 『桐陂趙氏宗譜』卷28 契約.
　　〈禮公墳山議字及本支各墳山契議字〉
　　立重申議禁約趙維甸映發金貴立中錦和明魁等，情因伐蔭卽爲戕祖盜葬，卽爲欺祖，
　　……
　　同治十三年二月十日立重申議約(以下十六名署名略)
　　　　　　　請憑**戶尊**心符　金鏡 (以下三名略)
　　　　　　　　　山鄰　朱福成 (以下四名略) 以上俱押
　　立禁約**戶尊**澤配**房長**炳貴永靑等，爲嚴禁墳山樹木，以安先靈以杜凌害事，……
　　道光八年二月十六日立禁約**戶尊房長**澤配炳貴永靑 (以下略)
　　〈盛唐公墳山議字〉
　　立議字**族長**觀海麟書等，情因經綸宗道元章良能學究萬福公共牛埠潭保杜家汉墳山一
　　處，今據抒綸彰善廷表鶴三詒謀各房同稱，……
　　乾隆六十年九月二十日立議字靖之靑選宏占觀海麟書思蘭(以下略)以上俱押
107) 光緖 22년 重修. 『延平李氏宗譜』卷末 禁約. 『桐城麻溪姚氏宗譜』(중화민국 10년) 의 雍正 5년 家規는 여러 尊長의 명을 받아서 정하였다고 한다. 거기에 "國, 家無二理, 國, 家無二法"이라는 서문이 있으며, 본문 제2조에 "盜代蔭樹者, 各鄕股頭, 査明擧報房長 운운"이라고 되어 있어서 股頭와 방장을 구별하고 있다. 이 가규의 고두까지도 방장과 동일시할 수는 없을 것이다. 그리고 이 家譜의 禁約에는 '戶長'이라고 나와 있는 부분이 있다.

(順治)와 가경(嘉慶) 6년 7월의 금약이다. 가경(嘉慶) 6년 8월의 금약에서는 다른 곳에 호존이라고 되어 있는 부분을 존장으로 기록하고 있다.

一世祖封山禁約
立封山禁約**尊長**樸齋**戶長**寶善暨族衆等， 竊墳塋乃先人體魄所藏， 後嗣根源所係， …… 康熙三十九年， 已經**戶長**殿一維則等， 立禁約申禁， 奈日久禁馳， …… 立此封山禁約，載譜存照

嘉慶六年八月初十　　　　　　　　　日立封山禁約　**尊長**　樸齋

　　　　　　　　　　　　　　　　　　　　　戶長　寶善

　　　　　　　　　　　　　　　　　　　　　　　(아래에 16명)

계속하여 같은 해 7월 8일 입봉산금약(立封山禁約)에서는 호존(戶尊) 樸齋 호장(戶長) 寶善 족중(族衆) 倫伯 외에 십여 명의 서명이 있다. 이 뒤에 다음과 같은 순치(順治)의 금약이 있다. 모방고두(某房股頭)는 방장에 해당하는 것 같다.

四世大京公祖山禁約
立禁約**戶尊**中淵， 今因祖居四世祖塋一所， …… 於癸巳年， 有國寅之母蘇氏羅壙外右首安葬， 自立封山之後， 戶下親疏人等， 不得再葬， 今憑合戶公禁， 倘日後犯禁， 許**戶尊**等赴公以盜葬治罪， 不狗情， 立此封山禁約封久遠存據

順治十年歲次癸巳三月初六　　　　日立封山禁約

　　　　　　　　　　　　　　　　戶尊　中淵

　　　　　　　　　　　　　　　　戶長　國材　俱押

　　　　　　　　　　　　　　　　大房**股頭**　國寅

　　　　　　　　　　　　　　　　二房**股頭**　正泰

　　　　　　　　　　　　　　　　三房**股頭**　天楨　俱押

위에 서술한 바와 같이 호존은 없고 존장이라 되어 있는 예는 동성, 즉 『동서호씨종보(桐西胡氏宗譜)』[108]의 금약에도 나타난다. 이 종보에 의하면 옹정

---

108) 光緖 20년 刊. 『桐西胡氏宗譜』卷末 山契.

(雍正) 4년(1726) 8월에 방장을 중심으로 하여 금약을 정하고 이것을 비석에 새겼다. 그런데 세월이 흐름에 따라서 문자가 훼손되어 읽을 수 없게 되었으므로 도광(道光) 25년(1845) 10월에 같은 취지의 금약을 다시 비석에 새겼다. 그 금약의 연서자(連署者)로, '尊長文昌'을 중심으로 하여 우편에 '戶長周南', 좌편에 '房長寶田' 등이 기록되어 있다(존장에 대해서는 앞 절의 『桐陂趙氏宗譜』 참조). 의약(議約)의 본문에 방장, 존장, 서명부분에 방장, 고두(股頭)가 나오는 것은 동성의 『류봉산류씨종보(柳峰山劉氏宗譜)』[109]의 건륭(乾隆) 14년 2월의 의약이다. 그리고 안휘 육안의 『반씨종보(潘氏宗譜)』(宣統 3년 重修)의 가훈에서는 종자를 세우고 종상(宗相)으로 하여금 보좌하게 하였다. 이 족보에는 그밖에 족장에 대한 기술도 싣고 있다.

강소 진강의 『단도요씨족보(丹徒姚氏族譜)』[110]에 의하면 족장 외에 분장(分長) 및 총리와 같이 동족 통솔의 직무를 맡은 인물이 나와 있다. 강소 상주의 『안양양씨족보(安陽楊氏族譜)』[111]에서는 족장 이외에 분장과 방장이 세워져 있음을 알 수 있다. 강소 강음의 『징강원씨종보(澄江袁氏宗譜)』[112]의 사규(祠規)에 의하면 족장 이외에 족정을 두어 이를 보좌하게 하였다. 그리고 이 종보의 가경(嘉慶) 25년(1820) 4월의 합동필거(筆據)를 보면, 족장이 동족 규약의 중심인물로 되어 있다.

절강의 『소읍도씨종보(蕭邑屠氏宗譜)』[113]의 가묘(家廟) 규약에 의하면, 부인의 범죄에도 그 남편이 벌을 받고, 족내에 일어난 일은 각 방장이 처분할 수 있도록 하였으며, 방장 1인이 결정할 수 없는 것은 족장에게 알려 종사(宗祠)에서 공론에 붙이도록 하고 있다. 또한 이 종보에는 족장 1인, 방장 3인이

---

109) 同治 9년 孟夏月 序.『柳峰山劉氏宗譜』卷6 議約. 引用文은 仁井田陞,『中國法制史研究』(家族村落法) 제12장 4절 참조.
110) 宣統 3년 刊, 康熙의 서문(序文)이 있다.
111) 중화민국 3년 중수, 明 萬曆 등의 서문이 있다.
112) 光緒 31년 중수, 明 宣德, 淸 順治 등의 서문이 있다.
113) 宣統 3년 刊.『蕭邑屠氏宗譜』에 대해서는 仁井田,『支那身分法史』(앞에서 인용한 책, 178쪽) 참조. 이 족보에서는 앞서 언급한 公議의 결정에 승복하지 아니하는 자는 관에 고소하는 것을 허락한다. 그러나 공의보다 앞서 관에 고소하는 것은 금지한다.

연서(連暑)한 도광(道光) 3년(1823) 10월의 의단(議單)이 수록되어 있다. 강소 원화의 『대부반씨지보(大阜潘氏支譜)』[114]에서는 족장·방장 외에 지총(支總)을 세우며, 이들은 모두 족인 가운데에 후사가 없는 경우 후사 세우는 일에 관계한다.

강소의 『강음육씨종보(江陰六氏宗譜)』에서는 앞 절에 서술한 바와 같이 일족의 최고 통솔자로서 종장(족장)을 세우는 것 외에 종사(宗史)·종직(宗直)을 두고 있다. 『안휘양씨족보(安徽楊氏族譜)』(중화민국 3년 중수)에서는 종자·족장·분장·방장 외에 관년(菅年)·관제(菅祭)·관조(菅租) 등의 직분을 가진 자도 기록되어 있다. 『소산신전시씨종보(蕭山新田施氏宗譜)』[115]의 가법 등에서는 이성수양(異姓收養)을 금지하고 승려, 송사(訟師), 배우나 노비·백정·천민 등이 되는 것을 금지하고 있다. 종장(宗長)·종현(宗賢)을 세워서 족내의 분쟁을 조정하도록 하고 있다. 또한 감찰·수사(守祠)·사조(司租)·감전(監田)·가보(可譜) 및 동리(董理)와 같이 특정한 임무를 맡은 자도 각각 1인을 둔다.

절강의 『장천호씨종보(張川胡氏宗譜)』(光緒 31년, 중수)의 수약(守約)이나 사규(祠規)에서는 종장(족장)·방장 외에 종장 아래인 종규(宗糾)(1명)·종익(宗翼)(2명)·총리(1명) 각각에 대한 직분이 규정되어 있다.[116] 마찬가지로 절강의 『산음허씨천악주씨족보(山陰許氏天樂朱氏族譜)』[117]에 나타나는 도광(道光) 5년(1825) 6월의 합동의단(合同議單)에서는 족장을 중심으로 전체 동족 4방(房)이 합의하여[合族四房公議] 금단(禁單)을 작성하고, 1인의 족장과 4인의 방장이 연서하고 있다. 그리고 『산음벽산허씨종보(山陰碧山許氏宗

---

114) 광서(光緒) 34년 刊.
115) 光緒 26년 序 刊, 嘉慶, 道光 등의 서문이 있다. 『蕭山新田施氏宗譜』는 仁井田, 『支那身分法史』, 127쪽 이하 참조. 다만 같은 책에 '종장·宗賢 등의 중재'라고 쓴 仲裁는 調停의 오기이다. 賤役 금지는 앞 절의 註 24) 등을 참조. 趙樹理의 소설에서 福貴는 鼓吹手가 되었다는 이유로 생매장당할 지경에 이르렀다.
116) 『張川胡氏宗譜』도 仁井田의 (앞에서 인용한 책) 서 참조. 앞에 언급한 仁井田의 책에는 『屠氏宗譜』 이하 『浙江臧氏族譜』(康熙 59년 刊), 『李氏五修宗譜 嫡抄』(광서 5년 刊) 등, 동종 내용의 자료가 인용되어 있다.
117) 光緒 12년 序 刊. 『山陰許氏天樂朱氏族譜』卷首 祀産.

譜)』[118]의 장보목(藏譜目)에 의하면 사당(祠堂)·가숙(家塾)·족장·종손 외에 대방장·이방장(二房長) 이하 팔방장에 이르는 여덟 지파의 방장이 각각 종보 한 부를 소장한다는 취지가 기록되어 있다.

절강의 『기양서씨종보(暨陽徐氏宗譜)』[119]에 나타난 함풍원년 6월의 의거(議據)에서는 가장이 족장의 의미로 사용되고 있다(다음에 게재한다).

立禁議據**族長**天富等, …… 此係**公議**, 各無異言, 爰立禁議六紙, 各執一紙存照

咸豊元年六月 　　　　　　　　日立禁議據

　　　　　　　　　　　家長　天富　徐金

　　　　　　　　　　　房長　如潸　廷亢 (以下九名)

　　　　　　　　　　　同議　維元　香山 (以下九名)

『복주곽씨지보(福州郭氏支譜)』(同治 13년 序刊, 明 隆慶의 서문이 있다)에서는 족장은 세대에 있어서, 족부(族副)는 연령에 있어서 동족 가운데 최고인 자를 추대하도록 하고 있다. 광동의 『남해학정황씨가보(南海學正黃氏家譜)』(宣統 3년 刊)의 향규(鄕規)에는 장수사(長壽社, 장례에 관한 일을 위해 설치)나 묘제회의 규약과 같이 족내 규범을 볼 수 있는 귀중한 자료가 풍부한데, 그것을 종합해 보면 종자(매년 곡식 삼백근 급여) 외에 종장이 세워져 있었음을 알 수 있다.[120]

---

118) 光緒 14년 重修. 『山陰碧山許氏宗譜』(山陰許氏藏譜目).

119) 光緒 13년 重修. 『暨陽徐氏宗譜』卷3 議據(小一公墳塋禁議據).

120) 『于成龍判牘菁華』. 康熙十三年任廣西羅城縣兩姓械鬪之妙判(廣西爲苗蠻雜居之地, 于公所宰羅城, 又苦不堪言, 民風强悍, 莫此爲甚, 有趙廖兩姓, 因爭執一地, 發生械鬪情事 ……) "查得**械鬪**惡習, 犯王章, 傷和氣, 天理不容, ……" "按律法辦, 應各抵罪, 但本縣仁心爲懷, 不忍於兩姓死亡枕籍之後, 而又殺數十人以相抵, 幾使全村爲墟, 兩姓嗣斬, 從寬將餘人一槪免究, 唯將趙姓**族長**趙君芍趙翰生, 廖姓**族長**廖桂穆廖順成, 按律斬首示, 又廖姓死亡雖多, 而房屋財産, 並無損傷, 趙姓房屋, 慘遭一炬, 幾使全村盡爲灰塵, 然死者較趙姓爲少, 應從權相抵, 荒地一方, 爲兩姓**械鬪**之起源, 決不能再爲爾兩姓所有, 應由官家變價發賣, 使一異姓者所有, 以免雙方爭執, 且可隔離兩姓接觸 ……" 械鬪의 兩姓에서 처벌(사형)받는 것은 족장이었다. 械鬪에 대해서 상세한 것은 仁井田, 『中國の農村家族』, 357쪽 이하 참조.

그런데 이 절에서는 동족내에 실력을 가진 장로집단구성에 대해 음미하려고 한 것인데, 동족생활을 지휘통솔하는 직책을 갖는 자만을 포괄적으로 언급한 것에 그친 것 같다. 동족내에서 실력을 가지는 장로집단구성은 이것과 반드시 동일하지는 않을 것이다. 그러나 그 중심이 되는 자를 어느 정도는 거론할 수 있었던 것은 아닐까 하고 생각한다.[121]

121) (1961년 7월 31일 원고) [原載] - 『東洋文化研究所紀要』(1961년 11월)

제2장

중국 가부장 권력의 구조

제1절 서언

가장(家長) 또는 가부장은 가족공동체의 수장(首長)이고, 그 수장이 가족공동체를 위해 행사하는 권력을 여기에서는 가장권 또는 가부장 권력이라고 한다. 그런데 가부장제 내지 가부장 권력을 논하는 경우에 중국사회의 가부장제는 로마의 가부장제, 이른바 patria potestas와 연관지어 설명된다(예를 들면, G. 제미슨이나 오르거 랭, 일본에서는 秋澤修二 등[1]). 그러나 중국의 경우를 이해하는 데 있어서 로마적인 것 그대로를 가지고 추측할 수는 없다. 설령 본질상 양자에 공통성이 있다고 하더라도 그 차이를 검토하고 그것을 전제로 하여 논의를 진행하는 것이 필요할 것이다.

이 글은 한편으로는 그것의 검토를 위한 것이다.[2] 다만 양자를 대응시키는 시기를 언제로 해야 하는가에 대해서는 문제가 있으나, 양자 모두 문헌상

---

1) G. Jamieson, Chinese Family and Commercial Law, 1921, p.5 ; O. Lang, Chinese Family and Society, 1946, pp.26・27 ; 秋澤修二, 『支那社會構成』(1937년 2월, 133쪽).

2) 로마법에 대해서는 船田享二, 『羅馬法』제4권(1944년 5월). 原田慶吉, 「嚴格市民法に於ける羅馬家族法」(『國家學會雜誌』제41권 11호 내지 제44권 4호), 原田慶吉, 『ロ ーマ法』하권(1949년 5월). 기타 다음의 책 등이 참고 되었다. E. Ehrlich, Die Rechtsfähigkeit("Das Recht". Sammlung von Abhandlungen für Juristen und Laien, herausgegeben von Dr. Franz Kobler, Bd. 1), 1909. 川島武宣, 三藤正譯, 『權利能力論』(1942년 1월).

가능한 한도에 있는 고대시대부터를 검토의 범위 내에 넣기로 한다. 중국 자료의 다수는 남자가 생산과정에서 결정적인 우위를 점하고 여자가 이미 남자의 종속물이 되어 가부장 권력이 성립한 뒤의 것임에 틀림없고, 이 글의 자료도 결국은 기원전 5・4・3・2세기(춘추전국시대) 이후의 것이다. 『의례(儀禮)』・『예기(禮記)』 및 『대대례(大戴禮)』와 같은 고전의 내용과 성립연대도, 그것보다 더 옛날로 거슬러 올라가기는 어려울 것 같다. 더구나 앞서 언급한 고전의 내용은 대개 사대부적이고 유교도적(儒敎徒的)인 규범이다. 이와 같이 자료의 시간적 한계 기타 조건을 뛰어넘는 비교가 이루어지기 어렵기도 하기에, 검토에 불충분한 점이 생기는 것은 어쩔 수 없다.

중국사회에서 오래 전에 확립되어 있었던 가부장 권력은 그 뒤 오랫동안 지배를 계속해온 것이었다. 로마에서의 가부장 권력은 붕괴과정에 들어가, 예를 들어 가자의 신분변경을 가장이 임의로 할 수 없고 가자의 특유재산의 종류와 범위가 증대되던 시기도 있었지만, 중국의 경우에는 그에 충분히 대응하는 시기를 가지고 있는 것도 아니어서, 근래(혁명전야)에 이르기까지 가부장 권력의 지배가 오래 계속되어 온 것이다. 그렇지만 거기에 대해서는 약간의 문제가 있다. 중국이 이처럼 오랜 권력지배 하에 있었어도 변화가 없지는 않았다. 그러나 거기에 질적 변화가 어느 정도 일어나, 그것을 어느 정도 받아들일 수 있는지를 고려하지 않으면 안 된다.

그리고 법전이나 유교의 경전을 자료로 삼는 경우, 거기에 나타나 있는 것이 어느 정도 현실사회의 규범이었는지, 특히 농민의 규범의식과의 상호교섭이 어떠하였는지를 문제 삼아야 한다. 예를 들어 중국에서는 상당히 오래전부터 유교의 경전에 있어서의 훈계나 법에 있어서의 금지가 있어왔지만, 가부장 생전에 가족이 분가를 통해 가족공동체로부터 분리・이탈하거나 가부장과 경제를 나누는 기회를 현실적으로 종종 가졌으며, 송대(10세기경) 이후의 자료에서는 가족의 특유재산도 구시대에 비해서는 눈에 띄게 많아 진 것으로 보아, 그만큼 가족에 대한 가부장 권력이 완전하였다고 할 수는 없는 것이다. 이렇게 하여 후세의 법전상으로는 가부장의 생전에 가족이 호적을 분리하고 가산을 분할하는 것에 대한 제한은 점차 완화되지 않을 수 없었다.

그리고 예를 들면, 농민들 사이에서는 지주나 부자들 사이에서 쉽게 행해지던 처의 축출이혼은 그다지 행해지지 않았다. 고전이나 구래의 법전에 나와 있는 이혼 원인인 '칠출(七出)'이 어느 정도로 농민 사이에서 의미를 가지는지는 의문이다. 돈을 써서 겨우 맞아들인 처를 축출하면 가내노동력도 부족해지고 자녀를 얻을 기회를 잃는 것이 되므로 이혼함으로써 큰 손실을 입는 것은 오히려 남편 쪽이다. 가난한 농민은 처의 간음에도 눈감아주지 않을 수 없었다. 그것은 이미 비효통(費孝通)이 강소의 농촌조사에서 말한 것이고, 하북지방의 농촌조사에서도 그것은 마찬가지였다. 가부장 권력은 사회계층에 따라서 차이가 있었던 것이다. 그것은 단지 조사가 행해진 근래, 즉 혁명전야에 시작된 것은 아닐 것인데, 근래의 농촌경제의 파산은 특히 빈농 사이에서 남자전권(男子專權)의 기본조건을 파괴하는 정도를 강화시킨다(毛澤東, 『湖南農民調査』).[3]

제2절 로마의 manus 및 patria potestas와 중국의 가부장 권력

고전시대 후기의 법학자 울피아누스(기원 2·3세기)에 의하면, 로마의 가장은 '가에서 권력을 가진 자'를 뜻하였다. 즉 로마의 가장은 가에 있는 자유인과 노비, 그 밖의 자를 지배하는 권력을 갖고 있었다. 가족으로서의 처와 자녀가 그의 권력에 복종하는 것은 물론이나, 가족이 처나 자녀로만 제한되어 있지 않았고, 남편이나 부친이라는 것은 가장의 요건이 아니었다. 이제까지의 많은 견해로는, 로마의 가장은 당초 ① 통일적 ② 배타적 ③ 일방적 ④ 절대적 ⑤ 획일적 지배로써 가에 군림하고, 가족의 인격을 완전히 흡수하며 외부에 대한 교섭은 전부 자기가 맡았다. 이 통일적·원천적인 그리고 절대적인 권력이 manus(手)라고 불리고는 있었지만, 그러나 이와 같이 가장의 권

---

3) 佐藤篤士, 「古代 ius civile(市民法)における Patria-Potestas(家長權)」 『早稻田法學會誌』11권(1961년 3월) 참조.

력이 통일적이었던 상태는 점차 분해되어, 자손에 대해서는 가부권(家父權, patria potestas), 처에 대해서는 부권(夫權, manus)[4], 노예에 대해서는 주인권(노예권, dominica potestas), 물건에 대해서는 소유권(dominium) 등으로 분화하고, 거기에다가 그 절대성도 완화되기에 이르렀던 것이다. 로마에서는 재산능력을 갖고 있는 자는 가장뿐이었다. 가족은 가장 사후에 가장권의 지배를 벗어나서 자권자(自權者)가 되기까지는 재산능력을 가지지 못했다. 따라서 이러한 재산무능력의 가족과 가장의 재산공유는 성립되지 않았다.

중국의 가족단체 내에서 로마의 가장권과 비교하여 가부장적 권력을 가진 자는 가장임이 틀림없지만, 그 가장이 가족공동의 부친이나 조부인 경우가 많았다. 중국에서는 방계친간의 가산공유가 드문 일이 아니었고, 그 경우 가산은 공동생산(共産)하는 친족 가운데의 한 명을 가장으로 하여 관리를 맡겼으며, 그 가장은 가족단체의 대표자이고, 가산의 처분 및 가산의 부담이 되는 계약을 체결하는 것은 가장의 손을 거치게 되어 있었다.

그리고 동생이나 조카 같은 비유(卑幼)는 가산분할의 불공평 등의 경우를 제외하고는 원칙적으로 가장을 국가의 법정에 고소할 수 없었다. 그러나 마찬가지로 가장이라고 불리기는 하지만, 그는 가족공동의 조부와 부친인 가장이 가지는 것과 같은 권력(가부장의 권력)을 가진 것은 아니었다. 가장인 부조(父祖)도 물론 가산의 관리자이며 가족단체의 대표자이고, 가족인 처, 자손 및 자손의 처는 이를 고소할 수 없었지만, 그는 백부·숙부와 같은 방계존장 이상에게도 가족지배의 강대한 권력을 갖고 있었다.

중국에서 '가장'이라고 하는 경우에는, 방계존장인 가장도 포함되므로 이러한 부조(父祖)의 권력을 바로 가장이 가지는 고유의 권력(가장권[5] 내지 가부장 권력)이라고 해석해서는 이치에 맞지 않는다. 따라서 이 점을 충분히 주의해야 할 것이지만, 로마의 가장 권력에 대비시켜야 하는 문제점은 한편으로는 이 부조가 가장으로서 가지는 가부장적 권력이라고 말하지 않으면 안된

---

4) 오래전부터의 manus라는 용어가 잔존함.
5) 仁井田, 『支那身分法史』(1942년 1월, 414쪽, 특히 416쪽 이하) ; 仁井田, 『中國法制史』(岩波全書, 1952년 6월) 등.

다. 그런데 로마의 가장이 가지고 있었던 권력은 중국의 가부장이 가지고 있었던 것과 반드시 동일한 것은 아니어서, 이하에서는 잠시 그것에 관하여 기술하고자 한다.

1. 중국의 가부장은 로마법의 manus와 같은 통일적인 권력을 가지고 있었는가

로마에서는 가족구성요소가 구별 없이 한 가지 형태로 고려되고, 따라서 가장권이 통일적인 상태로 일찍이 존재해 있었지만, 그러나 그것은 이미 고대에 점차 소멸하였고, 여러 요소 상호간, 따라서 가장권도 여러 방면에서의 구별이 인정되게 되었다고 전해진다. 다시 말해서 로마법에서의 가장권은 당초 통일적이고 원천적인 권력으로서의 manus였지만, 그것이 뒤에 자손에 대한 patria potestas 가부권(家父權), 처에 대한 manus 부권(남편권), 노예에 대한 dominica potestas 주인권 등으로 분화되었다고 한다.

그러나 중국법사에 있어서 가부장 권력이 이와 같이 통일적 · 원천적이었던 상태였는지를 입증할 수 있는지는 의문이다.[6] 기원전 몇 세기인가 전의 갑골문자시대 등에서는 어떠했는지 잘 모르겠지만, 적어도 내가 근거하고 있는 기원전 4, 3세기 전후의 자료에 있어서도 이미 통일성을 입증할 단서가 없다. 오히려 이러한 문헌 시대에서는 자녀에 대해서는 부권(父權, 親權), 처에 대해서는 부권(夫權)이 성립되어 있었다고 해도 좋을 것이다. 이와 같은 로마와의 차이는 가부장제, 혹은 가부장 권력의 단계의 차이라고 할 수 있는지도 문제일 것이다.

부인의 삼종(三從)에 대해서 『의례(儀禮)』「상복전(喪服傳)」 등에서 마치 인도의 마누법전에서와 같이 "여자는 다른 사람을 따르는 자이다. 아직 시집

---

6) 高柳도 1952년 5월의 법제사학회 석상에서, 일본의 경우에 있어서 통일적 · 일원적이었던 가장권이 뒤에 분화되었다고 보는 것이 타당한지 여부가 의문이고, 분화는 家의 발생과 함께 생긴 근원적인 것이 아닐까하는, 주목할 만한 의견을 제시하였다. 나는 중국의 경우에 대해서 "통일적이었다는 상태를 입증할 수 있을지의 문제"로 해두고 싶다.

가지 않았을 때는(집에 있을 때는) 부친을 따르고, 시집가서는 남편을 따르고, 남편이 죽은 뒤에는 아들을 따른다"라고 되어 있으며, 한대(漢代) 학자의 주석에는 그 "따른다는 것은 그 교령(敎令)을 따르는" 것이라고 해석되어 있다.[7] 결국 집에 있을 때 자녀로서 따르는 것은 가부(家父)에 대해서이지만, 시집간 뒤에 따르는 것을 반드시 시집가기 전의 가부라고는 할 수 없다.

삼종(三從)은 『예기(禮記)』「교특성(郊特性)」이나 그밖에도 나와 있는데,[8] 또한 『예기』「내칙(內則)」에 "아들이 그 처를 좋게 여겨도 부모가 그 처를 좋아하지 않을 때는 쫓아낸다(이혼한다). 아들이 그 처를 좋게 여기지 않는 경우일지라도 부모가 우리를 잘 섬긴다고 할 때는 아들은 평생 부부의 예를 행한다"고 하는 것처럼 처는 궁극적으로는 남편의 부모(시부모)의 지배에 복종하는 자이지만, 직접 그 처를 지배하는 자는 남편이다. 부친은 자녀의 하늘이며 조부가 가장일 때에 손도 궁극적으로는 조부의 지배에 복종하지만, 자녀가 복종해야 하는 것은 부친이다. 마찬가지로 남편은 아내의 하늘이며 처가 남편의 부모(시부모)를 섬기기는 하지만, 처의 입장에서 보면 남편도 또한 하늘이다(뒤의 2항 참조). 부친의 자녀에 대한 지배의 원리와 남편의 처에 대한 지배원리가 동일하더라도, 오히려 거기에는 가부로서의, 또 남편으로서의 권력이 분해되어 있는 것 같다. 물론 가부장 권력이 통일적·총괄적이지 않고 이와 같이 부권(父權, 親權)과 남편권의 분립이 있는 이상, 노비에 대한 주인권의 성립도 의심할 수 없을 것이다. 후세에는 부권(親權), 남편권[夫權]과 함께 주인권의 분립이 나타난다(제4절 참조).

2. 중국의 가부장 권력은 배타적인 권력이었는가

로마법에서는 가족공동체 가운데에 권력을 가진 자는 가장(家長) 한 사람이다. 가족단체 내에서 가장권에 대항하는 어떠한 권력도 존재하지 않았다. 중국에서도 예를 들어 오래 전에 『대대례(大戴禮)』에 "하늘에 두 해가 없고,

---

7) 仁井田, 『支那身分法史』(853쪽 이하).
8) 仁井田, 『支那身分法史』(853쪽 이하).

나라에 두 임금이 없으며, 가에 두 존장이 없다"라고 하며, 또한『예기(坊記)』
에는 "子가 이르기를 하늘에 두 해가 없고, 나라에 두 임금이 없으며, 가에
두 주인이 없고, 존(尊)한 것에 두 가지가 없다"[9]라고 하여, 부친(가부장)의
권력을 대립을 뛰어넘는 강력한 것으로 표현하고 있으며,『설문(說文)』에서
도 "父矩也, 家長率教者, 從又擧杖"이라고 하여, '父'라는 글자의 성립을 가
부장 권력의 상징으로서 매[杖]와 그것을 잡는 손[又]으로 설명하고 있다(이
에 대해서는 뒤에 다시 논한다).

그러나 자녀의 공순(恭順, 공손)은 부친에 대한 것만이 아니라 모친에 대
해서도 설명되어 있다. "家人有嚴君焉, 父母之謂也"[10]라는 것은『역경(易經)』
「가인(家人)」이 말하는 바이다.『예기』에서는 부인이 가에서 부친에 복종한
다고 설명하면서도, 다른 한편에서는 부모에 대한 공손을 설명하기도 한다.
부친은 단독으로 권력의 주체인 경우도 있고, 부친으로 하여금 모친을 대신
하게 하거나, 모친을 흡수하는 표현을 사용하고 있는 경우도 적지 않지만, 그
러나 부친과 모친을 권력의 주체로 함께 표현하는 경우도 또한 적지 않다.[11]
후세의 법률이 조부모, 부모에 대한 자손의 공순을 규정하고 있는 것으로 보
아 법률상으로는 부친과 함께 모친도 친권의 주체였다.[12] 물론 부친의 권력

---

9) 『毛詩』「周頌」閔予小子之什의 鄭箋 "主, 家長也" 그리고 그 疏 "家無二主, 主是一家
之尊, 故知主家長也"『禮記』「坊記」 등에 대해서는 仁井田,『支那身分法史』, 399쪽.

10) 『禮記』「內則」 "婦事舅姑, 如事父母"는 그 일례.

11) 『孝經』에 "子曰君子之事親孝, 故忠可移於君, 事兄悌, 故順可移於長, 居家理, 故治可
移於官"이라고 되어 있는 부분이,『曾子』「立事」에는 "事父可以事君, 事兄可以事師
長, 使子猶使臣也, 使弟猶使承嗣(지위가 낮은 사람)也"라고 되어 있어서 부모와 부
친이 대응하여 나와 있다. 그리고 『禮記』「曲禮」 "父戴讐不共天"은 『曾子』制言에
는 "父母之讐, 不與同生"이라고 되어 있어서, 부친과 부모가 대응하고 있다. 또한
앞서 언급한 『孝經』이나 『曾子』立事의 문장이 從政遺規(舍人官箴)에는 "事君如事
親, 事官長如兄, 與同僚如家人, 待輩吏如奴僕, 愛百姓如妻子, 處官事如家事, ……
居家治, 故事可移於官, 豈有二理哉"(또 呂氏童蒙訓 참조)와 같이 답습되어, E. C.
Bridgman, Description of the City of Canton, Chinese Repository, Vol. Ⅱ, 1833,
No.5, pp.200~201에도 같은 형태의 기사가 있다. 전통중국에서는 家事와 政事에는
같은 원리가 적용되어 전통 중국사회의 가족적 구성이 명확히 나타난다.

12) 『宋書』의 「何承天傳」에 인용된 律文(晉律이겠지만, 5세기의 劉宋의 법인 것은 틀림
없다)의 "違反教令, 敬恭有虧, 父母欲殺皆許之",『宋書』「顧覬之傳」에 보이는 律인

이 모친의 권력보다 우위에 있고, 그 강력함에 있어서는 서로 비교될 수 없는 것이었지만,[13] 어찌 되었든 이를테면 일종의 공동친권이 성립되어 있었던 것으로, 중국의 가부장 권력에는 로마의 가장권에서 보이는 것과 같은 의미의 배타성을 갖고 있지 않았다. 이것은 전통 중국법사를 일관하는 법의 하나의 원칙이다. 로마에서도 사실상 모친이 실생활에서 자녀에 대하여 권위를 갖고 있었다(paterfamilias에 대한 materfamilias). 그러나 법률상으로는 모친은 친권의 주체가 아니었다. 로마의 부권과 마찬가지로 중국의 친권은 영구적·종신적인 것이고, 부모 생전에 그 시간적인 제한은 없으며, 친권의 주체로서의 모친(寡母)의 지위는 부친이 사망한 뒤에도 낮아지지 않았다. 다만 "남편이 죽은 뒤에는 자를 따른다"는 부녀에 대한 영구(永久) 후견사상(後見思想), 주부로서의 지위의 상징인 열쇠를 며느리에게 건네 준 뒤의 홀시어머니의 지위에 대해서는 별도로 음미할 필요가 있다. 중국의 주부는 로마나 게르만의 주부와 마찬가지로 열쇠를 지니고 있어서, 열쇠는 주부로서 지위의 상징이 되어 있었다. 중국 법사상 이른바 Schlüsselgewalt를 생각할 수 있다.[14] 그러나 가사를 맏며느리에게 물려준(말하자면 며느리에게 열쇠를 넘겨준) 뒤의 홀시어머니(寡母)에 대해서조차 『예기』 「내칙(內則)」은 "매사를 반드시 시어머니에게 묻는다"고, 즉 전행(專行)하지 않는다고 하고 있다.[15]

"子不孝**父母**棄市", 『위서』 「刑罰志」에서 인용한 魏律 "律, 不遜父母, 罪止髡刑", 또는 唐律 "諸**子孫**違反敎令, 及供養有闕者從二年"은 모두 그 전형이다(仁井田陞, 『支那身分法史』, 821·834쪽).

13) 淸水盛光, 『支那家族의 構造』(1942년 6월), 431쪽. "유교도덕은 모친도 아들의 존장임을 인정하고 있다. 그러나 그 경우에는 부친을 至尊으로 하고 모친의 尊과의 사이에 역시 단계적인 차를 두는 것이다."

14) 『元典章』卷41, 「刑部」〈三不孝〉 "父**母**子之天**地**也, 生事喪葬, 俱有常例"라는 예로 보아도 자녀에게 있어서 부친은 하늘, 모친은 땅이어서 부모는 대등한 지위에 있지 않지만, 어쨌든 자녀는 부모에 대해서 함께 공손하지 않으면 안되었다. 仁井田, 『支那身分法史』, 78·756·857쪽. 仁井田, 『中國法制史』, 274쪽.

15) 『禮記』 「內則」 "舅沒則姑老(謂**傳家事於長婦**也), 冢婦所祭祀賓客, **每事必請於姑**(婦雖受傳猶不敢專行)" 시어머니가 가사를 며느리에게 넘겨주는 시기는 연령상 언제라고 정해져 있지 않다. 그래서 『禮記集說』卷12의 하나의 內則에 "慶源輔氏云, 舅沒則姑老, **不以年計之也**"라고 한다. 이 점에 대해서는 또한 仁井田, 『中國의農村家

전통 중국사회에서는 자손 각자에 대한 지배권력은 자손 각자의 부친이 갖고 있었다. 가족공동의 부조(父祖) 1인이 지배를 위한 배타적 권력을 장악하고 있었던 것이 아니다. 자손에 대한 각각의 부친도 또한 권력의 주체이며, 손자는 궁극적으로 가부장인 조부의 지배에 복종하기는 하나, 직접적인 지배자는 그의 부친이다. '부친은 자녀의 하늘'16)이라는 것이 부자를 뛰어넘어 곧바로 조부와 손자의 관계만을 나타낸 것이라고 단정하여 말할 수는 없다. 예를 들어『당률』이나 명청률 기타에서도 혼인은 조부모・부모의 명에 의해 행해지는 것이다.17) 그리고 로마법에서 남편권이라는 것은 남편의 처에 대한 권력이 아니었다. 혼인에 의해 가족의 구성원이 된 모든 여자에 대한 권력이며, 가부장의 처는 물론, 아들이나 손자 등 가족의 처에 대해서도 권력에 복종시키는 것이었다. 중국의 경우는, 여자는 "가에서는 부친을 따르고, 시집가서는 남편을 따르는" 것이 원칙이다. 다만『예기』「내칙(內則)」에서는 "며느리는 시부모를 섬김에 있어서 부모를 섬기는 것과 같이 해야 한다"고 하여 며느리는 자손과 마찬가지로 일단 시부모의 지배에 복종하는데, 전통 중국사회에서의 남편권은 부권(親權)과 그 주체를 달리하여 동시에 성립될 수 있었다. 그리고 이것은 후세의 현실사회에서도 볼 수 있었던 현상이다.18) 그리고

族』(1952년 8월, 257쪽・259쪽 이하・286쪽 이하) 참조. 중국의 Schlüsselgewalt에 대해서는 仁井田陞(앞에서 인용한 책, 243쪽 이하) 참조.

16) 『儀禮』「喪服傳」"父者子之天, 夫者妻之天". 『左傳』桓公 15년 杜氏注 "婦人在室則天父, 出則天夫". 仁井田陞, 『中國の農村家族』, 198쪽 이하・212쪽. 仁井田陞, 『支那身分法史』, 652쪽 이하 등.

17) 『通典』卷60.「禮」20. 嘉五禮(祖無服父有服可娶嫁女議)에 의하면 "祖爲婚主女, 父不與婚事" "祖尊一家爲婚主"라는 것이 보인다. 『당률』이나 명청률 등에서는 조부와 부친이 있으면 혼인은 그 명에 따라 행하여지고 부조가 주혼자(혼주)가 된다. 다만 그 경우에 혼주가 되는 자의 순서에 대해서는 조부는 부친보다 앞선다는 것이『通典』의 기사내용이다. 사료의 시대는 진・송 당시이다. 仁井田, 『支那身分法史』, 578쪽.

18) 근래(혁명전야)의 농촌에서의 일인데, "말을 듣지 않는다고 남편이 처를 때린다." 그리고 "남편이 때렸기 때문에 가장은 때릴 필요가 없다" "公公不打兒婦(때리지 않는다)"라는 것이 있다고 근래의 산동성 歷城縣의 농민도 말하고 있다(杉之原舜一 조사)(仁井田, 『中國の農村家族』, 201쪽). 특히 시아버지와 며느리 간의 조심스러운 배려에 대해서는 仁井田陞(앞에서 인용한 책, 212쪽) 참조.

시대가 흘러서 7, 8세기, 즉 당대의 가산공산제(家族共産制)에서는 가부장뿐만 아니라 다른 가족도 노비에 대해서는 함께 주인이었고, 함께 주인권의 주체였다(제4절 참조). 그 주체는 가족단체 내에서 유일무이한 것이 아니었다. 아마도 이것은 당대법(唐代法)으로부터 시작되는 것은 아닐 것이다. 과거부터 전통 중국사회에서는 "가에 두 존장은 없다"라든가 "가에 두 주인이 없다"고 하여 궁극적인 권력은 가부장 1인에게 속하는 것이기는 하였지만, 아들에 있어서는 그 모친도, 손자에게 있어서는 그 부모도 함께 권력의 주체였고, 가족의 처에 있어서는 각자의 남편이 남편권의 주체였으며, 노비가 복종해야 하는 것이 가부장 1인의 권력은 아니었다. 이런 의미에서 중국의 가부장 권력은 배타적이라고 할 수 없었다. 그리고 만약 가족단체 내부에서의 권력병립뿐만 아니라 외부로부터의 간여, 예를 들어 족장의 통솔력이 가족내부에 침투하는 경우에는 더욱 그 배타성을 잃게 된다. 로마에서는 독립된 가 상호간의 사건만을 법원에서 제기하였으며, 가 내부의 일에는 법원이 간섭하지 않았다. 로마의 가부장제 가족은 국가내에서의 소국가로 독립된 정치주체성을 가졌다고 한다. 물론 그렇다고 해서 가에 법이 없었던 것은 아니다. 아주 많은 규율이 각 가마다 별도로 정해져 있었을 것이다.[19] 이렇게 말할 정도로 외부의 힘은 가내의 규율에 크게 작용하지 않았다. 그러나 중국에서는 족적 규율도 가족공동체의 울타리 밖에서 내부로 침투하였다. 예를 들면, 가족공동체내의 생활도 이른바 자치에 맡겨두지 않고, 족장이 이에 간여하며 불효한 자나 첩으로서 처를 업신여기는 자를 그대로 둔 남편에 대해서는 동족의 공벌(公罰)이 부과되었다. 처가 죄를 범하였을 때는 그 남편도 '가법(家法)', 즉 동족의 법에 따라서 제재를 받게 되어 있었다.[20] 그리고 예를 들면, 조부

---

19) E. Ehrlich, Die Rechtsfähigkeit(前出), 1909(川島武宜, 三藤正역, 『權利能力論』, 前出, 18쪽).

20) 『治家規範』(得一錄 卷1) "如有不孝, **族人公罰**" "其夫亦不得縱妾凌妻, 犯者**合族公罰**", 『蕭邑屠氏宗譜』(宣統 3년 刊) 卷首 家廟規條 "凡不孝不弟忤逆長上者, 當告之祖先, **懲以家法**, 不服者, 送官究治, **其婦人有犯者, 罪坐夫男**" 仁井田陞, 『支那身分法史』, 118쪽 이하 · 171 · 178쪽. 仁井田陞, 『中國の農村家族』, 81쪽 이하 · 87쪽 참조. 이 책, 仁井田陞, 『中國法制史硏究』(가족법편) 앞 장 제2절 참조.

와 부친이 그 불효한 자손을 벌해야 하는 데도 벌하지 않고 고의로 죄를 숨기고 있는 경우에는 동족은 그 조부와 부친을 처벌하도록 하고 있었다.[21]

3. 중국의 가부장 권력은 일방적이었는가

로마의 가장권은 일방적 권력이었다. 가장은 가족에 대하여 법률상 부양의무를 부담하고 있지는 않았다. 그 의무가 생긴 것은 고전시대 이후의 일에 속한다. 그리고 중국의 가부장 권력(또는 친권, 남편권)도 일방적이었다. 일반적으로 중국의 가부장 권력은 복종자와의 사이에 권리의무관계에 서는 상대성을 갖고 있지는 않다. 그것은 부모를 대신하여 모기에 물리거나 부모를 봉양하기 위하여 자녀를 생매장한다고 하는 '이십사효(二十四孝)'[22]에 특징적으로 니와 있는 것과 같이 일방적인 공손, 복종이었다. 부친은 자의 하늘, 남편은 처의 하늘이므로 자나 처는 일방적인 복종의무를 지니는 것에 불과하다. 따라서 소송문제로 자가 부친을, 처가 남편을 고소할 수 없었다.[23] 자녀가 부모를 부양해야 하는 것은 법률상으로도 의무이며, 그 의무위반은 대대로 엄하게 처벌하는 규정을 두고 있었다. 그러나 부모의 자녀에 대한 관계에서는 이러한 부모의 의무규정이 거의 없다.[24] "고전유교의 장구(章句)에서는 부모의 큰 자애의 사실을 서술하고, 또는 더 나아가 자애의 의무를 말하고 있지만, 이것이 자녀의 효를 조건으로 한다는 사상은 존재하지 않는다."[25] 베

---

21) 『山陰州山吳氏族譜』(중화민국 13년 11월 序) 제3부 元字集 가훈에 기록된 오씨 가훈(家孝30則 내)의 "子孫得罪祖父, 而祖父容隱姑息之愛也, 釀成大禍, 職此之由, 戒之戒之, 若被人發覺得實, 并**罰祖父**". 이 책, 仁井田陞, 『中國法制史硏究』(가족법편) 앞 장 제2절 참조. 그러나 이 註와 前註 같은 자료는 더 이전의 시기에 대해서 조사할 필요가 있다.

22) 川島武宣, 『日本社會の家族的構成』(1948년 5월, 111쪽). "자녀의 주체적인 지위의 존재를 인정할 여지가 「二十四孝」에서 발견되지는 않는다" ; 仁井田, 『支那身分法史』, 835쪽.

23) 仁井田, 『支那身分法史』, 309 · 653 · 935쪽, 자손이 조부모, 부모를 고소하는 것은 이른바 '于名犯義'이다.

24) 仁井田, 『支那身分法史』, 814쪽.

네딕트가 『국화와 칼』에서 "일본의 충효는 군주나 부모의 인(仁)이 조건으로 되어 있지 않은데 비해서, 중국의 충효는 군주나 부모의 인(仁)과 은혜를 조건으로 하여 신하와 자녀가 부담하는 의무로 여긴다"[26]는 견해를 표방하고 있는 것은 오해이다. "군주가 군주답지 못하면 신하가 신하답지 못하게 되며, 부친이 부친답지 못하면 자녀가 자녀답지 못하게 된다(『論語』 「顔淵」)"[27]라든지, "군주가 신하 보기를 흙먼지같이 여기면 신하도 군주 보기를 원수같이 여긴다(『孟子』)"는 것을 군신부자(君臣父子)간의 쌍무적(雙務的)인 조건관계로 보는 사람이 없지는 않으나, 내 의견을 말하자면 거기에는 아무런 조건관계도 없다. 그러나 전통 중국사회에서도 자녀의 의무가 반드시 단독의 무조건적인 것으로 여겨지고 있었다고는 할 수 없다. 연대는 확실하지 않지만 기원전 4, 3세기로 거슬러 올라가 이른바 『국어(國語)』 「진어(晉語)」에 의하면, "부모가 이를 낳고, 스승은 이를 가르치며, 군주는 이를 기른다. … 생명을 갚을 때는 죽음으로써 하고, 받은 것을 갚을 때는 힘을 다하는 것이 사람의 도리이다"라고 말하고 있다[28](또한 『小學』에도 있다). 자녀는 태어나는 것으로 이미 부모에 대하여 무한한 은혜를 받은 것이 되고, 이렇게 받은 은혜에 대한 보은의 의무는 무한한 것이다. 주자는 "일찍이 맹자는 부모 섬기기를 증자와 같이 한다면 가(可)하다고 하였지만, 어찌 증자의 효가 극한이겠는가. 효는 무한의 의무이다"[29]라고도 말하였으며, "부모의 은혜는 하늘이 끝이 없는 것처럼 너무나 커서 갚으려고 하더라도 다 갚을 수 없다"(『詩集傳』 卷12)라고도 하였다.[30] 그러나 그것은 권리와 의무를 나누어가지는 상호주의와 동

---

25) 川島武宜, 『日本社會の家族的構成』, 106쪽.

26) 베네딕트, 『국화와 칼』(長谷川松治 역, 160쪽 이하).
    〈옮긴이주〉 베네딕트, 『국화와 칼』은 한국어로도 10여 종의 번역이 출간되었다.

27) 仁井田, 「中國社會の封建とフューダリズム」(『東洋文化』 제5호, 1951년 2월, 28쪽). 仁井田陞, 『中國法制史研究』 노예농노법 제4장 제4절 참조.
    〈옮긴이주〉 원문에는 『管子』도 첨가되어 있으나, 『管子』에서는 해당되는 부분을 찾을 수 없었다.

28) 『國語』 卷7 「晉語」 "民生於三, 事之始一, 父生之, 師敎之, 君食之, 非父不生, 非食不長, 非敎不知, …… 報生以死, 報賜以力, 人之道也". 仁井田陞(앞에서 인용한 책, 27쪽).

29) 『近思錄』 6권 「家道類」, 『孟子』 「離婁」上의 朱子 註, 『性理大全』.

일하지 아니하다. 그러나 로마법의 가장권과 중국법의 가부장 권력이 모두 일방적인 것이라고는 하지만, 법률의 표현형식에는 차이가 있었다. 제미슨은 "로마법은 부친의 권력적 지배를 강조하고, 그 권력지배의 범위 내에 자녀측의 의무와 복종을 포함시키고 있다. 이에 비해 중국법에서는 그것을 반대편에서 보아서 자녀의 의무와 복종을 강조하고, 그 의무복종에 그것을 강제할 수 있는 부친의 권력을 포함시키고 있다"[31]라고 말한다. 중국법에서도 가장 권력의 지배를 직접적으로 설명하지 않은 것은 아니지만 자녀의 공손을 언급하는 경향이 강하여, 중국의 가부장 권력은 이를테면 무위(無爲)의 지배력이었다. 그것은 로마의 법률과 비교하여 법률의 표현형식 이상의 차이를 가지고 있다고 해야 할지도 모른다. 중국에 있어서의 효의 도덕구조는 무위이면서도 모든 것을 이룩하는 저력을 가진 노자의 사상구조와 더불어 무위지배의 경향을 가지며, 아래로부터 위로의 종속이라는 점에서 양자는 공통적인 성격을 가진 것이었다.

4. 중국의 가부장 권력은 절대적이었는가

로마의 가장은 가족에 대해서 생살여탈권(生殺與奪權) ius vitae necisque 을 가지고 있었다고 전해진다. 그리고 그것은 콘스탄티누스대제 시대에도 현존하였던 제도였다고 한다. 자손에 대한 가장의 권력(父權)은 소유권과 마찬가지로 영구적이고, 원칙적으로 가장이 사망하지 않는 한 존속하며, 또 그것은 절대적이어서 가장은 자손을 노예와 마찬가지로 자기의 이익을 위해 사역을 시키고 형벌로 살해할 수도 있고, 노예로서 매각할 수도 있었다고 한다.

---

30) 『西山眞文忠公文集』卷40. 「潭州諭俗文」에도 "부모의 은혜는 하늘과 같이 커서, 사람의 자녀된 자는 그 힘을 아무리 다해도 충분히 갚을 수 있는 것이 아니다"라고 말하고 있다. 仁井田陞(앞에서 인용한 책, 28·32쪽).

31) G. Jamieson, Chinese Family and Commercial Law, 1921, p.5. 또 秋澤修二, 『支那社會構成』(1939년 2월, 134쪽)에서도 말한다. "支那에서는 가부장권 및 이에 근거하는 종속관계를 전제로 하여 부모에 대한 자녀의 의무와 복종을 이야기하고 자녀의 의무를 강조함으로써 부모의 지위를 존대하고 있지만, 로마법에서는 부모, 특히 부친의 권리를 강조하여 자녀의 종속적인 지위가 결정되도록 한다."

그리고 혼인에 의해 가족의 일원이 된 가장 및 가족의 처에 대한 가장의 권력(남편권)도 자손에 대한 권력과 거의 마찬가지였다고 한다. 노예에 대한 가장의 권력(주인권)에 대해서 말하자면, 소유물을 사용 · 수익하고 처분할 수 있는 소유권과 마찬가지로 그것은 절대적이고, 주인은 노예를 임의로 사역시키며 매각, 유기(放棄), 살해, 해방 등의 처분을 하고, 여노예가 낳은 자녀도 그 생리적인 부친이 누구이든지 간에 가축의 새끼들과 마찬가지로 여자노예 주인의 노예가 되었다고 한다. 그렇다고는 하지만 이러한 가장의 권력의 절대성도 상당히 오래전부터 현실생활에서는 반드시 문자 그대로 절대적인 것은 아니었다.[32] 그리고 가장(家長)의 가자(家子)에 대한 생살여탈권도 로마법사에서 말하는 고대(기원전 8세기 중반 건국 이래 기원전 2세기 초) 말기에는 변화를 맞게 되고, 그 고대에 이어지는 고전시대(古典時代) 이후에는 가자의 신분변경, 예를 들어 입양이나 혼인 등에 대해서는 가자의 승낙을 필요로 하였고, 부친의 전유였던 재산제도도 바뀌어져서 가자의 특유재산의 종류와 범위도 증대되었다. 처도 고대에는 남편 또는 남편인 가장(家長)의 부권(夫權; 남편권)에 복종하였던 것에 비해, 부권(夫權)에 복종하지 않는 경우도 인정되게 되었다. 그리하여 고래의 엄격한 혼인제도는 소멸의 과정을 겪었지만, 고전시대의 이런 혼인 자유는 제정시대가 되면서 크리스트교의 영향으로 오히려 제한되기에 이르렀다. 노예에 대해서도 이미 기원 1세기의 법률은 가장이 관청의 허가 없이 임의로 노예를 살해하는 것을 금지하였고, 콘스탄티누스대제 시대의 법규에서는 주인이 악의로 노예를 살해할 경우에는 이를 살인죄로 문초하였다고 한다.

기원1세기 말에 완성되었다고 하는 사서(辭書)인 『설문(說文)』에 의하면, '父'라는 글자는 부친이 그 손에 매[枚]를 들고 있는 모양을 본 뜬 것이라고 설명하고 있다. 다시 말해서 '父'는 가부장 권력을 손과 매로 표현한 문자이고(君이나 尹자도 일설에 의하면 손에 지배권력의 심볼을 가진 상형(象形)이

---

32) R. v. Jhering, Geist des römischen Rechts, Bd. Ⅱ. S.171f. 등에 의하면, 초기의 로마 가족에서는 노예에 대해서도 학대를 가하지 않았다. 로마 가장권의 이른바 절대성의 구체적 상태에 대해서는 船田享二, 『羅馬法』제4권(1944년 5월, 114쪽 이하)이나 戒能通孝, 『法律講話』(1952년 9월, 142쪽 이하) 등 참조.

라고 한다), 그것은 로마의 가장권을 manus라고 한 것에 대응한다.[33] 그러나 '父'자는 기원전 몇 세기인가 전의 은대(殷代)의 것으로 생각되는 갑골문(은허 발견)에서도 나오기 때문에, 그 문자의 성립은 상당히 옛날로 거슬러 올라가므로, 『설문(說文)』의 해석이 그 옛적의 시기와 시기적으로 타당하지 않으면 무의미한 것이 된다.

그리고 『설문』의 해석이 타당한지 여부는 이제까지도 '父'자의 글자의 본뜻을 둘러싸고 여러 학자들 사이에 문제가 되어 왔다.[34] 그러나 『설문』의 해석은 적어도 한대(漢代) 당시의 가부장 권력에 대한 이해의 방식을 보여주었다. 더구나 그것은 후세까지 널리 유행되어 온 속담인 '嚴父出孝子' '棒打出孝(매질이 효자를 낳는다)'로 이어지는 의식을 가진 것이다. 예링(Jhering)은 가부장 권력의 심볼인 매가 '중국 특산의 대나무'로 만들어졌다고 하고, '성인이 된 자들을 징계하는 매'로서 권력의 영구성을 특징적으로 설명하였다('권리

---

33) 中田薫, 「法制史に於ける手の働き」(『法制史論集』제3권, 1173쪽)에는 문장 중의 '父'자를 들어 "손의 위세에만 의하여 쉽게 권력의 주체가 되었다". 같은 책(1176쪽)에는 또 로마법의 manus에 대해서, 후대의 로마법에서는 "손을 의미하는 manus라는 것은 남편이 처에 대해 가지는 권력을 칭하는 것이고, 古法으로 거슬러 올라가면 이 용어는 단지 夫權뿐만 아니라 한 집안의 가장(pater familias)이 그의 家子, 처, 그 노예, 그 재산에 대해서 행사하는 총괄적 권리의 명칭으로 마치 왕의 절대권력을 manus라고 부르는 것과 마찬가지였다"고 하고 있다.

34) 『說文繫傳通論』은 南唐의 이른바 小徐의 설인데, 이것도 『설문』을 답습하여 "君子曰, 鞭朴不可廢於家, 刑罰不可廢於國, 家人有嚴君焉, 父母之謂也, 故於文又擧一爲父, 又者手也, 一杖也, 擧而威之也"라고 하고 있다. 『설문』에 대한 비평은 內藤虎次郎, 『讀史叢錄』(1929년 8월, 369쪽), 또 加藤常賢, 『支那古代家族制度研究』(1940년 9월, 218쪽 이하) 참조. 內藤에 의하면 '父'자는 "손에 불을 켠 모양, 즉 제사를 주재하는 자를 나타내는" 것이고, 『설문』의 설은 "아마 나중에 나온 뜻에 의한 것으로 원래의 의미가 아닐 것이다." 加藤의 설(222쪽)에서는 '父' "본래의 뜻은 때리는 것이라고 단정하더라도 지장이 없다고 믿는다. 그렇다고 하여도 부친을 때리는 사람의 뜻으로 보아도 『설문』과 같이 가내의 통솔자로 한정하면 의미가 지나치게 좁게 된다고 생각한다… 하물며 고대는 씨족제 시대이고 周 이후에도 종족제가 성행하였기 때문에 아버지 연배의 사람을 모두 父라고 칭하였으므로, 일가 내의 부모로서의 아버지의 입장에 서는 해석은 오히려 그 뒤에 생겨난 뜻이라고 보아도 상관없다. 오히려 父자가 나타내는 일반적인 입장에 서서 그것을 때린다는 의미로만 해석하는 것이 타당하다고 생각한다."

를 위한 투쟁'). 종아리를 매질하거나 곤장을 때리는 것으로 인하여 자녀의 신체가 상해를 입는 정도가 아니라 종종 생명까지 위험에 처하였던 것 같다.

『예기』「내칙(內則)」에서는 "부모가 노하여 매질하여 피를 흘리게 될지라도 감히 원망하지 않는다"라고 나와 있다. 『한시외전(韓詩外傳)』 등에는 "부친이 작은 회초리로 때릴 때 순(舜)은 그대로 맞고 있지만, 큰 곤장으로 때릴 때는 도주한다." 만약 죽기라도 한다면 "천자의 백성을 죽여서 부를 불의에 빠뜨리는 것이 되니, 불효 이것보다 큰 것은 없다"라고 한다. 그래서 증자가 부친에게 맞고 기절하였으나 다시 깨어나서도 공손함을 지키는 것에만 전념했던 태도를 공자는 순(舜)의 고사를 인용하여 비난하였다고 전해지고 있다.[35] 이것으로 본다면 부친이라고 하더라도 상당한 이유 없이 자를 살해하는 것은 당시에는 '불의'로 이해되고 있었던 것이 되는데, 불의로 여겨지든 그렇지 않든 자녀는(더욱이 성인이 된 자조차도) 부친의 손에 목숨을 잃게 되는 위험이 있었던 것이 된다. 다수의 부하들이 있는 면전에서 노모에게 징계를 당했던 장군의 이야기가 고서(古書)에 실려 있다.

시대는 뒤이지만, 파금(巴金)의 『가(家)』에 나오는 고가(高家)의 노태야(老太爺)의 가부장 권력에는 여러 명의 자녀와 조카를 거느리고 있는 극정(克定)도 순종으로 따랐다. 극정의 처자 앞에서, 그리고 여러 가족도 몰래 보고 듣고 있는 데에서 노태야는 그 앞에 무릎 꿇고 있는 극정을 큰 소리로 꾸짖고 극정으로 하여금 스스로 그 뺨을 치게 하고, 뺨이 새빨갛게 되었는데도 끊임없이 계속 치게 하였다.[36] 이러한 것은 단순히 소설이라고 하기보다 현실의

---

35) 『韓詩外傳』과 같은 기사는 『說苑』卷3. 『孔子家語』卷4 등에도 보인다. 仁井田, 『支那身分法史』, 823쪽.

36) 巴金, 『家』(飯塚朗 역. 1948년 8월, 274쪽)에 "그는 그렇게 때리고 나서 마지막으로 '나는 너의 뺨 따위는 때리지 않아, 스스로 때려', 그래서 살을 치는 소리가 난다. … 克定은 무릎을 꿇고 팔을 벌려 양손을 좌우로 활과 같은 모양을 하고 자신의 뺨을 때렸다. 보통은 핏기가 없이 야위었던 얼굴인데 맞아서 새빨갛게 되었지만 그는 끊임없이 계속 치고 있다. 자신의 처와 딸 앞이지만 그는 조금도 부끄럽다고 생각하지 않은 것 같다.… 이러한 굴욕적인 행동도 老太爺를 만족시키지 않았고, 노태야는 또 계속 격노하고 있고, 마지막에 또 극정에게 일부 자초지종을 자백하게 하였다. 어떻게 해서 나쁜 친구를 알게 되었으며 부정한 방법으로 들어서서 창부

장면을 그대로 묘사한 것이라고 이해하여도 지장 없을 것처럼 보이는 점이 있다.

그런데 진대(晉代)(3·4세기) 또는 남조의 송(5세기)으로 거슬러 올라가는 것이기는 하지만, 부모가 교령(敎令)을 위반한 자를 살해하려고 할 경우에 법률은 이를 허용하였다. 그것은 마치 주인이 노비를 살해하는 경우와 마찬가지였다. 물론 당시에도 자녀를 임의로 살해하는 것은 허용되지 않았다. 『당률』 및 그 뒤의 법률에서도 징계하기 위한 것이라고 하면서 자손을 살해한 경우 및 이유 없이 살해한 경우에 법률상으로도 어느 정도의 처벌을 면할 수 없었다. 다만 가부장은 가족을 교령하고 징계하는데, 징계할 때 상해를 가하는 일이 있어도 죄가 되지는 않았다.[37]

근래(혁명전야)의 중국의 농촌관습에서도 가부장이 징계를 위해 가족에게 상해를 가하고, 설령 사망에 이르렀더라도 아무런 죄가 되지 않았다고 하기도 한다.[38] 가부장은 그 교령에 따르지 않는 가족을 추방할 수도 있었다.[39] 그것도 근래에 시작된 것은 아니었다. 구래(舊來)의 중국에서는 가부장이 자손의 신분변경에 대해서 임의적으로 조치를 할 수 있었다. 혼인이라는 것 자체는 남녀 당사자의 결합이 아니라, 남녀의 부친 또는 그 가의 결합을 의미하였다. 입양도 양자의 생가와 양가(養家)사이의 거의 임의적인 거래였다.

구래의 중국에서는 남편의 처에 대한 제재권 및 이혼권이 인정되었다. 특히 남편이 간통 당사재[姦夫姦婦]를 그 현장에서라면 살해하여도 처벌받는 일이 없었다는 것[私刑主義]이 원대법이나 명청률에도 규정되어 있었다.[40] 『수

풍정과 관계가 이루어졌으며 어떻게 하여 첩의 집을 마련하고 처의 목걸이를 어떤 식으로 저당 잡히고 팔았는지를 말하게 하였다. 그리고 그 말 중간중간에 죄를 뉘우치고 자신을 책망하는 말을 끼워 넣은 것이었다." O. Lang, Chinese Family and Society, 1946, pp.227~228에도 巴金의 『家』의 극정이 자신의 뺨을 치는 부분이 인용되어 있다.

37) 仁井田, 『支那身分法史』, 822쪽 이하.
38) 仁井田, 『中國の農村家族』, 120쪽, 199쪽 이하.
39) 仁井田, 『中國の農村家族』, 199쪽.
40) 명청률(형률)에서 "凡妻妾與人通姦, 而**於姦所**, 親得姦夫姦婦, **登時**殺者勿論"의 '登時'라는 것은 '그때' '그 시점에'라는 의미.

호전(水滸傳)』이나 그 밖의 소설류에도 그것이 종종 기록되어 있다. 『수호전』 등에는 "간통(姦通)을 잡아내려면 간부(姦夫)와 간부(姦婦) 양쪽을 먼저 잡아야 한다. 도둑을 잡으려면 먼저 장물부터 찾아야 한다[捉姦見雙, 捉賊捉贓]"는 법언(法諺)이 보이는데, 그것은 이러한 사형주의(私刑主義)와 관련된 것이었다. 근래(혁명전야)에도 널리 알려져 온 법언 가운데에 "남자를 먹여 살리려면 두쪽이 일치해야 한다(養漢[41]要雙)"라든지 "捉姦捉雙, 捉賊捉贓"도 이와 같은 종류이다.[42] 중국에서 예전부터 가족의 매매·입질(入質)은 원칙적으로 허용되어 있지는 않았다(기근 등의 경우는 예외). 그러나 현실사회에서는 처자의 매매·입질·임대가 드문 일이 아니었고, 처가 입질·임대 가운데에 낳은 자녀는 질권자·임차인의 자로 되었다.[43]

중국에서는 노비에 대한 매매, 입질 등이 원칙적으로 주인이 임의로 행하는 것이었지만, 그의 살해까지도 무조건 허용한 것은 아니었다. 중국에는 예전부터 '노예'라든지 '僮奴'·'奴僕' 그리고 '가동' 등의 용어가 있었는데,[44] '노비'라는 말이 비교적 많이 사용되고 있었다. 중국에는 노예라는 말이 없었다든지 드문 용어였다고 하는 사람이 있지만, 그것은 오해이다. 중국의 노예(노비)는 로마의 노예와 상당히 달랐다. 일본의 노예(노비)가 '半人半物'(中田, 石井 두 분)이라고 한다면, 중국의 노예도 마찬가지로 '半人半物'에 비유하여 말할 수 있었다. 조선의 노예도 마찬가지로 '半人半物'이고, 고려 말기부터는 '人7物3'이나 '人6物4' 정도로도 나타나고 있다.

중국의 노비는 물적 측면에서 보면 가축과 다름없고, 누군가의 소유에 속해 있으며, 처분의 목적물이 되고, 형법상으로는 일반 가축이나 동산(動產)과 마찬가지로 강도·절도의 객체로 취급되었다. 그러나 인적 측면에서 보면,

---

41) 養漢이란 중국 고대의 혼인의 한 방식이었는데, 결혼 뒤에 남자 쪽은 노동하지 않고, 여자쪽에서 먹여 살리는 방식이다. 이러한 의미가 바뀌어져서 여유있는 여성이 경제력 없는 남성을 상대하는 경우를 빗대어서 쓰는 말이 되었다.
42) 『忠義水滸全書』 제26회. 仁井田陞(앞에서 인용한 책, 202·328쪽).
43) 처의 入質·賃借에 대해서는 仁井田陞(앞에서 인용한 책, 194·202쪽) ; 仁井田陞, 『中國法制史』, 217·358쪽 ; 仁井田陞, 『支那身分法史』, 657쪽 이하 참조.
44) 『周禮』「秋官朝士」鄭玄注와 같은 한대의 문헌 이하 '노예'라고 되어 있는 것은 많지 않다. 仁井田, 『支那身分法史』, 862쪽.

법률상 어느 정도 제한이 따르기는 하지만 법률상의 혼인을 할 수 있고, 재산 능력도 완전히 없었던 것은 아니었으며, 자기의 재산이 있으면 그것으로 속신(贖身)이 가능했다. 옛 시대에 대해서는 잘 모르겠지만 원대(元代)의 노비처럼 이후 시대가 되면, 자신이 주인의 노비이면서 자신도 노비를 소유하기까지 하였다.[45] 중국의 노비는 형법상 사람으로 형사책임의 주체였다. 중국의 노비는 스스로 소를 제기하여 자기의 자유의 확인을 청구할 수 있었는데, 그것은 당대와 원대법에 규정되어 있을 뿐만 아니라, '奴婢自訟'으로 6세기의 문헌에 보이고, 더 거슬러 올라가서 1세기의 기록에도 나타나 있다.[46]

로마법은 노예에 대해서 사실상의 동거[同棲] 외에 혼인은 인정하지 않았으며, 형사책임능력도 절대적으로 인정하지 않았다. 자유권 자체에 관한 소송의 경우에도 노예 스스로가 담당할 수 없었다. 같은 노예라고 하여도 중국과 로마에서는 그만큼 질적 내지 단계적 차이가 있었다. 로마에서는 노예의 매매·방기(放棄)·살해·해방과 같은 처분을 자유롭게 할 수 있었고, 법률상의 제한이 없었다.

중국의 경우에도 노비의 주인은 노비를 매각·증여·입질·해방 등 자유로이 처분할 수 있었고, 또한 주인은 노비를 채찍질하거나 곤장을 쳐서 처벌하는 것도 자유였다. 진률(晉律)에서는 도망노비에게 경형(黥刑)을, 『당률』에서는 장형(杖刑)을 부과하였다. 그러나 진(秦), 즉 기원전 3세기에 이미 주인이 노비를 죽일 경우에는 관의 허가가 필요했으며, 임의로 죽일 수 없는 것으로 되어 있었다.[47] 진대(晉代)의 법(法)에서도 그와 마찬가지였다. 『당률소의(唐律疏議)』에 의하면 "노비는 천예(賤隷)이어서 각각 그 소유자·주인이 있지만, 그를 살해할 경우에는 관의 허가를 받아야 한다. 설령 죄가 있는

---

45) 『史學指南』, "若軀(駈)口自買到軀(駈)口, 謂之重口, 盖此流亦同財産耳"; 仁井田, 『支那身分法史』, 918쪽.

46) 『後漢書』「光武紀」에는 예를 들어 광무 14년(A.D.38) 12월 조서로 "益凉二州**奴婢**, 自八年以來, **自訟**在所官, 一切免爲庶民, 賣者無還値" 내리고, 北齊(6세기 후반)의 것으로는 『北齊書』 孫騰傳 "奴婢訴良"의 예가 있다.

47) 『史記』「田儋傳」. "田儋詐爲縛其奴, 從少年之廷, 欲謁殺奴(服虔曰, **古殺奴婢, 皆當告官**, 云云)". 『晉書』「刑法志」 "奴婢捍主, 主得謁殺之". 梁啓超 「中國奴隷制度」(『淸華學報』2-2, 1925, 547쪽).

노비일지라도 관사(官司)의 허가를 얻지 않고 주인이 마음대로 살해한 경우에는 장형 100대에 처한다. 더구나 무죄한 노비를 살해한 경우에는 도형 1년에 처한다"[48]고 되어 있다.

秦·漢·晉·唐 등 중국의 고대시대를 통하여 법률상으로는 노비의 살해에 제한이 있었으며, 함부로 죽이는 것이 허용되지 않았다. 주인이 마음대로 행한 노비살해에 대해서 처벌을 면할 수 없다고 하는 것은, 원대법이나 명청률에서도 마찬가지였다. 물론 로마에서도 생살여탈권은 있어도 정당한 사유 없이 주인이 노비를 함부로 살해하는 일은 없었을 것이다. 역(逆)으로, 중국법에서 노비의 살해를 제한하였다[49]고 하더라도 주인이 임의로 살해하는 것은 좀처럼 근절하기 어려웠다.[50]

이와 같이 살펴보면, 중국의 가부장 권력은 과장해서 말하면 절대적이라고 할 수 없는 것은 아니지만, 상당히 오래된 문헌으로 거슬러 올라가 볼 때, 문헌의 범위에서는 엄밀하게 절대성을 증명하기가 쉽지 않은 것 같다.

5. 중국의 가부장 권력은 획일적이었는가

로마의 가장권의 일방적·절대적 지배는 가(家)의 구성물에 대한 관계에서 동일함을 기조로 하고 있었지만, 자유인과 노예, 노예와 기타의 물건은 점차 다른 취급을 받게 되어, 예전의 manus를 분해시키게 되었다. 그러나 그

---

48) 『唐律疏議』卷22 「鬪訟律」奴婢有罪條의 疏에 "奴婢賤隸, 雖各有主, 至於殺戮, **宜有 禀承**, 奴婢有罪不請官司, 而輒殺者杖一百, 無罪殺者, 謂全無罪失, 而故殺者徒一年". 〈옮긴이 주〉 『역주당률소의』(각칙 : 하, 김택민·임대희 옮김, 한국법제연구원) 참조.

49) 그리고 명대 말기의 '노변(奴變)'이라고 전해지는 농노·노비의 반란 이후에는 주인이 그런 대우에 특별히 관대함을 필요로 하였다.

50) 중국의 노비에 대해서는 仁井田, 『支那身分法史』, 900쪽 이하·971쪽 이하 참조. 그리고 仁井田, 『中國法制史』, 126쪽 이하, 131쪽 이하. 또한 한반도의 노비에 대해서는 周藤吉之, 「高麗末期より朝鮮初期に至る奴隷の研究」(『歷史學研究』제9권 1-4호, 1939년 1~4월), 周藤吉之, 「麗末鮮初における農莊に就いて」(『青丘學叢』17권, 1934년 8월). 또 仁井田, 『支那身分法史』(937쪽 이하). 고려 말부터 뒤의 조선의 노비는 노비라고 불렸지만 農奴에 가까운 경우가 있고, 이른바 양민에 가까운 경우조차 있고, 공직에까지도 오른 경우도 있었다.

유물은 그 뒤까지 존속하였다고 한다. 그런데 이 점에 대해서도 중국법의 가부장 권력이 이런 종류의 획일성을 갖고 있었다고 증명하기는 어려울 것 같다.

이와 같이 중국의 가부장 권력이 통일적·획일적이었다고 단언할 수는 없고, 배타적·절대적이라는 점에서도 일관되지 않으며, 일방적이라고 하는 것에도 로마법과의 차이가 있었다. 그러나 중국의 가부장 권력, 즉 가부장과 가족간의 권력복종관계는 국가적 또는 사회 전체적 규모로까지 확대되어 군주는 중국사회의 가족적 구성의 최고 정점의 자리를 차지하고, '군주는 백성의 부모'라는 배려로써 권력지배를 행하여 왔다. '가부장적 전제주의'인 것이다.[51]

백성의 부모에 대해서는 예를 들어 『서경(書經)』「홍범(洪範)」에 "天子는 백성의 부모가 되고, 그로써 천하에 왕이 된다"로 나와 있다.[52] 중국의 왕토사상(王土思想)의 이해에는 『시경(詩經)』에서 말하는 "普天之下, 王土"가 인용되는 것이 통례이지만, "천자는 백성의 부모이다"라는 의식을 매개로 하여 소유의 주체적 측면에서도 왕토사상이 도출된 것이 아닌지 여부는 한번 고찰해 볼 필요가 있을 것이다. 그러나 왕토사상과 토지의 사적 소유는 모순되는 것이 아니다.[53] '백성의 부모'는 군주만이 아니었다. 지방관도 백성의 부모였다. 예를 들면 명의 여곤(呂坤)은 주현지사(州縣知事 ; 知州知縣)에 대해서 "사람들이 이를 부모라고 칭한다. 부모란 나를 낳고, 나를 키우는 사람이다"라고 말하고 있다.[54] 왕랑천(王朗川)은 자계(慈谿)의 한 현령과 부로(父老)의 문답을 다음과 같이 기록하고 있다.

현령이 "당신은 '파가(跛家)의 현령, 멸문(滅門)의 자사(刺史)'라는 속담을 들은 적이 있는가"라고 말한다. 부로(父老)가 대답하기를, "백성들은 다만 '즐겁도다. 군자(君子), 백성의 부모'라는 말을 들을 뿐이다"라고 하였다.[55] 부로

51) Hegel, Volesungen über die Philosophie der Geschichte, (Reclum) S.173-177.
52) 『書經』「周書」〈洪範〉 "天子作民父母, 以爲天下王".
53) 仁井田陞, 『中國法制史研究』土地法(1960년 3월) 第2章 第8節 參照.
54) 『呂新吾明識』(知州知縣之職) "而惟牧令, 人稱之曰父母, 父母云者, 生我養我者也". '백성의 부모'에 대해서는 다음 주 및 仁井田陞, 『中國法制史研究』 노예농노법 제4장 4절 참조.

는 현령의 질문을 받아넘기면서도 현령을 호되게 꾸짖어 현령도 입을 다물지 않을 수 없었다. 부로가 인용한 구절은 『시경』, 기타 고전에 종종 보이는 것이다. 지방관이 인자한 배려를 가진 부모로 행동하는 한 백성에게 있어서는 그런대로 다행이었다. 그런데 백성에게 있어서 지방관은 현실적으로 파가(跛家)・멸문(滅門)을 초래하는 역귀(疫鬼)에 불과하였다. 그리고 사상에서는 단지 유교뿐만 아니라 민중 사이에 널리 퍼져 있었던 통속 도교라고 하더라도 가부장 권력 사상을 기축(基軸)으로 하고 있었다는 것을 덧붙이고자 한다.

제3절 중국 역대 형법에 있어서 가부장의 권력자적 지위

로마에서는 그렇게 강력했던 가장권도 그 붕괴가 눈앞에 나타났다. 그런데 중국의 고대 가부장 권력은 후세에까지 붕괴되지 않고 기나긴 지배를 이어왔다. 그렇지만 가부장 권력이 오랜 세월 지배하고 있는 동안 전혀 변화 없이 끝났다고 할 수만은 없을 것이고, 특히 중국은 10・11세기경부터 중세 농노제가 성립・발전하여 시대의 분계(分界)를 지어, 중세 후반에 농노는 협의의 예농(隸農: Hörige)으로 발전하기에 이르렀고,[56] 이러한 시기를 구분 짓는 사

---

55) 『言行彙纂』(從政遺規引) "慈谿一縣令, 初至任, 語羣下曰, 汝聞諺云, 破家縣令, 滅門刺史乎, 父老對曰, 民只聞得, 樂只君子, 民之父母, 令默然(父老二語, 可謂當頭一棒矣)". "樂只君子"는 『詩經』의 小雅(南山有臺) "樂只君子, 民之父母"에 보인다. 그리고 『禮記』, 『大學』 "詩云樂只君子, 民之父母, 民之所好好之, 民之所惡惡之此之謂民之父母", 즉 백성의 부모라는 것은 백성이 좋아하는 것을 좋아하고, 백성이 싫어하는 것을 싫어한다. 好惡 모두 백성의 마음에 따른다. "豈弟君子(愷悌君子)民之父母"라고도 한다(『詩經』大雅, 『禮記』, 『孝經』, 기타 『漢書』「刑法志」 등). '只'는 語中의 조사로, 左傳은 '只'를 '旨'로 쓴다. 只와 旨는 원래 통용되는 것이라고 한다. 仁井田, 「大木文庫私記」(『東洋文化研究所紀要』 13책, 1957년 11월, 159쪽).

56) 농노제에 대해서는 周藤吉之, 「宋代の佃戶制」(『歷史學研究』143호, 1950년 1월) 참조. 그리고 隸農 문제에 대해서는 仁井田陞, 「中國社會の『封建』とフューダリズム」(『東洋文化』제5호, 1951년 2월). 다만 '예농적'이라는 용어를 사용한 것은 仁井田, 『中

회변화 가운데에서 가부장 권력이 어떠한 위치를 점하고, 그 권력의 내적·실질적 변화가 어떻게 이루어졌는지도 문제될 것이다.

일반적으로 말해서 중국이라 하더라도 지배자는 인민지배를 위하여 결코 무용(無用)한 법만을 제정하여 온 것이 아니고, 각 시대의 사회에 대응한 법률도 제정해 왔다. 다시 말해서 사회의 현실적인 힘에 의해 부득이하게 법이 새롭게 만들어져 왔다. 따라서 역사가들은 일반적으로 말해서 중국의 법률을 무용의 재료들의 축적으로만 볼 수 없으며, 중국의 법률에 있어서도 그 실효성이 있는 경우는 그것을 충분히 받아들이고, 법 사이에 시대적 변동이 있는 경우에는 그것을 분명하게 확인할 필요가 있다고 본다. 물론 그 변화의 유무를 역대의 제정법에서만 살피는 것에 만족할 수는 없다. 자료를 제정법으로만 국한하는 것은 자칫하면 문제의 구체성으로부터 동떨어지게 되고, 사회의 현실 분석으로서도 온당하지 않는 경우가 발생한다.

그러나 제정법에서 어떻게 취급되고 있는지를 일단 정리해 두는 것이 앞으로의 연구에 하나의 편의를 제공하게 될 것이다. 이제 그런 의도에서 역대 형법상의 가부장의 권력자적 지위에 관한 다음의 표를 작성하였다. 표에 있는 여러 왕조의 율(律) 가운데, 진율(晉律)·후위율(後魏律) 및 금율(金律)은 그 전편(全篇)이 망실되어 오늘날에는 전하지 않는다. 간신히 여러 문헌 가운데 남겨진 조문(條文) 단편들을 단서로 한 것이다. 진(晉)·후위(後魏) 및 금(金)의 3률에 있어서 그 조문 단편이 발견되지 않는 부분은 표에서는 공란으로 놓아둔다.

國法制史』(岩波全書, 1952년 6월, 144·296쪽). 명대의 지주와 농노간의 횡적인 동배관계에 대해서『中國法制史』에서는 명 洪武 5년 5월의 향촌질서에 관한 令(다음의『洪武實錄』)을 인용하였는데, 이에 대해서는 향약이 가지고 있는 성격도 일단은 고려할 여지가 있을 것이다. 물론 이 관계는 향약적 의미에서뿐만 아니라 향약을 통해서 나타나는 농노의 현실의 힘을 고려해야 한다. 仁井田陞,『中國法制史研究』노예농노법 제4·5장 ; 周藤吉之,『中國土地制度史研究』(1954년 9월) 제4장 예농이나 예농제에 대해서는 今堀誠二,『中國の社會構造』(1953년 12월, 9·60쪽, 143쪽 이하, 174쪽) 참조.『명실록』(홍무실록) 卷73, 洪武午年五月條 "歲時燕會坐次之例, 長者居上, **佃見田主**, **不論齒序**, 並**如少事長禮**, 若在親屬, 不拘主佃則, 以親屬之禮行之, 鄕飮之禮, 所以明長幼厚風俗, 今廢缺己久, 宜令中書詳定儀式頒布遵守".

전근대적인 형법에서는 범죄의 객체 및 주체의 신분적인 차이에 따라서 형이 가중 또는 감경되어 보통살인(普通殺人)과의 사이에 차이가 발생한다. 더욱이 같은 행위라도 특정 신분의 자의 행위에 대해서만은 죄가 되지 않는 경우가 있다. 이런 경향은 전통 중국의 형법에서 두드러진다.

먼저 이 〈표 1〉에 대해서는, 처자(妻子) 및 노비가 가부장에 대하여 범한 살인, 폭행, 상해 등의 행위는 모두 그 당시의 최중형(最重刑)으로 처벌하게 되어 있었다. 진률에서는 효수가, 당률·금률에서는 참수형(斬首刑)이, 명청률에서는 능지처사[57]가 가장 무거운 형벌이다. 그리고 이러한 행위는 수당률(隋唐律) 기타에서는 십악(十惡)의 하나로 열거되어 있었다.[58] 일반적인 살인죄에 대하여는 이러한 최중형을 반드시 부과하지는 않는다. 당률에서는 예비음모[豫謀]의 유무에 따라서 모살(謀殺)과 고살(故殺)을 구별하고, 일반인을 객체로 하는 모살은 도형(徒刑) 3년, 부모나 남편의 모살은 참수형(斬首刑)에 처한다.

---

57) 『渭南文集』卷5條 對狀 "五李多故, 以常法不足, 於是始於法外, 特置**凌遲**一條, **肌肉己盡**, 而氣息未絶, …… 議者習熟見聞, 以爲當然, 乃謂如支解人者, 非凌遲無以報之, 臣謂不然, 云云". 능지처사는 오대 및 요송 무렵부터 행해져 온 극형으로 신체의 살(肉)을 잘게 베어내거나 신체의 특정 부분에 칼을 대어 腸을 제거해내어 죽인다. 처형방법은 반드시 일정하지 않다. 仁井田陞, 「支那に於ける刑罰體系の變遷」(『法學協會雜誌』제57권 4호, 1939년 4월, 70쪽) ; 仁井田陞, 『中國法制史』(86쪽 이하) ; 仁井田陞, 『東洋法制史論』(日本國家科學大系 제5권, 1943년 10월, 156쪽) ; 仁井田, 『中國法制史研究』刑法(1959년 3월) 제3장 제2절, 특히 제4장 참조.

58) 『隋書』「刑法志」에 의하면 隋 大業년간 율령에 대해서는 "又勅條律令除十惡之條"라고 하고, 『唐律疏議』에 의하면 "大業有造後, 更刪除**十條**之內, 惟存**其八**"이라고 되어 있는데(程樹德, 『九朝律考』), 남북조 시대에도 가령 북제율에 중죄 10조가 있고, 隋 開皇律에도 10악의 규정이 있으며, 『당률』은 그것을 답습하였다. 일본의 大寶律·養老律에서는 수당률의 10악 가운데 내란을 생략하고 不睦을 不道에 포함시켜 8虐으로 하였다. 그 여덟 개의 내용이 어찌되었든, 그 數는 수(隋)대업(大業) 중의 규정과 같다.

〈표 1〉 父母・夫 및 主人을 犯罪의 客體로 하는 경우

	晉律 (3世紀)59)	後魏律 5世紀	唐律 8世紀	金律60) 13世紀	明淸律 14~18世紀
父母를 殺害(旣遂)	梟首		斬		陵遲處死
夫의 父母를 謀殺	棄市		斬		斬
父母를 過失殺			流3000里		杖100流3000里
父母를 傷害	梟首		斬		
父母를 毆打	梟首		斬		斬
父母에 不孝61)	棄市				
父母를 욕함(罵)	棄市	死	絞		絞
父母를 告訴			絞	絞	杖100徒3年, 誣告는 絞
父母를 生前에 別籍			徒3年	別籍을 不許	杖100
夫를 殺害(旣遂)	五歲刑		斬	斬	陵遲處死
夫를 謀殺			斬	斬	斬
夫를 傷害			凡鬪傷에 3等을 加刑		凡鬪傷에 3等을 加함
夫를 毆打			徒1年		杖100
妻의 姦通			徒2年	徒2年	杖90
主人을 殺害			斬	斬	陵遲處死
主人을 過失殺			絞		絞
主人을 毆打			絞(傷害했으면斬)		斬(傷處가 없더라도)
主人을 욕함(罵)			流	絞	絞
主人을 告訴			絞	誣告는 斬	杖100, 徒3年, 誣告는 絞
主人을 姦함			絞	絞	斬

명청률의 보통살인(旣遂)은 참수형(斬首刑)에 그치지만, 가부장의 살해에는 가장 무거운 형벌인 능지처사를 부과한다. 그리고 매장금지의 형벌이 병과되고 범인의 이웃이나 스승도 처벌받으며, 범인의 주택이 헐리고62) 부지

---

59) 晉律로 이 표에 게재한 것은 『通典』卷167 刑五雜議下(宋) 부분, 또는 『宋書』顧顗之傳 등, 즉 남조 송대의 자료에 나타나는 부분이다. 程樹德, 『九朝律考』에서는 남조의 송・제의 율이 진률을 답습한 것으로 보고 이것을 진률의 자료로 하고 있다. 여기에서는 일단 그것에 따랐지만, 물론 그것을 송대법으로 하더라도 상관없다.

60) 仁井田陞, 「金代刑法考」(『東洋史硏究新』제1・2호, 1944년 8・10월).

61) 당률 등에서 불효라고 하는 것은 부모를 욕하거나, 부모를 고발하거나, 또는 부모가 살아있는 동아너 별적(別籍) 하는 것 등을 말한다.

62) 『唐律疏議』卷4, 「名例律」彼此俱罪之贓條에는 모반대역의 경우이지만 "謀反大逆,

(敷地)의 흙은 파서 버려진다. 천년의 시간이 지나 고대에서 중세로 변하여도 형법의 기본적 성격은 변하지 않는다. 다만 후세에 과형(科刑)의 엄격함이 다소 완화된 점이 없지는 않다. 예를 들어 부모를 고소한다든지, 부모 생전의 별적(別籍)이라든지(이 점에 대해서는 후술한다), 남편을 구타한다든지, 처의 간통등의 경우가 그러하다. 그러나 그것을 가부장의 권력자적 지위가 흔들린 결과로 볼 수 있을지의 여부를 판단하기 전에 〈표 2〉를 볼 필요가 있다.

〈표 2〉 妻子 및 奴隷을 犯罪의 客體로 하는 경우

	晋律 3世紀	後魏律63) 5世紀	唐律 8世紀	金律 13世紀	明淸律 14~18世紀
違反敎令한 子를 殺害 (官許있는 경우)	罪불성립		(規定없음)		(規定없음)
違反敎令한 子를 毆殺		4歲刑	徒1年半	徒1年	杖100
違反敎令한 子를 刃殺		5歲刑	徒2年	徒1年半	
子를 故殺		毆殺 刃殺 에 各1等을 加함	(毆殺)徒2年 (刃殺)徒2年半	徒1年半 徒2年	杖60徒1年
子를 過失殺·懲戒 하다가 우연히 死亡			罪불성립		罪불성립
子를 賣		1歲刑	徒1年半		杖80
妻를 毆殺			絞(凡人으로 論함)	凡人과 마찬가지	絞
妻를 刃殺 및 故殺			斬(凡人으로 論함)		絞
妻를 毆傷			凡人에 二等을 減함	凡人에 2等을 減함	凡人에 2等을 減함
有罪의 妻를 毆打 偶然死亡			罪불성립	罪불성립	罪불성립
姦婦를 現場에서 살해				(元代法, 罪불성립)	罪불성립
妻를 賣.			絞, 凡人和略之法 에 따름.	卑幼周親을 賣함과 同罪	杖100流3000 里, 凡人和略 之法에 따름

罪極誅夷, **汚其室宅**, 除惡務本, 罪人旣不會赦, 緣坐亦不合原"이라 되어 있고, 『唐律釋文』에는 "汗其室(上音烏, 毁其所居也, 犯反違罪者, 必**汗毁其居, 蓋欲絶其惡類也**)"라는 것이 보인다. '汗'이라는 것은 판다는 뜻 또는 웅덩이. 汚와 같다. 그리고 『魏書』「刑罰志」에는 고독(蠱毒)의 경우에 대해서 "爲蠱毒者, 男女皆斬, 而**焚其家**, 巫蠱者負殺羊抱犬沈諸淵"라고 하여, 그 집을 태운다.

63) 『魏書』「刑罰志」(『九朝律考』) · 『通典』卷167「刑5」〈雜議〉下(송 · 양 · 후위)에 後魏

有罪의 奴隷를 殺害 (官許있는 경우)	罪불성립		罪불성립		
有罪의 奴隷를 함부로 殺害			杖100	杖100	杖100
無罪의 奴隷를 殺害			徒1年	徒1年	杖60徒1年
奴隷의 過失殺·懲戒 하다가 우연히 死亡			罪불성립	罪불성립	罪불성립
主人이 奴隷의 妻를 姦함			罪불성립	罪불성립	罪불성립

이 〈표 2〉에 의하면 처자 및 노비를 객체로 하는 살해·폭행·상해·매매 등의 죄는 보통 사람을 객체로 하는 경우에 비해서, 어느 시대에서도 형(刑)의 정도는 매우 가벼웠고, 보통 사람을 객체로 하면 죄가 되는 행위라도 처자 및 노비를 객체로 하였을 때는 죄가 되지 않는 경우도 종종 있었다. 그리고 그것은 대체로 당률이나 명청률에서도 동일하게 규정되어 있다. 당률에 나타난 것과 같은 고대적 가부장 권력은 명청률에 있어서도 규정상으로는 크게 변하지 않았다. 더구나 처자를 고살(故殺)하거나 매각하는 행위에 대한 과형(科刑)은 후세의 율보다 가벼웠던 경향조차 있다. 그러나 고대 형법에서는 가부장이 관(官)의 허가를 얻으면 그 자녀를 살해하는 것이 허용되었고(전 절 4항 참조) 그 행위가 범죄가 되지 않았던 점을 비교하면, 가부장의 손에 의한 사형(私刑)주의가 후세에서는 점점 억제되는 경향을 볼 수 있다. 그러나 간부(姦夫)와 간부(姦婦)를 현장에서 살해하여도 죄가 되지 않는다고 하는 사형주의(私刑主義)는 단순히 법문으로만 말하면 당률에는 없었고,[64] 오히려 원대 법이나 명청률의 규정에 있었다(앞의 장 4항 참조)는 점을 잊어서는 안된다.

律을 인용하여 "按鬪律, 祖父母父母忿怒, 以兵刃殺子孫者五歲刑, 毆殺者四歲刑, 若心有愛憎而故殺者各加一等"(『通典』에는 毆殺 밑에 及자가 있고, 者 이하에 일곱 자가 없다)이라고 되어 있으며, 당률 등과 같이 교령을 위반한 자녀를 구살하였다든가 인살(刃殺)하였다든가 하는 것은 쓰여 있지 않다. 그리고 仁井田,『支那身分法史』(1942년 1월, 814쪽)에서 『通典』의 後魏律을 인용하여 "各**減**一等"이라고 한 것은 잘못된 것임.

64) 당률에 이러한 私刑主義의 규정이 없었다고 하여, 唐代에 私刑主義가 행해지지 않았다는 의미는 물론 아니다.

그런데 이것에 관해서는 다음과 같은 것을 간과해서는 안된다. 그것은 가부장(부모)의 생전에 가족이 분가하여 가족공동체로부터 분리되고 가부장과 경제를 나누는 것에 대한 제한이 시대가 흐름에 따라서 완화되기에 이른다는 점이다. 한대(漢代)나 육조(六朝) 시대에도 가부장의 생전에 자손이 아내를 맞아들이는 때에 가부장과 재산을 분할하는 일이 빈번히 행하여졌으며, 사대부 사이에서든 농민 사이에서든 그 금지규정이 충분히 지켜지지 않았다고 한다(『日知錄』 등에 의한 것임).

당송 시대의 법률에서도 자손이 가부장의 허가 없이 가산을 나누는 것(分居分財, 異財)을 허용하고 있지 않았다(〈표 1〉 참조). 다만 가부장이 스스로 이를 행하는 것은 상관없지만, 그 경우에도 호적을 분리하는 것[別籍]까지는 법률상 허용되어 있지 않았다. 그리고 금대법(金代法)도 그 규정을 답습하고 있었다. 그러나 원대법(元代法)이 되자 가부장의 의사에 의한 경우에는 분거분재(分居分財)는 물론이고 별적(別籍)까지 허용되기에 이르렀다.

명청의 법률도 원대법의 뒤를 이어 받아서 자손의 임의적인 별적이나 이재(異財) 모두 허용하지 않았지만, 가부장 자신의 의사에 의한 별적이나 이재에는 구속을 가하는 일이 없었다. 더구나 자손이 임의로 별적·이재하는 경우조차도 가부장(부모)이 고소하지 않으면 처벌하지 않게 되기까지 하였다. 이렇게 해서 가부장의 생전의 별적 내지 분거분재(分居分財)는 법률의 힘으로써는 충분히 억제할 수 없게 되고, 시대가 흐름에 따라 그 금지를 완화하게 되어 법률도 점차 양보하지 않을 수 없었다.[65]

또한 다음 절에서도 서술하는 바와 같이, 가산과는 별도로 가족이 그 특유재산(私產)을 소유하는 것이 법률상으로도 어느 정도 인정되었지만,[66] 송의 『원씨세범(袁氏世範)』 등에 의하면 법률상으로는 인정되지 않는 경우라도 개인재산소유가 사실상 행해지고 있었다. 그리고 개인재산소유가 법률상 허용되든 그렇지 않든 관계없이, 사실상 그것이 행하여지면 질수록 그만큼 가족공동체의 결합이 느슨해지고 결합을 통괄하는 가부장 권력은 약해지기 마련

---

65) 仁井田, 『支那身分法史』, 373쪽 이하.
66) 예를 들어 당대법 등에서는 처의 지참재산, 원대법에서는 봉록(俸祿) 등도 포함.

이다. 아마도 개인재산이 사료(史料)에 비교적 많이 등장하는 송대 이후에 이러한 경향이 조장되었을 것이다.[67]

나는 앞의 두 개의 표에서 중국 역대의 형법사상 가부장 권력이 압도적 우위라는 인상을 주었다. 그리고 그 권력에 대해서는 고대 중세의 형법 사이에 뚜렷하게 성쇠를 구분하기 어렵다는 것을 나타내었다. 중국 고대형법에서는 가부장 권력의 역량에 상응하는 것이 거기에 내세워졌을 것이다. 그리고 중세(송대 이후)에는 가부장 권력의 추이에도 불구하고, 여전히 가부장 권력의 우위를 중세 형법규정상 지키고 있었고 지킬 필요가 있었을 것이다. 그러나 가령 가족이 가족공동체로부터 현실적으로 분리되는 경우와 같은 때에는 형법에 의지하더라도 이를 억지로 금지하는 것이 불가능하였다.

가족공동체로부터의 가족이탈의 난이(難易)는 가부장 권력의 강약을 보여주는 하나의 표준이라고 할 수 있을 것이다. 이와 같은 법률상의 변화는 사회의 현실상태의 변화에 대응한다. 근년(혁명전야) 중국의 농촌을 방문한 사람들은 가족의 식구수나 가산제(家産制) 등의 면에서 가부장 권력에 한계가 있다는 것을 직면하고, 구래의 중국 가족제도가 근래 갑자기 붕괴되기 시작하였다고 말하고는 하지만, 그런 비역사적인 견해에는 찬성하기 어렵다[68](본래 해방지구는 별문제이다). 그러나 어쨌든 중국농촌의 이른바 해방전야까지는 얼핏 보기에 부동(不動)의 양상에 있었던 가부장 권력에도 변이가 없지 않았다.[69]

신중국의 혼인법[70]에서는 혼인 및 이혼의 자유를 전제로 "부부는 공동생활

---

67) 仁井田, 『支那身分法史』, 455쪽 이하.
68) 仁井田, 『中國の農村家族』(1952년 8월, 95쪽 이하). 그리고 이 글 제1장 緒言의 마지막 기술 참조.
69) 다만 에스카라도 말한 바와 같이 중화민국 민법의 영향이 농촌에는 그다지 크지 않았다. J. Escarra, Le Droit Chinois, 1936, 谷口 역, 『エスカラ支那法』.
70) 중국의 신(新)혼인법에 대해서는 陳紹禹, 「中華人民共和國婚姻法起草經過及び起草理由に關する報告」(幼方直吉, 長谷川良一 역, 『法社會學』제2호, 1952년 4월) ; 幼方直吉, 「中國新婚姻法の紹介」(『法社會學』1호, 1951년 3월) ; 仁井田, 「中國の新婚姻法について」(『法律時報』23권 1호, 1951년 1월) ; 仁井田, 「中國の新離婚法」(『比較法研究』2호, 1951년 5월). 신(新)혼인법 시행 뒤 중국사회에서는 신(新)혼인법을 둘러

의 반려이고, 가정에서의 지위는 평등하다." 그것은 오래전에 권력복종을 내용으로 하는 '三從'이나 '二體一心' '一心同體'와 같은 동체주의(同體主義, coverture scheme)와 같은 의미일 리가 없다. 이러한 동체주의와는 그 차원을 달리한다.[71] 또 그 혼인법에서는 "부부는 서로 사랑하고 서로 존경하며 서로 돕고 서로 부양하며 화목하게 마음을 하나로 하여 생산에 힘쓰고 자녀를 교육하며 가정의 행복과 새로운 사회건설을 위하여 공동으로 노력할 의무를 진다." 그것은 아내만이 남편을 경애한다는 의미가 아니다.

또한 이 법에 의하면, "부모는 자녀에 대하여 부양교육의 의무를 지며, 자

싸고 많은 문제가 발생하였다. "농지개혁과 혼인제도는 결코 무관하지 않다. 우선은 구래와 같이 富를 표준으로 한 집안의 대등을 혼인의 조건으로 할 필요가 농촌에서는 없어졌다. 그리고 예전에는 이혼이라고 하면 대개 남편 쪽에서 쫓아내는 이혼이어서 어자는 남편과 헤어질 권리노 없었고, 남편과 헤어지고 나서 경제적으로 살아갈 수 없는 여자에게 있어서 이혼은 중대한 문제였다. 그런데 생활조건이 바뀐 오늘날은 여자가 요구하는 이혼의 경우가 많다고 한다. 그러나 오래된 불합리한 혼인제도가 신제도에 의해 타격을 받기는 했지만, 깊은 사회적 근원과 오랜 역사적 전통을 지녀온 만큼 변혁은 그렇게 간단한 일이 아니다. 이제까지 이혼권을 일방적으로 쥐고 있었던 남자에게 있어서 신혼인제도는 확실히 위협이었다. 여자의 결의에 의해 이혼이 행해지고 이혼에 의해 유력한 가족노동력을 잃게 되며, 더구나 가정재산을 분리하지 않으면 안되고 借金이 있으면 남자 쪽에서 책임져야 하는 것은 거듭되는 타격이었다. 더구나 남자 쪽에서 직접 자기의 완력에 의하는 것 이외에, 제도적으로도 사회적으로도 일방적으로 유리한 해결을 얻는 방법이 부족했다. 근래 이혼을 둘러싼 폭력사건이 때때로 남자 쪽에서부터 야기되고 있다(仁井田陞, 「婚姻制度・慣習はどう變ったか」『新中國の基礎知識』, 1952년 6월, 204쪽)." 그리고 중화민국 민법에서 처는 본래의 성씨에다가 남편의 姓을 붙이는 것을 원칙으로 하고 있다. 이에 대해서 신(新)혼인법에서는 부부가 모두 자기의 성명을 사용할 권리를 가지게 되어 있다. 나는 仁井田, 「中國の新婚姻法について」(前出, 4쪽)에서 중화민국 민법의 규정이 구래의 관습과 다르다는 것을 서술하였지만, 남편의 성을 붙이는 관습도 또한 없었던 것은 아니라고 씀으로써 전술한 부분을 수정해 둔다. 그리고 前記의 논문에는 『中國研究』제13호의 번역 그대로를 따른 것이므로 신(新)혼인법 제15조의 문장에서도 "결혼하지 않고 낳은 자녀는 … 인적증거, 물적증거에 의해 그 부친을 인지한다"고 하고 있지만, 그 "부친을 인지한다"는 것은 "부친을 증명한다"고 하여야 한다. 원문에는 "證明其生父"라고 하여, "부의 인지"라고도 "인지의 청구"라고도 쓰여 있지 않다. 仁井田陞, 『中國法制史研究』가족법 제7장 ; 仁井田陞, 「中華人民共和國婚姻法」(宮崎孝治郎 編, 『新比較婚姻法』, 1960년 6월) 참조.

71) 同體主義에 대해서는 仁井田陞, 『中國の農村家族』, 48・202・296쪽.

너는 부모에 대하여 부양부조의 의무를 진다. 쌍방이 모두 학대 또는 유기(遺棄)할 수 없다." 거기에는 부부와 친자간의 일방적인 지배와 복종은 보이지 않는다. 거기에서의 원칙은 새로운 사회의 이상 아래 권리의무를 서로 나누는 상호주의이다. 그러나 이 법은 그 당시의 사회상황이나 형세를 반영한 것으로서 강행법적 성격이 특히 강하다.[72]

제4절 가족의 재산능력-가부장 권력과의 관계

강력한 가부장 권력 하에서는 재산은 가부장 개인의 소유로 돌아가고 가족은 재산능력을 갖고 있지 않았던 것처럼 생각되기 쉽다. 로마에서는 가장이 갖는 권력의 효과로서, 권력복종자는 애당초 모두 재산무능력자이며 그가 취득한 재산조차도 전부 가장의 전유가 되었다. 부자공산제(父子共産制) 같은 것은 로마의 가족조직과 서로 양립할 수 없는 것이라고 전해지고 있다. 이러한 원칙에는 로마 고대에 이미 실제로 예외가 있어서, 가장은 실제로 가자(家子)에게 특정재산의 용익을 허용하고 있었지만, 이와 같은 가자의 특유재산은 후세에는 더욱 그 종류와 범위가 증대되었다.

중국의 가부장 권력 하에서는 가족을 재산무능력자로 하기까지에는 이르지 않았다. 다만 근래(혁명전야)의 사회에서 보면 그 관습 사이에는, 가산에 대해서 가부장의 전유(專有)의식과 부자공산(父子共産)의식 사이에 몇 단계나 되는 것을 두고 있어, 통일되어 있지 않았다. 그리고 전유의식이 극단적으로 강한 경우에는, 부친은 부자공유를 이유로 자녀가 번 수입을 이유도 없이 빼앗았고, 가산처분의 경우에도 자녀와 합의할 필요가 없었다. 이와 반대로 공유의식이 지배적인 경우에는(가령 형제 등 동배간의 공유의식과 반드시 같지는 않다고 생각하자) 부자가 합의하여 가산을 처분하고 공동으로 대가를 수취하며, 가산처분장(家産處分狀)에는 '부자합구상의(父子合口商議)'라고

---

72) 신(新)혼인법 제26조에 의하면 동법은 제재로써 강행된다. 처의 자발적 이혼을 저지하는 남편 쪽의 폭행도 제재되어 왔다.

기록하고, 부자가 함께 매도인으로서 연서(連書)하였다. 물론 주의를 요하는 것은, 부자가 '合口商議'하였다고 하여 그것을 민주적이라든지 부자가 대등한 입장에서 주장한 것이 거기에 있었다고는 할 수 없다. 가정 내의 분위기, 환경, 기분이 친화적인 결과로 이러한 '合口商議'가 도출되고, 특히 가족경제를 계속 유력하게 유지하며 생장시켜온 자녀의 발언이 받아들여지기기에 이르렀던 것이라 생각되며, 그렇게 하는 편이 일을 운용하기 쉬웠을 것이라는 점도 고려되어야 한다.[73]

그런데 당률이나 금률, 명청률 등 구율(舊律)에서는 형제뿐만 아니라 부자 사이의 가산공유를 전제로 하고 있었다.[74] 따라서 자손이 가부장의 관리에 속하는 가산을 타인으로 하여금 훔치게 한 경우에 대해서, 당대 및 기타 시대의 법률가는, 그 재산은 가부장 개인의 재산이 아니라 '자기 가의 재산'이고 부친의 재산은 자녀의 재산이므로, 자녀가 타인으로 히여금 '자기의 재산'을 훔치게 한 것이라고 설명하고 있다. 또한 가산은 가부장의 관리에 속하고 가족은 임의로 그것을 처분할 수 없는데, 그 의미에 대해서도 다음과 같이 기록하고 있다.

"부자가 동거동재(同居同財)인 것으로 보아 가산은 아들에 있어서도 그의 소유가 아닌 것은 아니다. 그러나 가산은 부가 관리하는 것이기 때문에 자녀는 그것을 마음대로 처분할 수 없다"[75]라고 기록되어 있다. 당대(唐代)법 가운데에는 이 점에 대하여 조금 더 명확하게 한 자료가 있다. 그것은 노비와 주인의 관계에 대한 규정이다. 노비는 가축 및 기타 재산과 마찬가지로 주인의 소유에 속하며 그 처분에 따르지만, 그 노비의 입장에서 보아 주인이라고 할 수 있는 것이 오직 가부장 한 사람을 가리키지는 않는다. 따라서 노비의 입장에서 주인이라고 해야 하는 것은, 가부장은 말할 나위 없고 그의 처, 그 자손 및 자손의 처 모두를 가리키는 것이고, 이들은 모두 가산공유자였다. 이

---

73) 仁井田,『中國の農村家族』(1952년 8월, 224쪽 이하).
74) 中田薫,「唐宋時代の家族共産制」(『法制史論集』제3권) ; 仁井田,『支那身分法史』(1942년 1월, 438쪽).
75) 『大明律法全書』, 大明律刑書 據會戶律戶役과 같은 것에서 말하는 "同居同財, **孰非己有**, 總攝於尊長, 卑幼不得而自專也", 仁井田,『支那身分法史』, 440쪽.

자손들 가운데 여자도 제외되지 않았다.

노비해방의 경우에도 가부장뿐만 아니라 장자(長子) 이하가 연서하게 되어 있었다. 이것도 장자 이하가 모두 주인이고 소유자이기 때문이다. 이와 동시에 단지 첩 등은 천예(賤隸)이며 가산의 공유자가 아니므로 노비의 주인이 아니라고 여겼다.[76] 송대법에서도 특히 첩만은 공산자(共産者)에서 제외되고 있었지만, 처나 자나 남녀 모두 공산자였고, 남송시대 가산법(家産法)상의 여자의 지위는 지금까지 밝혀진 중국법사에 비추어볼 때 독특하다고까지 할 수 있다.[77]

그러면 당대법 이전의 부자공산제(父子共産制)는 어떠하였을까. 당대 이전에 있어서도 형제공산의 성립은 의심의 여지가 없지만, 부자공산의 문제에 있어서는 그것을 명확히 할 수 있는 자료가 부족하다. 그러나 당대법에서부터 유추하는 것이 가능하다고 한다면, 『위률서략(魏律序略)』(3세기)의 "부자로서 재산을 달리하는 일을 없게 한다"[78]고 하는 것도 당대법과 마찬가지로 부자공산을 나타내는 것으로 이해할 수 있을 것이다.

고전, 예를 들어 『의례(儀禮)』 「상복전(喪服傳)」의 '동재(同財)'라는 것이 형제공산뿐만 아니라 부자공산을 의미하기도 한다는 설[服部宇之吉]도 있다. 『예기』 「곡례」의 "부모가 계실 때는 친구를 위해 죽는 것이 허용되지 않고, 사재(私財)를 가지지 않는다"나, 『예기』 「내칙(內則)」의 "자부(子婦)는 사화(私貨)도 없고 사산(私産)도 없으며 사기(私器)도 없으니, 감히 사사로이 빌려주지 않으며 사사로이 증여하지 않는다"에 관하여, 한대 이후의 학자의 견해에 의하면, 가사를 부모(尊)가 통제하고 재산도 부모가 관리하는 것이라는 점을 보여주는 것이다.[79] 따라서 그것만으로는 곧바로 부자공산이 부정되

---

76) 中田薰(앞에서 인용한 「唐宋時代の家族共産制」), 1342쪽 ; 仁井田陞(앞에서 인용한 『支那身分法史』), 476·950쪽 이하·964쪽.
77) 仁井田陞, 「宋代の家産法における女子の地位」(穗積先生追悼論文集 『家族法の諸問題』, 1952년 7월, 33쪽 이하) ; 仁井田陞, 『中國法制史』(岩波全書 1952년 6월, 223쪽 이하·231쪽) ; 仁井田陞, 『中國法制史研究』 다음 장 참조.
78) 『晉書』 「刑法志」, 仁井田, 『支那身分法史』, 440쪽.
79) 『禮記』 「曲禮上」 "母存 不許友以死, 不有私財(疏)家事**統於尊**, **財關尊者**, 故無私財". 『禮記』 「內則」 "子婦, 無私貨, 無私畜, 無私器, 不敢私假, 不敢私與 (注) **家事統於尊**

지는 않는다.

물론 반드시 긍정이 되는 것도 아니지만. 또 『예기』「방기(坊記)」에는 "부모가 계실 때는 감히 그 몸을 보전하지 않고 감히 그 재산을 사유하지 않는다"고 되어 있지만, 그것에 대해서도 한대의 유가는 같은 견해를 보이고 있다.[80] 그리고 "그 몸을 보전하지 않는다"는 것은 자녀가 부모에 의하여 그 몸을 통제받아서 자유로울 수 없다는 뜻이라 여겨지며, 명(明)의 혁경(赫敬)과 같은 이는 이를 가리켜 부모의 생전에는 "친구를 위해 죽는 것이 허락되지 않는다"(『예기』「곡례」)는 것이 이와 같은 것이라고 해석하고 있다.[81] 따라서 『예기』「방기(坊記)」의 글이 "자녀는 그 인격이 부모에게 흡수되어 재산상 자녀는 자기의 이해관계가 없다"는 뜻으로까지 정해질 수는 없을 것이다. 더욱이 "그 몸을 보전하지 않는다"라는 말이 자녀의 신체는 부모의 소유라는 의미라면 부자공산제의 성립기반으로서의 가족공동체가 존재하지 않게 되지만, 적어도 오늘날 알려진 바에 의할 때 한대의 유가는 그러한 견해를 취하고 있지 않은 것 같다.[82] 한대의 유가(漢儒)가 말하는 바는, 요컨대 부모의 생전에는 부모가 가산을 자유롭게 관리하고, 자녀는 부모의 생전에 있어서는 스스로 재산을 관리함이 없으며, 부모의 사후에 비로소 자유로운 관리를 취

也". 仁井田陞, 『支那身分法史』, 439쪽.

80) 『禮記』「坊記」 "母在不敢有其身, 不敢私其財, 示民有上下也(注)**身及財皆統於父母也, 有猶專也**". 또한 후세에도 『禮記集說』卷30「坊記」 "石林葉氏云, 君則統臣也, 故天子無客禮, 君適於臣則爲主, **父則統子者也, 故父在子不敢有其身, 私其財以爲饋獻**"과 같이 말하고 있다. 仁井田, 『中國の農村家族』, 221·223쪽.

81) 『九經解』(『禮記通解』卷17「坊記」) "父母在不敢有其身, 不敢私其財, 卽曲禮不許友以死不有私財之義, 示民有上下, **言卑統于尊也**".

82) 『禮記集說』1「曲禮上」 "永嘉戴氏云, **髮膚以上, 皆親之禮也**, 豈敢許友以死, **粒粟縷絲以上, 皆親之物也**, 豈敢私有其財高者輕死, 卑者重財, 皆非純孝之士". 『續禮記集說』卷2「曲禮上」 "姜氏兆錫曰, 戴氏曰, 髮膚以上皆親之禮, 絲粟以上皆親之物, 高者輕死, 卑者重財, 皆非孝也". 여기에서 보이는 바와 같이, 재산은 말할 것도 없고 자녀의 몸까지도 부모의 소유라고 하는 송대의 대계(戴溪)와 같은 설은 오늘날 알려진 바로서는 한대의 漢儒도 갖고 있지 않았던 것 같다. 『司馬氏書儀』나 『齊家寶要』 등에 대해서 함께 仁井田, 『中國の農村家族』, 221쪽 참조. 그리고 자녀(의 신체)를 부모의 것이라고 보는 사상에 대해서는 周作人, 『眞夏の夜の夢』(松枝茂夫 譯, 『周作人隨筆集』, 1938년 6월).

득한다고 하는 것이다.

이리하여 당대법 이후의 법률상으로는 부자공산이 전제로 되어 있으며 그 이전 시대의 법률상으로도 아마 그러했을 것이라고 생각하지만, 자료는 명확하지 않다. 그러나 한편 부자공산제를 부정해야 할 근거도 없는 것 같다. 고전과 그에 대한 한대의 유가의 해석에 있어서도 그것은 마찬가지이다. 또한 가족에게도 오래전부터 어느 정도의 사재(私財), 특유재산이 인정되고 있었고, 사재・사산(私產)은 송대 이후의 문헌에는 특히 계속적으로 보이고 있다.

'사재'라는 용어만이라면 고전 가운데에도 나타나 있다.[83] 가부장 권력이라고 하면 그 권력의 재산적 효과로 대체로 가산공유를 부정하고 따라서 가부장의 전유(專有) 밖에 상정하지 않을 것 같은 협애한 이론구성은 그만두고, 어디까지나 먼저 현실분석 위에 서서 이론의 전면적 구성을 하는 것이 필요하다. 그렇다고는 하지만 부자공산을 전제로 세운다고 하더라도 가부장은 법률상 강대한 권력적 지위를 갖고 있으며, 가족은 법률상 가부장의 가산 관리・처분에 대해서 법정에 고소할 방법이 없고, 가산은 가부장의 전유나 다를 바 없는 사태가 발생하는 경우도 있는 것을 부정할 수 없었다.

따라서 오르거 랭이 "고대 로마에서 보통 가부(家父)가 전재산의 개인적 소유주였던 것과는 달리, 중국의 부친은 가족재산의 단순한 관리자라고 생각되며, 자유롭게 토지를 타인에게 유증하거나 자녀의 상속권을 박탈할 수는 없었고, 재산은 자녀에게 균분되어야 했다"고 말하는 것은[84] 일면적으로는 진실이지만, 그것으로써 무한정적으로 가산제 전체를 표현하는 것이라고 하는 것은 지나친 것이고, 지나치게 단정적인 결론이다. 그것은 가산이 가부장의 전유재산이어서 그 처분권이 가부장 1인의 손에 달려 있다고 하는 말과 함께 너무나 일방적인 견해이다. 가부장제의 특징은 가부장의 전능적이고 무제한적인 지배와 무조건적인 헌신공손에 있다고 한다.[85]

---

83) 仁井田, 『支那身分法史』, 455쪽 이하.

84) O. Lang, Chinese Family and Society, 1940, pp.26~27. 仁井田陞, 『中國法制史研究』에 대해서는 최근에 小川修의 번역이 출판되게 되어 있는데, 이 글은 출판전의 번역문을 따른다.

85) M. Weber. Wirtschaft u. Gesellschaft. S.679ff.

가산관계에 대해서 말하면, 재산은 모두 가부장의 개인적 재산이고 가족이 재산무능력자인 경우에 가부장제가 가장 잘 관철된다. 중국에도 부자공산제가 병존하고는 있지만, 이러한 의미의 가부장제가 행해졌다는 것에는 의문의 여지가 없다. 또 부자공산이라고 하여도 자녀가 가부장의 지배적 권리에 대해서 무권리자에 가까운 경우라면, 그 경우에도 또 앞서 언급한 의미의 가부장제의 요건을 거의 충족하고 있었던 것이라고 할 수 있다. 그리고 가령 자녀의 경제상 이익을 앞세우면 타산에 민감한 자녀의 요구를 무시할 수 없고, 특히 관습에 따라서는 가부장이 제자균분(諸子均分)의 원칙, 경제적 대등의 요구는 생전뿐만 아니라 유언으로도 깨뜨릴 수가 없으며, 가부장이 거의 단순한 가산의 관리자인 때에도 다른 영역, 예를 들면 혼인, 양자와 같은 자녀의 신분상의 변경에 이르러서는 가부장은 대폭적인 권력을 갖고 있었기 때문에 자녀는 그 권력자 앞의 예종자였다.86) 이를 생각하면 이 경우에도 가부장제의 존재를 부인할 필요는 없을 것이다. 중요한 것은, 중국의 가부장 권력 혹은 가부장제를 추급하는 경우에도 그 일방적 추급에 그치지 않고, 그것과 대립하는 요소와 양자 상호간의 관계를 동시에 받아들여서 미묘한 경향의 차이를 분명히 해야 한다는 점이다. 가족의 이른바 재산능력에 대해서도 다양한 단계가 있었다87)는 것을 무시해서는 안된다.88)

---

86) 仁井田, 『中國の農村家族』, 116쪽 이하, 166쪽 이하.

87) 게르만의 여러 민족의 부자공산제에 대해서 中田의 논문(주 74의 책)을 함께 참조하기 바란다.

88) 본문은 1952년도 동경대학 동양문화연구소에서의 연구보고의 일부이다. 그리고 1952년 봄의 법제사학회의 공동과제는 '家長의 權力'이었다. 이 글은 그때 발표하지는 않았지만 일단 준비해두었던 원고에 기초한 것이다. [原載] - 『法史會學』4호 (1953년 7월).

송대 가산법에 있어서의 여자의 지위

제1절 서설

로마의 상속법에는 연령·성별 여하를 불문하고 모두 균분평등하게 상속하는 원칙이 있었다. 이에 비해 게르만 고유법에서는 남성 및 남계친(男系親) 우선의 원칙이 있었다. 게르만 부족법에서는 서고트법 같은 경우(즉 로마법과 깊은 관계가 있었던 곳)를 제외하고는 이 고유한 원칙이 유지되었다. 그것은 특히 토지(살리카법 등의 경우)나 가산(리브아리아법 등의 경우)에 대해서 그러하였고, 농촌에서는 그 뒤 근세에 이르기까지 그러한 경향이 잔존하고 있었다고 한다.[1] 이러한 두 가지 원칙은 일본, 조선, 안남(베트남) 등 동양법에 있어서도 문제되는 것이고, 남성 및 남계친 우선의 원칙이 일관되었던 중국법에 있어서도 그 우선의 정도가 문제되는 것이다.

중국에서 송대(10~13세기)는 농노제사회를 형성하였던 역사적 전환기에 속하며, 그 후반인 남송시대(12~13세기)는 회하 이남, 양자강 유역 이남이 정치적 권력의 중심기반이었던 시대였다. 송대에서도 남송시대, 즉 12·13세기의 가산법에 있어서의 여자몫법[女子分法]은 중국에서는 아주 독특하다. 그럼에도 불구하고 이제까지 학계에서는 이것을 거의 문제로 삼지 않았다. 여기에서는 새로이 그것을 문제로 하여 그것이 역사적으로 차지하는 위치를 정립하고자 시도하려는 것이고, 또한 가산공산제(家族共産制)에 대한 이전의 소론

---

1) R. Hübner, Grundzüge des deut. Privatrecht, V.Aufl. 1930, S.768ff.

을 이 기회에 다시 논의에 올려 재고하고자 한다.

종래 중국 농촌의 법언(法諺)(예를 들어 하남『속담집』)에 "남자는 가산을 이어 받고 여자는 옷상자를 이어 받는다"라든지, "남자는 가산을 이어 받고 여자는 흘천(吃穿, 먹거리와 숫돌)을 이어 받는다"라고 전해지는 것과 같이, 가산은 원칙적으로 남자에게 전해졌다. 근래(혁명전야)의 농촌조사에서도 가산법에 있어서 여자의 지위[女子分]는 남자에 비해 현저히 낮게 나타났다.[2] 당대법에서도 마찬가지여서, 당령에 의하면 여자[在室未婚女子]는 가산에서 필요한 부양을 받기는 하지만, 가산분할의 경우는 남자의 빙재(聘財)의 반에 상당하는 가자(嫁資)의 분배를 받을 뿐이었다.

그러나 이러한 여자의 현저히 열등한 지위는 중국법사에 있어서 어느 시대에나 있었던 것은 아니다. 이 말은 여자의 열등한 지위를 무조건 믿고 있는 사람들에게는 이상하게 들릴지도 모르겠지만, 여기에서 문제 삼는 남송시대가 바로 그와 같다. 당시의 기록에 의하면 여자는 남자와 대등하지는 않아도 상당한 지위를 인정받고 있었다.[3] 다시 말해서 당시에 여자는 남자와 공동으

---

2) 하북성 순의현 사정촌의 농민이 말한다. 가산분할의 경우에 미혼의 "여자는 토지재산을 받을 수 없고 결혼에 필요한 비용만 받는다. 예를 들어 부친이 10畝를 남겼다면, 1묘를 결혼비용에 해당하는 것으로 토지를 받는다. 어떤 경우에는 돈을 받는다." 가장인 부친이 죽은 뒤 남자가 없고 "여자만 있을 때는 어떻게 하는가"하고 물으니, "여자에게는 받을 권리가 없다. 가장의 형제의 아들을 (양자, 즉 후계자로) 맞아 들여서, 그에게 家務를 맡긴다"(本田悅郎・旗田巍 조사)라고 한다. 산동성 역성현 냉수구장에서는 부모가 생전에 가산을 분할하는 경우에 "養老地를 보류하고 미혼의 딸에게는 胭脂錢을 준다". 이 연지전으로는 "돈을 주는 경우도 있지만, 보통은 딸의 혼례준비를 할 수 있을 만큼의 토지를 양로지에 더해서, 부모가 딸을 위해 관리하는" 것이다(內田智雄 조사). 하북성 난성현(欒城縣) 寺北柴村에서도 "분가할 때에 여자에게는 나누어 주지 않는다" "결혼준비(嫁粧)"는 양로지가 있으면 거기에서 나온다고 한다(佐野・安蘇 조사). 그리고 이러한 경우에 여자가 가산공유자의 범위 밖에 있었는지 여부 그것만으로는 일률적으로 말할 수 없다. 다만 여자에게 가산공유권이 없다고 하는 예는, 예를 들어「關東廳/法廷二現ハレタル支那/民事慣習彙報」(1934년 3월) 참조.

3) 〈옮긴이 주〉 남북조의 남조나 남송 등과 같이 권력의 중심이 남쪽에 있었을 때에 여성의 지위가 높게 나타난다는 인식이 보편적이다. 지역적인 특성이 반영되었다고 볼 수 있다.

로 가산의 분배에 관여하였으며, 분배액은 남자의 반으로 되어 있었다. 더구나 여자도 망부(亡父)를 대위(代位)하여 가산의 분여를 받는데, 그 경우의 분배액은 망부(亡父)의 형제와 균등하였다.

그리고 그와 같은 것은 어떤 한정된 지방만의 관습이 아닐 뿐만 아니라, 판결문에 인용되어 있는 규정을 보면 당시의 국가의 제정법에 있어서도 그러하였다. 당시에 있어서는 여자[在室未婚女子]도 남자와 마찬가지로 가산에 대하여 지분을 갖는 공산친(共産親)이었던 것은 의심할 바 없다. 남송의 법률에서도 당대법과 마찬가지로 첩은 가산공유자에서 제외되어 있었지만, 여자[在室未婚女子]는 그 부친의 생전이든 아니든 재산공유의 일원이 되었다. 이에 대해서는『경원조법사류(慶元條法事類)』나 劉後村의 문집과 같은 유력한 자료가 있다. 가령 여자가 제사를 상속하지 않았다고 해서 가산에 지분이 없었다든가 재산상속권이 없었다고 할 수는 없다. 제사상속이 반드시 가산에 대한 지분을 갖는데 있어서의 유일하고도 결정적인 계기가 되는 것은 아니었다.

중국법사상 이러한 남송시대의 여자몫법[女子分法]은 매우 특이한 현상인 것 같다.[4] 그러나 이것을 왜 남송시대에만 이런 현상이 일어났을까라고 하기보다는, 왜 남송에 한정되어 발생한 것처럼 보일까라고 하는 편이 좋겠지만,[5] 이에 대해서 대강의 추론만 적어두고자 한다. 그것은 남송이 정치적 권력의 중심기반으로 삼았던 회하 이남 혹은 양자강 유역 이남의 법관습의 반영일 것이다. 남송의 한 시대 전인 북송 및 당대의 법률은 정치적 권력의 중심기반이 남송과는 다르고, 계통적으로 남북조의 북조와 기반을 같이 하고 있었기에, 또한 법률도 남방계통과는 달랐다. 이렇게 보면 북송이나 당대에 있어서도 적어도 회하 이남 내지는 양자강 유역 이남 지대에는 남송시대와 동일한 여자몫의 관습이 행하여지고 있었던 것 같다. 그 관련은 당대를 넘어

---

4) 〈옮긴이 주〉 남송대 여성의 재산과 관련해서 아래의 연구들이 참조될 것이다. 우성숙, 「『명공서판청명집』을 통해 본 송대 여성의 再婚과 財産문제」『법사학연구』31 (2005) ; 김보영, 「송대 女戶의 立戶와 국가관리」『법사학연구』35(2007) ; 김경희, 「송대 고아 후견(後見)과 검교(檢校)」『법사학연구』36(2007) ; 남은혜, 「남송대 여성의 지참재산 소유실태」『법사학연구』40(2009).
5) 이것은 원대 이후 여자몫법이 어떻게 변화되었는지와 함께 앞으로의 연구과제이다.

남조시대로 연결된 것인지도 모른다.

남송의 가산법에 있어서의 여자의 지위에 대하여, 나는 여기에 처음으로 의견을 발표하는 것이 아니다. 『唐宋法律文書의 硏究』(1937년 3월)나 『지나 신분법사(支那身分法史)』(1942년 1월)에서도 이미 수시로 기술해 왔다. 그러나 시가슈우조[滋賀秀三]의 『중국가족법론(中國家族法論)』(1950년 4월)에 의하여 비평을 받기에 이르러, 다시 고찰해 볼 기회로 소견을 정리해 보기로 하였다. 시가슈우조[滋賀秀三]의 비평은 가산법의 전반에 이르고 있는데, 여자 몫[女子分]을 중심으로 그리고 그것과 관련적으로 취급함으로써, 시가[滋賀]에 대한 해답이 대강 가능한 관계로 이 제목을 선택한 것이다.

시가슈우조[滋賀秀三]는 부자의 본질적 관계에서 그 재산관계도 이해할 수 있다고 하여, 소론의 기조에 다음과 같은 의견을 갖고 있다. "재산은 제사의 무의 증거로서 부친으로부터 자에게 인계된다"(3·9쪽) "자가 부친의 제사의 무를 인계받는 것은 자를 부친의 인격의 연장으로 관념하기 때문이다. 그러므로 부친이 갖는 재산권도 부친의 인격의 일면으로서 자에 의해 당연히 인계된다"(9쪽)라는 것이 그 첫 번째이다. 그리고 "자가 부친을 봉양하는 의무는 대등자간의 부양관계가 아니라 자의 인격 전부가 부친에게 흡수되는 관계이다" "자는 독립하여 재산의 주체일 수 없고, 자의 수입은 모두 부친의 재산에 합류된다" "법원(法源)에 이른바 동거공재(同居共財)의 현상이 일어나는 연원은 자의 재산을 모두 흡수하는 부친의 권위에 있다"(9~10쪽)라고 하는 것이 그 두 번째이다. 이러한 두 가지 측면의 동시적 존재, 즉 '부자일체(父子一體)의 원칙'이 그 책에서의 견해의 기조를 이루고 있다. 나도 또한 구래의 중국가족법에는 어떤 의미에서의 부자일체의 경향이 있음을 부정하지 않는다. 그러나 시가슈우조[滋賀秀三]의 견해(그 이론과 체계)에는 유감스럽지만 전적으로 찬의를 표할 수 없다.

우선 시가슈우조[滋賀秀三]가 가지고 있는 첫 번째 기조에 의하면 여자는 재산상속인 내지 가산공유자의 범위에서 당연히 배제된다. 왜냐하면 시가[滋賀]가 재산은 제사의무의 증거로 부친으로부터 인계된다고 주장하는 것에 비추어보면, 여자는 이러한 의무자가 아니기 때문이다. 그러나 이것은 비역사적이며 비현실적인 견해이다. 이러한 견해에 따르면 여자를 남자와 동일선상에 두어 모처럼 가산의 '승분인(承分人)'으로 규정하고 있는 남송의 법률까지도 여자를 위한 규정이라는 것을 허용하지 않게 된다. 남송의 법률에서 여자가 남자와 나란히 가산에 지분을 갖고 있다고 규정하고 있어도, 시가[滋賀]에게 있어서 그것은 "지분을 갖는가의 관점을 나타내는" 것에 지나지 않고, 더욱이 시가[滋賀]에게 그것은 '본래의 법의식'과는 별개의 것으로밖에 받아들여지지 않는 것이다(97쪽).

시가[滋賀]의 견해로 보면, 여자는 가족단체가 그 가의 남자를 모두 잃고, 그에 따라서 "유기체로서 생명을 잃은 가산의 잔해를 수취하는" 사람에 불과하다(98쪽). 시가[滋賀]로서는 결국 이렇게 볼 수밖에 없다. 또한 나도 재산승계관계에서 종교의식 모두를 배제하는 입장에는 본래부터 찬성하지 않고 있다. 그런데 시가[滋賀]에게 있어서 종교의식은 지나치게 과잉이다. 시가[滋賀]에게는 여자몫뿐만 아니라 남자의 균분원칙까지 종교적인 이념의 측면에서만 받아들여지고 있다. 나에게 있어서 이러한 종교적 이념은 사물을 이해하는 하나의 측면에 지나지 않는다. 그런데 시가[滋賀]는 그 이념을 통하여 완결적으로 사물의 전면을 취하려고 하는 경향이 있다. 균분원칙에서도 시가[滋賀]처럼 "제사에 있어서의 형제평등의 관념은 가산균분의 관념과 함께 통일적 인생관으로서 처음부터 중국인의 뇌리에 존재하는 것이어서" "오히려 균분원칙은 종교적 이념에 의해 뒷받침되는 것이므로 경제적 불이익조차도 고려하지 않은 채 관철될 정도로 뿌리 깊은 것이다"(157~158쪽)라고 하여, 종교적 이념의 뒷받침을 강조하고 있다. 그러나 이러한 종교적 이념의 뒷받침보다도 더 강조해야 하는 것은 중국인의 경제적 요구이고, 타산성이다. 균분은 사람이 살아가기 위한 경제적 이익의 균등적 요구이고, 이러한 요구를 관철시키고 있는 경제적 조건이야말로 간과해서는 안 될 중요한 문제점이다.

시가[滋賀]가 세운 두 번째의 기조로부터는 종래 학자들 사이에 논의되고 있던 부자공산(父子共産)의 부정(否定)이 나온다. 가산은 모두 현실적으로 부친의 전유재산이고, 당률 등에서 말하는 동거공재(同居共財)는 형제를 비롯하여 방계친 사이에서야말로 공산(共産)이겠지만, 부자사이에 있어서는 마찬가지로 동거공동재산이라고 하더라도 "자의 수입은 모두 부친의 재산에 합류"하고 "자의 재산을 모두 흡수한다"는 의미에서의 '동거공재'로 보고 있는 것이다.

나는 이러한 의견에 대해서는 무조건적으로 동의할 수 없다. 당률 등에 대한 견해에 대해서는 특히 그러하다. 그러나 현실의 법생활에 있어서는 이와 같은 의식이 존재하였다는 의미에서 시가[滋賀]가 말하는 그것 자체를 반드시 부정하려 하지는 않는다. 다만 나는 보다 폭넓은, 그리고 다면적인 관점을 가지고자 한다. 하나로써 다른 것을 가리거나, 하나를 선택하고 다른 것을 배제하고 싶지 않다. 특히 당률 등에 있어서의 가산의식과 관습내의 그것이 반드시 일치하는 것은 아니므로, 이러한 구별을 무시하는 것은 쓸데없이 문제를 야기할 뿐이다.

부자단체(父子團體)에서의 Herrschaftlicher Verband적 경향을 깊이 생각해 보면, 시가[滋賀]가 말하는 것과 같은 '부자일체(父子一體)'의식에 따라 자녀로부터 재산을 몰수하는 것은 물론이고, 가부(家父)의 권력이 그 이상의 강력함을 내세워서 일체의식(一體意識)조차도 개재시키지 않은 채 직접 무조건적으로 몰수하기에 이르는 경우가 있을지도 모른다. 그리고 이러한 가부장의 권력의식은 실제로 농촌관행조사에 나타나고 있다. 그러나 나는 이것을 한쪽의 극단으로서 받아들이고 싶은 것이다.

그리고 다른 하나의 극단으로서, 가산의 처분에도 자의 동의를 필요로 하고 증서에는 자의 서명이 필요할 정도의 부자공유의식을 두어, 양 극단 사이의 중간성도 배제함이 없이 뉘앙스의 차이를 동시에 종합적으로 받아들이려고 시도해보는 것이다. 시가[滋賀]는 "종래 부자의 재산관계에 대하여 대만사법의 부전유(父專有)라는 설과 나까다[中田]의 부자공산(父子共產)이라는 설 두 가지가 있었다. 부자의 소득이 단일재산으로 합류되고 이 단일재산을 자본으로 하여 부자는 공동으로 생활하므로 부자사이에는 절도죄가 성립되지 않는다고 하는 의미에서는 확실히 부자는 공산이다. 그러나 그 단일재산에 대해 부친이 자유처분권을 갖는 것에 주목한다면 부전유(父專有)설이 생겨나는 이유도 충분한 셈이다. 이것을 중국인 자신의 의식 가운데서 찾더라도, 仁井田가 문헌 가운데에 부자동재(父子同財) 관념을 보여주는 용어례를 골라서 부자공산(父子共產)설을 지지하면서, 동시에 부전유(父專有) 관념을 보여주는 용어례를 들어서 '그 구별은 아주 미묘'하다고 하는 것처럼, 양 관념이 혼재하는 것이다. 요컨대 공산인가 전유인가 하는 양자택일적인 용어의 문제가 아니라, 부자사이의 권리관계의 실질적 내용을 명료하게 하고, 그것을 일정한 원리에 기초하여 설명하는 데 노력을 기울여야 한다.

나까다[中田]는 부자공산설을 주장하면서도 부친이 가지는 자유처분권을 부친이 가지는 '교령권(教令權)'에 근거하는 것이라고 설명하지만, 그 교령권에 대한 내용은 명료하게 밝히고 있지 않다. 이 절의 첫 부분에 서술한 바와 같이 부자의 근본적인 인격관계를 고려하여, 그 재산관계에 나타나는 것이 부친의 자유처분권이고 일상생활의 면에 나타나는 것이 교령권이라고 생각할 때, 그 내용은 비로소 명확해질 것이다"(18쪽), 또 "부자는 재산을 공동으로 한다. 그러나 부친이 생존하는 동안에는 이 공동 재산의 주체로 나타나는 것은 부친의 인격뿐이다. 부친은 전재산을 자유로이 처분하거나 관리하는 권능을 가지며, 자에 의해서 아무런 제한을 받지 않는다. 토지의 매각문서에도 부친 한 사람의 서명이면 충분하다"(11쪽)고 하고 있지만, 중간성을 배제하고 양자택일적인 것은 오히려 시가[滋賀]의 이론이고, 특히 그 "부의 자유처분권"론이다. 시가[滋賀]로서는 시가[滋賀]와 대립하는 자료가 있어도 그것은 방법론상의 제약 때문에 문제가 되지 않는 것뿐이다.

남송시대의 여자몫에 대한 시가[滋賀]의 이해방식에 대해서는 앞서 언급하였지만, 또 가령 부자연서(父子連署)의 매매증서가 졸저『唐宋法律文書의 研究』에 실려 있어도 시가[滋賀]는 이것을 예외로 보아버린다(滋賀, 13쪽). 위 졸저에는 시대가 앞서는 매매증서 중에서 부자연서의 자료를 예시한 것으로 그 수가 많지 않지만,[6) 후세의 증서를 예를 든다면 이런 종류의 것은 그다지 힘들이지 않고도 얼마든지 제시할 수 있다. 특히 부친이 가산을 처분하는 데 있어서 장남뿐만 아니라 차남·삼남·사남 모두가 협의하고(이것을 증서에는 '父子合口商議'라고 기재한다), 그 부자가 그 공산의 매도인으로서 함께

---

6) 『唐律疏議』卷12「戶婚律」의 소의에 "依戶令, 邡奴婢, 爲良及部曲客女者, 並廳之, 皆由家長給手書, 長子以下連署, 仍經本屬申牒除附"라고 되어 있어서, 주인이 노비를 해방할 때는 그에게 수기약정서(手書)를 주어야 하는데, 이 手書에는 가부장은 물론 장자 이하가 이것에 連署하게 되어 있다. 이것은 노비의 주인은 가부장뿐만 아니라 장자 이하도 주인이기 때문이다. 『唐會要』卷86「奴婢」에도 현경 2년 12월 칙서로 같은 취지의 규정이 있다. 仁井田, 『支那身分法史』(1942년 1월, 964·969쪽).

매매대가를 수취하고 부자가 함께 증서에 나란히 서명하며, 그 매수인도 단지 부친만이 아니라 부자이며, 매도인이 매수인 부자에게 증서를 건네 준 것까지 증서에 명기되어 있는 예가 있다.[7] 그리고 이런 부류의 예도 그렇게 드물지는 않다.[8]

물론 부친이 가족단체 또는 전원의 대표자이기에 증서에 가장 이외의 가족의 이름이 기재되어있는 것이라고만 치부해버릴 수도 없다. 그리고 기재하지 않는 관습이 지방에 따라서는 오히려 많을 것이다. 그러나 그렇기 때문에 그것이 반드시 부자공산을 부정하는 자료가 되는 것도 아니고, 부친의 자유처분을 확실히 뒷받침해 주는 자료가 되는 것도 아니다. 또한 부자공산의 경우에 부자의 이름이 나란히 기재되어도 별로 이상하지 않다.

따라서 "부자 연서(連署)가 사람들에게 기괴한 생각을 품게 하는 진기한 현상이다"(滋賀, 11 · 13쪽)라고 하는 자료가 있다는 것만으로 진반을 뒤덮어 버리는 일은 나로서는 생각할 수 없다. 또 근래 혁명전야의 화북 농촌의 실태조사에서 보더라도 가산은 가부장의 자유처분으로 위임되어 있는 경우가 있다. 더욱이 자녀는 그 신체까지 부모의 것으로 여겨져, 이런 의미에서 가족공동체가 부정될지도 모르는 경우가 없다고도 할 수 없다. 그와 동시에 다른 촌락의 농민 사이에서는 가부장에 의한 가산처분이 현저하게 제한적이어서 가부장이 자유처분권을 갖지 않는 경우가 있으며, 가장의 자유처분은 '도매도매(盜買盜賣)'(위법행위)라고까지 말하고 있다. 거기에다가 마을 내에서는 가

---

7) 『東蔡用玉公支譜』(중화민국 22년 중수) 등을 참조. 『東蔡用玉公支譜』는 호남 湘潭의 蔡씨 성씨의 족보이다.

8) 仁井田, 『支那身分法史』(154쪽 이하)에는 강희 연간의 광주부 남해현에서의 가옥매매증서가 언급되어 있다. 그 증서의 서두에는 "立明賣屋契주人劉成玉, **男**士俊, 士英, 士雄"이라고 되어 있고, 글 가운데에는 매매의 목적물을 성옥 부자가 스스로 산 것임을 나타내어 "父子親手自置"라고 되어 있으며, 본문의 끝에는 이들 부자 외에 장손까지 연서하고 있다. 나는 이때까지 『唐宋法律文書の硏究』(1937년 3월)뿐만 아니라 『漢魏六朝の土地賣買文書』(『東方學報東京』제8책, 1938년 1월)에서도 수시로 같은 종류의 경우로 언급하였지만, 滋賀秀三는 그것을 문제 삼지 않는다. 또한 제1절 註6에 든 것과 같은 매매증서에 대해서는 仁井田, 『中國法制史硏究』토지법거래법(1960년 3월) 거래법 제1장 가운데 수시로 언급되어 있는데, 더 상세한 것은 이 책 仁井田陞, 『中國法制史硏究』(家族村落法) 제5장 제1절을 참조하기 바란다.

부(家父)가 처분한 경우에 가족에게 '상의하지 않는 것은 백 가구 가운데 두 가구 정도'이고, 상의하는 것이 '촌락의 풍속'이라고 한다. 따라서 그곳에서는 가족과 상의하지 않은 가부장의 자유처분은 마을 사람의 규범의식으로서는 거의 상도(常道)를 벗어난 것이라고 보일 것이다.

그런데 지방에 따라서는 이러한 양극을 이루는 두 개의 원칙 사이에, 또 중간단계적으로 의식의 차이가 얼마간 형성되어 있었던 것을 부정할 수 없다. 이와 같이 많은 문제를 안고 있는 현실의 법의식이 자유처분권 하나를 가지고 일원적으로, 그리고 문제를 남기지 않고 깨끗하게 중간을 배제하고 결론을 내릴 수는 없다고 생각한다. Herrschaftlicher Verband적 경향을 가진 중국의 부자단체(父子團體)라고는 하지만, 어떻게 시가[滋賀]의 기조만을 일방적으로 지지할 수 있겠는가. 역사적으로 보아 자녀는 어떤 의미의 공유관계에도 서지 않았다고 단정적으로 말할 수는 없고, 부자일체라고 하더라도 각각의 경우(예를 들면 같은 화북의 농촌에서도 농촌에 따라 다른 농민의식의 차이, 또 같은 부자라도 자녀의 성장과 역할의 변화 등)에 대응하여 그 정도의 강약·완급의 차이를 인정하는 것이 타당하다고 생각한다. 물론 개별적 다양성에만 관심을 갖고 특별히 예외를 거론하는 것에만 유념하여 그 기초를 관통하는 일반원칙을 간과하는 것은 안될 말이지만, 원칙을 세우는 데 있어서는 그에 상응하여 충분한 준비가 필요하다. 나는 감히 밟아야 할 단계를 건너뛰고 바로 개괄을 목표로 하는 위험을 범하려고 생각하지는 않는다. 나의 목표는 이론의 단편적 구성이 아니고 '살아있는 법'의 구체적·전면적인 파악이다.

시가[滋賀]가 그 연구물을 인쇄하기 직전에 한번 비견(卑見)을 지적한 적이 있었기 때문에, 그때 내 생각을 솔직하게 기술하였다. 그리고 양자의 검토 결과 부분적으로는 수정할 수 있었지만, 양자의 중국법에 대한 견해에는 기본적으로 큰 차이가 있고 그 간격은 거의 좁힐 방법이 없었다. 나의 주장을 관철하면 시가[滋賀]의 이론구성이 무너지고, 시가[滋賀]의 의견을 관철하는 것도 나로서는 문제가 많다. 특히 시가[滋賀]는 그 고저(高著)의 서문에서 고저와 졸저 『지나신분법사(支那身分法史)』와의 관계를 논하며, "자료로서는 仁井田陞의 『지나신분법사(支那身分法史)』에 인용된 여러 저서 가운데 중요하다고 생각되는 일부분을 재검토한 것에 불과하다. 다만 검토한 범위내의 자료문헌에 관해서는 될 수 있는 대로 추측할 수 있는 범위내의 의미를 추측하는 것에 힘쓴 셈이다. 그 결과 거기에는 아직 많은 문제가 남아 있는 것을 발견하였고, 특히 여러 문제를 갖고 있는 각각의 의미를 종합적으로 이해하기 위한 체계나 이론에 있어서는 선인들의 설에 약간 불만족스럽다 것을 느끼기에 이르렀다. 자료를 넓게 수집하는 점에 있어서 장족의 진보를 보이면서도 수집한 자료의 의미를 숙고하고 완미하여 하나의 체계를 구성하는 점에 있어서는 현저하게 뒤떨어져 있다고 하는 것이 중국의 법 내지 사회연구의 현상은 아닐까. 본서는 이 점을 어느 정도라도 보충하려고 하는 부담을 가지고 정리한 것이다'라고 말하고 있다.

나의 앞의 소저(小著)에도 오류가 있는 것은 처음부터 인정한 것이고,[9] 이번의 소고(小稿)에도 오류가 없다고 하기는 어렵다. 중국법사 연구는 전도(前途)가 매우 곤란해서 보통의 노력으로는 방법을 마련할 수 없다. 나는 그 곤란을 극복하기 위해 조금이라도 비판을 거부할 생각은 없으며, 오히려 엄정한 학문적 비판은 받기를 원하고 있다. 그러나 체계 내지 이론의 '뒤떨어짐'으로서 시가[滋賀]가 지적하는 점이 전술한 바와 같은 내용이라면 나에게도 의견이 없을 수 없다. 나도 또한 여기에 소견을 밝힐 기회를 가지고자 한다.

---

9) 예를 들어 仁井田, 『支那身分法史』, 466쪽에, 부친을 代位하는 여자의 예로 『後村文集』의 "二女合與珍郞共承父分"을 인용한 것은 잘못이다. 글 가운데의 珍郞은 二女의 부친의 형제가 아니라 이녀의 형제이기 때문에 이 자료는 형제자매가 함께 가산분할에 참여하는 것을 의미하는 것. 대위로는 졻仕의 이녀가 망부의 분배를 받는 경우에 대하여 이것을 말해야 한다. 제4절 註2조, 註3조 참조. 또한 가령 같은 책, 668쪽에서 과부가 개가했을 때에 혼인에 의하여 생긴 법률효과는 전부 소멸한다고 하였지만, 당률에는 **죽은 남편**의 조부모, 부모를 모살하거나, 또 이를 구타하고 모욕하였을 경우의 제재 규정이 있다. 그리고 같은 책, 826쪽 "在法, 寡婦無子孫年十六以下, 並不許典賣田宅"으로 자녀가 16세 이하일 때는 과부가 가산을 자유처분하는 것이 인정된다고 한 것은 잘못이다(滋賀, 52쪽의 설이 옳다). 이것은 仁井田陞(앞에서 인용한 책), 827쪽에 『通制條格』을 인용하여 "과부는 자녀가 어릴 때는 가산의 관리권을 갖지만, 가산의 자유처분권은 없고 노비도 자유로 해방할 수 없다"라고 쓴 견해를 따라야 한다.

제2절 가산공유자의 범위

중국에서는 오래전부터 가산공산(家族共產)을 '동재(同財)'(예를 들어 『儀禮』「喪服傳」에 보인다) '공재(共財)' '공찬(共爨)' '동찬(同爨)'(예를 들어 『禮記』「檀弓」)이라든지, '중재(衆財)' '중업(衆業)' '중분전업(衆分田業)'(예를 들어 남송의 판결집인 『淸明集』)[10] 등으로 불러 왔다. '찬(爨)'은 화덕이며, 동찬이나 공찬은 불을 공동으로 사용하는 것을 의미하기에, "아직 화식(火食)을 나누지 않는다"(『文選』)라든지 "연기를 달리함이 없다"(예를 들어 『南史』「孝義傳」)라고 하는 것과 같은 뜻이다. '중(衆)'은 공유자이고, '분(分)'은 공유지분이다. 당율령(唐律令) 등에 의하면 공산자의 범위는 일반적으로 가족공동체 전원이어서 가장 및 일반 가족을 포함하는 것이 통례이다. 가장이나 가족의 처, 미혼재실의 여자도 제외되는 일이 없다.

그러나 부차적인 배우자, 즉 첩(妾)이나 잉첩(媵)만은 특별히 법률상 공산자의 범위에서 제외되어 있었다. 당률에는 주인을 가해한 노비에 대한 제재 규정이 있는데, 거기에 주석(註釋)을 가한 『唐律疏議』에 의하면, 노비의 입장에서 보아 주인이라고 하는 것은 가산에 공유지분이 있는 사람에만 한정되어 있다. 그리고 첩과 잉첩에 한해서는 이러한 공유자에 포함되지 않는다는 것이 확실하게 명시되어 있다[其及媵妾, **在令, 不合分財**, 並非奴婢之主]. 그리하여 첩 등을 제외한 가족은 남자든 여자든 모두 '합유재분자(合有財分者)'이고, 노비의 '주인'이다.[11] 그리고 그것이 부조(父祖)가 가장일 때와 형제나

---

10) 『淸明集』에 대해서는 仁井田陞, 「淸明集戶婚門の硏究」(『東方學報(東京)』제4책, 1933년 11월, 115쪽 이하) 참조. 仁井田, 『支那身分法史』(1942년 1월) 및 이 글에 실린 『淸明集』도 대부분 이것에 기초한다. 〈옮긴이주〉 앞에 언급한 仁井田陞, 「淸明集戶婚門の硏究」는 가와무라 야스시, 『송대양자법』(임대회 옮김, 서경, 2005)의 부록 (2)로 번역되어 소개되었으므로 참고가 될 것이다.

11) 『唐律疏議』賊盜 卷17(또 『宋刑統』) "同籍良口以上, **合有財分者**, 並**皆爲主**, …… 謀殺主期親, 爲**別戶籍**者, 及外祖父母者絞, …… 其媵**及妾**, **在令**, 不合分財並非奴婢之主"; 『唐雜律疏儀』卷26(또 『宋刑統』) "部曲及奴, 奸**主及主**之期親若期親之妾者絞,

제3장 송대 가산법에 있어서의 여자의 지위 **103**

백숙부와 같은 방계친이 가장일 때에 따라 구별되는 것은 아니다. 다시 말해서 당대의 입법자나 법의 주석자는 부자와 같은 직계친간에도 공산관계가 성립되는 것에 의구심을 가지지 않았다. 가령 아들이 부친을 통해서 간접적으로 가산의 소유자였다고 하더라도 어쨌든 아들도 가산소유의 주체자임에 틀림없었다. 나는 당시의 입법자 등이 어떻게 생각하고 있었는가라고 하는 현실의 자료를 무시하고 임의로 이론 구성을 할 수가 없다.

시가[滋賀]는 "재산의 주체로서 나타나는 것은 부친의 인격뿐"(11쪽)이라 말하고 있지만, 이것은 올바른 표현이 아니라고 생각한다. 또 당대법에서는 여자를 공산자에서 제외하고 있고, 부친과 자 사이에도, 여자일 때는 그 형제 간에도 공유관계가 성립되지 않는다는 의미로 하고 있지만, 만일 시가[滋賀]의 고견이 옳다고 한다면 노비가 가장의 자녀(가장과 共財者이자, 동시에 노비의 주인)를 구타하거나 살인하거나 노는 여자를 강간한 경우의 제재규정은 당률에서 없어지고 말았을 것이다. 왜냐하면 당률에는 노비가 주인(家男, 家女를 포함한다)을 구타하거나 살인하거나 강간하는 것에 대한 제재규정이 따로 없기 때문이다. 앞서 기술한 『당률소의(唐律疏議)』에 의한 설명은 이미 中田가 하였고, 나 또한 몇 번 논술한 것이지만, 시가[滋賀]에 의해서는 아무런 언급이 된 바가 없었다.

앞서 언급한 당률의 원칙은 북송의 『송형통(宋刑統)』에는 물론이고 남송법에도 일관되고 있다. 『경원조법사류(慶元條法事類)』의 「명례칙(名例勅)」이나 「잡칙(雜勅)」에 의하면, 고용인(인력, 女使) 또는 농노(佃客)의 입장에서 보아 '주인'이라는 것은 동거공재자(同居共財者) 모두이고, 거기에 가부장 이외의 가남가녀(家男家女)가 더불어 제외되는 일은 없었다.[12] 당시에도 '자녀'

…… **姜子爲家主**, 其母亦與子不殊" ; 中田薰, 「唐宋時代の家族共産制」(『法制史論集』 제3권, 1342쪽), 仁井田, 『支那身分法史』(1942년 1월, 950쪽 이하). 그리고 『唐律疏議』卷22 鬪訟(또 『송형통』) "奴婢毆主之姜, …… 若子爲**家主**, 母法不降於兒, 並依**主例**, …… 餘條姜子爲家主及不爲家主, **各準此**" 및 『唐律疏議』卷22 鬪訟(또 『송형통』) "部曲奴婢, 毆主之期親, 謂**異財者**, 及毆主之外祖父母者絞"를 보아도 첩만이 노비의 주인이 아니고 가산공유자가 아닌 것을 알 수 있다.

12) 『慶元條法事類』卷80 雜文 名例勅 "諸於人力使佃客稱主者, 謂同居應有財分者, 稱女使者乳母同, (所乳之子孫, 及其婦, 不用此例)". 또한 잡칙의 强姦者條에 같은 종류

는 각각 가산의 '주인'이며, 제외된 것은 첩이었다. '妾無分法'(『後村先生 大文集』)이라는 것이 이것이다.[13][14]

그런데 이와 같이 공산이라고는 하더라도 가산의 관리권은 공동체의 수장인 가장이 가지게 되고, 가장이 방계친이 아니라 가족 공동의 부조(父祖)인 경우에는 부조가 가지고 있는 교령권과 관리권의 혼동이 일어나며, 부조가 현실적으로 자유처분을 하지 않는다고 할 수도 없었다.[15] 가부장 권위 하에서의 일종의 지배적 단체 Herrschaftlicher Verband의 경향을 가진 집단에서 방계친을 가장으로 하는 경우의 공산(共産)처럼 공산의 원리를 단순히 관철할 수 있다고는 할 수 없었다. 그러나 명률의 주석서에 나타났듯이 가산은 가남가녀를 포함한 가족의 공산이었다. 다만 가족은 가산관리권을 갖지 않고 가장을 통하지 않으면 처분을 할 수 없었지만, 그래도 "동거공산은 어느 누구의 소유도 아니며", 가산은 가족의 소유에 속한다고 해석되었다[同居共財, 孰非己有].[16] 따라서 명율령에서도 부친의 입장에서 보아 그 아들은 '동거공찬(同居共爨)의 가소(家小)'라고 하였으며, 백숙부가 가장인 경우와 다르지 않았다.

이상은 주로 국가의 제정법을 기준으로 한 견해인데, 범위가 넓은 관습의 입장에서 볼 때 가산의식은 단순하지 않다고 생각한다. 근래 혁명전야의 중국농촌의 법적 관행조사에 나타난 바로는, 가부장 권위의 기초가 되는 가부장 전유의식과 가족공유의식이 상호경쟁관계에 있는 것으로 보인다. 구래(舊來)에도 지방에 따라서는 가산이 가족의 공동재산이어서 가부장도 자유처분의 권리를 갖지 않는다고 하는 경우가 있었지만, 근래 하북 등의 농민 사이에

의 규정이 있다. 仁井田, 『支那身分法史』, 874・882・954쪽 참조.

13) 『後村先生大全集』卷193 書判.

14) 『後村先生大全集』卷141 神道碑杜尙書 "民有斃其**妾者治與二子均分**, 二子謂**妾無分法**, 公書其牘云, 傳曰, 子從父令, **律**曰, 違父**敎令**, 是父之言爲令也, 父令子違, 不可以訓, 然妾守志則可當享, 或去或終, 當歸二子". 그리고 『宋史』卷412 杜杲傳. 仁井田, 『支那身分法史』, 462・476・951쪽 참조.

15) 中田薰(앞에서 인용한 책, 1331쪽) ; 仁井田陞(앞에서 인용한 책, 450쪽 이하).

16) 『大明律法全書』, 『大明律刑書』據會戶律戶役 등. 仁井田陞(앞에서 인용한 책, 440쪽).

서도 동거무이산(同居無異産)이라는 것은, 가산은 부친의 재산(一財, 專有)이 아니라 가산은 부자든 형제든 '가족 5인이라면 5인의 것'이어서, 가부장이라 하더라도 가산을 "자유로이 처분할 수 없고, 다소 큰 일은 가족회의에서 결정한다." 가부장이라도 '말없이 팔면 도매도매(盜買盜賣)', 즉 자유처분권능이 없는 자의 자유처분이다. 가산처분의 경우에 가족과 '상의하지 않는 것은 백 가구 중 두 가구 정도'이고, 상의하는 것이 '촌락의 풍속'이라고까지 말한다. 따라서 만약 가부장이 자유처분하면 주민들의 의식으로서는 비난받아 마땅하다. 가산의 용도도 반드시 가부장 한 사람의 판단만으로 결정되는 것은 아니다.[17]

그런데 또 이것과는 반대로 가산은 가부장의 것이어서 임의처분이 가능한 것은 물론이고, 가족의 신체조차 가부장의 '물건'이라고 하는 강한 전유의식이 존재하는 경우도 있다.[18] 이것은 근래의 농촌조사에도 나타나는 것인데, 먹고 살기에 벅차서 그 자녀를 생산을 위한 살아있는 도구로 여기지 않을 수 없는 조건에서 생겨난 의식일 것이지만, 사마온공(司馬溫公)이나 장문가(張文嘉)와 같은 사대부의 주장에서도 "자녀의 몸은 부모의 몸이다. 자녀는 그 신체조차 임의로 하지 못한다. 하물며 재산에 있어서야"라고 한다.[19] 『위숙자일록(魏叔子日錄)』은 또한 "옛말에 이르기를 자녀는 부모의 것이므로 부모가 이를 죽여도 태어나기 전과 마찬가지이다(자녀는 죽임을 당하더라도 본전이라고 생각하라)"라고 말한다.[20]

---

17) 仁井田陞, 「華北農村に於ける家族分裂の實態」(『東洋文化研究』제4호, 1947년 6월, 34쪽)에도 가산에 관련된 부자관계를 언급해 두었다. 仁井田, 『中國の農村家族』(1952년 8월) 제3장.

18) 仁井田陞, 「中國農村社會の家族共産制」(『東洋文化研究所紀要』제2책, 1951년 9월, 87쪽).

19) 『司馬氏書儀』(『居家雜儀』) "夫人之身, 父母之身也, 身且不敢自有, 況有私財乎". 또 『齊家寶要』卷上 居家禮 참조.

20) 『魏叔子日錄』 "古云, 父母卽欲以非理殺子, 子不當怨, 蓋我本無身, 因父母而後有, 殺之,不過與未生一樣"(仁井田陞, 『東洋的社會倫理の性格』, 1948년 11월, 228쪽). 郝敬도 말하는 "부모에 대해서는 가령 몸을 버려도 몸은 원래 부모의 소유물이므로 보은이 되지는 않는다"(仁井田, 「中國社會の『封建』とフュ-ダリズム」『東洋文化』5호, 1951년 2월, 28・32쪽). 또한 『禮記』曲禮에 "父母存不有私財", 같은 책 內則에 "子婦, 無私貨無私畜"이라고 되어있어서, 이것이 『司馬氏書儀』기타의 논거가 되었지만,

자녀는 자기의 신체에 대해서조차 그 주체가 아니고 부모의 것으로밖에 생각되지 않는다는 점에까지 철저히 한다면, 거기에는 재산공유의식, 게마인샤프트의식 같은 것은 처음부터 존재할 수 없다. 그러나 현실적으로는 거기까지 철저하다고는 할 수 없겠지만, 적어도 거기에는 '부자일체(父子一體)'의 전제인 자녀의 인격은 희박해진다. 그것은 명률의 주석서에 보이는 부자공유의식[21] 등과는 전혀 대조적인 것이어서 양자는 일치되지 않는다. 그리고 그 양극 사이에 지방에 따라서 여러 가지의 뉘앙스를 가진 관습이 형성되었다. 따라서 그 안 어느 곳인가의 관습이든지, 어떤 의식이든지, 그 하나만을 취해서 또는 그 중간적인 것을 취해서 지방평균적으로 다른 것을 똑같이 해석해서는 안 된다.

중국 속담인 "다섯 마을의 풍속을 바꾸고 열 마을의 규구(規矩)를 개선한다"[22]라는 것이 바로 이것으로, 관습에 나타나는 뉘앙스는 이것을 함께 살려서 동시에 받아들이는 것이 필요하다. 그리고 이와 같은 관습, 규범의식의 차이는 근래에 시작된 현상이 아닐 것이므로, 구래의 관습규범의식을 고찰하는 경우에도 그 점에 유의해야 할 것이다. 따라서 중국에는 "子欠債父不知"라는 법언(法諺)이 있는데, 시가[滋賀]는 이를 "자가 부친에 대해서 어떠한 종류의 공유관계에도 서지 않는다는 것을 보여준다는 점에 주목하여야 한다. 재산의 현실의 소유자는 부친 한 사람뿐"이라고 말하고 있지만(12쪽), 그것의 당부도 문제가 된다. 이 법언은, 가장인 부친은 가족단체 또는 가족 전원의 대표자이므로 외계와의 거래는 가장인 부친의 손을 통해야 하고, 가산의 부담이 될 수 있는 계약은 자가 자유로이 체결할 수 없고, 부친에게는 지급할 의무가 없다는 것을 나타낸 것이기 때문에, 그것이 바로 "자가 부친에 대해서 어떠한 종류의 공유관계에도 서는 것이 아님을 보여준다"와 같이 단정할 수만은 없다.[23]

한대의 유가는 『예기』를 가산은 부모가 관리하는 것으로 보는 것에 그친다. 仁井田陞, 『中國法制史研究』 노예농노법 제4장 제4절 참조.

21) 동거공재(同居共財)는 어느 누구의 소유도 아니다.

22) 仁井田陞, 「舊支那司誨の習俗と制定法」(『社會經濟史學』제11권 11 · 12합병호, 1942년 3월).

23) 家産과 私産, 공산분할과 유산상속의 구분에 대한 滋賀秀三의 소견(161 · 184쪽)이

여기에 부기하지만, 전통중국[舊中國]에서는 '子欠債父不知'라는 법언과 '父債子還'이라는 법언은 서로 대응하는 것이었다. '부채자환(父債子還)'의 의미는 다음과 같다. 가장이 교대되어도 부자공산을 전제로 하는 이상 부친이 가장일 때부터 가지고 있던 권리의무의 승인·불승인이 새삼스럽게 문제가 될 이유가 없고, 가장이 교대되어도 이를 부채 중단의 수단으로 이용되는 일도 없었다. 또한 가령 부자공산을 전제로 하지 않는 관습을 가진 곳에서도 이른바 한정승인이라든가 상속포기와 같은 규범의식은 없고, 채무가 적극재산을 초과하지 않는 경우는 물론이고 가령 초과하여도 자녀는 채무 전액을 부담해야 했다.[24]

그러면 이러한 가산공산제 안에서 여자몫은 어느 정도로 인정되었던 것일까. 이에 대해서는 당대와 송대(특히 남송)의 여자몫에 대하여 절을 나누어 기술하겠다.

제3절 여자몫법(1)-당대의 경우

당률이나 당령과 같은 당대법에서 여자는 공산(共產) 전부에 대해서 생활에 필요한 부양을 받는 것 외에는 남자가 받는 빙재(聘財)의 이분의 일을 가

나온 것도 滋賀의 견해로서는 당연하지만 나로서는 동의하기 어렵다.

24) 『皇明諸司廉明奇判公案』下卷 墳山類(林侯判謀山) 그리고 『折獄明珠爭占類』의 "**父債子還**, 律有定例"에 의하면, "父債子還"이라는 법언이 오래 전의 것이라는 것을 알 수 있다. 仁井田, 『中國の農村家族』(1952년 8월, 167쪽 이하·286쪽) 및 『中國法制史研究』토지법(土地法取引法)거래법(1960년 3월 제3장 제10)도 참조하기 바란다. 그런데 혁명 뒤에 있어서는 이 법언에 대해서, 자손이 영원히 채무를 지고 반동착취계급의 우마가 되는 것과 같은 제도라고 하여 매우 비판적이었고, 한정계승의 원칙을 취하려고 하고 있다. 그것에 대해서는 中央政法幹部學校 民法教研室 편저, 『中華人民共和國民法基本問題』(1958년, 343쪽) "對債務淸償問題, **採取限定繼承的原則**, 在舊中國流行着, 「**父債子還**」的習慣, 而欠債的多是貧苦的勞動人民, 實際上是使他門的子孫永遠成爲債務人, 作爲反動剝削階級的牛馬, 我們必須反對, 我們規定在繼承財産的範圍以內淸償債務, 這樣, 旣保護了債權人的利益, 又保障了繼承人的利益" 참조.

자(嫁資, 粧奩)로 받는 것이 고작이었다. 여자는 출가에 의하여 공산가족의 자격을 상실하지만, 그 경우에 가산으로부터 가자(嫁資)의 분여가 있으면 거기에 참여하고, 가산분할의 경우에도 가자 상당분은 다른 공산형제도 이를 무시하고 분할할 수는 없었다. 그 가자분여에 참여하는 점 등은 프랑크시대나 슬라브의 가산공산제와 비슷하다.[25]

물론 당대법에서 가산분할은 동일한 세대의 자녀 사이(예를 들면 형제, 종형제)에 있어서는 균분이 원칙이다. 그리고 자녀는 망부(亡父)를 대위하여 부친이 받아야 할 가산의 분배에 참여하며, 과부도 자녀가 없을 때는 망부를 대위한다. 가산에 대한 지분은 가족원의 출생과 사망에 의하여 변동되며, 생존자가 한 명이면 전체 가산은 존명자권(存命者權, right of survivorship)에 의해 그 한 사람에게 귀속된다.[26]

가족내에 달리 남자나 과부가 없는 경우, 즉 제사승계자가 단절된 경우는 호절(戶絶)이라고 하여, 가산은 사자(死者)의 장례비 등을 공제하고 여자[在室未婚女子]의 손에 돌아간다.[27] 여기에서 여자에 대한 남자의 우선, 남자에 대한 여자의 열후(劣後)는 결정적이었다.

제4절 여자못법(2) – 송대, 특히 남송시대의 경우

북송시대(10~12세기) 초에 제정된 가산법은 당율령계통이고, 거기에서 여

---

25) 中田薫, 「唐宋時代の家族共產制」(『法制史論集』제3권, 1295쪽 이하).

26) 中田薫, 「唐宋時代の家族共產制」(『法制史論集』제3권, 1295쪽 이하).

27) 『唐令』「喪葬令」戶絶條 "諸身喪戶絶者, 所有部典客女奴婢店宅資財, 幷令近親, (註略) 轉易貨賣, 將營葬事及量營功德之外, 餘財並與女, (戶誰同, 資財先別者, 亦准此), 無女, 均入以次近親, 云云"(『송형통』 인용) 참조. 이 조문의 註 "戶誰同, 云云"을 中田(앞에서 인용한 책, 1347쪽)는 同籍別財者인 재실여자의 뜻이라고 하고 있지만, 滋賀秀三는 여자라고 하기보다는 同籍異財者 사망의 경우로 보고 있다(69·79쪽). 그 문장 중의 위치로 보아도 『송형통』권12 宋起請의 관계로 보아도 中田의 설에 이유가 있다고 생각되는데, 이에 대해서는 앞으로의 연구를 기대하고자 한다.

자의 지위는 기본적으로는 당대법과 동일하였다. 그런데 남송시대의(라고 하기 보다는 남송시대의 자료에 나타난) 여자몫법은 당대법이나 북송시대의 법률과 비교해볼 때 큰 변화가 보인다. 물론 여자를 공산친으로 보는 것에는 변함이 없지만, 남송시대의 법률에서는 여자몫이 당대법처럼 단순히 가자(嫁資)만으로 한정되지 않고, 일반적으로 남자가 받아야 하는 가산의 반분으로 되어 있다(법문에 따르면 "부모가 이미 죽고 아이들이 재산을 분할하는 경우는, 딸은 아들의 반을 취득해야 한다").28) 여자가 두 명이면 그 여자는 남자와 함께 가산을 분배받고, 분배 비율은 각각 남자의 반분이다("두 딸은 각각 남자의 半分을 주어야 한다").29)

---

28) 在法, 父母已亡, 女兒分產, 女合得男之半. 『後村先生大全集』卷193 書判(鄱**陽縣** 東尉檢校周內家財產事) "在法, 父母以亡, **兒女分產, 女合得男之半**, 遺腹之男, 亦男也, 周內身後財產, 合作三分, 遺腹子得二分, 細乙娘得一分, 如此分析, 方合法意"(또 『청명집』, 分析類, 8-24)

29) 二女各合得男之半, 『後村先生大全集』권193 書判(**建昌縣** 劉氏訴立嗣事) "所生母與所生**子女**, 各聽爲**主**" "此女旣是縣丞親女, 使登任尙存, 合與珍郎均分, **二女各合得男之半**, 今登仕旣死, 止得依諸子均分之法, 縣丞二**女**, 合與珍郎**共承父分**, 十分之中, 珍郎得五分, 以五分均合二**女**, 登仕二**女**, 合與所立之子, **共承登仕之分**, 男子係死後所立, 合以四分之三合二**女**, 以一分與所立之子, 如此區處, 方合法意, 但劉氏必謂, 登仕二女所分, 反多於二**姑**, …… 以法言之, 縣丞浮財田產, 並作三**大分均分**, 登仕珍郎各得一分, **二女共得一分**, ……"(뒤에 나오는 註13의 『청명집』 참조). 문장 중에 登仕는 양자이고 가산분할 전에 사망. 縣丞의 가산은 등사가 살아있다면 등사와 그 동생 진랑과 그의 자매 두 사람(二姑) 사이에 등사1, 진랑1, 자매는 합해서 1의 비율로 분할될 것이었다. 그런데 분할 전에 등사가 죽었기 때문에 등사의 두 딸이 亡父를 대위하고 亡父가 받아야 하는 가산의 분배에 참여한다(이 장 제1절 서설의 주7 참조). 이제 이 가산분배관계를 도표로 나타내면 다음과 같이 된다(×는 사망).

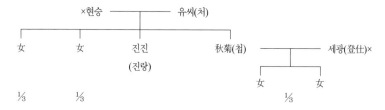

이 경우에 여자들만으로 가산의 ⅔를 가지게 된다. 당대법의 규준에서는 여자가 嫁

그리고 그 남자가 양자(養子)인 경우에도 이 원칙은 변함없다("두 딸과 양자는 각각 그 반을 받아야 한다"[30]). 더욱이 여자는 남자와 함께, 남자가 없으면 여자만, 망부(亡父)를 대위하고, 부친이 받아야 할 몫을 받을 수 있다. 예를 들어 갑을(甲乙) 두 형제 중에 갑이 사망하였을 때에는 갑의 자녀는 망부인 갑을 대위하여 을과 가산을 이분(二分)한다. 갑의 자녀가 모두 여자라도 그 점에는 변함이 없다. 과부가 남편의 몫을 받는 것과 같이 여자도 또한 망부(亡父)의 몫을 받는다[婦承夫分, 女承父分].[31] 당대법에서는 여자는 가자의 분여에 참여하는 것 외에 호절자산(戶絶資産)을 받을 자격이 있었지만, 망부 갑을 대위하는 것은 남자가 있으면 그 남자로 제한되어 있었다. 따라서 갑에게 여자밖에 없다면 갑의 몫은 을의 몫에 첨중되는 것이 당대법의 원칙이어서 남송시대의 가산법과는 큰 차이가 있었다.

근래 혁명전야의 농촌조사에 의하면 가산분배에는 보통 제비뽑기(鬮分) 방식이 이용된다. 그 경우에 조상에 제사지내는 조갑(祖匣)이라든지 조상의 위패라든지 계보를 중심으로 하여 쓰인 가보(家譜)는 제비뽑기에서 그것이 두어져있는 가옥을 뽑은 사람의 손에 넘어간다. 그것이 장자장손의 손에 돌아간다고 예단할 수 없다.[32] 그것과 같은 형태의 것은 근래의 것은 아닐 것이고, 제비뽑기 분배의 역사[33]와 함께 오래 전의 것은 아닐까.

송대에는 과부는 별론으로 하고, 여자[在室未婚女子]는 원칙적으로 조상제

資만을 받는 것에 그치는 것과는 큰 차이가 있다. 『淸明集』「戶婚門」(권8-08補).

30) **二女與養子**, 各合受其半. 『淸明集』「戶婚門」 호혼문(권8-35) 〈遺囑類〉, 女合承分, 范西堂) "鄭應辰無嗣, 親生二女, 曰孝純, 孝德, 過房一子曰孝先, 家有田三千庫一十座, 非不厚也, 應辰存日, 二女各遺囑田一百三十畝, 庫一座與之, 殊不爲過, 應辰死後, 養子, 乃欲俺有, 觀其所供, 無非刻薄之論, 假使父無遺囑, 亦自當得, 若以**他郡均分之例**處之, **二女與養子**, **各合受其半**, 今只人與田百三十畝, 猶且固執, 可謂不義之甚".

31) 『戒子通錄』(後出) 참조.

32) 仁井田陞,「華北農村に於ける家族分裂の實態」『東洋文化硏究』제4호(1947년 6월, 31쪽).

33) 가산의 제비뽑기는 규분(鬮分) 析分이나 탐주(探籌)라고도 하는데, 후자의 예는 옛날에는 『淮南子』에 나오지만 『文子』에도 보인다(仁井田,「漢魏六朝の土地賣買文書」『東方學報東京』제8책, 1938년 1월, 69쪽). 仁井田, 『中國法制史硏究』거래법 제2장 제4절.

사에 참여하지 않는다. 그렇지만 가산의 제비뽑기 분배에 참가하기 때문에 조상을 제사하는 사당 같은 것이 여자의 손에 돌아가지 않는다고는 할 수 없을 것이다. 더구나 이것이 농민이라면 그럴 수도 있을지 모르지만, 조상제사를 까다롭게 여기는 사대부 사이에 대해서도 그렇게 말할 수 있다. 남송초기의 명주 은현(鄞縣, 寧波) 사람 高司業은 소흥원년(1131)의 진사이고 소흥 연간에 죽었는데,[34] 그 계자(戒子)의 글[35]에 의하면 "당시의 가산분할법은 균분주의에 따라서 분쟁의 발생을 방지하는 것만이 목표여서, 적서의 몫을 확립하지 않은 것은 결함이다. 본래 제비뽑기[탐주(探籌)]에 의해 가산을 분할하므로 가묘가 형제 중에 누구에게 돌아갈지 정해지지 않는다. 더구나 과부는 망부(亡夫)를 대위하고, 또 여자도 부친 몫을 받기 때문에 만일에 부인이 제비뽑기에서 가묘를 맞춘 경우에는 가묘는 결국 주사(主祀)가 없어지기에 이른다(제사에 참여하지 않는 여자에게까지 사대부의 가묘가 귀속되어서는 안 된다). 이와 같은 법률이 좋을 것인가"라고 말한다. 고사업(高司業)은 당시, 즉 남송 초기의 법률을 이와 같이 비평하고 있다. 그는 그 법률을 율(律)이라고 하고 있지만, 그것은 아마 영(令)이고, 소흥령(紹興令) 가운데 호령(戶令)일 것이다.

위에 기술한 송대의 계자의 글처럼 내가 이번에 처음으로 게재하는 자료는 없다. 그러나 시가[滋賀]에게 있어서는 문제가 될 바가 없었다. 시가[滋賀]는 『淸明集』에 보이는 남송의 여자몫법에 대해서조차 "남자와 나란히(남자의 이분의 일이기는 하지만) 지분을 가지는가라는 관점을 나타낸다"고 하고, 여자에게 가자(嫁資)(남자 聘財의 반액)만을 유보하는 당령과 같은 것을 가지고 "본래의 법의식이라고 생각해야 할 것이다"(97쪽)라고 하고, 게다가 여자는 "호절(戶絕)일 때 유기체로서의 생명을 잃은 가산의 말하자면 잔해를 받는

---

34) 『宋史』卷433 「儒林傳」(高閌傳).

35) 『戒子通錄』(『四庫全書』 珍本 初集에 수록)은 남송의 劉淸之의 편집에 의한다. 그 권6에는 송의 高司業, 『送終禮』32권 내의 戒子篇이 인용되어 있다. "且析居之法, 但取均平, 以止爭瑞, 以無嫡庶之辨, 此作律者之失也, 夫喪不慮居爲無廟也, 若兄弟**深籌**, 以析居則廟無定主矣, 而**律復有婦承夫分女承父分之條**, 萬一婦人**探籌**而得之, 則家廟遂無主祀也而可乎"(仁井田, 『唐宋法律文書の硏究』, 1938년 3월, 596쪽 이하).

것"(98쪽)이라고 주장하고 있다.

그러나 여자를 공산친으로 보는 입장에서 보면 "지분을 가지는가의 관점을 나타낸다"고 하는 것과 같은 시가[滋賀]의 견해는 이해하기가 매우 어렵다. 그리고 남송의 영(令)과 달리 여자에게 가자밖에 주지 않는 당령과 같은 것이 '본래의 법의식'이고, 여자가 잔해의 수취인이라고 하는 것과 같은 것은 도저히 승인할 수 없다. 남송시대의 여자는 가산의 공유자이기 때문에 달리 가산의 공유자가 없게 되는 경우에 이르면, 그 남아있는 여자가 가산을 독점할 권리(存命者權, right of survivorship)을 갖는 것도 당연한 것이다.[36]

남송의 영(令)은 특히 그것을 명확히 하여 "무릇 호절의 재산은 재실녀에게는 모두 지급하고 귀종녀에게는 반을 감하여 지급한다"[37]라고 하고 있지만, 시가[滋賀]는 그것을 존명자권으로 이해할 수가 없다. 이러한 견해에 "승복하기 어렵다"(82・184쪽)고 하는 것은 시가[滋賀]로는 당연한 결론이다. 그러나 그렇다고 해서 나의 견해가 시가[滋賀]의 비난을 받아야 하는 것이라고는 생각하지 않는다. 또한 남송의 영(令)에 승분인(承分人, 共有者)이 없는 경우에 그 재산의 유언처분을 허용하는 규정이 있더라도,[38] 시가[滋賀]에 의하면 승분인은 남자(및 후계자)로 한정되는 것이라고 해석하지 않을 수 없게 된다(79쪽). 그런데 남송시대의 법률이나 판결에서는 여자도 또한 남자와 마찬가지로 '승분인(承分人)'이다. 그것은 따로 설명을 요하지 않는 정도의 것으로 『청명집(淸明集)』「호혼문(戶婚門)」에도 특히 '여승분(女承分)'이라고 하는 부류가 있고, 거기에 수록된 남송의 판결에는 법률을 인용하여 '旣有二女, 法當承分'이라고까지 명기되어 있다.[39] 시가[滋賀]는 그가 세운 이론에

---

36) 仁井田, 『支那身分法史』(1942년 1월, 479쪽 이하). 주 36・37 참조.

37) 諸戶絶財産, 盡給在室諸女, 歸宗者減半. 『淸明集』「戶婚門」(권8-08補)〈立繼類〉(繼絶子孫止得財産四分之一, 後村) "令文, 諸戶絶財産, 盡給在室諸女, 又云, 諸己絶而立繼絶子孫, 於絶戶財産, 若止有在室諸女, 即以全戶四分之一給之, 然則世光一房, 若不立嗣, 官司盡將世光應分財産, 給其二女, 有何不可"(또한 『後村先生大全集』卷193「書判」〈建昌縣劉氏訴立嗣事〉에도 유사한 문장이 있다).

38) 『淸明集』「戶婚門」(권9-10)〈違法交易類〉(鼓誘寡婦盜賣夫家業, 浩堂). 仁井田陞(앞에서 인용한 책, 481쪽).

39) 『淸明集』「戶婚門」(권8-33)〈女承分類〉(處分孤遺田産, 西堂-范西堂) "元主府, ……

너무 충실한 나머지 애써 구한 자료도 충분히 활용하지 않은 것 같다.

그런데 시가[滋賀]의 이와 같은 입론의 근본에는 조상제사를 상속하는 사람이 재산을 상속한다고 하는 전제가 있다. 중국에서의 조상제사는 원칙적으로 종족(부계혈족)에게 전해진다고 한다. 나도 재산상속과 제사상속이 전혀 무관하다고 보지는 않는다. 그러나 양자간에 절대적이고 결정적인 관련이 있는 것은 아니다. 중국에서는 조상제사를 여러 자녀 가운데에 특정한 한 명만이 주재하는 경우와 한 사람이 주재하는 것이 아니고 공동으로 행하는 경우가 있다. 공동으로 행하는 경우에 가산은 제자균분주의(諸子均分主義)가 보통이고, 한 명이 주재하는 경우에는 적서이분주의(嫡庶異分主義)가 행해진다. 그러나 제사를 한 명이 주재한다고 하여 가산을 그 한 사람이 독점하는 일은 없다.

와그너는 그의 『중국농서(中國農書)』 중에 "가산분배에 있어서 실질적으로는 일종의 단독상속제(Anerbenrecht)가 행하여지고, 동생(弟, 妹)들은 가산 유지를 위해 결혼하지 않고 단독상속인 밑에서 노비로 생활하는 것이 원칙적이다"라는 의미를 기술하고 있다.[40] 또 에스카라도 그의 『중국법(中國法)』 가운데에서 "상속인, 즉 원칙적으로 합법적인 처의 장남이 오직 혼자서 사망한 부친 및 그 조부의 제사를 계속할 수 있다. 재산의 상속 또한 제사상속의 통상적인 결과라고 생각되었다. 그 재산수입의 대부분이 제사비용에 충당되었기 때문이다. 그 결과 제사를 승계하지 않는 자(장남 이외의 남자, 딸, 출가한 딸 등)는 재산상속권을 가지지 않는다"라고 하였다. 그리고 "그렇지만 사자(死者) 또는 상속인이 법이나 관습에 따라서 상속재산의 일부를 형제자매에게 포기하는 것은 자유이긴 하지만"이라고 덧붙였다.[41]

解汝霖因虜入寇, 夫婦俱亡, 全家被虜, 越及數年, 始有幼女七姑女孫秀娘回歸, **元主府**, 徒欲拘收花利, …… 旣有二**女**, **法當承分**, …… 解女霖旣無親子, 合作戶絶施行, 准法, 諸己絶之家, 而入繼子孫, 謂近親尊長命繼者, 於絶家財産, 若只有在室諸女, 卽以全戶四分之一給之, ……". 『淸明集』 「戶婚門」(권8-35)〈遺囑類〉에도 "女合承分"이라는 條가 하나 있다. 주 28) 참조.

40) W. Wagner, Die Chinesische Landwirtschaft, 1926, S.144ff ; 仁井田, 「中國の家 ─ 家族勞動力の規律」(『東洋の家と官僚』, 1948년 12월, 49쪽).

41) J. Escarra, Le Droit Chinois, 1936, pp.19~20, 谷口知平 역, 20쪽.

그러나 이는 모두 터무니없는 오해이다. 제사를 한 명이 주재하는 경우 그 자는 대개 장자장손이고, 그에 대한 할증(割增, 祭需)은 장자몫(長子分)이라 하고, 그 액수는 보통 한정적이다. 『대학연의보(大學衍義補)』에서도 제사상 속인(宗子)을 세울 경우에는 가산분할시 제수로서 일부 할증을 주고, 그와 같은 일이 없을 경우에는 형제가 제사비용을 추렴하게 되어 있다.[42] 이것을 보아도 제사와 재산의 승계가 어떤 점에서는 관련을 가지기는 하지만, 반드시 항상 관련되는 것은 아니라는 점을 알 수 있다. 남송법(南宋法)의 여자몫의 경우도 제사와는 무관한 재산승계이다. 앞에서 서술한 송대의 『계자통록(戒子通錄)』에서 본 바와 같이, 가산승계자가 반드시 조상제사의 상속자라고는 송대의 사대부 스스로도 생각하고 있지 않았다. 조상제사와 가산승계 사이에 당연한 관계가 있다고 하는 것은 너무나도 단순한 생각이다. 그리고 가산승계를 뒷받침하는 것에 관해서는 그와 같은 것보다도 경제생활상의 요구를 조금 더 생각해 보는 쪽이 적당한 경우가 많다. "사람은 빵만으로 살아가는 존재가 아니지만, 그렇다고 해서 빵 없이 살아갈 수도 없다."

제5절 남송시대 여자몫법의 역사적 이해

그런데 여기에서 중심과제로 하고 있는 남송시대라고 하더라도 그 지대는 호남, 강서, 강소, 절강, 복건을 포함하는 광범위한 영역에 걸쳐 있고, 또 연대도 12세기 초부터 150년간에 이르고 있다. 그렇다면 앞서 언급한 여자몫법 [女子分法]은 어떤 지역에서 통용된 것일까. 남송시대에 제정된 법이기에 그 영역에서 원칙적으로 통용되었다고 생각하지만, 류후촌(劉後村, 13세기 사

---

42) 『大學衍義補』卷52 "其宗子之家, 父祖分産之時, 必須**以一分爲祭需**, 原不曾有者, 衆共補之". 仁井田陞(앞에서 인용한 책, 461쪽). 享祭費로서 한 자녀에게만 다른 자녀의 배액을 나누어 주는 예는 후세에도 행하여졌는데, 오래된 예는 『吳中葉氏族譜』(宣統辛亥年本)에 수록된 송대의 分書 등을 들 수 있다. 仁井田陞(앞에서 인용한 책, 461·527쪽) ; 仁井田, 『唐宋法律文書の硏究』(1937년 3월, 603쪽 이하).

람)이 강서의 건창현이나 번양현 지방에서 행한 판결문, 범서당(范西堂)이 호남의 원주부(沅州府)지방에서, 그리고 호석벽(胡石壁)이 호남의 소양현 지방에서 행한 판결문 가운데에 인용되어 있는 것을 보면,[43] 호남 강서에서 행해지고 있었다는 것은 사실이다. 그리고 범서당(范西堂)의 판결(다만 판결이 행하여진 지방은 불명)에 "若以他郡均分之例處之, 二女與養子, 各合受其半"[44]이라고 되어 있는 것을 참고하면, 이러한 남송법은 양자강 유역지대의 관습과 일치하며, 결코 관념적 존재가 아니라 현실적인 의미가 있었다는 것을 알 수 있다. 아니, 남송법이 오히려 이러한 관습의 반영이 아닐까. 그리고 이러한 여자몫의 관습은 『송회요(宋會要)』(후술하는 大觀 3年條)의 예에서 보듯이 복건지방에서도 행하여진 것이라고 생각할 수 있다.

그런데 남송의 가산분할법을 비평한 고사업(高司業)이 소흥(紹興)원년(1131)의 진사이고 소흥 연간에 사망한 것[45]을 보면, 그 분할법은 소흥 연간의 것이다. 그리고 이것이 영(令)이라고 하면 소흥 2年令(元年 撰定, 2년 시행)일 것이지만, 소흥 13년에 수정을 거친 것이라고 하더라도[46] 남송의 초기, 즉 12세기 초에 이미 이러한 가산법이 제정되어 있었던 것이 된다. 류후촌(劉後村)의 문집이나 『청명집(淸明集)』에 의하면 그 여자몫법은 13세기의 법에도 있었고, 그것은 남송시대에 지속적으로 행하여진 것일 것이다.

그러면 왜 같은 송대라도 남송의 법은 이러한 특징을 가지고 있는 것일까. 그것은 아마 남송시대에 정치적 권력의 중심지로 된 회하 이남, 양자강 유역지대의 관습이 반영된 것[47]인데 반하여, 북송시대의 법률에는 이러한 반영이

---

43) 『淸明集』「戶婚門」(권8-27)〈檢校類〉(侵用己檢財產論如擅支朝廷封樁物法, 胡石壁) "湖湘之民, 素多好訟, 邵陽誰僻且陋, 而珥筆之風, 亦不少, …… 其曾仕殊一分家業, 照條合以一半給曾二姑, …… 興詞誰在己家之後, 而戶絶則在未嫁之先, 如此則合用在室女依子承父分法給半, 夫復何說, 餘一半本合沒官, 當職素不喜此等事, 似若有所利而爲之者, 姑聽仕珍仕亮兩位均分外, 仕殊私房置到物業, 合照戶絶法, 盡給曾二姑". 강서의 건창이나 번양현이나 호남의 원주부의 것에 대해서는 앞의 제4절의 주 26·27·37) 참조.
44) 앞의 제4절의 주 28) 『淸明集』「戶婚門」호혼문(권8-35)〈遺囑類〉, 女合承分 참조.
45) 앞의 제4절에서 인용한 『宋史』卷433「儒林傳」(高閌傳) 참조.
46) 『宋會要稿』(刑法1 格令2).

없었기 때문일 것이다. 다시 말해 북송시대의 법률은 당대법 계통이었고, 또 당대법은 그 정치적 권력이 회하나 양자강 유역보다 북방의 지대를 중심지로 한 북조법 계통을 이어 받았다. 따라서 북조나 당대법에 반영된 것은 그 정치적 권력의 중심지인 북방지대의 관습이었을 것이다. 북조나 당대법에서는 그 권력의 지반으로 보아 양자강 유역지대의 관습이 당시의 제정법에 미친 영향은 그다지 없었을 것이라고 생각할 수 있다. 물론 이러한 법과 관습이 남송시대에 갑자기 생겨났다고는 생각할 수 없다. 아마 북송시대나 당대에서도 회하 이남, 양자강 유역지대 이남에는 이러한 관습이 있었고, 그것이 당시의 율령과 모순된 채로 행하여지고 있었다는 것을 상정하여도 좋을 것이다.

이렇게 보면 당령 같은 것을 가지고 "본래의 법의식이라고 해야 할 것이다"(滋賀, 97쪽)라고 생각할 수는 없다. 어느 쪽이 '본래'인지를 부주의하게 말할 수 있는 것도 아니다. 시가[滋賀]는 "중국인은 천성적으로 강한 자녀·재물욕[子寶欲]을 가지고 있다"(101쪽)고 하는 것처럼 '천성'이라든가 '본래'라고 하여 사적(史的) 분석을 방기하고 있는데, 이러한 태도에는 동의하기 어렵다. 만약 시가[滋賀]의 논리에 따라 '본래'라고 한다고 하더라도, 적어도 그 전에 이러한 법의식이 존재한 지역의 한정이 필요하다. 실제로 『宋會要』에는 북송 말기의 대관 3년(1109)의 복건지방의 관습을 싣고 있는데, 거기에는 "복건에서는 부모 생전에 남녀가 함께 가산분할을 상의하고, 부모와 가산을 균분하며, 일단 분할 뒤에 태어난 자녀는 모두 죽여버려서(속어로는 이것을 薅이라고 한다) 다시는 분할문제가 발생하지 않도록 한다. 이것은 복건에서도 건주(建州)가 가장 심하다. 그러나 아직 일찍이 그것을 금지한 적이 없다. 그래서 지금 여기에 법을 세워서 시행을 바란다"고 말하고 있다.[48] 그 금지

---

47) 남송에는 嗣子(立繼, 命繼)에 관한 규정, 사자(嗣子)와 재실여자 등과의 사이의 각 경우에 대응하는 가산분배에 대한 상세한 규정(仁井田, 『支那身分法史』, 1942년 1월, 484쪽·501쪽 이하)이 있는데, 이 규정도 남송시대 그 영역내의 관습의 반영이 있었을 것이다.

48) 『宋會要稿』「刑法2」〈禁約〉, 徽宗의 大觀 3年(1109) 5월 19일에 "臣僚言, 伏見**福建路** …… 家產計其所有, 父母生存, **男女共議**, 私相分割爲主, **與父母均之**, 旣分割之後, 繼生嗣續, 不給襁褓一切殺溺, 俚語之婿子, 慮有更分家產, **建州**尤甚, 曾未禁止, 伏乞入法施行"라고 있다(仁井田, 『支那身分法史』, 328·817쪽) 참조.

의 목표는 전후 관계로 보아 영아살해가 중심문제라고 생각하지만, 어쨌든 "남녀가 함께 상의하여 부모와 재산을 균분한다"는 것이 당시 행하여지고 있었던 것은 틀림없다. 그 경우에 여자몫의 한도가 명확하지 않지만, 특히 남녀라고 하고, 균분이라고 하는 용어가 사용되어 있는 부분을 보면,[49] 당대법과 같이 가자(嫁資)에만 한정하는 일은 없었을 것이다. 적어도 남송의 법이나 관습의 예에 나타나는 정도의 여자몫의 관습이 북송시대 남방지대에서 행하여지고 있었다고 하더라도 틀리지는 않을 것이다. 이렇게 보면 북송에서부터 당대, 나아가 당대를 넘어 강남을 지반으로 한 남조까지도 이러한 관습의 연속이 나타났는지도 모르고, 남조의 율령은 이러한 관습을 반영하여 북조의 것과 차이가 있었던 것일지도 모른다.[50] 그러나 이것은 지금 나의 억측의 범

---

49) 여기에 균분이라고 되어 있는 것은 부모 자녀 한 사람 한 사람 균분의 의미라고도 해석되지만, 문장이 반드시 분명하지는 않다.

50) 『宋書』卷58「謝弘微傳」"謝弘微, **陳郡陽夏**人也, …… 從叔峻司空琰第二子也, 無後, 以弘微爲嗣, …… 所繼叔父混名知人見而異之, …… 義熙八年, 混以劉毅當見誅, 妻晉陵公主, 改適琅邪王練, 公主雖執意不行, 以詔其謝氏離絶, 公主以混家事委之弘微, 混仍世宰輔, 一門兩封, 田業十餘處, 僮僕千人, 唯有二**女**, 年數歲, 弘微經紀生業, 事若在公, 一錢尺帛, 出入皆有文簿, 遷通直郎, 高祖受命, 晉陵公主, 降爲東鄉君, 以混得罪前代, 東鄉君節義可嘉, 聽還謝氏, 自混亡至是九載, 而室宇脩整, 倉廩充盈, 門徒業使, 不異平日, 田疇墾闢, 有加於舊, …… 東鄉君薨, 資材鉅萬, 園宅十餘所, 又會稽吳興琅邪諸處, 太傳司空琰事業奴僮, 猶有數百人, 公私咸謂, 室內資財, 宜歸二**女**, 田宅僮僕, 應屬弘微, 弘微一無所取, 自以私祿營葬, 混女夫殷叡, 素好樗蒲, 聞弘微不取財物, 乃濫奪其**妻及伯母兩姑之分**, 以還戱責, 內人皆化弘微之讓, 一無所爭"(『南史』卷20 謝弘微傳도 거의 비슷한 글). 마찬가지로 晉에서도 서진(3세기 반 이후)과 동진(4세기 초 이후)의 여자몫법은 어떠했는지도 불분명하고, 남조 시대의 여자몫법을 보여주는 자료도 부족한데, 앞서 언급한 『송서』는 부족한 가운데 하나이다. 다만 이것은 동진말, 송초(5세기 초)의 자료이고, 문장 속에 陳郡陽夏라고 하면 그것은 하남의 개봉지방인 것을 일단 염두에 두고 생각하여야 한다. 이것에 의하면 공유자인 남자가 없게 된 뒤의 가산은 잔존여자가 있으면 그 여자만의 소유로 돌아간다. 그 가산에 대해서는 동거인 한 재실여자는 물론이고 백부의 처(백모, 과부), 부친의 자매(고모)도 지분을 가지고 있다. 그런데 앞서 언급한 『송서』에는 그 가산을 사위가 도박으로 진 부채를 메우기 위해 소비하였음에도 불구하고 재실미혼여자들이 다투지 않았다고 적고 있다. 당률에 보면 과부가 있으면 망부를 대위하여 가산을 받고, 망부의 형제를 비롯하여 달리 남자가 없을 때는 가산이 거의 과부의 소유가 되며, 재실미혼여자에게는 嫁資가 주어질 뿐이다. 이 『송서』의 "其妻妹及伯

위를 넘지 않는다.

송대의 가산법에 나타난 여자의 지위는 중국법사상 특색이 있는 것이지만, 중국을 둘러싼 다른 여러 나라 법에 유례가 없는 것은 아니다. 일본의 『양로령(養老令)』에서는 여자는 남자와 함께 유산을 상속하고 그 상속분은 남자의 반분으로 되어 있다(中田薰, 『法制史論集』제1권). 이 『양로령』의 여자몫은 『대보령(大寶令)』도 당령과도 다르다. 그리고 그것은 독자적으로 성립된 것으로 보아야 할 것이고, 상정 가능한 남조계통의 여자몫법과의 관련 유무를 생각해보는 것은 현재까지는 억측의 범위를 벗어나지 않는다. 다만 더 확실히 하기 위하여 기록하고 후일의 연구에 대비하는 것이다.

베트남에서도 대월조(大越朝, 黎朝)보다 더 오래된 것은 상세하지 않고, 다만 『대월률(大越律, 黎律)』(15세기의 법)에 의하면 장자에게만 조상, 즉 제사의 향화(香火)를 위해 재산의 20분의 1을 할증해 주는 것 외에, 가산은 형제자매간에 균분된다. 그러나 이것은 유언(넓은 의미의 유언으로 생전 처분도 포함)이 없는 경우의 법정상속이다. 『대월률(黎律)』은 당대법 등 중국법을 참고하면서도 중국법과 같은 가족공산제를 전제로 취하지 않고 부자 사이의 절도죄까지 성립되어 있어서, 이 점은 중국법에 비해 특징적인 것으로 논의되고 있다(牧野巽, 『支那家族研究』). 만일 그렇다면 그와 관련해서 유언상속도 특징적인 것 가운데 하나라고 할 수 있다. 당율령 등 중국법에서 유언이 허용되는 것은 가족내에 공유자가 없을 때로 제한되어 있는 것에 비해, 안남법(安南法)에서는 유언의 자유가 인정되고 있다. 다만 유언내용이 절대적 자유인지 여부는 별도의 문제이고, 향화를 위한 20분의 1의 할증으로도 변경할 수 없다.

조선에서도 아주 오래전 시대의 것은 명료하지 않지만, 조선 초기의 『경국대전』(15세기 말의 법전)에 나타나는 재산상속법에 의하면 여자도 남자와 공동으로 재산을 상속하게 되어 있다. 그리고 그 상속비율은 제사상속인인 승중자(承重子)에게 5분의 1의 할증을 인정하고는 있지만, 적출자인 한 승중자

母兩姑之分"을 당령과 같은 의미로 생각하더라도 좋은지의 여부는 앞으로의 문제로 해두고자 한다.

에 대한 할증을 제외하고는 남녀를 불문하고 평등하다고 되어 있다. 또 적서이분주의(嫡庶異分主義)에 따라 첩의 자녀에게는 상속상 매우 열등한 지위가 주어졌는데, 그 경우에도 첩의 자녀로서는 남자·여자 모두 상속분이 평등하다고 되어 있다.[51)]

　이러한 가산승계법상 남자우선의 원칙과 더불어 로마의 상속법의 원칙과 비슷한 남녀평등 또는 그에 접근한 원칙은, 동양에서도 과거에는 각지에서 행하여졌고, 후세에는 점차로 그것이 소멸되어 갔던 것이다. 그리고 중국에서는 후세에 그것이 다시 상기된 적도 없고, 학자들간에도 거의 주목을 받지 않은 채 오늘에 이르렀다. 조선법(朝鮮法)에서의 이러한 변화에 대해서는 조선에 미친 주자학의 영향을 생각하는 학자가 있다.[52)] 다만 중국에서는 공교롭게도 주자학 또는 그 계통의 학문(程朱學)이 성행한 송대에 있어서 여지못이 명료하게, 그리고 중국으로서는 폭넓게 나타나고 있어, 이러한 현상은 단순히 이데올로기상으로만 해결할 수 있는 것은 아니다.[53)]

---

51) 喜頭兵一,『李朝の財產相續法』(1936년 3월).
52) 旗田巍,「高麗時代における土地の嫡長子相續と奴婢の子女均分相續」『東洋文化』22호 (1957년, 1쪽 이하 참조)은 한반도의 조선시대뿐만 아니라 고려 시대의 상속법(여자못법을 포함한다)을 이해하고, 나아가 동아시아 여러 민족의 상속법을 이해하는 것에 관하여 큰 기여를 한 것이다.
53) [原載] 穗積先生 追悼論文集『家族法の諸問題』(1952년 7월)

제4장

중국사회의 '끼리끼리' 주의와 가족
– 단체적 소유의 문제를 포함하여

제1절 서언–문제의 소재

이 글에서는 두 가지의 테마를 다룬다. 하나는 본제(本題)의 문제이고, 다른 또 하나는 부제(副題)의 문제이다. 양자는 관련이 있고, 그 사이에 경중의 차이는 없다. 그러나 두 번째의 테마에 대하여 기술한 분량이 오히려 많다. 중국 가족법에 있어서 최근 논점이 되고 있는 것에 대하여 비교적 많은 지면을 할애하였다.

중국에서는 송대, 즉 10·11세기 이래 촌락, 종족(부계혈족집단) 및 길드 등이 각각 중세적 색조를 가지고 전개되었다. 10·11세기의 중국사회는 역사를 구획하고 역사상 일대 분수령을 형성하기에 이르렀다. 새로운 중국사회에서는 그 이전의 끼리끼리 주의(主義)의 전통이 무너지고 또한 자연법적인 권위(權威) 질서가 붕괴되어 새로운 사회의 규범의식이 성장·발전하였다. 여기에서 다루어지는 시기는 주로 송대 이후 청대를 거쳐서 최근의 중국 혁명 전야에 이르기까지이다. 다만 문제의 출발점으로서 고대, 즉 8·9세기 이전의 사회까지 거슬러 올라가고, 문제의 종말로 혁명 뒤의 사회에 이른다.

먼저 첫 번째 테마에 대해서 서술하겠다. 중국의 사회구성은 가족구성 나아가서는 부계혈연의 동족구성에 깊은 연관을 가진다. 앞서 '중국의 가부장권력의 구조'[1]를 발표한 적이 있다. 거기에서는 수직적인 상하의 지배·피지배에 초점을 두었지만, 여기에서는 그것과 상호 제약하는 조건이 되는 횡적 결합관계, 즉 형제적·'끼리끼리'적인 횡적 측면에도 또한 주요한 관점을 둔다. 중국사회의 전체 구성은 상하의 부자적 관계와 좌우의 형제적 관계 어느 하나만으로 단정 지어서 받아들일 수 있는 것이 아니고, 상하와 좌우의 교섭 관계, 상호간의 제약, 대립에도 주목하여 음미하지 않으면 안 된다. 구(舊)중 국사회에는 몇 가지의 '끼리끼리'적 결합(완전하지는 않지만, 어쨌든 배타성·폐쇄성·독립성까지 지닌)이 성립되어 사회생활이 '끼리끼리'적 규범의식에 의해 유지되고 운영되었다. 그 사회를 실제로 규율하고 있는 규범에는 '끼리끼리'적인 것이 있었다. 여기에서는 먼저 첫째로 이러한 '끼리끼리'적 규범의식—'끼리끼리' 주의를 문제 삼기로 한다('끼리끼리'에 인용부호를 붙인 의미에 대하여는 뒤에서 기술한다).

본문에서는 내가 이제까지 배워온 가족 및 동족연구의 모든 성과 외에도, 나아가 혈연적 '공동체'의 역사적 의미(특히 농민재생산의 기초로서의) 등 새로운 구상도 합쳐서 여기에 새로운 연구구성을 세우려고 한다. 이제까지는 혈족주의라고 하면 자칫 뒤떨어진 저지조건으로 생각하기 쉬웠던 것 같다. 그러나 중국 10세기 이후의 혈연주의는 반드시 저지적인 것이었던 것도 아니고 적극적인 의미가 있었다고 생각한다. 그것은 중세기에 있어서의 대지주적 소유제 및 '공동체'적 체제의 성립과 깊은 관계가 있었던 것 같다. 만약 혈연 주의를 단순히 저지적으로만 본다면, 10세기 이후의 그 역사적인 재등장의 의의를 놓치는 것이 될 것이다.[2]

따라서 이 글에서는 형제관계를 단순히 가족내적인 것에만 국한하지 않고, 전체 사회구성이라는 넓은 시야에서 다루려고 한다. 가산균분주의(家産均分主義, 아마 중국사회의 평등사상의 지반)나 촌수(親等) 제도 등에 대해서도 이러한 '끼리끼리'적인 문제에 초점을 맞춘다. 다만 '끼리끼리'주의라든지 평등

---

1) 仁井田陞,「中國の家父長權力の構造」『中國社會の法と倫理』(法原理叢書, 1954년 2월). 이 논문은 『法社會學』제4호(1953년 7월)에 실려 있음. 이 책 仁井田陞, 『中國 法制史硏究』(가족촌락법) 제2장 참조.
2) 이 혈연공동체의 문제에 대해서 상세한 것은 仁井田陞, 『中國法制史硏究』(가족촌락법) 제12장(東京大學東洋文化硏究所, 1962) 참조.

사상이라고 하더라도, '끼리끼리'가 대등·등질적인 상태로 항상 지각되고 있었는지 여부는 문제가 된다. 길드 '끼리끼리'의 속담에 "나이 많은 사람이 한 번 노래하면 무리가 이에 화답한다"라는 것이 있는데,[3] 그것은 대부분의 '끼리끼리' 결합 가운데 포함되어 있던 일종의 과두지배와 그에 대한 종속의식을 나타낸 것이다. 만약 '끼리끼리'의 '끼리끼리'다운 기본성격이 '끼리끼리' 평등에 있다고 한다면, 그런 의미로는 그것이 충분히 '끼리끼리'의 성격을 갖추고 있지 않다. 앞서 '끼리끼리'에 괄호를 붙인 의미는 여기에 있다.

중국의 동족, 즉 종족(부계혈족집단)에 대해서는 조상제사와의 관련이 문제된다. 중국의 종족에 대해서도 가족에 대해서도 제사공동체(Kultgemeinschaft)로 이해하는 견해가 성립된다. 나도 조상제사와 전혀 무관하게 가산분할이나 재산상속을 설명할 생각은 없다. 그러나 그 상호관계를 어느 정도의 것으로 할 것인가, 그 균형의 문제이다. 그 점에 있어서 시가슈우조[滋賀秀三]와 나의 견해에는 상당한 차이가 있다. 시가[滋賀]에 의하면 "제사에 있어서의 형제평등의 관념은 가산균분의 관념과 함께 통일적 인생관으로서 **처음부터** 중국인의 뇌리에 존재한 것이고" "오히려 균분원칙은 **종교적 이념에 뒷받침이 된 것**이므로 **경제적 불이익을 돌아봄이 없이** 일관될 정도로 뿌리가 강한" 것이었다고 하는 것이다(강조표시는 仁井田陞).

그러나 이러한 관념주의가 초시간적(超時間的)으로 재산제도를 지배하고 결정력을 계속 유지하며, 경제적 이익도 그 때문에 내버려지고 있었던 것일까.[4] 가족분열, 따라서 가산분할은 가족단체에 있어서 생산 및 소비기구(消費機構)의 사회화에 주요한 기초가 있으며, 균분주의가 되는 것에는 살아있

---

3) 今堀誠二, 「中國におけるギルドマ-チャントの構造」(『近代中國の社會と經濟』, 1951년 3월, 221쪽).

4) 旗田는 나의 이 장에 해당하는 논문이 발표되었을 때에 『法制史研究』제9권(1959년 3월, 291쪽 이하)에 그 비평소개문을 실은 적이 있다. 아래에 그 한 절을 인용하여 참고로 삼고자 한다. "『中國の農村家族』기타 논저에서 중국의 가족에 관한 획기적 연구를 이루어낸 仁井田는 이 논문에서 비판자에 대한 반박(특히 滋賀秀三의 관념적 입장에서의 비판에 대한 반박)을 전개하여 자기의 학설을 한층 명확하게 함과 동시에 나아가서 새로운 큰 문제를 제기하고 있다. 그것은 가족의 문제일 뿐만 아니라 촌락이나 길드를 위시해서 중국사회 전체에 연결되는 큰 문제이다."

는 자의 주체적 요구(살아있다는 것이 법의 역사의 근본전제이다)와 그에 관련되는 사회적 여러 조건에 따르는 것으로 보아야 할 것이다. 이 경우에 제사는 기껏해야 제2바이올린 정도의 역할을 담당했을 것이다.[5] (이렇게 말하더라도 그 평가는 여전히 지나치게 높다) 또한 가산균분주의는 특정한 역사적 조건 아래의 재산제도여서, "처음부터"라고 하는 무한정적인 것은 아닐 것이다. 그리고 자녀는 제사를 위해서도 그러하지만, 자녀에게는 부모의 양로보험의 의미가 있었다. 이것은 중국 고대사회에서도 이미 한비자가 주장하였고 근래의 농민도 그렇게 말할 정도로 속담이 되기까지 하였다. 시가[滋賀]는 "중국인은 천성적으로 강한 자녀·재물욕을 가지고 있다"라고 말한다. 그것이 어떤 것인지 나로서는 잘 모르겠지만, 천성에 따르면 아마 충분히 설명할 수 있을 것이다.

또한 가산은 제사의무의 뒷받침으로서 부친으로부터 자에게 계승된다는 것이 시가[滋賀]의 전제이다. 그 전제에 서면 의무자가 아닌 여자는 남자처럼 부친으로부터 재산을 이어받지 않는 것이 된다. (첫 번째의 테마보다도 두 번째의 테마와 많이 관계되는 것이지만, 여자몫에 대해서는 여기에 기술하기로 한다) 결국 여자는 "유기체로서의 생명을 잃은 가산의 이른바 잔해수취인"에 불과하고, 여자는 가산의 공유자가 아니라는 것도 당연하다고 하는 것이 시가[滋賀]의 결론이 되었다.

그러나 이러한 결론은 옳은 것일까. 그러나 그것보다 그와 같은 논리귀결이 되지 않을 수 없는 전제가 올바른 것인지 여부가 문제되어야 할 것이다. 그리고 남자에 비해 여자의 가산의 할당의 폭은 문헌으로 알 수 있는 범위 내에서는 각 시대 모두 좁았던 것이 사실이다. 그러나 그것과 여자가 공유자였는지의 여부는 일단 별개이다. 중국의 여자몫법으로 가장 먼저 문제될 수 있는 것은 12·13세기(남송시대)의 법률이므로, 그것을 예로 들고자 한다. 중국의 12·13세기의 법률에는 일본의 『양로령』이나 15세기 조선법, 역시 15세기의 베트남 법과 마찬가지로 여자몫이 법률상 폭넓게 규정되어 있었다.

---

5) 본장의 독자는 이 책의 제3장 및 제5장을 함께 참조하기 바란다. 그리고 베트남법과 중국법과의 비교에 관한 제6장을 참조하기 바란다.

남녀평등은 아니었지만 그래도 어쨌든 마치 "남자는 양손으로, 여자는 한 손으로 가산을 물려받는다"라고 할 정도의 여자몫이 당시의 중국에서는 인정되고 있었다. 법문에 따르면 "부모가 이미 죽고 아이들이 재산을 분할하는 경우는, 딸은 아들의 반을 취득해야 한다"⁶⁾는 것이 바로 그것이다.

그런데 이와 같이 2대1의 분수적 비례로 남녀가 전가산(全家産)을 분할하는 경우에 대해서조차, 시가[滋賀]의 견해에 의하면 여자는 남자와 나란히 이른바 지분을 "가지는가의 관점을 드러낼 뿐"이고, 여자는 가산의 담당자가 아니라는 것이다. 즉 12·13세기의 이러한 여자몫법과 같은 것은 '본래의 법의식'이 아니라고 한다. 어느 쪽이 '본래'라고 정할 수 없고 결정할 필요도 없다는 것에 대하여 시가[滋賀]는 이렇게 일방적인 의미를 부여하고 있는 것이다(滋賀의 견해에는 '처음부터'라든가 '천성'이라든가 '본래의'라든가, 무전제적이고 비역사적인 취급이 발견된다). 더구나 시가[滋賀]의 그 뒤의 논문에서의 설명에는 이 12·13세기의 여자몫의 법률은 "관습에서 유리되었다" "상당히 자의적인 국가의 법률"이었다고 되어 있다.

그러나 자의적인 것은 오히려 논자의 논리구성에 있는 것이 아닐까. 만약 자의적인 국가의 법률이라고 한다면, 12·13세기 당시의 관리의 머리, 아니 당시의 지배체제(이데올로기로서는 그 융성을 자랑하던 주자학 등의 이른바 송학이 지배적이었고, 여자와 아이[小人], 이적(夷狄), 도적을 동류로 생각하였다)의 내부로부터, 현존하는 문헌의 범위 내에서 볼 때 중국 역사상 드물게 나타날 만큼 여자에게 있어서 유리한 법이 어떻게 '자의적'으로 생겨났는지에 대하여 설명할 필요가 있을 것이다. 자기 의견 가운데에 형편에 맞지 않는 것에 대해서는 갑자기 '본래의 법의식'이 아니게 되거나, 혹은 '자의적'인 제도가 된다는 것은 너무 안일한 사고방식이 아닐까. 시가[滋賀]는 그의 『중국가족법론(中國家族法論)』에서 "역대 입법은 설령 그 실효력이 의심스럽다고 하더라도 전통적인 법원칙을 간명한 문구로 공언한 것으로서 존중해야 한다"라고 하고 있다. 그것은 오히려 온당한 견해이다. 이와 반대로 송대의 여자몫법에

---

6) 在法, 父母已亡, 兒女分産, **女合得男之半**(『後村先生文集』), 『淸明集』「戶婚門」(권8-24), 女壻不應中分妻家財産.

대한 시가[滋賀]의 이해에는 너무 많은 모순이 있는 것이 아닐까 생각한다.

여자만이 아니라, 가족은 자기의 기여, 역량(특히 생산적인 면에서의)에 의하여 스스로 그 지위를 결정한다. 그 여자몫법은 현실생활 특히 생산면에 대한 여자의 기여, 역량에 대하여 비교적 높은 사회적 평가가 그 무렵까지의 사회(이 법의 성립지반이었던 지역으로 한정해둔다)에서 이루어지고 있었던 것을 반영하고 있을 것이다. 법은 역사적 사회를 장(場)으로 하여 생성되는 것이고, 국가기관이 그 법의 생성통로가 되는 일은 있어도 관리의 머리가 단순히 그 법을 자의적으로 만들었던 것도 아니며, 만들 수도 없는 것이다. 법이 역사적 구조 내에 위치하면서 생성되는 것이라는 점은 여자몫법의 경우에도 예외일 리가 없다. 시가[滋賀]는 당시의 여자몫법을 극력 예외적인 것으로 보았고, 여자몫의 '관습'이라고 생각되는 자료가 있어도 그것이 갖는 의미를 극소화하여 마침내는 제로로 하는 방면으로 노력하고 있다. 시가[滋賀]의 이러한 현실분석거부의 태도에는 찬성할 수 없다.

근래 이루어진 화북농촌 자료의 누적 가운데에 동족규범과 가족규범의 관계를 묘사해야 하는 문제가 있는 것을 간과할 수 없었다. 동족의 '끼리끼리'적 사상이 가족집단에 미치는 관계는 넓고도 깊다. 자기완결적이라고 생각하기 쉬운 가부장 권력에도 자기완결적이 아니라 동족지배가 침투되어 있었다. 가부장의 권력도 가산균분주의를 움직이기 어려웠던 것에 대해서는 횡적인 동족적 '끼리끼리' 사상, '끼리끼리'적 평등사상에 의한 구속도 생각해야 했다.[7] 이와 같이 가산균분주의 하에서는 소위 단독상속제(Anerbenrecht)적인 사상도 본가·분가적인 의식도 생장하지 않았다. 균분은 세대(世代)마다의 균분이었다. 따라서 자가 부친의 지분을 그대로 승계한다고 할 수는 없다. 자는 부친의 인격의 연장이라든가 인격을 이어받는다는 시가[滋賀]의 설(후술)로는 그것을 설명할 수 없다.

다음에는 두 번째 테마에 대해서 서술하겠다. 농민의 빈곤은 농가경영과 소비의 합리화 요청을 낳고, 가족노동력의 규율을 중심으로 가부장 권력이 특히 강하게 작용한다. 거기에는 자녀의 혼인의 자유도 없다. 처도 생산·재

---

7) 가산**균분**의 하나의 계기-大竹秀男의 평에 대한 하나의 답-.

생산의 수단이고 처의 입질(入質), 임대도 행하여지고, 태어난 자녀는 '천연과실'[8]의 의미를 가지고 있었다. 이와 같이 가부장 권위의 극한을 향해 관점을 두게 되면, 가족의 '노비적' 경향이 눈에 들어온다. (그 경우에 민며느리 같은 것은 별도의 문제인데, 내가 가족을 노비라고 하지 않고 노비적이라고 한 점을 간과하지 않도록 주의를 요청한다) 다만 내가 가부장 권력과 관련하여 주목한 가족관계의 측면에는 두 가지가 있다. 하나는 가(家)를 가족노동력의 통제기구로 한 점, 즉 노동력 결집의 측면이고, 다른 하나는 가족의 생산·재생산의 기초로서의 가산제의 측면이다.

그런데 가부장은 이 두 가지 측면의 문제에 대해서 각각 같은 정도의 지배권력을 보여줄 필요가 있었는지, 또 보여주었는지가 문제이다. 이것들을 같은 정도로 받아들인다면, 그것은 오히려 권위의 외형적, 형식적인 파악이 되는 것은 아닐까(이것은 권력에 관한 우찌다도모오[內田智雄]와 하따다다까시[旗田魏] 두 사람의 평언에 대한 나의 대답의 하나이다). 그리고 나의 『中國의 農村家族』이나 『중국법제사(中國法制史)』에 있어서 나는 "가부장 권위를 추상화하고 있다"[9]는 비평을 받았다. 그러나 나는 가부장 권위를 역사적 조건으로 보고 지배종속성의 한계를 고려하였다. 가부장 권력이라고 해서 로마의 어느 시기의 것만을 상상할 필요는 없고, 로마의 그것도 역사적으로 변천이 있었다. 따라서 나는 가부장 지배 하에서도 자녀가 반드시 무권리인 자라고 보지도 않는다. 다시 말해 자녀는 권력 또는 권위에 종속되어 있었음에 틀림없다. 그렇지만 그렇다고 해서 자녀가 자기의 이익을 지키려 하였던 힘을 완전히 부정하였던 것은 아니다. 힘의 현실화 과정에서 이른바 사회적 권리의 형성과 발전을 보아야 할 것이다. 가부장 권력은 강했지만, 자녀를 재산무능력자로까지 밀어내릴 정도로 강력하지는 않았다.

중국에서 부자사이에 소유권의 경합(단체적 소유의 한 경우)이 행하여졌고, 법률상으로도 관습에 있어서도 일반적으로는 가산에 대해서 부친만을 소유주체로 하였던 것도 아니라면, 부친의 사망으로 자녀가 처음으로 그것을

---

8) 〈옮긴이주〉 한국민법 제101조 제1항.
9) 우찌다도모오[內田智雄].

상속하는 문제가 생겨난 것도 아니었다. 신분적 단체에서의 소유의 귀속형식은 신분결합의 여하에 따라 차이가 있었다는 것을 생각해볼 수 있다. 부자사이와 같은 지배적 단체(herrschaftlicher Verband)에서의 단체적 소유는 가부장 권력 하에 놓이게 되기에, 과연 형제간의, 즉 '끼리끼리'·동배간의 가산공유처럼 합수(合手)적 공유라고 할 수 있을지, 그 개념구성에 대해서는 잠시보류해 두고자 한다. 그러나 양자는 기본적으로 단체적 소유인 점에서 공동의 기초를 갖고 있었다.

당률이나 그 뒤의 법률에서 가부장 권력 아래에 있는 가족에게 있어서도 가산은 '자기 家의 재물' '자기 소유' '자기 재물'이라고 하였다. 자녀는 남녀구별 없이 함께 가산에 대해서 '유분지물(有分之物)'로 이해하였다. 가산은노비였던 첩의 입장에서 보면 '유분지물'로 생각되지 않았다. 이 자녀와 첩의대비에 있어서 소유주체로서의 양자의 차이를 인식해야 한다. 법률에서도 그주석서에서도 가부장은 공유물을 관리하고 총괄하며 다스리는 (總攝, 統制)것이지, 부친만을 소유주체라고 말하고 있지는 않았다.

그런데 시가슈우조[滋賀秀三]에 의하면, "중국에서의 상속의 기본관념"은"인격을 승계하는" 것이고, "자는 부친의 인격의 연장이다" "고인을 상속하는 자에 의해서만 고인은 제사를 받고, 또한 고인을 제사하는 자격이 있고 의무를 지는 자만이 고인을 상속한다" "제사에 있어서 형제평등의 관념은 가산균분의 관념과 함께 통일적 인생관으로서 처음부터 중국인의 뇌리에 존재한다"는 것이고, "균분주의는 종교적 이념에 의하여 뒷받침되는 것이므로 경제적 불이익을 돌아보지 않고도 일관될 정도로 뿌리가 깊은 것이다"라고 말하는 것이다. 또 자는 부친의 재산에 대한 "승계기대권을 가질 뿐이고, 현재로서는 권리주체(지분권자)가 아니다" 자는 "부친에 대하여 어떠한 종류이든공유관계에 서는 것이 아니다" "부친은 이 전재산을 자유롭게 처분·관리하는 권능을 가지고, 자로부터 아무런 제한을 받지 않는다" "中田는 부자공산설을 취하면서도 부친이 가지는 자유처분권을 부친이 갖는 '교령권(教令權)'에 근거하는 것으로 설명하고 있지만, 그 교령권의 내용은 명료하지 않다""부자의 근본적인 인격관계를 고려할 때 그 재산관계에 나타나는 것이 부의자유처분권이고, 일상생활면에 나타나는 것이 교령권이다"라고 한다.

그러나 당률 이후의 법률이나 그 주석서 등에서, 자녀에게도 부친과 마찬가지로 가산은 '공공의 물건' '자기 家의 재산'이고, '자기 소유' '자기 재산'이라고까지 하고 있는 경우에, 그 자녀를 일부러 소유주체에서 제외시킬 필요가 있는 것일까. 자녀에 대해서는 첩과 구별하여 그 가산에 대하여 '유분지물'이라고 보고, 노비해방 문서에서도 자녀에 대해서는 노비소유자라고 하여 그 서명을 요구하였으며, 자녀도 또한 이것을 소유주체로 보고 있는 것을 가리켜, '유분(有分)'이란 가산에 관계를 가진다는 정도의 의미로 자녀는 어떠한 종류의 공유관계에도 서지 않는다고 말할 필요가 있는 것일까. 이 경우에 부자사이라도 하나의 단체적 소유의 관계가 성립된다고 보는 편이 모든 이해에 좋지 않을까.

'공공지물(公共之物)' '공물(公物)' '동거공재(同居共財)'라는 것은 형제간의 공유와 마찬가지로 부자사이에서도 말할 수 있는 것이고, 하나의 용어가 전혀 이질적인 두 가지 사항을 공유하고 있었던 것은 아닐 것이다. 시가[滋賀]의 소견에는 법의 원래의 의미에 있는 것을 잘라버리고 원래의 의미에 없는 것을 가져왔으며, 자신의 관념적인 해석이 너무 많은 것 같다. 그리고 백숙형제(伯叔兄弟)와 같은 방계친 가장에 의하여 가족에게 불이익을 줄 것 같은 임의적인 가산처분이 행하여진 경우에, 가족은 국가의 법정에 고소하는 것이 허용되었다. 그러나 가부장에 대해서는 그것이 허용되지 않았다. 분가 뒤 부친이 자녀의 재산을 탈취한 경우라도 자녀가 부친을 고소하는 방법은 차단되어 있었다. 이는 자녀의 재산취득원인이 가산분할에 있는지 분가 뒤 자녀 자신의 소득에 있는지를 불문한다.

부친과 마찬가지로 모친을 고소한다는 것은 당시의 지배체제를 뒤흔드는 큰 문제였기 때문에 이를 금지하고 있고, 자녀가 재산의 주체자(主體者)인지의 여부는 상관하지 않았다. 이런 의미에서 보더라도 가부장의 자유처분권을 전제로 하여 부친만을 소유주체라고 결정할 필요는 없었을 것이다. 中田가 부친이 가지는 가산처분권을 부친의 교령권의 측면에서 설명한 것은 의미 있는 것이라고 생각한다.[10] 과연 자녀의 소유권이 문자 그대로 현실적인 것이

10) 『後村文集』 등도 이 점의 참고가 된다.

되는 것이 가산분할한 뒤 또는 부친의 사후라고 하더라도, 그것은 자녀가 가산의 주체라는 것을 부인하는 근거가 되지 않는다.

가부장은 대외적 거래의 경우에 일가(一家)를 대표했다. 적어도 제정법상으로는 증서에도 가부장만의 서명으로 충분하였다. 그러나 부친과 자녀가 공동의 매도인 또는 매수인으로서 함께 서명하여도 전혀 지장이 없었다. 그리고 그와 같은 증서는 오래 전부터 남아있다. 특히 청대 초기 17·18세기에도 광동, 호남, 안휘 등의 여러 지방에서는 별로 진기한 일이 아니었다. 그 매매증서에는 부자의 합의를 표시하여 '부자합구상의(父子合口商議)'(형제의 경우에는 「형제합구상의」)라고 기록하고, 부자가 함께 매도인도 되고 매수인도 되며 부자가 함께 대가의 수령자가 되고, 부자가 함께 공동으로 매도인으로서의 책임을 졌다(추탈담보책임). 시가[滋賀]는 대만사법에는 전혀 그런 예가 거론되어 있지 않다고 하지만, 그것은 광동, 호남 등의 지방의 문제에는 아무런 영향이 없다. 아들이 장성하여 가족내의 생산의 유력한 지주(支柱)가 되어가면 갈수록 가부장도 그의 아들을 유력한 상의 상대로 생각하고, 토지매매에 있어서도 임의로 처리하지 않는 것은 자연스러운 일이다. 그러나 이런 증서에서는 자녀는 가부장의 단순한 상의 상대로 그치지 않고, 부친과 함께 법관계의 실현자로 되어 있는 점을 유의해야 한다. 거기에서 자녀의 지위를 지탱하는 적어도 사회적인 힘을 느끼지 않을 수 없다.

물론 현실문제로서 "자녀는 그 몸조차 소유하고 있지 않다. 하물며 사재(私財)를 소유하겠는가"라는 사상은 사대부의 사상 등에서 발견된다(예를 들면 司馬氏, 『書儀』). 더구나 그것은 사대부들 사이에 한정되지 않고 근래의 농민에 대한 조사자료, 즉 『중국농촌관행조사(中國農村慣行調査)』의 순의현의 경우에서도 가산은 '가장의 것' '부모의 것'이라고 하고 있다. 그 뿐만 아니라 '家과 물건 전체는 사람도 사물도 가장(인 父의 것)'이라고까지 말하고 있다. 가산관리처분권은 가부장이 장악하고 있어서 임의로 가산을 처분하는 일이 있어도 자녀로서는 견제수단을 가지고 있지 않았다. 가산분할에 대해서도 "자녀에게 분여하지 않는 경우가 있다"고까지 한다. 그런데 같은 조사자료 가운데에서도 난성현(欒城縣)의 경우에 의하면, 가장이 부친일지라도 가족의 동의 없이 가산을 자유롭게 처분하는 권능을 가지고 있지 않다. 또한 마찬가지로 창려현(昌黎縣)의 경우에 의하면, 설령 부친이 처분하였을 때라도 그 임의처분은 '도매도매(盜買盜賣)'이다. 그것은 임의처분권이 없는 자의 임의처분이고, 위법행위라고 한다. 가장이 일가(一家)의 부조(父祖)인 경우나 백숙형제(伯叔兄弟)인 경우에도 가산은 공유이고, 가장이 누구이든지 가산의 자유처분의 권능을 가지고 있지 않다. 가산처분은 가정회의(家庭會議)에서 정한다. 이와 같이 마찬가지로 중국 근래(혁명전야)의 농민간에도 가산에 대한 규범의식은 양극을 이루고 있다. 그 한편의 극단에서는 가산공산의 부정, 가부장 전유주의가 강하게 나타나 있다. 또 다른 한편의 극단에서는 부자공유관계에서의 자녀의 법적 주체성이 명확해져 있다.

기본적으로는 단체적 소유이기는 하더라도 부자사이와 같은 지배적 단체에서의 공유관계에 있어서는 현실사회의 관습의 경우, 이 양극에 걸친 진폭 사이에 몇 단계인가 계층이 생긴다. 따라서 전유(專有)든지 공유(共有)든지 기타 어떤 것이든지, 어느 한 종류의 견해로 현실 사회에 이루어진 가산의 소유관계를 일도양단으로 잘라 말할 수는 없다. 부자공산이라고 하더라도 그 사이에 공유의식에 농담(濃淡)의 차이가 있고, 가부장 권위의 투영이라고 하더라도 역시 거기에 지배의 강약의 차이가 있다. 다시 말해서 구래(舊來)의 율에 나타난 부자공유관계는 그 나름대로 지배 · 피지배의 힘의 균형상태를 기저에 가지고 있다. 그리고 그 균형상태는 현실사회에서 강약 · 농담의 차이를 나타내고, 유동적이며 고정된 것이 아니었다. 이 힘의 차이를 가능한 한 포착하여 진폭(振幅)을 묘사하려 한 것이 『中國의 農村家族』이다. 따라서 자가 수입을 부친의 재산에 흡수시키고 자는 부에 대하여 어떠한 종류의 공유관계에도 서지 않는다고 하는 시가[滋賀]의 견해에 해당하는 것도, 그 진폭 가운데 어딘가에 위치할 수 있다. 그러나 그렇다고 해서 그것이 진폭의 전부를 대표하는 것은 아니다.

현실의 사회생활 면에서의 가족공동체의 완화, 가부장 권력 지배의 약화는 가부장 생전의 가산분할(가족분열)의 빈도, 가족공동생활 가운데에 공산(共産)과 나란히 소유의 대상이 되는 사재(私財)의 증가경향에서도 나타난다. 그리고 그 완화에 관련 있는 것이 국가 법률의 시대적 변화상에서도 나타났던 것은 아니다. 이러한 변화는 자녀가 부친에게 종속되어 있어도 종속을 고정적인 것으로 여기지 않고, 부친과 협력해서 - 또는 경쟁하여 - 자기의 지위를 향상시킨 것과 관련이 있는 것이다. 자녀가 가진 힘의 정도를 계측함이 없이 법의 역사를 논할 수 없다. 청대 17·18세기에 시작된 것인지 여부는 문제가 되지만, 적어도 17·18세기 이후 광동, 호남 등의 지방에서의 자녀의 지위(이것을 상승적으로 취급하면 새로운 사회를 형성하는 힘의 상승, 자녀의 지위의 역사적 평가의 상승)는 법의 역사의 척도 위에 바르게 위치를 정립할 필요가 있다. 농민의 소위 '도매도매(盜買盜賣)'의 문제에 대해서도 마찬가지의 평가와 위치결정을 하지 않으면 안된다. 그리고 17세기 전후의 중국사회는 농노제의 전환기여서, 농노·고농(雇農)·고공(雇工) 등의 법적 지위의 상승이 가시화된다(이것이 근래의 나의 새로운 견해이다). 부자사이의 관계에서도 이러한 사회변동과 어떠한 관계를 가지게 되었는지는 앞으로의 연구과제로 해두고자 한다. 또한 자녀기 부친을 국가의 법정에 고소하는 것은 17세기 이후의 법률에서도 여전히 금지되어 있었다. 다만 부친을 고소한 경우에 당률에서는 교형(絞刑), 명청률에서는 도형(徒刑)이어서 과형(科刑)면에 큰 변화가 있었다. 그것은 당시 부모살인 등에 대해 능지처사와 같은 극형을 사용하면서도 - 아니, 부득이하게 사용하면서도 -, 그 반면에 봉건체제가 동요하여 그 해체과정이 진행되고 있던 현상의 하나일 것이다. 그리고 자녀의 법주체적 지위가 여전히 확립되어 있지 않았다고는 하지만, 현실사회에서는 부친의 임의적인 가산분할이 제한을 받고 있었고, 가산처분에 있어서도 전혀 무제한적이었다고는 할 수 없다.[11]

최근에 시가[滋賀]는『中國의 農村家族』이나『중국법제사(中國法制史)』뿐만 아니라, 나아가『중국농촌관행조사(中國農村慣行調査)』자료에도 비평을 하였다.[12] 시가[滋賀]의 소견, 특히 그 연구방법의 문제에는, 개별적으로는 말할

---

11) 이것은 大竹秀男의 논평에서의 '반봉건(anti-feudal)의 맹아'와 관련하여 내가 大竹에게 회답하는 것의 하나이기도 하다.

12) 滋賀秀三의 논문은 최근의 仁井田의 여러 논문, 특히『支那身分法史』에 대한 비평적 입장에 있는 것이다. 그것은 滋賀秀三의『中國家族法論』(1950년 4월)으로, 이 장 제2절 이하에서 "滋賀氏 家族法"으로 표시한다. 나는 이것에 대해서「中國の家族法における女子の地位 - とくに宋代の場合 -」[仁井田,『中國社會の法と倫理』(앞에서 인

것도 없고 기본적으로 도저히 승복할 수 없는 많은 문제점을 내포하고 있다. 시가[滋賀]는 결국 그가 세운 '원리'에 포함될 수 없는 자료, 예를 들어 "부친에 대하여 '도매도매(盜買盜賣)'라고 하는"(中國農村慣行調査) 것과 같은, 이른바 부모에게 불효한 농민에 관한 자료는 단순하게 '의심스러울' 뿐만 아니라 그것은 방계친을 염두에 두고 말한 것임에 틀림없고, 부친에 대해서 한 말로는 "있을 수 없다"고 '확신'하고 있다. 그 이유는 "도매도매(盜買盜賣)라는 말이 부조(父祖)를 향해 이루어졌다면 너무 심하기 때문"이라고 한다. 그리고 시가[滋賀]는 그의 입론을 확실하게 하기 위해 구와바라 지쯔조우[桑原隲藏]의 '효도론(孝道論)'13)을 원용하고 있다. 시가[滋賀]의 생각은 여기에서도 일방적이고 비역사적이다. "심하다"고 생각하는 것이 훨씬 이상한 것이 아닐까.

가부장 권위가 일정하고 부동한 것이 아니었다는 것은 앞에서도 기술한 적이 있다. 나의 연구의 대상은 현실의 힘 관계와 그것에 맞춰 변동되어온 법관계이다. 법관습을 고정적·정지적인 것으로 취급해서는 안 되며, 그 움직이는 방향에 주의를 기울여 이것을 받아들여야 한다. 특히 농민가족의 경우에 설교적인 '효(孝)'가 통용되었던 한계를 생각해 볼 필요가 있을 것이다. 조건을 무시하고 어떻게든 '확신'을 기술한다고 하더라도, 거기에는 비역사적, 비현실적인 사유방법이 남아있을 뿐이다. 이 경우 구와바라[桑原]의 '효도'를 가져오더라도 그것이 그 나라의 농민사상에 대하여 지주(支柱)가 될지 의문이다. 이러한 원용은 역사의 톱니바퀴를 역전시키려고 하는 것이라고 생각된다. 부친에 대해서 '도매도매(盜買盜賣)'라고 하는 소위 불효한 농민에

용한 책) 서 수록, 또 穗積先生追悼論文集, 『家族法の諸問題』, 1952년 7월 所載]에서 소견을 밝혔다. 이에 관련한 仁井田의 견해는 『中國の農村家族』(1952년 8월 초판, 1954년 10월 재판) 및 『中國法制史』(岩波全書 1952년 6월)에도 기술되어 있다. 최근에 이르러 滋賀는 다시 「中國家族法補考」(1, 2, 3, 4)(『國家學會雜誌』제67권 5·6호 1쪽 이하, 제67권 9·10호 54쪽 이하, 67권 11·12호 89쪽 이하, 제68권 7·8호 33쪽 이하)를 발표하였다. 이 장 제2절 이하에서는 이것을 "滋賀氏 補考 1·2·3·4"로 표시한다. 시가의 저서, 논문에는 나로서는 견해를 밝히지 않으면 안 되는 문제를 많이 포함하고 있지만, 이 장에서는 주로 法史의 견해, 연구방법태도에 관련한 것을 중심적인 문제점으로 삼는다.

13) 명치(明治)시대의 소위 '절대주의'의 사상적 소산.

관한 자료를 포섭할 수 없고, 12 · 13세기의 (중국법사로서는 폭넓은) 여자몫 법에도 이해를 줄 수 없는 시가[滋賀]의 이른바 '원리'야말로 심히 논리적으로만 보여서, 오히려 심히 비역사적, 비현실적이라고밖에 표현할 수 없다고 생각한다. 사회적인 힘의 지지, 소위 여론이 있는 것에 무관심한 부친의 행위에 대하여, (설령 자녀에 의해 고소가 제기된 적이 없었다고 하더라도) 여론은 그것에 무관심하지 않았을 것이다. 부친의 행위에 대하여 '도매도매'라고 하는 비난 속에서야말로 문제를 읽어내야 하고, 규범의식을 깊게 생각해야 할 것이다. 설령 시가[滋賀]의 입장에 선다고 하더라도, 부친의 행위에 대한 제약이 생겨났던 것만은 적어도 사실로서 인정해야 하지 않을까.

시가[滋賀]는 유학자류(儒學者流)의 사상에 대한 고착이 너무 강하여, 부자의 지위의 대한 평가에 문제가 없었다고는 할 수 없을 것이다. 시가[滋賀]가 그 이른바 '원리' 외에 나오는 자료에 대하여 늘 취하는 태도는 '현실거부'이다. 거추장스러운 자료에 대하여 받아들이는 방법은, 중국속담에 있듯이 "큰 것을 변하여 작은 것으로 하고, 작은 것을 변하여 무(無)로 한다"는 것이다. 어떻든지 시가[滋賀]에게 그것이 '확신'에 찬 태도, 방법이라고는 하더라도, 시가[滋賀]의 이른바 '원리'적 견해의 유형이라고 밖에 생각할 수 없다. 현실분석을 피해서는 '살아있는 법'으로 접근하는 방법을 끝끝내 발견할 수 없을 것이다. 다만 나로서도 원리를 세우는 일에 꼭 찬성하지 않는 것만은 아니다. 다만 어떠한 원리인가가 문제이며, 신중하지 않게 세운 단편적 원리, 형식논리, 그리고 조건무시에 찬성하지 않을 뿐이다. 시가[滋賀]의 논리의 형식적이고 일면적인 점, 그리고 조건무시는, 농민 부자사이의 분위기 내에서의 의사형성과 비서의 조언에 의한 고관의 의사형성을 같은 평면에 두고 형식적으로 같이 다루고 있는 것도 특징적으로 보인다.

이 절에서는 여자몫이나 단체적 소유의 문제에 비하여 '끼리끼리' 주의의 전반에는 지면을 적게 할애하였다. 그러나 이 문제들도 결국 '끼리끼리' 주의를 떠나서는 성립되지 않는다. 나는 '끼리끼리' 주의의 제반문제를 살핀 뒤에, 마지막 절에서 중국혁명이 당면한 인간의 해방과 새로운 소유법의 성립 발전과의 연관성으로 관점을 돌려서, 대충의 개요를 기술해가려고 한다.[14)]

제2절 '끼리끼리' 주의와 가족(1)-특히 동족결합

동족의 결합상태는 15세기 무렵이 지나 명청시대와 같은 후세에 중국의 북부지대와 남부지대에서 현저한 차이가 발생하였다. 1918~1919년 당시 칼프의 조사[15]에 의하면, 광동성 조주(潮州) 지방의 촌락의 경우에는 촌락 전체가 동족(따라서 同姓)인 경우가 많고, 더구나 동족동성의 촌락이 근접하여 이어지는 경우도 있다. 이들 동족과 다른 동족 사이에 분쟁이 일어나면 소위 '계투(械鬪, 무기를 사용하는 피의 투쟁)'가 그 양족 간에 행하여지고, 마침내는 그 인근의 동족부락을 동반하여 일어나서 그 참가인원이 수천 명에 이르는 경우까지도 있었다.[16] 그것은 그 한도에서는 동족부락의 고립성·폐쇄성·배타성과 같은 여러 성향을 강하게 나타낸 것이다.[17] 그러나 부락의 이러한 고립성이나 폐쇄성도 완전한 것은 아니었다.[18] 그리고 결합을 단순히 외형적으로 보면 고대의 그것과 구별되지 않을지도 모르지만, 그 결합이 성립된 의미와 조건도 고대의 그것과 동일하지는 않았다. 이와 같은 남부지대에 비해서 북부지대에서의 동족결합은 약했다. 하북성의 정현(定縣)[19]이나 하북성의 난성현(欒城縣)의 경우[20] 등은 화북으로서는 결합이 비교적 강한 편

---

14) 이 절은 서언이어서 참고문헌을 대부분의 경우에 생략하고 있다. 참고문헌에 대해서는 제2절 이하를 참고해주기 바란다.

15) D. H. Kulp, Country Life in South China. The Sociology of Familism, 1925, p.143에 의하면 광동성 潮安 부근의 韓江을 거슬러 올라간 봉황촌은 거의 성씨가 하나인 동족촌락이다.

16) 이 집요한 계투도 혁명기 농촌에서 해소되어가는 과정과 조건은 특히 주의할 필요가 있다.

17) 械鬪에 대해서는 仁井田, 『中國の農村家族』(1952년 8월, 357쪽 이하).

18) 이 문제에 대해서는 清水盛光, 『支那社會の研究』(1939년 6월, 236쪽 이하) 참조 ; 天野元之助, 『支那農村雜記』(1942년 12월, 147쪽 이하) ; 福武直, 『中國農村社會の構造』(1946년 10월, 243쪽 이하).

19) 李景漢, 『定縣社會概況調査』(중화민국 22년 2월, 168쪽 이하).

이었지만, 그래도 양자강 유역지대 이남, 특히 광동, 복건의 경우에는 훨씬 미치지 못하였다.[21)

동족결합의 강약에 따라 동족 공동의 조상을 제사지내는 장소인 사당・종사(宗祠)의 수적인 다소가 있고 규모의 대소가 생겨난다. 또 동족 공동의 계보나 동족의 기록 등을 수록한 종보(宗譜)・족보(族譜)・가보(家譜)・가승(家乘)의 크기가 자연스럽게 정해진다.

「蔡氏世界」(「東蔡用玉公支譜」)

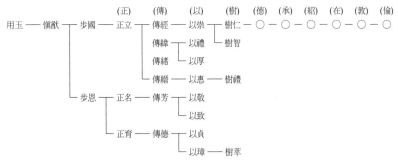

朱氏世系(朱子實紀)

〈그림 1〉「채씨세계」(「동채용옥공지보」) 「주씨세계」(「주자실기」)

동족결집의 경제적 기초로서의 족전(族田)[22)] 등 동족적 토지소유의 규모

---

20) 仁井田陞(앞에서 인용한 책, 60쪽 이하). 그 자료에 대해서는 『中國農村慣行調査』 제3권(1955년 5월) 참조.

21) 절강성의 『鄭源鄉志』卷4 씨족의 예에 대해서는 牧野巽, 『近世中國宗族研究』(1949년 7월, 180쪽 이하) 참조.

22) 의장(義莊)・의전(義田)・제전(祭田)・태공전(太公田)・호영전(護塋田)・호분전(護墳田)・묘전(墓田) 기타.

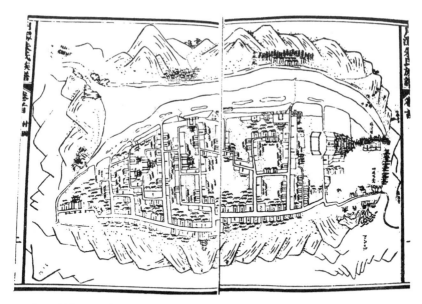

〈그림 2〉 新安 月潭 朱氏 族譜

도 저절로 결정된다. 화북농촌에서는 사당이나 종사·가보·족전 등이 없거나, 있어도 수가 작고 규모도 적다. 이에 반해 양자강유역 이남, 특히 광동, 복건지방에서는 그런 것이 많고, 규모도 크게 되어 있다. 여기에는 양자강 지대의 촌도(村圖)[여기에는 종사(宗祠)의 소재도 나타나 있다23)]의 좋은 예를 그림으로 제시하였다.

제전(祭田) 및 호분전(護墳田)의 그림으로 좋은 예는 다음 장 제4절에 제시되어 있으므로(그림 3·4)24) 그것을 참조하기 바란다.

동족 사이에서는 배행(排行)·배행(輩行), 즉 세대의식이 강하다. 동일세대에 속하는 자는 백대(百代)를 거쳤어도 형제인 것은 6세기의 『顔氏家訓』에

23) 『新安月譚朱氏族譜』(중화민국 20년 서간) 卷首. 東京大學 東洋文化硏究所 소장 우측의 큰 건물이 宗祠.
24) 『三田李氏統宗譜』(명 萬曆 刊)의 촌락그림도 이것과 비슷하다.
〈옮긴이주〉단 이 촌락그림은 이 원저에도 실려있지 않았다.

서만 말하는 것이 아니다. 또한 배자(排字)·배자(輩字)라고 해서 동일세대에 속하는 자의 이름에는 같은 문자를 사용함으로써, 세대가 인명(人名)에 확실하게 표시되는 경우가 있다. 그 세대의 문자를 연결시키면 동족의 번영, 인륜의 아름다움 등을 나타내는 문구가 되도록 구성되어 있다. 다시 말하면 그렇게 구성된 문구의 한 글자씩을 순서대로 그 세대에 있는 자의 이름으로 하는 것이다. 또한 그 속에는 중국의 5행사상에 근거하여 목화토금수(木火土金水)를 배자(排字)에 사용하여, 몇 대(代)에서나 그것을 순환시킨다. 예를 들어 건륭(乾隆) 연간, 강소성 오현(吳縣) 지방에서 호남성의 상담(湘潭) 지방으로 이주한 채성(蔡姓)의 가보(家譜)에는,25) 26대의 이름에는 모두 정(正)글자, 27대에는 전(傳), 28대에는 이(以), 29대에는 수(樹)자를 각각 이름 두 글자 중의 한 글자로 넣고 있다(앞에 소개한『蔡氏世系』참조). 목화토금수(木火土金水)를 이름 또는 이름의 구성요소로 사용하는 것은 예컨대 주자의 세계(世系)에 보인다.26) 주자의 부친의 이름은 송(松)으로 목(木)의 세대에, 주자의 이름은 희(憙)로 화(火)의 세대에 속하는 것이 나타나있다(앞에 소개한「朱氏世系」참조).

그런데 동족 내부의 구성을 보면, 동족집단 내부의 각 가족은 가족간에 상호연관을 가지면서도 하나의 지파를 형성하고, 지파가 모여서 큰 동족을 이룬다. 그 지파는 화북농촌의 예를 보아도 '문(門)'이라든지 '원(院)'이라고 불리어 대일문(大一門)·이일문(二一門)·삼일문(三一門)이라든지, 동원(東院)·서원(西院)·남원(南院)·북원(北院) 등으로 불리었다.27) 동족의 운영자의 지위에 있는 자로 족장이 있다. 가부장적 권위도 족장적 권위도, 그것들을 생각할 경우에 먼저 그 무제약성이 머리에 떠오르기 마련일 것이다. 그러나 적어도 중세 이후의 중국에서는 그것들이 실제로 무제약적인 것이라고 할 수

---

25)『東蔡用玉公支譜』(중화민국 22년 편수)의 垂系表를 抄錄. 그리고 같은 책 범례 참조.
26)「주자실기」에 수록된 世系原流를 초록. 廣池千九郎,『東洋法制史』(본론)(1915년 3월, 112쪽 이하) 참조.
27) 하북성 欒城縣 및 昌黎縣의 경우에 대해서 仁井田陞(앞에서 인용한 책), 139쪽 이하.

없고, 많은 제약 아래에 있었다. 우선 16세기 이후의 여러 예에 의하면, 족장은 장로(長老)들 중의 주좌(主座, primus inter pares)였다. 적장자손 계통의 최연장자가 그 지위에 오른다고는 할 수 없다. 족장에는 관직이 높은 자라든지 재산이 많은 자나 역량 있는 자가 선택되었다. 다시 말해서 지파에서는 방장이 선출되고, 족장은 방장을 포함하는 장로들 가운데에서 선출되었지만, 세대와 연령이 높은 자가 족장의 지위에 오른다는 공식으로는 단정 짓기 어려웠다.[28]

또한 족장이 반드시 최고권력자인 것도 영구한 권력자인 것도 아니었다. 족장은 족내 규율에 복종하고 동족에 대한 공정·성실을 근본의무로 하였다. 족약(族約)에 반하는 족장은 동족회의에서 파면할 수 있다고 한 예도 적지 않다. 이와 같이 족장도 동배적인 힘에 제약을 받았던 것이다.[29] 그리고 동족의 조상제사는 종자(宗子)를 중심으로 행하여졌는데, 이 종자에는 적계자손으로 태어난 자가 세워졌다. 그러나 이 종자가 족장과 일치한다고는 할 수 없었다. 제사도 동족 공동의 먼 조상을 제사지냈던 대종사(大宗祠)나 지파·분파의 종사에서 행하여졌는데, 지파·분파마다의 제사가 성행하였다(제사는 다음 절을 참조). 이렇게 하여 동족결집이라고 하더라도, 통일·중심적 경향도 그러하겠지만, 횡적으로 강한 결합상태를 보이는 경향을 갖고 있었다. 그러나 현실적인 과두지배는 계속되었다.[30] 시기가 내려갈수록 그 경향이 강해졌다고 생각할 수 있지만, 의장(義莊)의 전형이라고 하는 범씨의장(范氏義莊)에서도 오래전부터 그런 경향을 가지고 있었다.[31] 그와 같은 실력자 지배에

---

28) 仁井田陞(앞에서 인용한 책) 재판 序(1954년 10월) ; 仁井田陞, 『中國法制史研究』 가족촌락법 제1장 참조.

29) 『廬江郡何氏家記』(홍무 5년 1372)(玄覽堂叢書續集)도 이미 "房長選族最長者爲之, …… 如狗私衆黜之選有德者代之, 主祠以長子嫡孫主之, …… 令主祭, …… 若貪私者, 擧賢卽替之, 如有子賢卽替之"라고 한다. 여기의 방장은 족장에 해당한다. 仁井田陞, 『中國法制史研究』 가족촌락법 제1장 제1절 참조.

30) 마쟐, 『支那農業經濟論』(井上照丸 옮김, 187쪽 이하), 陳翰笙, 『南支那農業問題の研究』(井出季和太 역, 61쪽 이하) 등에 동족집단내의 실력자지배가 기록되어 있다.

31) 『范氏義莊』에서의 실력자지배에 대해서는 仁井田陞, 『支那身分法史』(1942년 1월, 196쪽 이하) 참조.

서도 범씨의장은 전형적인 것이었다.

중국에서의 동족결집은 10세기 이후, 즉 송대 무렵 이후 특히 새로운 의미를 가지고 강화되어왔다. (1) 조상을 제사하는 사당, 종사의 건설, (2) 가보(家譜), 족보의 편집, (3) 족전(族田)—義莊·祭田 같은 것—의 설치가 특히 성행한 것은 송대부터의 일이다. 그리고 이것, 특히 (3)은 송대 이후의 대지주체제 및 농민의 재생산의 기초를 튼튼히 하기 위한 공동 체제와 깊은 연관이 있고, 그 점에 있어서 특징적이다. 의장(義莊) 같은 것은 11세기에 그 창시자 범중엄(范仲淹, 文正公) 이래 동족 유력자 등의 토지기부에 의하여 설정된 것이었다.[32] 거기에는 동족적 소유가 이루어져 있고, 거기에서의 수확으로 동족적 상호부조가 이루어졌다. 그것은 같은 장소에 함께 정착하였어도 그것만으로는 거의 결집력을 보이지 않던 동족에 테를 둘러 새로운 결집으로 재출발하게 하는 계기가 된 것이었다.[33] 다시 말해서 "송내 이래의 의장(義莊)·의전 같은 것이, 종족간에 경제의 공동성이 결핍되고 그래서 그 종족 간에 지주·소작농 혹은 고농(雇農)의 분화가 생겨 부유와 영락의 차이가 있게 된 후세에도, 이들에게 테를 두르거나 혹은 동성동종(同姓同宗)의 혈연적 친분으로 하나의 단체를 구성하게 함으로써, 서로 돕고 공존하는 것을 도모하였던 것이다."[34]

여기에서 테를 두른다는 것은 뿔뿔이 흩어져 있는 존재에 적극성을 부여하는 의미로 이르는 것이고, 마이너스의 의미를 나타내기 위한 것이 아니다. 의장(義莊) 같은 것의 발생은 제전보다도 오래 전의 일이다. 제전도 13세기 그 창안자인 주자 이래 동족 유력자 등의 토지기부에 의하여 설정되었고, 토지의 수확으로 조상제사 등을 행하지만,[35] 이 또한 의장(義莊)과 마찬가지로

---

32) 田中萃一郎, 『義莊の研究』(1932년 8월, 田中萃一郎, 『史學論文集』, 191쪽 이하). 그리고 이 논문은 의장(義莊)의 연구로서 정리된 것이고, 『범씨의장』 규정의 내용에 대해서도 기록되어 있다.

33) 송의 『嘉定赤城志』卷37. 「風土門」에 睦宗族. 仁井田陞, 『支那身分法史』, 174쪽 이하. 『범씨의장』의 范氏에서도 范文正公 이전까지는 동족결합이 그다지 강하지 않았다. 仁井田陞(앞에서 인용한 책, 181쪽 이하).

34) 仁井田陞(앞에서 인용한 책, 206쪽).

35) 戴炎輝, 「祭田又は祭祀公業」(『法學協會雜誌』제54권 10·11호, 1936년 10·11월)에

동족의 결합에 도움이 되었다. 대지주체제와 토지를 잃은 빈민의 발생은 서로 대응하는 것이었지만, 정부는 빈민의 실질적 구제에는 대책을 세우지 않았다. 그렇다고 하여 그대로 두어서는 대지주 지배체제의 확립에 그다지 유리하지 않다. 따라서 대지주는 그러한 빈민을 마을에서 회유하여 반대세력이 되는 것을 저지하고 봉건질서의 안정화·촌락질서의 안정화를 적극적으로 도모할 필요가 절실하였다.36)

물론 이와 같은 의장(義莊)·의전만으로는 안정에 불충분하지만, 어쨌든 지주는 그것을 계급대립에 대한 혈연적이면서도 동시에 지주적인 해결방법으로 이용하였다. 또한 지주는 이렇게 하여 농민을 데려다가 이용하는 방법으로도 사용하였다. 결국 그것은 대지주가 자기의 지배를 관철하는 수단으로 만들어 낸 새로운 구조였다. 의장(義莊) 같은 것은 동족적 이기주의를 만족시켜주는 방법이기도 하였다. 그것은 동족 가운데에 유망한 자를 의장(義莊)에서 나오는 수익으로써 지원하고, 가능한 한 많은 동족을 관리층에 투입시켜 그로 인한 이익을 동족에게 환원시켰다. 그것은 이처럼 관리창출의 기반이 되었지만, 그러나 또한 관인=지주지배의 기반을 안정화하는 수단, 방법이기도 했다. 의장(義莊) 등의 족전이 양자강유역 이남의 화중·화남지대에서 광범위하게 성립되었던 것은, 그것이 대지주의 지반이었다는 데에 필연적인 관계가 있는 것이었다. 동족적 소유체제는 이런 의미에서 역사적 단계를 형성하고 있는 것이다.37) 또한 제전에서도 '끼리끼리'적 편익을 통해 동족의 결집화를 도모하고, 의장(義莊)과 마찬가지로 그것으로 촌락사회의 안정화를 추구하였으며, 의장과 나란히 광범위하게 성립되었다.

마찬가지로 송대에 생겨난 여씨향약(呂氏鄕約)이라든지 주자가 창안한 것으로 전해지는 사창법(社倉法)38) 등도 어느만큼 촌민을 위해 기여하였는지

제전에 대해서 상세하게 나와 있다.

36) 仁井田陞,「中國社會の"封建"とフュ一ダリズム」(『東洋文化』제5권, 1951년 2월, 35쪽 이하) ; 仁井田陞,『中國法制史』(岩波全書 1952년 6월, 156쪽 이하) ; 仁井田陞,『中國法制史研究』 노예농노법 제4장 제5절 참조.

37) 仁井田陞,『中國の農村家族』, 157쪽. 같은 책 재판 序(1954년 10월, 1쪽 이하).

38) 和田淸編,『支那地方自治發達史』(1939년 12월, 51쪽 이하).

이마보리[今堀]의 소견처럼 의문이긴 하지만,[39] 이것 또한 의장 등과 같이 지연집단인 향촌의 안정화를 목표로 하고 있었다.[40] 그리고 그것들이 설령 제목만큼의 실효성을 갖고 있지 않았다고 하여도 촌락집단 가운데에 지배자 측이 촌락자치적인 대우를 하는 태도를 취한 것은 송대 이전에는 없었던 현상일 것이다.[41] 이 향약 같은 것도 동족적 결집체제와 깊은 연관을 갖고 있다.[42] 이렇게 생각하면 '끼리끼리'적 사상이 중국에서는 10세기 이후 오히려 강화되었다는 점에 의미가 있다. 이 점이 고대·중세의 구분에서도 중요한 목표가 된다고 생각한다.

그런데 내가 여기에 동족결합의 역사적 단계로서 새롭게 문제를 제기하고 싶은 것은, 동족결합은 사회안정화로 가는 작용뿐만 아니라 농민의 재생산의 기초가 되는 촌락공동체의 기능을 가지고 있었다는 점이다. 의장(義莊)·제전을 비롯하여 족전 일반이 그런 의미에서 공동체적 체제의 일환으로 받아들여져야 하는 것은 아닐까 생각한다.[43] 공동체라고 하면 "자본주의에 선행하는 여러 형태"의 문제를 언급하지 않을 수 없다.[44] 공동체의 기초가 토지소유에 있다고 한다면, 아니 그러한 토지소유와의 관계를 별문제로 하는 견해

---

39) 今堀誠二, 「宋代社會制批判」(『北京師範大學學刊』 제1호). 청대에 대해서는 同 『中國の社會構造』, 173쪽 이하. 今堀에 의하면 社倉法은 주자의 창안이 아니다.

40) 仁井田陞, 「中國社會の「封建」とフュダリズム」(앞에서 인용한 책) ; 仁井田陞, 『中國法制史研究』 노예농노법 제4장 제5절.

41) 마쯔모또 요시미[松本善海]는 말하기를, "또한 관료층의 이데올로기적인 지주였던 유교도 예전에는 '예는 庶民에게 내려가지 않는다'고 하여 촌락의 통제 등에 크게 관심을 보이지 않았고 필요한 때에는 법가적인 것을 빌려와서 일을 처리하였는데, 이름 하여 중세유교라고 불리는 송 이후의 그것은 촌민의 教化를 목표로 한 鄕約과 촌민의 自衛를 목표로 한 保甲이나 촌민이나 自救를 목표로 한 社倉 등에 대한 비상한 관심을 나타내어, 마침내 「鄕禮」를 편찬하기에 이르렀다"(『世界の歷史』 東洋, 1952년 12월, 127쪽 이하).

42) 『齊家寶要』卷上, 鄕約, 『呂氏鄕約』의 註 "雖曰鄕約, 實可通行之於宗族朋友".

43) 이 문제에 대해서는 1956년 1월 13일에 동경대학 동양문화연구소에서의 보고회의에 보고했는데, 상세한 것은 다른 글로 미룬다. 이하 약간의 내용을 쓰는 것에 그친다. 仁井田陞, 『中國法制史研究』 가족촌락법 제12장 제4절.

44) 大塚久雄, 『共同體の基礎理論』(1955년 7월).
〈옮긴이 주〉 이영훈 번역, 돌베개, 1982년.

에 따르더라도,[45] 중국역사상 공동체의 이해에는 여러 가지 복잡한 문제가 있다.

중국에서는 기원전 2·3세기에도 이미 광범위한 개별적 토지소유가 있었던 것으로 보인다. 더욱이 한편으로는, 공동소유로 보이는 산림·숲·못[池]도 후세에까지 천연적 산물[天産物]의 수확이 개방적이어서, 그런 의미에서의 입회(入會)가 이루어졌다고 하더라도 대부분의 경우에 지반의 공동체적 소유, 독점의식까지 거기에 있었던 것인지는 의문이다.[46] 더구나 사적인 점유·취득에서 벗어나 있는 산림, 숲, 못은 그 관리가 허술하고, 이용이 무통제 상태에 있기 쉬웠다.[47] 또 다른 한편으로 거기에는 실력자의 사적 점유가 노골적으로 진행되어, 농민의 재생산의 기초가 위협받고 있는데도 공적 권위는 의지가 되지 않으며, 농민은 스스로의 손으로는 어떻게 할 방도가 없었다. 그리고 그간 왕토사상이나 어느 정도의 입회권적 관계의 실재[48]를 생각할 필요가 있겠지만, 일반 촌락에서의 '공동체'에 의한 토지소유관계는 희박(全無하다는 것은 아니다)하였던 것은 아닐까.[49]

---

45) 今堀는 『中國の社會構造』(1943년 12월)에서 촌락공동체를 보면 그 가운데에서의 실력자지배를 주시하고 있다. 다시 말해서 "눈에 보이지 않는 그물코가 되어서 인간의 기본적 자유를 속박하고 있었던 소위 「공동체」체제"(仁井田陞, 『中國法制史研究』 서문)를 문제의 관점에서 이탈시키지 않는다. 이 논점은 仁井田陞, 『中國法制史研究』의 특색 있는 기저이다. 淸水盛光, 福武直, 두 사람의 공동체에 대한 소견에 대해서는 주 18) 참조.

46) 『宋書』卷2 武帝紀, 『通典』卷2 食貨에 인용한 『關東風俗傳』, 『宋會要』食貨, 『救荒活民補遺書』 등 그 사례는 많지 않다.

47) 『맹자』(告子)에 말하는 우산의 기사를 비롯하여, 후세에 이르러도 비슷한 예는 많다.

48) 『民商事習慣調査報告錄』物權習慣 제17장 熱河省 제4절 灤平縣(山地柴草換割제)을 보면, 갑·을 두 촌락에 의해 각각 지반의 소유가 행해지고, 양촌의 촌민만이 입회하여 나무와 풀을 채취할 수 있는 촌락의 소유지가 화북지대에도 있었다. 그리고 갑·을 촌민도 그 공유지를 격년으로 이용한다는 점에서 공동체적 규제가 있었다고 보인다. 후세의 것이지만 이런 종류의 자료는 이것 외에도 있다. 따라서 혈연촌락 외에도 공동지가 전무한 것은 아니다.

49) 『三台萬用正宗』(明 萬曆 刊) 卷17, 鄕約體類의 禁六畜作踐禾苗約, 禁盜田園瓜菓菜蔬約, 기타의 향약도 말하자면 일종의 공동체적 규제이다. 그러나 이와 같은 자료

그러면 농민의 재생산의 기초를 지켜줄 방벽(防壁)이 그것밖에 없었는가 하면, 그렇지는 않다고 생각한다. 사적 보장기구로서의 동족공동체의 문제가 시야에 떠오른다. 중국도 10세기에 들어서면 다양한 집단이 성립하게 된다. 동족집단도 그 하나로 고대의 혈연주의가 새롭게 변모하여 광범위한 형태로 등장한다. 그것은 농촌공동체관계의 희박이라는 조건 가운데에서 공동체적 체제를 진전시키고, 일반 농촌이 충분히 이루지 못했던 역할을 어느 정도 이룬 것 같다. 동족공동체는 산림, 숲, 못을 공유하였고, 재생산의 절대필요부분의 일부는 이러한 형태로 확보되었다. 동족공동체의 성원만이 연료나 비료 등의 공급원으로, 혹은 목지(牧地)로, 혹은 묘지로 그 공동지를 이용할 자격을 가졌다.[50]

동족공동체의 진전속도가 수전 경작처럼 생산 정도가 높은 화중·화남지대에 두드러지는 것도, 이 지대에서는 그 요청이 강했기 때문이라고 생각된다. 그러나 동족공동체가 자기의 이익을 지키는 경우에 다른 동족공동체와의 충돌을 피하기 어려웠다. 심한 경우에는 무기를 가지고 싸우는 계투가 행하여졌다. 이렇게 해서 동족공동체는 투쟁을 위한 기구가 되었다. 동족공동체의 구성원은 공동지를 자기의 것으로 임의로 이용할 수는 없고, 관리 및 이용상 공동체적 규제를 받았다. 시대는 내려가지만, 가령 진한생(陳翰笙)의 광동

에서 촌락에 의한 토지의 공동소유의 자료는 발견되지 않는다. 상세한 것은 『東洋文化硏究所紀要』제8책(1956년 3월) 참조. 戴炎輝, 「臺灣並に淸代支那の村庄及村庄廟」(『臺灣文化論叢』제1집, 1943년 12월)는 尺牘雙魚 등의 명청사료에 의한 촌락공동체의 연구이고, 이 방면의 뛰어난 논문이다. 平野義太郞, 『北支の村落社會』(1943년 8월) 및 今堀의 앞서 언급한 책에는 후세의 이런 종류의 규제자료가 다루어져 있다. 또 仁井田陞, 『中國法制史硏究』가족촌락법 제12장 제4절 참조.

50) 『刑案匯覽』卷46 「刑律」人命(鬪毆故殺人) "據江西撫奏, …… 晏茂五等, **同姓不宗**, 乾隆五十七年七月有晏茂五族人晏賴, 赴**官山**刈草, 誤越至晏容八等祖遺太平山內, …… 晏賴以爲**官山**爭論 ……" 仁井田陞, 『中國の農村家族』(앞에서 인용한 책, 384쪽)에 실린 자료 참조. 官山의 官은 관유지에 한정되지 않고 官인지 私인지 확실히 정해진 토지가 아닐 때에도 사용된다. 거기에서는 특히 금지가 없는 한 누구나 들어가서 풀을 베어도 비난받지 않는다. 공동체에 의한 지반의 독점이 행해지지 않는다. 그런데 문장 중의 '祖遺'는 동족의 공유지이므로 그곳의 이용은 그 동족에게만 제한되며, 다른 동족에게는 허용되지 않는다.

성 농촌의 조사보고51)에 의하면, 동족의 성원만이 이용할 수 있는 초예장(草刈場)이 있고, 거기에서의 "초예일, 초예분량이 정해져 있었다. 그러나 이용자라 하더라도 얼마간의 대가를 지급하였다. 특히 족내의 차금(借金)의 이자 등을 체납하고 있는 자에게는 그것을 지급한 뒤가 아니면 초예를 허락하지 않았다." 다만 수리(水利)는 어느 정도까지 동족공유가 이루어지고 족내에서 관리와 이용을 맡고 있었지만, 그것은 대부분 소규모의 하천이나 용수지 등으로 한정되어 있었던 것 같다.52) 대규모가 되면 하나의 공동체에서는 감당할 수가 없었으며, 한 공동체적 규모를 넘어서 문제가 되는 경우가 적지 않았다.53) 그러나 어쨌든 족적 결합집단의 분포도는, 결국 중세적 대지주체제와 동시에 동족공동체적 체제와 분리시켜서는 이해할 수 없다.

혈연주의라고 하면 자칫 고대적 성격의 뒤떨어진 저지조건의 의미로밖에 이해되지 않는 것 같다. 그러나 어찌되었든 그 성립발전기에 있어서는 뒤떨어진 역할보다도 역사적 조건에 적응한 역할도 가지고 있었다고 생각된다. 동족적 체제의 지반 위에는 당시의 정치권력 내지 지배계급의 정책이 자리를 차지하고 있었다. 물론 그 혈연적 공동체가 배타성이 강하였고, 동시에 내부에서는 앞에서도 한번 언급한 바와 같이 실력자의 지배가 이루어져 평등의

---

51) 陳翰笙, 「廣東的農村生産關係與農村生産力」(中山文化教育館, 중화민국 23년)(『中國農村經濟資料續篇』, 447쪽). 그런 종류의 자료로는 陳翰笙의 영문저서가 있고, 일본에서는 그 역서로 陳翰笙, 『南支那農業問題の硏究』(井出季和太 譯)와 佐渡愛三 譯, 『南支那に於ける農業社會』(1936년 12월)의 두 가지가 있다. 仁井田陞, 『中國法制史硏究』 가족촌락법 제12장 제4절 참조.

52) 『刻法林昭天燭』(작자 미상, 明刊) "族有蔭塘一口, 灌田四百畝" "張族, 共有灌塘一畝, 天時元旱, 放水救苗, 衆共捉魚……" 이것은 명대의 사료. 동족 공유의 연못은 여기에서는 그다지 대규모가 아니다. 근래의 일에 대해서는 中村治兵衛, 「中國の土地改革と山林」(『農業總合硏究』제8권 4호, 1954년 10월, 309쪽 이하) ; 中村治兵衛, 『新中國の灌漑水利』(제7권 3호, 1953년 7월, 263쪽 이하) ; 天野元之助, 『中國における水利慣行』(『史林』1955년 6호, 123쪽 이하).

53) 『福建省例』卷15 「田宅例」(禁止爭水)(乾隆 24년 3월) "無如戶族有大小, 人情有良頑, 不法之徒, 不遵鄉例, 每每倚强凌弱, 損人利己, 或截水源, 或下掘私溝, …… 列榜曉示, 或按股或分日, 務須挨次輪流". 수리가 한 개의 현 이상에 걸치는 문제인 경우에 대해서는 『臨川先生文集』卷89. 贈尚書工部侍郎蕭公神道碑 등의 오래된 예가 있다. 근래의 경우에 대해서는 앞 주에 언급된 논문 참조.

원칙이 통하지 않았던 것은 유의하여야 한다. 그리고 공동체의 개념규정이 성원의 평등성에 있다고 하면,[54] 그런 의미에서는 이 동족적 집단체제를 공동체라고 하기에 적당하지 않다.[55]

내가 이 글에서 '끼리끼리'라고 하여도 반드시 그 사이에 평등성이 엄격하게 지켜지고 있었다는 의미는 아닌 것과 마찬가지이다. 마끼노 다쯔미[牧野巽]는 일찍이 『지나가족연구(支那家族硏究)』(그중에 '근세지나의 종족')[56]에서, 동족결합은 시대가 흐르면서 붕괴하는 것이 일반적인 역사의 대세이지만 중국에서는 그 반대여서 송대 이후에 오히려 강화되었다는 사실을 지적하고, 그것은 어떤 이유에서인지 문제를 제기하면서 그 회답이 현재의 연구 수준으로 불가능하다고 하였다. 그러나 10세기 이후의 동족결합이 당시의 대지주 체제 아래의 사회질서의 안정화를 새로운 목표로 하였고, 또 농민재생산의 기초를 위하여 새롭게 형성된 것이라고 보면, 그것은 역사의 시대를 구획한 기본적인 현상임에 틀림없다고 말할 수 있다. 이것은 혈연주의라고 하여도 중세적인 혈연주의이고 재편성된 혈연주의인 것이다. 고대적인 것의 단순한 연속은 아니며, 더욱이 복고적인 것도 아니다. 그것은 중세적인 조건의 소산이다.

그런데 동족적 부조라는 것은 그 '끼리끼리'를 넘어설 수 없었고, '끼리끼리'적인 이기주의라는 점에서 말하면, 길드적 '끼리끼리' 집단과 같은 성격이었다. 그 '끼리끼리'라고 하더라도 평등하다고는 할 수 없고 실력자 지배가 나타난다.[57] 그리고 이러한 길드체제가 상인이나 수공업자들간에 지배적으

---

54) "'게르만적' 공동체에서는 촌민에 대하여 원리상 토지가 평등하게 분배되어 있고" "거기에 일반적으로 '공동체'의 기본적 사실이라고도 할 수 있는 '평등' 법칙이 작용하고 있다"(大塚의 앞에서 인용한 책, 99쪽)고 한다. 그러나 중국의 경우에 그렇게 말할 수 있을지는 의문이라고 생각한다.

55) 평등하기는 하지만 그것은 일단은 그런 것이고, 결국 불평등한 것은 동족부락이든 단순한 지연부락이든 질적으로는 변함없다. 그것은 길드에서도 마찬가지이다. 仁井田陞, 『中國社會とギルド』(1951년 11월) ; 今堀誠二, 『中國封建社會の機構』(1955년 3월) 참조.

56) 牧野巽, 「近世支那の宗族」『支那家族硏究』(1944년 12월, 565쪽 이하).

57) 仁井田陞, 『中國社會とギルド』(1951년 11월, 115쪽 이하·117쪽 이하). 今堀誠二(앞

146 중국법제사연구

로 된 것은 역시 송대부터의 일이다.

동족결합의 강화와 더불어 법률상 친족으로 한정되는 범위가 넓어지고, 무한혈족친(無限血族親)도 나타나기에 이르렀다.[58] 원래 친족이라 하면 법률에 의하여 창설되는 것이 아니고, 자연적으로 생겨나고, 또 사회적으로 존재하는 것이다. 그러나 친족법 적용의 인적 범위는 한정적이다. 따라서 자연적이고 또 사회적인 친족과 법률상의 친족이 반드시 동일하지는 않다. 전통중국법에는 친족범위를 한정하는 데에 두 가지 방법이 있었다. 하나는 총괄적 한정법이고, 다른 하나는 개개의 구체적인 경우에 친족의 범위를 정하는 개별적 한정법이다.

그러나 당률이나 『송형통(宋刑統)』 등처럼 총괄적 한정법을 채택한 경우에도 그것과 병행하여 개별적 한정법을 취하지 않으면 안 되므로, 명청률처럼 처음부터 개별적 한정법을 취하는 편이 입법기술로서는 진보된 것이다. 그런데 이 개별적인 한정에 있어서 한정의 범위가 확대되는 경향이 생긴 것은 동족결합이 강해진 송대 이후의 일이다. 예를 들어 친족이 동일한 관사(官司)의 관리가 될 수 없고, 친족이 사건의 당사자인 경우에 재판관이 그 사건에 관여할 수 없으며, 친족이 공시(貢試, 관리등용시험)의 시험관인 때에는 그 아래에서 시험을 볼 수 없었는데, 그 회피해야 하는 친족은 송대에는 별거하는 단문친(袒免親)이나 동거하는 무복친(無服親)에까지 이르렀다. 별거하는 단문친(袒免親)은 생활을 달리하더라도 낮은 단계의 상복(喪服)을 입은 친족을 말하며, 동거하는 무복친이라 함은 동거하고 있는 상복관계(喪服關係)가 없는 친족을 가리킨다. 무복친과 단문친(袒免親)을 동의어로 하는 경우도 있지만, 여기에서의 무복친은 단문친(袒免親)보다 넓은 의미이다.

원대에는 친족상도(親族相盜)의 경우에 있어서 무복친도 자배(刺配)(入墨刑, 流刑)와 배장(倍贓)의 징수(몰수형)를 면제받았다. 친족범위의 확대 경향은 명청률에 이르러서 두드러졌다.[59] 명청률에서는 가령 그 친족상구(親族相

___

에서 인용한 책). 수호리의 길드연구의 기본자료는 그의 『中國封建社會の機構』(1955년 3월)에 수록되어 있다.
58) 무한혈족친에 대해서는 仁井田陞, 『支那身分法史』(261쪽 이하・283쪽 이하) 참조.
59) 『淸國行政法』제1권 下(1914년 3월, 262쪽 이하) ; 牧野巽, 『支那家族研究』(1944년

歐), 친족상도, 간음, 범인은닉의 경우 등에서 보는 것과 같이, 혈연을 알 수 있는 한 친족으로 취급되는 경우가 빈번했다[無限血族親].[60] 이와 같이 법률상 무한혈족친까지 넓게 등장하기에 이른 것은 송대 이후의 동족결합의 재편성, '끼리끼리' 결집의 새로운 체제와 관계된 것이어서, 이 또한 고대의 연속이나 고대에로의 복귀가 아니며 특별히 중세적인 의미를 갖고 있었다.

또한 내가 동족의 횡적인 '끼리끼리'·동배(同輩) 사상의 표현, 일종의 단체주의의 표현으로 생각하는 것에는 촌수(親等) 제도가 있다. 촌수의 계산법에는 카논법처럼 공동조상에 이르는 세대수 가운데 긴 세대수로 계산하는 것이나, 로마법처럼 공동조상에 이르는 두 가지의 세대수의 합으로 계산하는 것이 있다. 이에 대하여 중국의 촌수제도는 게르만법처럼 횡적인, 즉 동일세대간의 원근관계를 정하는 것이다. 그것은 동시에 동일세대간의 원근을 표준으로 하여 지파의 여러 친족과의 관계도 나타낸다. 상복제도에서는 직계친간, 즉 상하간의 관계도 문제되지만, 단순히 상하를 기준으로 하는 계산만으로는 '끼리끼리'·동배의 원근관계를 나타내는 중국의 촌수제도는 나오지 않는다.

이러한 촌수제도는 中田의 연구 「고법제삼제고(古法制三題考)」에 나와 있는 것 같은 게르만법의 종형제제도(Vetterschaftssystem)와 비슷하다.[61] 혁명 중국의 혼인법에서는 당초부터 혈연간의 혼인금지범위를 '5대(五代)'로 규정하였다. 그런데 일본에서 이것을 종종 '오친등(五親等)'이나 '오등친(五等親)'으로 번역해 왔다. 그것은 그 역자가 중국의 세대주의를 알지 못하고, 일본에는 그러한 법의식이 없기 때문에 발생한 잘못된 번역이다. 그 '5대'라는 것은 공동조상을 1세대로 계산하여 그 이하 5세대를 가리키는 것으로, 촌수로 하면 8촌이라고 해야 한다.[62] 이리하여 중국의 종형제제도(Vetterschaftssystem)은 새로운 혼인법에도 나타난다. 이와 같은 세대주의에 비하여 조선에서는

12월, 515쪽 이하).

60) 仁井田陞, 『中國法制史』(앞에서 인용한 책, 198쪽).

61) 中田薰, 「古法制三題考」(『法制史論集』제1권, 23쪽 이하).

62) '5대'를 '5촌'으로 번역한 잘못에 대해서는 長谷川良一 敎示.

로마법적인 촌수계산법이 행해져 왔다.[63] (별표참조)[64]

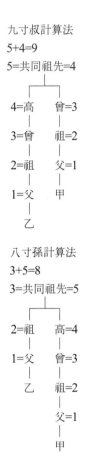

九寸叔計算法
5+4=9
5=共同祖先=4

4=高　曾=3
3=曾　祖=2
2=祖　父=1
1=父　甲
乙

八寸孫計算法
3+5=8
3=共同祖先=5

2=祖　高=4
1=父　曾=3
乙　祖=2
父=1
甲

예를 들어 『경국대전』(15세기의 조선의 법전)의 재산상속순위에 있어서[65]

---

63) 한반도의 촌수제도에 대해서는 廣池千九郎, 『東洋法制史』(본론; 앞에서 인용한 책, 349쪽 이하).

64) 仁井田陞, 『中國法制史』, 199쪽, 9寸叔 계산법으로, 갑은 을의 9촌숙이고, 8寸孫 계산법으로 갑은 을의 8촌손이다.

65) 『經國大典』卷5「刑典」"無同生則三寸, 無三寸則四寸親". 喜頭兵一, 『李朝の財産相

"자가 없으면 삼촌, 삼촌이 없으면 사촌친"으로 되어 있다. 그 삼촌이라 함은 조카와 질녀를 가리키는 것이고, 사촌이라 함은 종형제자매를 말하는 것이다.66) 그런데 나는 중국의 촌수제도를 '끼리끼리'·동배사상의 표현이라고 말했는데, 그렇다면 조선의 경우는 어떤 의미를 가지는 것으로 이해하면 좋을까. 다만 조선에서도 상복제도는 중국의 것을 따르고 있다.

제3절 '끼리끼리' 주의와 가족(2)
-특히 조상제사와 여자몫

　전통중국에서는 조상제사의 상속 기타 신분상속이 행해졌지만, 상속과 관련된 제도 가운데에 가장 주요한 것은 가산분할 내지는 가산상속이었다. 물론 제사와 여러 제도와의 관련을 완전히 부정할 필요는 없다. 고대의 종법적(宗法的) 권력지배나 일부다처제나 "아들(子) 없으면 내쫓는다" 등 조상제사와의 관련을 생각해야할 것이 많다. 그러나 제사와의 관련은 일단 중요하기는 하지만, 기본적인 것이라고는 할 수 없다. 중국 구래의 신앙(가령『左傳』참조)에는 죽은 조상, 즉 '鬼'는 자손인 남자의 공양을 받는데, 공양이 없으면 굶주린다고까지 여겼다.67) 제사를 받지 못한 귀신은 이 세상에, 아니 자손에게 재앙과 액운을 준다고 하는 미신의 유래는 이미 오래된 것이다. 그렇기 때문에 무릇 효라고 일컫는 것은 부조(父祖)를 생전에 섬기는 것 뿐만 아니라

　續法』(1936년 3월, 269쪽·287쪽 이하)에 나오는 『太宗實錄』, 『經國大典』, 『續大典』, 『經國大典註解』 등 참조.

66) 『經國大典』卷3. 禮典의 상복제도는 중국법과 비슷하지만, 그 註에는 백숙부모는 3촌숙과 그 처, 당형제는 4촌형제, 조카손자는 4촌손, 재종형제는 6촌형제, 族兄弟는 8촌형제 등으로 기록되어 있다. 그리고 『朝鮮會通條例』(小方壺齋輿地叢鈔) "宗室勿限寸, 同姓十寸, 異姓六寸, 王妃同姓八寸, 異姓五寸, 世子嬪同姓六寸, 異姓三寸, 親駙馬無論眞外五寸親(註는 생략)" 참조.

67) 『左傳注疏』卷21 宣公四年條. 仁井田陞, 『支那身分法史』, 774쪽 ; 仁井田陞, 『중국법제사』(岩波全書 1952년 6월, 240쪽).

사후에도 잘 받드는 것이었다.

부조 생전의 경외가 그 사후까지 이어져, 조상숭배가 가족이나 종족(부계혈족)결합의 원리로 되어 있고, 중국의 가족이나 종족도 그런 의미에서는 제사공동체(Kultgemeinschaft)에 속한다. 또한 그 제사는 조상을 위해서라기보다 제사를 받지 못한 귀신으로부터의 재앙을 면하고, 행복의 장애가 되지 않게 하려고 하는 자손 스스로를 위한 것이기도 하였다.[68]

나도 상속과 조상제사와의 관계를 전적으로 무시하고 단순히 재산상속을 설명할 생각은 없다. 그러나 제사나 상속 내지는 가산분할도 그 당시의 역사적 조건을 포함하는 사회적 여러 조건의 귀결이다(가산분할, 그 균분주의에 대해서는 다음 절 참조). 시가[滋賀](家族法, 157쪽 이하)에 의하면, "제사에서의 형제평등의 관념은 가산균분의 관념과 함께 통일적 인생관으로서 처음부터 중국인의 뇌리에 존재한다"고 하고 "종교적 이념의 뒷받침"이 "경제적 불리를 돌아봄이 없이" 가산균분의 원칙을 관철시켰다는 것이다. 그러나 그 정도로 관념주의가 초시간적으로 재산제도를 지배하였다고까지 생각하지 않는다.

소위 '종교적 이념'이 경제생활에 대하여 그만큼 강한 결정력을 가지고, 그만큼 뛰어난 우월적인 힘을 계속 가지고 있었던 것일까. 더구나 "처음부터"라고 하는 것처럼 역사적 조건을 넘는 것일까. 시가[滋賀]는 나의 비평에 답하여, 시가[滋賀]의 전설(前說)을 부연하고 있지만(滋賀 補考4의 52쪽 이하), 전설과 후설 사이에 어긋나는 부분이 있는 것 같고, 또한 어떻게 설명하더라도 전설과 후설 모두 종교의식의 과잉이라는 것은 부정할 수 없는 것 같다.

"사람은 빵만으로 살아가는 존재가 아니다. 그렇다고 해서 또한 빵 없이 살아가는 존재도 아니다." 사는 것이 법의 역사적 근본적 전제이다. 빵이 필요한 것은 죽은 부친(사후의 생활)을 위해서만이 아니다. 자기 자신 및 그 가족의 생산과 재생산을 위한 주체적 요구를 떠나서는 가산상속도 가산분할도 생각할 수 없다. 양자제도도 일반적으로 말해서 조상제사를 위한 것이 아니라고는 할 수 없지만, 그보다도 재산상속의 한 형식인 경우가 적지 않았다.

---

68) 仁井田, 앞의 두 책.

특히 새로운 시기의 문제로 말하자면, 농민들간에는 조상제사보다 그날그날 먹고 사는 것이 당면문제였다. 재산이 없는 집에 가서 먹고 살 수 없을 정도라면, 처음부터 일부러 양자로 가지 않는다. 제사를 잇는 것이 중요한 문제가 아니라고 농민들은 말한다. 궁핍이 만성화되어 있었던 중국 농촌에서는 이것이 근년에 생긴 것이 아니라는 것은 설명할 필요가 없다. 또한 농민과 사대부의 경우가 완전히 같다고는 할 수 없을 것이지만, 명대의 사대부에서도 상속은 제사보다는 재산을 목적으로 하였다.[69]

상속과의 관계를 제사에만 가져와 그것만으로 설명하는 시가[滋賀]의 방법에는 동의할 수 없다. 또한 농민들 사이에서의 양자제도는 노동력해결의 수단이기도 하였다. 자녀가 '양로보험'을 위한 것이라는 것은 이미 중국의 고전(한비자)에도 명기되어 있다.[70] 양자의 입장에서도 마찬가지이다. 시가[滋賀](家族法, 101쪽)는 "중국인은 천성적으로 강한 자녀욕·재물욕을 갖고 있다"고 하지만, 그 천성이라는 것이 무엇인지 나는 아무리해도 잘 모르겠다. 그러나 아마 천성으로써는 충분히 해명할 수 없을 것이다.

그런데 가산상속 내지 가산분할을 조상제사의 규제 하에 설명하려고 하면, 우선 가산법상의 여자의 지위에 대한 설명이 문제시되지 않을 수 없다. 시가[滋賀]에 의하면 가산은 제사의무의 뒷받침으로서 부친으로부터 물려받는 것이고, 여자는 이런 의무자가 아니다. 따라서 시가[滋賀](家族法, 98쪽)에 의하면 여자는 남자처럼 부친의 재산을 물려받는 자가 아니다. 여자는 가산의 담당자가 아니며, 가족단체 중에 모든 남자가 죽음으로써 "유기체로서의 생명을 잃은 가산의 이른바 잔해수취인"에 불과하다.

여자는 가산에서 일상에 필요한 생활비를 받는 것 외에 혼인할 때에는 가자(嫁資), 즉 지참재산을 분여 받지만, 중국 문헌에 나타나는 범위내에서는

---

69) 『齊家寶要』卷下 「祭禮」 "何氏曰, 古人承繼, 惟繼宗嗣, 今人承繼, 惟繼**財産**". 『大學衍義補』卷52, 明禮樂 "若夫其人旣死之後, 有來告爭承繼者, 其意非是欲承其宗, 無非利其**財産**而已". 그리고 근래(혁명전야)의 농민의 경우에 대해서는 仁井田陞, 『中國の農村家族』(1952년 8월, 176쪽 이하)참조.

70) 『韓非子』 「六反」 "且父母之於子也, 産男則相賀, 産女則殺之, …… 然男子受賀, 女子殺之者, 慮其後便, 計之長利也"(仁井田陞, 앞에서 인용한 책, 164쪽 이하).

여자몫이 남자몫에 비하여 적은 것이 사실이다. "남자는 가산을 이어받고 여자는 옷상자를 이어받는다" "남자는 가산을 물려받고 여자는 먹걸이와 숫돌을 물려받는다"는 것은 근래의 중국 법언(法諺)이기도 하다.[71] 그러나 예를 들어 당령에서 여자는 가자(嫁資)로 남자의 빙재의 반을 받으며, 가자에 토지도 포함될 수 있다는 것은 물론 설명을 필요로 하지 않는다.

또한 남송 12·13세기의 법에서는 여자몫에 대하여 비교적 큰 폭이 설정되어 있었다. 다시 말해서 남송시대의 여자몫 제도에서는 여자의 가산의 할당된 몫은 남자몫의 절반으로 한다고 되어 있다.[72] 그것은 마치 "남자는 양손으로, 여자는 한손으로 가산을 받는다"고 하는 것과 같은 것이었다. 또한 동양에서도 일본의 『양로령』[73]이나 15세기의 조선 및 베트남의 여자몫법과 함께 비교·연구해 보아야 하는 문제이다. 이 남송시대의 가산법상 여자의 지위에 대해서도 시가[滋賀]에 의하면, "여자는 남자와 나란히 지분을 가지는 가의 관점을 나타낼" 뿐이고, 그 법이 모든 가산에 대해서 "분수적 비례"를 가지고 비교적 많은 가산을 여자에게 분할하여 준다고 하여도 그것은 "본래의 법의식이라고 생각해서는" 안되고, 여자는 "분할할 때에 분수적 지분을 수장하는 것이 아니다"라고 말하는 것이다(滋賀 家族法, 97~98쪽, 補考1의 10쪽).

여자몫의 범위가 남자에 비해서 적다는 것이 바로 여자에게 가산의 지분이 없다는 의미가 아닌 것은 말할 것도 없고, 시가[滋賀]처럼 여자는 조상제사에 관여하지 않기 때문에 공유자도 아니고 남자와 나란히 분할에 관여하지 않아 잔해수취인이라고 단정 짓는 것도 있을 수 없다. 또한 12·13세기의 여자몫법이 "본래의 법의식"이 아니라고도 단정 지을 수 없으며, 단정 지을 필요도

---

71) 仁井田陞, 앞에서 인용한 책, 125쪽.
72) 在法, 父母已亡, 男女分產, 女合得男之半. 『後村先生大全集』卷193 書判. 그리고 『淸明集』「戶婚門」分析類. 자료에 대해서 상세한 것은 仁井田陞, 『中國社會의 法과 倫理』(法原理叢書 1954년 2월, 69쪽) 참조. 또한 이 책의 앞 장 제4절 참조.
73) 일본 養老令의 여자몫법에 대해서는 中田薰, 「養老戶令應分條의 硏究」(『法制史論集』제1권, 63쪽 이하) 참조. 『양로령』의 여자몫법은 당시 사회에 있어서의 여자몫 관습의 반영으로 볼 수 있는 節이 있다. 그러나 중국 11~13세기의 여자몫법(여자의 몫은 남자몫의 절반)은 그 당시 처음으로 성립된 것이라고 생각되지 않는다. 법문 자체에서는 일본, 중국 양법의 관계를 생각해볼 여지도 있지 않을까 억측하고 있다.

없다. 시가[滋賀]의 견해에는 "처음부터"라든지 "본래의" 또는 "천성"과 같이 무조건적이면서도 단편적인 취급이 발견된다. 이에 대한 나의 비평에 대해서 시가[滋賀]는 마침내 다음과 같은 설명을 하기에 이르렀다. 즉 시가[滋賀]에 의하면, 그와 같은 송대의 여자몫법은 "관습과 유리된" "상당히 자의적인 국가법률이었다"고 말한다(滋賀 補考1의 31쪽).

나로서는 이것 또한 전혀 의외의 해답이었다. 나는 여자의 지위가 어떤 시기, 어떤 경우에도 변함없었다고 말하기는 어렵다고 생각한다. 따라서 전기(前記)의 것과 같은 송대의 규정을 앞세워서까지 논리적 일관성을 위하여 억지로 밀고 나갈 필요는 없다고 생각한다. 만일 "자의적"이라고 한다면, 논자의 이론구성방식에 오히려 "자의적"인 문제가 있는 것은 아닐까. 무리한 해결 이외에는 해결방법이 없는 것도 결국, 시가[滋賀]에게는 가산승계인은 조상제사의 의무를 가진 자일 뿐이고, 그것은 남자일 뿐이라는 무리한 전제(滋賀 家族法 9쪽, 補考1의 5·10쪽)가 있기 때문이다. 여자뿐만 아니라, 가족은 자기의 기여와 역량(특히 생산면에 있어서)에 의하여 스스로 그 지위를 결정한다.

송대에 여자몫에 대하여 법률상 앞서 언급한 바와 같은 규정이 만들어졌던 것은 여자의 현실생활, 특히 생산면에서의 기여와 역량에 대하여 비교적 높은 사회적 평가가 당시까지의 사회에서 이루어져 있었던 것이 반영된 결과일 것이다. 그러한 평가의 지반조건이 없어지고 그와 같은 규정을 마련해 둔 의미가 상실되면 법률도 변하게 된다. 물론 법의 실효성을 상실한 뒤라도 법문이 변동하지 않고 구태를 남기는 경우도 있을 수 있다. 남송 시기에는 그 왕조가 근거로 한 사회지반(회하 이남의 영역)에서의 여자몫법이 반드시 단순히 구태라고 하기까지에 이르지는 않았을 것이다. 당시 그 지반에는 여전히 법률과 관습의 대응이라고 생각하더라도 좋을만한 것이 있었던 것은 아닐까 생각된다. 그 당시의 가산분할에 관한 판결에 "다른 주(郡)의 균분에 관한 예로써 이 건을 처리한다면, 두 딸과 양자는 각각 그 반을 받아야 한다"[74]라고

---

74) 以他郡均分之例處之, 二女與養子, 各合受其半. 『淸明集』「戶婚門」(권8-35)〈遺囑類〉女合承分. 자료에 대해서 상세한 것은 仁井田陞(앞에서 인용한 책), 70쪽 참조(앞 장 제4절 참조). 滋賀(『中國家族法補考』1의 21쪽)는 이 사건을 양자 측이 고소한 것이라는 전제를 세우고 설명하고 있다. 그러나 원문에서는 양자가 고소한 것인지 고소

되어 있는 것도, 한 명의 양자와 두 명의 딸 사이에 가산의 할당몫이 같다는 관습(=例)이 있는 지역이 있었음을 보여주는 것이다. 이 인용문 중의 "例"에는 그 자의(字義)로 볼 때 물론 판결의 의미인 것도 있다. 그러나 이 경우는 시가[滋賀](補考1의 24쪽)처럼 그것을 판결의 의미로 취급할 필요는 없다.

송대의 판결문 등에는 '호상향례(湖湘鄕例)'[75]라고 하여 지방관습, 즉 지방의 예를 인용례로 삼는 경우가 허다하다.[76] '향례'라고 할 때에는 군현(郡縣)보다 좁은 경우도 있지만, 반드시 언제나 좁게 해석할 필요는 없다. 시가[滋

당한 것인지 분명하지 않다. 시가[滋賀]의 견해는 이 경우에도 너무 일방적이다. 滋賀(『補考』1의 24쪽)에 의하면 재판관은 다른 군의 판결을 증거로 삼아 "당사자를 꾸짖었다"고 하는데, 이 '꾸짖다'라고 하는 것의 이해방법도 문제이다. 그리고 이 판결(예)이 결국 "국가의 법률에 귀착"된다고 하는 정도라면 굳이 다른 군의 판결(예)을 인용할 것까지 없이 재판관이 직접 국가의 법률을 가지고 재판하였으면 좋았을 것이라고 생각한다. 이에 대해서는 仁井田陞(앞에서 인용한 책, 214쪽 이하) (後記) 참조. 〈옮긴이주〉 '꾸짖다'거나 '욕하다'는 부분에 관해서는 任大熙, 「傳統中國法中關于'罵詈'相關法律規定的變遷」『中華法系國際學術硏討會文集』(中國政法大學出版社, 2007) 참조.

75) 송대의 호남지방의 관습.

76) 『淸明集』「戶婚門」(권9-39)〈庫本錢類〉背主賴庫本錢. **"湖湘鄕例**, 成貫三分, 成百四分, 極少亦不下二分, 今所收僅一分七厘半, 則饒潤亦不爲不多, 又不可謂之爲富不仁矣". 이런 종류의 자료는 송대 이전에도, 송대에도, 송대 이후에도 드물지 않다. 예를 들어 『唐大詔令集』卷110 政事 唐隆元年 7월 19일 칙서 "其逃人田宅, 不得輒容賣買, 其地在**鄕元例**租納". 또한 5대 後周 顯德 5년(戊午) 6월의 것으로 생각되는 借絹文書에 "若於限不還者, 便於**鄕例**生利"(仁井田陞, 『唐宋法律文書の硏究』, 1937년 3월, 258쪽)라고 하였는데, 그 '例'는 판결의 뜻이 아니다. 지방 관습이라는 의미이다. 송대의 것으로는 『慈溪黃氏日抄分類』卷73「申明」4 申省控辭改差亢官田所幹辦公事省箚狀에 "今後間遇水旱, 年分應有管, 官田並照民田, 一身本從實減放, 不許强抑全納, 反將**常州一郡**, **照諸郡體例**, 止納元額糙, 未不許抑令折糙"라는 것이 있다. 『雙槐歲鈔』(明 홍치의 黃瑜 自序가 있다) 卷6「糞指揮氣節」"正統十二年二月福建沙縣鄧茂七反, …… 嘗佃人**佃例**於輸租外, 餽田主以新米鷄鴨, 茂七始倡其民革之"는 조세 외에 공납을 지주에게 상납하는 관습이 있었던 것을 전호(佃戶)가 거부한 자료이다. 그 '例'는 판결이 아니다. 『明史』卷165 丁暄傳에는 그 '佃例'를 '其俗'이라고 하고 있다. 『出山草譜』(光緖 11년 序 刊)에 대해서는 仁井田陞, 『中國法制史硏究』노예농노법 제6장 제3절을 참조하기 바라는데, 거기에도 지대를 바치지 않는 전호에 대해서는 보증금과 토지를 몰수하는 것에 대해서 "欠租以札錢扣抵, 田聽收起, **鄕例**皆然"이라고 나와 있다.

賀]는 12·13세기의 자료에 나타나는 여자몫법을 예외적인 것으로 보려고 애쓰고, 거기에다가 이 '예'를 판결로 봄으로써 여자몫의 관습적 현실성과 그것을 뒷받침하는 의미에서의 여자몫법을 완전히 부정하려고 하는 것이다.[77] 그런데 여자몫에 대해서뿐만 아니라, 일반적으로 말해서 법률의 성립은 자의적으로 아무렇게나 이루어지는 것이 아니고, 거기에는 일정한 법칙이 있다.

법률은 궁극적으로는 지배자가 만드는 것이다. 사회 현실의 상태(경우에 따라서는 지배·피지배의 세력관계라고 하더라도 좋다)에 대응하여 지배자가 법률을 만든다고 하기보다 만들지 않을 수 없게 되는 것이다. 법은 역사적 사회를 장으로 하여 생성된 것이며, 국가기관이 법 생성의 통로가 되는 경우는 있어도, 관리 우두머리가 단순하게 그 법을 만들어내는 것이 아니고, 만들어낼 수도 없다. 법은 역사의 진행 가운데서 생성되는 것이다.

여자몫법이라고 하여 예외는 아니다. 이와 같이 법률이 만들어진 현실의 관계를 이해함이 없이 자기의 주장에 맞지 않는 법률이 있으면 갑자기 '본래의 법의식'이 아니라고 말하고, 나아가서는 '유리(遊離)'라든가 '자의적'이라고까지 말하여 이 현실분석을 방기(放棄)하고 현실거부의 태도를 보이는 것에는 찬성할 수 없다. 만약 '자의적인 국가의 법률'이라고 한다면, 중국의 현존 문헌의 범위 내에서 그 유례를 찾을 수 없을 정도로 여자에게 유리한 여자몫의 규정이 당시의 관리 우두머리 내지는 당시의 지배체제(이데올로기로서는 주자학을 비롯하여 이른바 송학이 융성하여, 여자와 소인, 이적(夷狄), 도적을 한 부류로 생각하였다)에서 어떻게 만들어낸 것인지를 설명할 필요가 있을 것이다.[78] 시가[滋賀]는 그의 『中國家族法論』(5쪽)에서 "역대의 입법은 설령 그 실효성이 의심스럽다고 하여도 전통적인 법원칙을 간명한 문구로 공

---

77) 『宋會要稿』刑法2 禁約 "(大觀 2년)五月十九日臣僚言, …… 伏見**福建路** …… 家產計其所有, 父母生存, **男女共議, 私相分割爲主**, 與父母均之 ……"(仁井田陞의 앞에서 인용한 책, 74·77쪽 및 앞 장 제4절 참조)는 남녀의 지위를 알 수 있는 사료인데, 이에 대한 滋賀(『補考』1의 26쪽)의 견해도 여자몫에 대한 평가를 매우 저하시키려고 하는 표현이라고 생각된다. 滋賀는 여기에서 말하는 '均之'를 균분의 의미라고 하는 나의 견해를 문제시하고 있지만, 문제가 되는 부분이 있는가. 주 74 참조.
78) 仁井田陞, 앞에서 인용한 책, 214쪽 이하(뒤에 기술).

언한 것으로서 존중해야 한다"고 하고 있는데, 이는 오히려 온당하다. 그에 반하여 송대의 여자몫법에 대한 시가[滋賀]의 이해는 지나치게 모순되는 것이 아닐까 생각한다.

제4절 '끼리끼리' 주의와 가족(3)
-특히 가산균분주의의 성립과 역사적 지속조건

나는 예전에 화북농촌조사자료를 보았을 때, 거기에 나타나는 자료의 누적에서 동족규범과 가족규범의 관계를 표현해야 하는 점에 주목하였다. 그래서 그 자료와 관련된 연구회에서 그것을 문제시한 적이 있고, 그 뒤『中國의 農村家族』에서 그 점을 어느 정도 정리하였다. 그러나 그 경우에 나로서는 반드시 중국사회 전체에 대하여 크게 통찰할 필요를 느꼈지만, 그것은 후일을 기약했다. 그 뒤『中國의 農村家族』의 재판(再版) 서문에 당면한 구상을 기술해 두었다. 이 글도 그것들에 기초를 두고 있으므로 독자는 앞서 언급한 두 문헌을 참조하기 바란다.

동족의 '끼리끼리'적 사상이 가족단체에 미치는 관계는 넓고도 깊다. 가산의 계승자는 원칙적으로 자손이었다. 실제로 자손이 없는 경우에는 입양의 절차 등으로 자손의 지위에 있는 자를 계승자로 하였다. 그리고 이성(異姓) 가운데에서는 양자를 받아들이지 않는다고 하는 이성불양(異姓不養)의 원칙이 확립되어 있었다. 다만 현실적으로는 궁핍한 농민들 사이에서는 일꾼을 필요로 하는 경우에 동성·이성 관계없이 입양하였다. 동성불혼과 이성불양 모두 철칙이었다. 또한 동족결합이 강한 경우에는, 청대 이후의 여러 자료에 의하면, 불효부제(不孝不悌)와 같은 부도덕한 행위를 가장이 벌하지 않으면 가장을 대신하여 동족적 제재가 가해졌다.

또한 부모가 자녀의 부주의를, 남편이 아내의 부주의를 방임하고 있으면 부모 혹은 남편이 동족적인 처벌을 받았다.[79] 가족내 질서는 동족적 관점에서 비판을 면할 수 없었던 것이다. 그밖에 동족내 사람이 예를 들어 천업(賤

業)이라고 여겨지는 이발업, 손톱깎이, 발의 굳은 살 문지르기 등을 경영하는 것, 또 배우가 되는 것 및 노비와 결혼하는 것 등을 금지하고, 신분이 다른 자와의 법적·윤리적 교통을 차단하여 직업 및 혼인에 대해서도 동족적 지배를 관철하고 있었다.

요컨대 가부장의 권력을 그것만으로 완결적인 힘이라고 보면 큰 실수이다. 가부장 권력이 완전히 지배하고 있었다고 생각하기 쉬운 가족내에도 동족지배가 침투하여 동족사상을 거부할 수 없었다. 족내 규율은 그 척도로 작용하여 가부장 권위를 지지하기도 하고 억압하기도 했다. 즉 족내에서는 상하의 권력복종관계와 동시에 족내의 횡적인 힘의 관계도 볼 필요가 있다. 그리고 가산분할의 경우에도 가부장의 힘은 이러한 횡적인 힘의 관계에 의해 제약받는 것이다.[80]

가부장 권력이라고 하더라도 자녀를 재산무능력자로까지 밀어내릴 수 없었다. 그뿐 아니라 가산균분주의를 움직이기는 어려웠다. 이런 여러 가지 점에 대해서는 횡적인 동족적 '끼리끼리' 사상에 의한 구속을 고려해보는 것이 필요할 것이다. 가산균분주의도 동족사상의 한 표현이기 때문에, 일반적으로 동족결합력이 부족하다고 하는 하북지대에서도 난성현(欒城縣)에서처럼 족장 지배력의 강도를 도외시할 수 없다. 이와 같이 가산균분주의에는 가의 테두리를 넘어서서 동족과 관계되는 문제가 있다.[81] 가족분열, 따라서 가산분할은 가족단체에서의 생산소비기구에 주요한 기초가 있고, 균분주의[82]를 지탱

---

79) 仁井田, 『中國の農村家族』(1954년 10월, 再版 서문 4쪽 이하) 또 같은 책 82쪽 이하, 특히 87쪽. 仁井田陞, 『中國社會の法と倫理』(法原理叢書 1954년 2월, 10쪽). 『廬江郡何氏家記』(홍무 5년)(玄覽堂叢書續集)에서도 **"族婦不孝舅姑, …… 房長諭其夫令改過, 如諭三次不改者出之, 如淫行者不在三誡限卽出之, 若夫縱容是玷家門, …… 不許入預祠祭"**. 仁井田陞, 『中國法制史研究』 가족촌락법 제1장 제1절 참조.

80) 仁井田陞, 『中國の農村家族』(앞에서 인용한 책, 86·117쪽, 再版 서문 6쪽) ; 仁井田陞, 『中國法制史研究』 가족촌락법 제1장 참조.

81) 仁井田陞(앞에서 인용한 책, 1952년 8월, 158쪽 이하).

82) 大竹秀男는 仁井田陞, 『中國の農村家族』에 대한 서평(『神戶法學雜誌』제2권 4호, 1953년 3월)[仁井田陞(앞에서 인용한 책), 재판 부록]에서 "총체적 축적의 빈곤함과 균분주의의 직접적인 관계를 더욱 구체적으로 지적하여 설명"할 것을 요망하고 있다. 나는 가산이 단순한 분할이 아니라 균분이 되는 것에 대한 주체적 조건에 대해

하는 것은 형제간의 (또는 여러 자녀들 사이의) 생존에 대한 대등한 요구이고, 동족적인 횡적인 관계, 동족사상이 그 지탱을 강화하고 있었던 것이다.

중국의 농민들 간에는 축적도 부족할 뿐더러 수탈이 축적을 방해하여, 한 사람에게는 토지, 다른 사람에게는 다른 재물(수확을 포함)이라고 하는 분할 방식을 채택할 수도 없었다. 그리고 분할이 되면 자연히 농지분할을 피할 수 없었다.[83] 또한 전제적 정치권력의 입장에서 말하면, 자기의 대립물이 되는 세력을 무너뜨리고 자기에게 유리한 소유형태를 만들 것을 도모한다. 가산균분주의는 정치권력에 좋은 기회이고, 분열의 반복은 권력측 계획의 성공이다. 그러나 분열이 분열인 채로 끝나지 않고 '끼리끼리' 결집을 향하게 되면, 권력은 그것도 자기에게 유리하게 이용하려고 한다.

권력에게 있어서 혈연적 자연적인 '끼리끼리' 결집은 사회 안정화를 위하여 불이익을 초래하지 않고, 권력은 집단의 대립 위에 안락하게 자리를 차지한다(제2절 참조). 요컨대 가산균분을 내포한 가산공산제는 정치권력에 있어서 적당한 소유형태였다. 이리하여 단독상속제(Anerbenrecht)와 같은 부류의 제도는 중국의 지배체제에서는 성립하기 어려웠고, 어느 정도 성립하였다고 하더라도 충분히 성장하지 않았다.[84]

중국에도 '조유(祖遺)'라는 말이 있으나, 가산의식은 성장하지 아니하였다. '문당호대(門當戶對)'와 같이 가의 품격에 해당하는 말도 있었지만, 그것도 제자균분(諸子均分)이 전제로 되어 있지 않았다. 재산이 많아도 자녀가 많으면 그에 대응하여 자녀가 취득하는 몫이 적어진다. 설령 양가(兩家)의 소유액

서 오래전부터 기술해 왔지만, 동족사상과의 관련성도 이번에 처음으로 구상한 것이 아니다. 화북농촌 조사관계자료를 보았던 경우에도 이전부터 주의해온 바이다. 『中國の農村家族』에서는 동족친과 가족규범−족장권위−의 부분 등(82쪽 이하, 117쪽, 131쪽 이하 등)을 참조하기 바란다. 그러나 화북은 동족결합도가 약하고, 이 문제도 크게 다룰 수 없었다. 그래서 그 부분은 『中國の農村家族』재판 서문에서 다소 보충하였다. 仁井田陞,『中國法制史研究』가족촌락법 제1장 참조.
83) 가족분열 그 자체의 여러 조건은 생산의 자족성, 소비의 자급성 여하에 관계되어 있어서 사회적인 생산소비기구의 문제이다. 이것에 대해서는 仁井田陞,『支那身分法史』(1942년 1월, 378쪽 이하) 참조.
84) 仁井田陞,『中國の農村家族』(앞에서 인용한 책, 106쪽 이하).

이 같아도 자녀의 수가 같지 않으면 '문당호대', 즉 대등한 가의 품격이 되지는 않는다. 가의 품격은 항상 균분주의의 위협을 받아 동요되어 왔다. 결국 이 점에서 볼 때 중국사회에는 일본사회의 본가·분가적인 Hierarchie가 성립되기 어렵게 되어 있었다. 따라서 중국의 가족법에 대하여 단독상속제 (Anerbenrecht)적인 견해를 갖고 있는 와그너나 에스카라의 견해에는 중대한 실수가 있다.[85] 그러나 나는 또한 시가[滋賀]와 같은 초월적, 관념적 방법·태도에 따라 가산분할을 설명하려고 생각하지는 않는다(전절 참조).

가산분할의 경우에, 가산은 동일세대의 남자들간에는 균분이 원칙이다. 즉 형제나 종형제나 재종형제(이하 같음)간에는 세대마다 균분주의가 관철한다. 중국에서는 "婦受夫業"과 함께 "子受父業"이라든지 "子承父分"이라고 하는 대위(代位)의 원칙이 행하여졌다(당령 기타). 그것은 가산분할의 경우에 자녀가 망부를 대신하여 망부의 세대와 나란히 부친이 받아야 할 몫을 받는 제도이다. 이 대위의 원칙도 세대주의 = 동족적 '끼리끼리' 주의와 모순되지 않는다(〈표 2〉 참조).

그런데 부친 세대에 속하는 자가 없는 경우에는 자녀 세대간에 가산을 균분한다. 따라서 부친과 백·숙부와 각각의 자녀의 수에 차이가 있을 때에 자녀의 몫이 부친을 대위하여 받는 경우와 동률동액이라고 정해져 있는 것은 아니다(〈표 3〉 참조). 그 경우에 자녀가 부친의 직업 또는 부친의 몫을 받는다고는 할 수 없다. 자는 부친의 인격의 연장이라든가 인격을 이어받는다고 하는 것(滋賀의 설, 다음 절 참조)으로는 세대마다의 균분주의를 설명할 수 없다(〈표 3〉 참조). 또한 고인(故人)을 제사하는 자격과 의무가 있는 자(滋賀, 위와 같음) 이외에까지 고인의 몫의 일부가 주어졌다. 부친 세대에 속하는 자녀의 수에 따라 가산이 나누어지게 된다고 하는 것은 당령을 비롯하여 역대의 가산법상 성립되어 있지 않았다(다만 동일세대간의 균분에 대한 생각과 함께 株分의 사례가 없었던 것은 아니다).[86]

---

85) 와그너나 에스카라에 대한 비평에 관해서는 仁井田陞(앞에서 인용한 책, 153쪽 이하) 참조.

86) 『安陽楊氏族譜』(중화민국 3년 중수). 仁井田陞, 『支那身分法史』(470쪽)는 株分. 『孝弟錄』卷下, 友悌 "蕭與成弟與潔, 官至光祿卿, 甚相友年五十猶同爨, …… 擧其業均

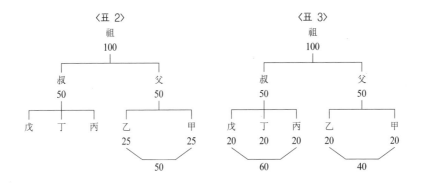

〈표 2〉; 부친이 죽고 숙부와 가산 100을 분할하는 경우에, 갑과 을 두 사람이 공동으로 부친을 대위하여 받는 몫은 숙부와 같은 액수인 50이다. 그것을 갑과 을의 각 사람이 다시 나누면 25씩 된다. —동일세대에서는 균분.

〈표 3〉; 부친, 숙부가 모두 죽으면 갑, 을, 병, 정, 무 5명이 가산 100을 균분하여 20씩 가진다. —동일세대에서는 균분— 부친, 숙부의 몫 50이 각각의 그루(株)가 되어 변동 없이 그대로 각각의 자녀에게 물려지는 것은 아니다. 자녀 세대의 몫은 부친이나 숙부와 각각의 자와의 유대에 관계없이 사녀 세대의 사람 수로 나눈다. (1)의 경우 갑과 을은 각각 25, 이에 대해서 (2)의 경우는 각각 20밖에 가질 수 없다. 병, 정, 무의 취득분도 (1)과 (2)에서는 차이가 있다. 시가[滋賀]의 소위 "자는 부친의 인격의 연장"이 이루어지고 있지 않다.

그런데 구체적으로 분할하는 자리에서는 재산을 분할수로 나누고, 그것을 제비뽑기로 받는 일이 행해졌다. 조상제사를 위한 사당도 적자가 받는다고 정해져 있지는 않다. 특히 12 내지 13세기 남송시대의 법률에서는 여자가 남자의 반분의 몫을 받고, 제비뽑기의 결과는 여자도 사당을 받을 수 있는 것으로 되어 있었다.[87] 근래의 화북농촌조사에 의하면 조상의 위패나 가보(家譜)를

與之, 弟曰**兄之子凡六**, 而**己子止二**, 不欲使二人均六人之業, …… 六讓弗決, 請於母, **母命**以十之四與光祿" "耕按, …… 子無輕重則兄弟均產可也, 子之子亦無輕重則**諸孫均產亦可也**"는 諸孫均分의 사고방식의 일례.

87) 『戒子通錄』(四庫全書珍本初集). 자료원문은 仁井田陞, 『中國社會の法と倫理』(앞에서 인용한 책, 71쪽). 『戒子通錄』(『四庫全書』珍本初集에 수록)은 남송 劉淸之의 편집에 의한다.

장자에게 물려주는 일도 있지만, 제비뽑기의 결과에서는 여러 사람 가운데 누구의 손에 넘어가게 되는지 알 수 없다.[88] 균분주의, 특히 제비뽑기는 기원전부터 행하여지고 있었기에, 이것과 같은 종류의 문제는 상당히 오래전부터 발생하였을 것이다. 균분은 철저한 균분으로, 한 알의 곡물조차도 나누지 않고 감추어 두는 것은 허용되지 않은 경우가 많다. 하나의 우물이나 한 마리의 역축(役畜)과 같이 나눌 수 없는 것은 공유로 한다. 다만 지방에 따라서는 조상제사의 경비를 장자에게 부담시키는 경우에 다소의 할증을 장자에게 배당하는 일도 있다.[89]

　그렇지만 이러한 이분(異分)의 이유는 단순히 제사에만 기인하는 것은 아닐 것이다. 그리고 북방민족이 지배한 시대의 법률에서는 이분주의(異分主義)를 채용하여 적서 및 혼외자에 따라 분배율을 달리하였다.[90] 남송시대의 법 -아마 소흥령(紹興令)-에서도 중의(衆議)에 따라 동분지인(同分之人, 예컨대 형제) 중에 누군가에게 가산을 많이 나누어주려고 할 때에는 거기에 따르는 것이 허용되어 있다.[91] 그것은 여자몫과 함께 남송시대에 있어서의 사회의 살아있는 관습의 반영을 볼 수 있는 것이다. 즉 이 남송의 법은 균분주의를 원칙으로 하면서, 현실의 이분주의가 관습과의 관계에서 조화를 이룰 수 있도록 한 것 같다. 나는 예전에 송대에 있어서의 이분주의의 가산분할문서를 예시한 적이 있었다.[92]

---

88) 仁井田陞, 『中國の農村家族』 초판, 재판 137쪽.

89) 『民商事習慣調査報告錄』에서도 호북, 안휘, 절강, 복건, 협서 및 산서 등 각지에 있어서의 장자몫, 장손몫의 관습을 들고 있다. 仁井田陞, 『中國の農村家族』(1952년 8월, 153·160쪽). 펄벅의 『대지』에서 王龍의 유산을 분할하는 데에 장자에게만은 다른 두 아들의 배액이 되었다. 仁井田陞(앞에서 인용한 책, 110쪽). 명대의 예로는 『大學衍義補』卷52 明禮樂에 장자에게 주는 제수의 예가 있다(『支那身分法史』, 1942년 1월, 461쪽). 費孝通, 『江村經濟』 Hsiao-Tung Fei, Peasant Life in China, 1939, p.66(市木亮譯本, 87쪽) ; 仁井田陞, 『中國の農村家族』(앞에서 인용한 책, 160쪽).

90) 仁井田陞, 『支那身分法史』(앞에서 인용한 책, 467쪽).

91) 『梅溪先生後集』卷25 「劄」. 또 『宋王文忠公文集』卷22 「劄」, 定奪梁謙理分 "按令, 諸分財産, 而衆議願多與同分之人者聽"은 紹興令의 養子法 "按紹興令, 諸爲人後, 而還本生者聽, 注謂自欲還, 或所養父母遺還者"와 함께 紹興令의 戶令일 것이다.

명대의 그것에 대해서는 『士民便用家禮簡儀』(明 萬曆 丁未 간)에 실려 있다. 이 책[93]이 복건포정사사(福建布政使司) 발간, 복건 징읍(澄邑)의 서사인행(書肆印行)인 관계로 보아, 이 분할문서도 복건의 것이 아닐까 생각한다. 그 내용은 적처의 내조의 공을 이유로 적자에게 분배액의 할증을 행하고, 그 할증분을 제외한 다른 재산은 모두 균분한다는 것이다.

그런데 이분주의라고 하더라도 일본의 본가 분가를 성립시킬 정도의 큰 액수는 아니라는 것을 전절에서 언급한 바 있다. 또한 양로전(養老田)이라고 하여, 분할에서 부모가 가산을 대폭으로 또는 어느 정도 분할하지 않고 자기 몫

---

92) 仁井田陞, 『唐宋法律文書の硏究』(1937년 3월, 1003쪽 이하).

93) 『士民便用家禮簡儀(尊經閣文庫藏)』는 처음으로 소개하는 귀중본이다. 표지에 "福建左布政使司范爺發刊"이라고 되어 있고, 刊記에 "丁未新春之吉澄邑陳我含梓"라고 되어 있다. 丁未는 萬曆 35년 丁未(1607)이다. 仁井田陞, 『中國法制史硏究』제2책의 彙選海內名家翰墨纂 가운데 균분주의에 의한 가산분할문서, 買妾文書, 買養男女文書, 고용문서, 토지매매문서 등도 수록되어 있다. 여기에는 異分主義를 나타낸 가산분할문서의 한 구절 "嫡妻正室, 內助成家, 合於未分產業內, 抽出地若干, 以優嫡子, 餘逡均分"만을 인용한다. 家禮簡儀에 대해서는 仁井田陞, 「元明時代の寸の規約と小作證書など」(『東京大學東洋文化硏究所紀要』第8책 근일 발간)을 참조하기 바란다. 명칭이 仁井田陞, 『中國法制史硏究』와 비슷하고 출판연도도 같은 무렵의 것으로 『士民便用家禮易簡』(福建布政司左布政范頒行)이 있다. 이것에는 계약형식은 들어있지 않다. 그러나 그 立繼條에 "或問長兄無子, 取弟之子爲繼, 必以長乎, 抑以少乎, 曰, **以長繼長**爲是, 蓋在尊正体也, 若立弟少子爲後, 可**承重**於祖否, 日雖失以長繼長之義, 然旣是長兄生前所願立者, **承重**之事顧可易乎"라고 되어 있고, 長으로 長을 잇는 원칙을 보여주는 자료도 수록되어 있다. 長門(형)에게 아들이 없을 때는 次門(동생)의 장남을 양자로 하고, 차문에 아들이 없을 때는 장문의 차남을 양자로 하는 것이 『交河朱氏族譜』등에서도 발견된다. 承重은 『齊家寶要』卷下 喪禮 등에 의하면 상복제도에 관한 것임에 틀림없지만, 그것은 喪祭 등의 중임을 받는 것이다. 후세의 문헌으로는 『淸律輯注』「立嫡子違法律」"嫡子有故, 已有子者, 以嫡長孫**承重**, 不得立次嫡子與庶出子也" 등 참조. 『家禮簡儀』, 『家禮易簡』에 대해서는 仁井田陞, 『中國法制史硏究』가족촌락법 제13장 참조. 『朱子語類』卷90 禮七祭에서는 적손이 제사를 맡는다. 마찬가지로 손자라도 "主祭之嫡孫"과 "餘子孫與祭"의 구별이 있었다. 吳任臣이나 萬斯大 등 연구상 참고해야 할 설이 많다. 승중은 喪祭에 관계가 있다. 그것에 대해서는 이미 『臺灣私法』제2권 하(1911년 8월, 특히 510쪽 이하)에 서술되어 있다. 그것은 동족의 家約, 예를 들어 『桐陂趙氏宗譜』등에서도 엿볼 수 있다. 후세의 승중에 대해서도 상제를 도외시해서는 안된다.

으로 유보하여 그 몫을 자기의 장례비로 돌리고, 잔액이 있으면 여러 자녀에게 재분하는 일도 행하여졌다.

이상과 같이 중국에서는 장자(長子) 내지 일자상속제(一子相續制)가 가산에 대하여는 행해지지 않고, 이분주의라고 하더라도 본가분가적인 것을 만들어 낼 정도는 아니었다. 그러나 그러한 중국에서도 조상제사를 위한 가족내의 사당(가묘)은 분할되지 않고 누군가 한 사람에게 승계된다. 동족집단인 종족의 수장(족장)에는 족내의 최고세대의 최고연령자가 되는 일이 많았다고 하더라도, 제사주재자인 종자(宗子)의 지위는 적계를 따라 승계된다. 가(家)는 종(宗)과 같은 뜻으로 사용되어 일문일족(一門一族)을 가(家)라고 하고, 문벌·신분을 나타내는 데에 가(家)라고 하는 일도 있다.

그리고 신분(封邑 같은 것)은 적계에 의한 일자상전(一子相傳)이고, 거기에는 계속 이어지는 가(家)가 나타난다. 신분적 재산상속(封邑 같은 것)에도 분할주의가 행하여지는 일이 있었지만, 그 경우에도 균분주의에 따르지 않고, 일반가산의 승계와 제도상 차이가 있었다.[94] '가전(家傳)', '가업(家業, 家緒)', '가학(家學)'에 있어서도 계속 이어지는 가의 성격이 있다. 따라서 가산분할주의가 반드시 관철되지 않는 경우가 있고, 또한 가산분할주의가 행하여졌다고 해서 가의 계속사상(繼續思想)이 전혀 없었다고 생각해서는 안된다.

그런데 이상과 같이 해서 극단적으로 재산이 분할되고 세포분열적으로 분열하는 결과, 균분주의는 빈곤화를 초래하는 원인 가운데 하나가 된다(물론 균분주의에는 생산력의 저하 및 수탈의 강화 등 여러 요인이 있지만). 균분주의에 의한 세분화는 빈곤화를 초래하고, 빈곤화는 다시 균분주의를 낳는 하나의 요인이 된다. 이러한 악순환은 그치지 않는다. 그러나 지배권력은 이것을 직접 자기의 손으로 구제하려고 하지 않는다. 가능한 한 동거공재(同居共財, 同財) 특히 부모생전의 동거공재 등을 장려함으로써 다소나마 생활의 합리화를 도모하는 정도이다.

그러나 현실사회에서는 부모의 사후에, 그리고 부모의 생전에도 분할이 종

---

94) 仁井田陞, 『支那身分法史』(앞에서 인용한 책, 490쪽 이하) ; 仁井田陞, 『中國法制史』 (岩波全書, 1952년 6월, 24쪽 이하).

종 행하여져 동거공재 관계는 소단위로 붕괴되었다. 여기에서 동거공재라고는 하더라도 모두 몇 대나 걸친 큰 규모의 동거공재[累世同居共財]에만 국한되지 않는다. 부부 2인, 부자 2인 또는 형제 2인 간에서도 동거공재가 성립된다. 그리고 이러한 작은 규모에서도 조건과 형편에 따라서 언젠가는 다시 큰 규모가 될 가능성을 갖고 있다. 또한 형식적·외형적인 견해에 따라 대가족·소가족을 결정할 수는 없다. 특히 식구수의 다소로 그것을 결정할 수는 없다. 가령 5인 가족이라도 부모와 동거하면서 한 명의 아들이 아내를 데리고 있고, 더욱이 거기에 자녀가 있는 경우에는 식구수가 아무리 적어도 대가족이다. 식구수로만 본 소형가족을 근대시민사회의 소가족과 같이 보는 것은 잘못된 것이고, 그 점에서 오르거 랭 등의 가족형 분석은 오류이다.[95]

특히 종래에 있었던 대가족이 근래에 갑자기 분열하여 이른바 소가족이 되었다고 하는 학설[96]은, 그 자체가 비역사적인 오해일 뿐만 아니라 근래의 혁명의 평가를 그르친다는 의미에서 크게 경계하지 않으면 안된다.[97] 예를 들어 맹자의 정전(井田) 학설에 보이는 농가에서도 토지분급 단위로서의 가의 식구수가 9식구, 7식구, 5식구인 것은, 구와바라[桑原]를 위시하여 많은 역사가들이 이미 인정한 바이다. 기원전 수세기 전의 중국사회에서도 촌락의 자급자족체제가 이미 무너져 있었다는 것은 윗트 포겔도 몇 해 전에 말한 그대로이고, 소형가족이 성립하는 지반조건은 생산소비기구의 변화 속에 오래전부터 조성되어 있었다.[98]

농민이 빈곤하면 할수록 농업경영 및 소비생활의 극단적인 합리화의 요청이 크게 생겨난다. 여기에 가족노동력의 규율을 중심으로 가부장 권력이 특히 강력하게 작용한다.[99] 그 때문에 농촌에서는 혼인의 자유가 없다. 며느리

---

95) O. Lang, Chinise Family and Society, 1946(小川修 譯, 『中國の家族と社會』Ⅰ). 이 역서의 仁井田陞 서문 참조.
96) 전쟁 전 또는 전쟁 중에 중국을 방문한 일본인에 의해 종종 기술되었다.
97) 仁井田陞, 『中國の農村家族』(앞에서 인용한 책, 97쪽 이하·151쪽).
98) K. A. Wittfogel, Wirtschaft u. Gesellschaft Chinas, 1931(平野義太郎, 監譯本 하권, 109쪽 이하) ; 仁井田陞, 앞에서 인용한 책, 100쪽 ; 仁井田陞, 『支那身分法史』(앞에서 인용한 책, 378쪽 이하).

나 사위도 양자도, 아니 처나 자녀도 모두 각각 가족노동력의 분담자이다. 농촌에서 좋아하는 여자란 일을 잘하는 여자이고, 또한 장래 집안의 기둥인 아들을 낳는 여자이다. 부모는 이러한 여자를 찾아내서 아들에게 맞춰준다. 그 극단적인 예가 민며느리이다.[100] 거기에 아들의 자유결혼은 인정되지 않는다. 절망적인 빈곤자는 처를 맞이할 자력이 없기 때문에, 이런 의미에서도 혼인은 자유롭지 않다. 필연적으로 타인의 처를 질물로 잡고, 임차하여서, 자녀를 얻어야 하는 것이 된다.[101]

처의 입질(入質)은 논밭의 입질과 같다. 이번 중국혁명의 경우에 해방이 늦어진 복건지방에서는 토지개혁 때나 그 뒤까지도 전처(典妻, 質妻)가 행하여져 그 금지령이 내려졌다.[102] 얼핏 보기에 아들에 대한 권력을 둘러싼 '고대적' 양상으로까지 생각되는 것은 이처럼 근래의 중국에 이르기까지 존속하였다. 토지개혁은 여자에게 혼인의 자유를 가져다주었을 뿐만 아니라 종래의 절망적 빈곤자인 남자에게도 처를 맞이할 수 있는 자유를 주게 되었다.[103]

이상과 같이 가부장 권위와 가내 노비적 관계의 극한에만 관점을 고정시키면, 가족의 주체적인 상승에 대한 저지조건만 문제시하고 있는 것처럼 보일 우려가 있다. 가부장과 가족간의 힘의 대립, 그것을 근저에 둔 법의 변동요인을 도외시하고 있는 것 같다. 그러나 나는 발전으로 향하는 적극조건을 보는 것을 거부하지 않는다. 다만 사회의 지반이 변동하고 있었을 것임에도 불구하고 가내노비적인 것을 재생산해가는 점(가가 지닌 노동력 통제·결집기구)에 중요한 문제가 있었다는 것을 잊어서는 안될 것이다. 특히 가산에 있어서의 자녀의 지위는 법률상으로도 현실생활의 장에서도 대부분 몰주체적인 것

---

99) 仁井田陞, 『中國の農村家族』(앞에서 인용한 책, 166쪽 이하).

100) 민며느리는 장래 남자아이의 처가 되기 위해 매입된 소녀. 어린 여자아이라면 가격도 낮고, 어른이 되기 전부터 매수인은 그에게 가내노동을 시킨다. 仁井田陞(앞에서 인용한 책, 33쪽 이하·39쪽·170쪽 이하·175쪽·185쪽 이하·200쪽).

101) 仁井田陞(앞에서 인용한 책, 194쪽 이하) ; 仁井田陞, 『中國法制史研究』거래법(1960년 3월) 제3장 제7.

102) 『中國經濟年報』제2집(1953년 6월, 157쪽). 新島淳良의 執筆部分.

103) 仁井田陞, 「婚姻法」(『季刊 法律學』제17호 특집 「新中國の法律制度」, 1954년 1월, 40쪽 이하, 특히 48쪽 이하).

으로 취급되지 않고, 그 대단한 가부장 권력도 자녀를 재산무능력자로까지 끌어내리지는 않았던 점을 분명히 할 수 있다. 더구나 시대가 내려갈수록 제정법상으로도 자녀의 가산법상의 지위의 상승이 인정되고, 부모생전의 가산의 금지도 다소나마 완화되어 그만큼 가부장 권위(유교적인 혹은 전통적인 자연률)가 변동되어 갔다.[104]

관습상으로는 뉘앙스가 있어 일률적으로 받아들일 수 없지만, 가부장 권력과 자녀의 가산법상의 지위, 특히 가산처분의 경우의 '부자합구상의(父子合口商議)' 등에 대해서는 충분히 자녀의 지위를 평가하는 것이 필요하다(다음 절 참조). 大竹秀南가 말한 것처럼 仁井田, 『中國의 農村家族』에는 가부장 권위의 사실적 지배의 강도, 극한적인 경우의 일이 비교적 잘 나타나있다. 그러나 그렇지 않은 경우에는 무엇인가 문제가 있다.[105] 하따다다까시[旗田巍]도 가부장 권위와 가족의 지위(특히 가산제)에 관련된 이 책의 기술내용이 이원적이라는 점을 지적하고 있다.[106] 그러나 나도 다음과 같이 서술하였다.

"이렇게 하여 자와 처도 가족노동의 요원이고, 생산수단이며, 또한 처는 생산수단을 만들어내는 도구로 생각되는 일면이 강하지만, 물론 이러한 가족관계 속에 있으면서 가부장이 단순히 권력적이든지, 가족이 단순히 가부장을 위한 수단·도구 그 자체이고 그 이외의 의미가 없다는 것은 아니다. 특히 가족생활에 있어서 의무를 완수하는 역할과 가족공동체에 대한 기여를 보아도, 자나 처가 언제까지 같은 지위에 머물 것이라고 한다면, 그것은 문제이다. 가족은 각각의 역할과 기여에 따라 남편들 스스로 그 지위를 획득하는 것이고, 가족생활의 기둥으로서 성장해가는 남자, 열쇠를 맡아 가지고 있는 주부, 자녀를 가진 처나 첩(모가 된 자), 특히 과부 – 다 같이 아들이라 하고 딸이라 하여도 같이 논할 수는 없는 것이다."[107]

---

104) 仁井田陞, 『中國社會의 法と倫理』(앞에서 인용한 책, 31쪽 이하·37쪽 이하) ; 仁井田陞, 『中國法制史研究』 가족촌락법 제2장 제3, 4절.

105) 大竹秀男(앞에서 인용한 책).

106) 旗田巍에 의한 仁井田陞, 『中國の農村家族』의 서평(『法制史研究』4호, 1954년 7월, 267·268쪽).

107) 仁井田陞, 『中國の農村家族』(앞에서 인용한 책, 203쪽).

이와 같이 나도 역시 권력의 극한 이외에 관점을 두지 않았던 것은 아니다. 그러나 그 방면의 서술이 가산제의 경우를 제외하고는 대체로 불충분하였다는 점은 인정해야 한다. 다만 내가 가부장 권위와 관련해서 겨냥한 것에는 두 가지 측면이 있다. 즉 (1)은 가를 가족노동력의 통제기구로 하는 점, 즉 노동력 결집의 측면과, (2)는 가족의 생산재생산의 기초로서의 가산제 측면이 그것이다. 그리고 가부장이 이 두 가지 측면에서 각각 동등한 정도의 통솔력 또는 지배력을 보일 필요가 있었는지, 또 보였는지가 문제이다.[108] 만약 이것을 같은 힘의 정도의 것으로 받아들인다면 그것은 권위의 외형적 · 형식적 파악이고, 그 받아들이는 방식에 오히려 무리가 없는지의 의문이 있다. 또한 우찌다도모오[內田智雄]의 고평(高評)[109]에도 이와 관련된 문제를 포함하고 있다. 이 점은 여러 평론가들에 대하여 거듭 교시(教示)를 부탁하는 바이다. 우찌다도모오[內田智雄]의 고견에 대해서는 다음 절에서 기술한다.

제5절 '지배적' 단체의 소유관계 - 부자공유제

중국사회에는 횡적인 '끼리끼리' 주의와 서로 제약관계에 서는 것으로 상하의 수직적 지배가 행하여져 왔다. 부자관계가 그 전형적인 것이다. 이 절에서는 이에 대하여 형제와 같은 '끼리끼리' 단체와 구별하여 지배적 단체(herrschaftlicher Verband)와 그 소유관계를 다룬다. 그것을 다룰 때에 피지배자는 어느 정도의 종속성을 갖고 있었는지, 또한 지배의 한계, 지배 · 피지배관계에서의 힘의 균형을 국가법에서 혹은 현실관계에서 어떤 점에서 취하고 있었는지를 문제 삼아야 한다. 우찌다도모오[內田智雄]는 仁井田, 『中國法制史』(岩波全書)를 비평소개하면서, 가장도 가산균분주의에 구속된다고 하면 "저자의 '동양적 권위주의'의 가장 중요한 일각은 적어도 자료상으로는 와해

---

108) 仁井田陞(앞에서 인용한 책, 122쪽). 이 두 가지 면에 작용하는 함의 차이는 그대로 차이로 받아들여져야 한다.
109) 內田智雄에 의한 仁井田陞, 『中國法制史』의 서평.

되는 것이 아닐까"라고 말하고 있다.

그러나 또한 "저자의 가족과 동족에 대한 개념적 파악과 이해, 환언하면 너무나 지나친 추상화가 있는 것은 아닐까"라고도 비평하고 있다.[110] 그러나 나는 가부장 권위를 조건적으로 보고 있는 것이지, 결코 그것을 단순히 추상화하거나 또는 무조건화하고 있는 것이 아님을 특별히 말해두고 싶다(앞의 절 말미의 기술 참조). 권위주의의 문제에 대해서도 마찬가지이다.

내가 『중국법제사(中國法制史)』에서 현실의 힘관계와 그에 따라 변동되어 가는 법관계를 고려하지 않았다고 한다면 노비제에서 농노제로의 발전을 문제 삼을 이유도 없고, 가의 분열이나 가부장에 대한 가산균분주의의 구속을 설명할 리도 없다. 내가 가부장제 아래의 단체적 소유를 설명하는 경우에 가족을 몰주체적으로 취급하지 않는 것도 가부장 권위를 단순히 추상화하고 있지 않다는 하나의 증명이다. 또한 내가 가부장의 생전에 행해지는 가산분할의 빈도, 10세기경부터의 가족의 고유재산私財의 증가경향을 설명한 것도 가족공동체의 완화나 가부장의 권력지배의 약화에 착안한 것이다. 가부장 권위라고 해서 로마의 어느 시기의 것만을 상상할 필요는 없고, 로마의 그것도 역사적으로도 변천이 있었다.[111]

자녀는 가부장 지배 아래에 있었다고는 하더라도 완전히 무권리인 단순한 종속자(노비)는 아니었다. 가족이 설령 노비적이어도(민며느리나 첩 가운데에 노비도 있었지만) 노비 그 자체는 아니었다(나는 『中國法制史』와 『中國의

---

110) 內田智雄에 의한 仁井田陞, 『中國法制史』(岩波全書)의 서평(『法制史硏究』4호, 1954년 7월, 260쪽 이하). 또 『同志社法學』17호. 內田를 위시해서 同志社大學의 여러 교수로부터 『中國法制史』에 대하여 공동비평을 받았다. 감사해 마지않는 바이다. 그것에 의하면 중국의 사회나 역사나 법에 대한 견해에 있어서 여러 교수와 나와의 사이에는 차이가 있다. 내가 『中國法制史』에서 무엇을 겨냥하고 있는지에 대하여 조금 더 이해를 받을 수 있도록 대답해야 한다고 느끼고 있다.

111) 仁井田陞, 『中國法制史』(岩波全書, 1952년 6월)를 출판한 뒤에 저자가 권위주의를 어떻게 다루고 있는지에 관하여서는 仁井田陞, 「中國の家父長權力の構造」(『中國社會の法と倫理』法原理叢書, 1954년 2월). 여기에는 로마와 중국의 가부장 권위의 비교가 실려 있다. 仁井田陞, 『中國の農村家族』(1954년 10월, 재판 서문) 등 참조. 소위 추상과 반대인 취급에 대해서는 『中國法制史』, 237쪽 이하. 이 책 仁井田陞, 『中國法制史硏究』(가족법) 제1장, 특히 제2장 참조.

農村家族』에서도 그러한 의미의 글을 썼으며, 가족을 단순히 노비로 보고 있지는 아니하다). 가족의 가산에 대한 향유자의 자격은 법적으로도 사회적으로도 승인되어 있었다. 다시 말해서 가산에 대해서는 부자사이에도 소유권의 경합(하나의 단체적 소유)이 이루어졌다. 물론 형제간에는 가산공유관계가 성립되어 있었다.

그것은 동배자간의 '끼리끼리' 단체적 공유관계이고, 합수적 공유(合手的 共有)라고 한다. 이것과 대응하여 부자사이와 같은 지배적 단체에서도 지배종속관계에 있으면서 하나의 공유관계가 성립되어 있었다. 가산은 국가법상으로도, 부의 단독소유가 아니라면 부의 사망으로 자가 비로소 그것을 상속하는 것도 아니었다. 부의 사망으로 부자사이의 소유권 경합관계가 해소되고, 가산을 관리해야 하는 자의 지위가 자녀에게 승계되었다. 그러나 그것은 고유한 의미에서의 재산상속과 다르다. 중국사회의 현실규율로 보았을 때, 가산분할과 상속간에 명확한 구분을 짓기 어려운 경우는 있지만,112) 어쨌든 단체적 소유관계를 고려하지 않는 상속론은 심히 문제이다.

가족이 가산을 공유하는 것을 '공재(共財)', '공찬(共爨)', '동재(同財)', '동찬(同爨)' 등이라고 하였다. 찬(爨)은 아궁이를 말하는 것으로, 인도, 게르만이나 슬라브(그 짜아도르가)에 있어서와 마찬가지로 중국의 가족공산은 불과 연기를 함께 하는 것이며, 불과 연기가 공산의 심볼로 되어 있었음을 나타내고 있다.113) 그 공산의 관리권을 갖고 있는 자, 즉 가산을 총섭(總攝, 통제라고도 함)하는 자는 존장=가장이고, 부친이든 형이든 가장인 자였다. 존장이란 단순히 조부모·부모만을 가리키는 것은 아니지만[不單指組父母父母], 일가의 수장이고, 가산의 관리자였다. 자손제질(子孫弟姪)과 같은 가족에게 있어서 가산은 '공공의 물건'이자 '자기의 소유'이므로[명대나 청대의 율의 주석서에서는 이를 '동거는 공동재산, 재산은 공공의 물건'이라든지 '공물(公物)'이라고 하고 "동거공재(同居共財), 어느 것이든 자기의 소유가 아니겠는가"라고 한다.114) 자기의 소유라는 점은 부친에게든 자녀에게든, 형에게든

---

112) 仁井田陞, 『支那身分法史』(1942년 1월, 488쪽 이하).
113) 中田薫, 「唐宋時代の家族共產制」(『法制史論集』제3권, 1310쪽 이하).

아우에게든, 남자에게든 여자에게든 마찬가지이다, 이를 임의로 소비·처분하거나 가산의 부담이 되는 계약을 가장의 동의를 얻지 않고 타인과 체결하는 것만은 허용되지 않았다.

그러나 가장도 그가 방계친일 때는 가산의 임의처분권을 가지고 있지 않았다. 그는 그 처분에 관하여 가족과의 합의를 필요로 하였다. 다만 가장이 가족공동의 조상인 부조(父祖)인 경우에는 일률적으로 말할 수 없다. 당률이나 명청률 등 구율을 전제로 하여 말한다면, 가산은 가족공동생활의 목적을 위해 사용되는 것은 물론이고, 가장 한 사람의 전유재산이 아니고 가족공산 '공공의 물건'(그것은 단체적 소유를 나타내는 말이다) '동재' '동찬'이어서, 그것은 가장이 부친이든 조부든 몇 사람이든 묻지 않는 것으로 되어 있었다. 그러나 그러면서도 "직계존속은 자손에 대하여 절대적인 교령권을 가지고 있기에 그의 공동재산관리권은 저절로 이 교령권과 혼동되어 양자의 구별은 분명

---

114) ①『大明律集說附例』卷3「戶律」, 戶役(卑幼私擅用財) "凡**同居則共財**, 其財雖爲**公共之物**, 但卑幼得用之, 不得而自擅也, **尊長得掌之**, **不得而自私也**, 若同居卑幼, 不由**當家尊長**之命, 而私擅用**本家財物者**, 計貫定罪" 卷6 刑律, 賊盜(親屬相盜) "此卑幼謂同居之弟姪子孫, 凡倫序之卑于**家長**者皆是, 旣與**同居**則亦**同財**, **其所盜財物**, **在卑幼亦應有分者**, 故止加私擅罪科之". ②『大明律附解』,『大明律解附例』,『大明律集解附例』(모두 明 萬曆 刊) 卷4「戶律」戶役(卑幼私專用財) "蓋同居則共財矣, 財雖爲**公共之物**, 但卑幼得用之, 不得而自擅也". "公共"은 넓게 단체적 소유(합유, 총유 포함)를 나타낸 용어로 사용되고 있다. ③『讀律瑣言』(明嘉靖重刊本) 卷4「戶律」〈戶役〉(卑幼私擅用財) "瑣言曰, 同居共財, 孰非己有, 但總攝於尊長, 卑幼不得而自專也" 卷18 刑律賊盜(親屬相盜) "瑣言曰, 若同居共財卑幼, 相引他人, 盜己家財物, 卑幼亦應有財物者, 但不應將引他人盜之耳, 故依私擅用財加二等". ④『大淸律例硃註廣彙全書』(康熙 9년 12월 疏, 康熙 45년 刊) =『大淸律集解附例』卷4「戶律」濠役(卑幼私擅用財) "此尊長, **不單指祖父母父母**, 凡一家之長皆是, 不曰盜而曰私擅用, 但責其不稟命也" 가장의 명을 받지 않은 것만이 문제된다. ⑤『大淸律輯註』(乾隆22년 刊, 康熙 54년 2월 沈之奇序) 卷4「戶律」戶役(卑幼擅用財) 上段註 "**家政統于尊長, 家財則係公物**, 故尊長不均平, 與卑幼私擅用之罪相同, 不少加減也". ⑥『戶部則例』(同治 13년 校刻) 卷10 田賦 "子孫將**公共**祖墳山地朦混投獻王府官豪勢要之家"는 "公共"이 단체적 소유를 나타내는 용례의 하나로서 참고가 된다. ⑦ 그밖에『大明律法全書』,『大明律例註釋祥刑水鑑』,『大明律刑書據會』등은 仁井田陞,『支那身分法史』(앞에서 인용한 책, 440·445쪽). 여기에서 말하는 尊長卑幼를 傍系親으로 한정하고 부자를 제외하는 것이라면, 그것은 무분별한 단정이다. 또한 주 120 참조.

하지 않을 것이므로, 그가 자기 뜻대로 공산을 처분하는 일이 있어도 자손은 그에 대하여 하등의 이의를 제기할 수 없는"(中田) 관계에 놓여 있었다.[115]

이것은 율(律)을 전제로 한 것인데, 국가의 제정법상 부자의 지배·피지배 관계는 이러한 점에서 힘의 균형을 보여주었던 것이 틀림없다. 그러나 현실 사회에서의 부자사이에 힘의 균형을 잡는 방법에는 이러한 국가의 제정법의 내용과 일치하는 것도 많았지만, 반드시 일률적인 것은 아니었다. 이러한 차이가 있기 때문에 법률문 이외의 자료도 연구하고 사회조사를 하는 의미가 있는 것이다. 사마온공(司馬溫公)의 서의(書儀)나 『제가보요(齊家寶要)』와 같은 것은 『예기(禮記)』의 설을 자기유파에 계승하여 "자는 그 몸조차 스스로 **소유하지 않는다.** 하물며 사재(私財, 財帛)를 **소유하겠는가**"라고까지 부자공유제에 대하여 부정적 의견을 전면에 내세웠다.[116]

자녀의 신체를 부모의 것이라고 하는 의식이 있기에 이십사효(二十四孝)[117]의 郭巨도 그의 자녀를 죽이려고 한 것이라고 생각한다. 시대는 흘러 4~5세기경 권위주의(유교적 전통적 자연률)에 대한 격심한 비판 분위기 가운데서 쓰인 '한 여름 밤의 꿈'(周作人)에는, 자녀에 대하여 자녀의 신체는 "부모의 소유이다"라고 하여 자녀에게 규정을 정하여 "부모의 소유물임을 승인"하게 하고, 자녀의 신체를 "부모 손으로 매각·증여·변조"하는 등의 처분행위를 승인하게 하는 조문이 있다. 이 비판의 대상이 되었던 전통적 사상은 곽거(郭巨)의 효(二十四孝) 사상과 통하는 것이며, "자는 부친의 인격의 연장"일 뿐 아니라 자는 부모의 것이라고 하는 것이었다.

이와 같은 자녀에 대한 몰주체적 사상은 농민들 사이에서도 예외적인 것이 아니었다. 근래의 화북농촌의 관행조사에 나타나는 내용은 한편으로는 이러한 가부장 전유의식을 극명하게 보여준다. 예를 들어 하북성 순의현의 어느 농민은 가산은 "가장의 것" "부모의 것"이라고 한다. 그 뿐만 아니라 "가와 물건 전체는 사람이든 물건이든 가장(인 부친)의 것"이라고까지 말한다. 가

---

115) 中田薰(앞에서 인용한 책, 1295쪽).

116) 書儀 및 『齊家寶要』 등에 대해서는 仁井田陞, 『中國社會の法と倫理』(앞에서 인용한 책, 39쪽 이하·43쪽 이하). 또 『中國の農村家族』(앞에서 인용한 책, 223쪽) 참조.

117) 〈옮긴이 주〉 이 책 67쪽의 각주 22 참조.

산의 관리처분권은 가부장이 장악하고 있어서, 가부장이 가족에 불리하게 가산을 처분하는 일이 있어도 견제수단이 없다. 또한 같은 농촌의 농민은 분가하는 경우에 가산을 자녀에게 분여하지 않는 경우가 있다고 말한다.

그런데 한편으로는 하북성 창려현의 어느 농민이 말하는 것 같이, 가장이 부친이어도 가족의 동의 없이 가산을 자유롭게 처분할 권능은 가지지 않는다. 그 임의처분은 '도매도매(盜買盜賣)', 즉 임의처분의 권리가 없는 자의 임의처분이다. 가에 동거동재의 형제가 있을 때에는 그와 상의하는 것이 가산처분의 요건이다. 가장이 가족공동의 부친이라면 이른바 '공개'로 가족 전체에게 알리는 방법으로 상의가 이루어진다. 아내에게만 상의하면 된다고 하지 않는다. 아들과의 상의도 필요하다.

가장의 의향은 직접 상의한 상대 당사자뿐만 아니라 가족 전원에게 알리고, 가장의 의향을 알게 된 가족이 그것에 대한 의견을 말할 수 있는 가족공동체의 분위기·공기·기분·환경 내에서 의견을 종합하는 방법을 보이고 있다. 하북성 난성현의 어느 농민도 또한 말한다. 가장이 한 집안의 부조(父祖)이든 백숙형제이든 불문하고 가산은 공유이고, 게다가 가장이 누구이든 가산의 자유처분권능을 가지지 않는다. 가산처분과 같은 경우에는 "가정회의에서 결정한다." 그리고 가족과 "상의하지 않는 것은 백 가구 가운데에 두 가구 정도"이고, 상의하는 것이 '촌락의 풍습'이라고 한다. 즉 집단 전체의 것이라고 여겨지는 재산은 부친이라고 하더라도 그것을 자유롭게 또는 단독으로 처분할 수 있는 권능을 가지지 않는다는 것이 그 마을에서 지배적인 농민의식 '촌락의 풍속'일 것이다.118)

다만 이런 경우에도 외계와의 거래에 있어서는 가장이 가족 단체의 대표자가 되기 때문에, 예를 들어 토지매매계약서에 가장 이외의 가족의 이름을 꼭 나란히 쓴다고는 할 수 없다. 그러나 부자공산의 경우에 부자의 이름이 연서되어 있다고 하더라도 그다지 이상한 것은 아니다. 그리고 가장인 부친이 연

---

118) 『중국농촌관행조사』에 근거한 자료에 대해서는 仁井田陞(앞에서 인용한 책, 224쪽 이하). 부자를 함께 가산의 매도인 또는 질권설정자로 하는 증서는 하북의 것에서도 발견된다.

서(連署)의 필두인(筆頭人, 契頭)이 되는 것은 오래전부터 있었던 예이다. 청대의 호남·광동·안휘 등 여러 지방의 토지매매증서에서도 부자가 함께 매수인 또는 매도인이고, 증서 본문에 '부자상의(父子商議)' 또는 '부자합구상의(父子合口商議)'라고 기재하고(형제간의 공산처분인 경우에는 '형제상의' 또는 '형제합구상의'라고 기재한다), 부친이 매도인인 부자연서의 필두인이 되는 경우가 적지 않다. 그리고 부자는 대금의 공동수령자로도 기재되고, 그 경우에 부자는 함께 매도인으로서 추탈담보의 책임을 지게 된다(이에 대해서는 이 절에서 후술한다).

이와 같이 살펴보면, 가산에 대한 규범의식은 한 쪽 극단에서는 가족공산의 부정, 가부장 전유주의가 나타나고, 다른 쪽 극단에서는 부자공유관계에서의 자녀의 법적 주체성이 뚜렷이 드러나고 있다. 기본적으로는 단체적 소유이더라도 부자사이에서처럼 지배단체 내에서의 공유관계에서는, 현실사회 관습의 경우에 이 양극단을 지닌 진폭 사이에도 몇 단계인가 계층을 발생시켰다. 따라서 이것을 전유라든지 공산이라든지 그 밖의 어떤 종류의 견해만으로 일도양단으로 나눌 수는 없다. 그러나 가족공산이라고 하더라도 그 경우에 강약과 농담의 차가 있어서 가부장 권위가 투영된다. 중국의 부자사이와 같이 지배종속관계에서의 공유관계, 즉 지배단체 내에서의 공유관계는 형제간과 같은 '끼리끼리'·동배간의 공유관계처럼 단순하지 않다.[119]

그런데 이러한 나의 견해에 대하여는 비평이 있다. 시가[滋賀](家族法 8쪽 이하)에 의하면, "중국에서의 상속에 대한 기본관념을 정의한다면, 그것은 **인격을 계승**하는 것이고[아들은 (여러 명 있으면 그 각각이) 부친의 인격의 연장이다], 고인을 상속하는 아들에 의해서만 고인은 제사를 받고, 또 고인을 제사할 자격이 있고 의무를 부담하는 자만이 고인을 상속하는 것이라고 하는 것이 가장 합당하다고 생각한다"는 것이다.

---

119) 仁井田陞(앞에서 인용한 책, 219쪽 이하) ; 仁井田陞, 『中國社會の法と倫理』(앞에서 인용한 책, 37쪽 이하) ; 이 책 仁井田陞, 『中國法制史研究』(가족촌락법) 제2장 제4절.

또한 시가[滋賀](家族法, 157쪽 이하)에 의하면, "제사에서의 형제평등의 관념은 가산균분의 관념과 함께 통일적 인생관으로서 처음부터 중국인의 뇌리에 존재하는 것이고" "오히려 균분주의는 종교적 이념에 의하여 뒷받침되는 것이므로 경제적 불이익을 돌아보지 않고도 일관될 정도로 뿌리가 깊은 것이다" 자는 부친의 재산에 대한 "승계기대권을 가질 뿐이고, 현재는 권리주체(지분권자)가 아니다" 부자사이에도 형제간 등과 마찬가지로 동거공재(同居共財)라고 하면서도 그 동거공재는 형제간의 경우와 같은 "여러 개의 인격에 의하여 공동소유되는" 공유관계와 달리, 부자는 재산을 공동으로 하지만 "그러나 부친이 생존하는 동안에는 이 공동의 재산의 주체로서 나타나는 것은 부친의 인격뿐이다. 부친은 이 전재산을 자유롭게 처분·관리하는 권능을 가지며, 자로 인해 아무런 제한을 받지 않는다. 토지의 매각문서에도 부친 한 사람이 서명하면 족하다" "자는 어떠한 종류의 공유관계에도 서지 않는다" "재산의 현실소유자는 부친 한 사람뿐" "요지는 공산이나 전유라고 하는 양자택일적인 용어의 문제가 아니라, 부자사이의 권리관계의 실질적 내용을 명료하게 하고, 그것을 일정한 원리에 입각하여 설명하는 데에 힘써야 한다. 中田는 부자공산설을 취하면서, 부친이 갖는 자유처분권을 부친이 가지는 '교령권(敎令權)'에 근거한 것으로 설명하고 있지만, 그 교령권이라는 것의 내용이 명료하지 않다. 이 절의 앞부분에 서술한 바와 같이 부자의 근본적인 인격관계를 고려하여 그 재산관계에 있어서 나타나는 것이 부친의 자유처분권이고, 일상생활면에서 나타나는 것이 교령권이라고 생각할 때, 내용은 비로소 명료해 질 것이다"(滋賀 家族法, 8~19쪽)라고 한다.

그러나 그렇게 간단히 명료해졌다고 할 수 있을까. 사료에 대한 검증, 현실 분석을 회피하고 단지 이론구성을 해본 것으로, 아무런 유익도 없는 것이 아닐까. 자는 부친의 인격의 연장자라든지 인격을 승계한다든지 하는 시가[滋賀]의 설로는 가산균분주의를 설명할 수 없고, 가산승계와 시가[滋賀]가 말하는 종교적 이념과의 관계에도 문제가 있다(제2절, 제4절 참조). 재산주체에 관한 시가[滋賀]의 '일정한 원리'도 문제라고 생각한다. 시가[滋賀]는 (1) 자의 수입도 부친의 재산에 흡수되고, 부자사이에는 어떠한 종류의 공유관계도 성립되지 않는다는 것을 자명한 원리로 생각하는 것 같다. (2) 그것이 또한 시대와 장소를 넘어서서 국가의 제정법이든 관습적인 규율이든 불문하고 모순

없이 통용되는 것으로 생각하고 있는 것 같다. 그리고 (3) 어떤 자료를 앞세워도 마지막에 가서는 시기[滋賀]의 주관적인 '확신'이 해결의 방법을 열게되어 있는 것으로 생각된다. 신분적 단체에서의 소유귀속형식은 신분적 결합의 여하에 따라 차이가 있었다고 생각할 수 있다.

따라서 나는 부자사이에 '합수적 공유(合手的 共有)'가 성립되는지의 여부에 관한 개념구성에 대해서는 잠시 보류해 두어도 상관없다고 생각한다. 그러나 지배・피지배관계에 있는 부자이면서 그 사이에 일종의 소유권경합관계(단체적 소유의 한 경우)의 성립이 불가능한 방법이라고는 생각되지 않고, 현실분석에 있어서도 성립되어 있었다고 보는 편이 좋지 않을까 생각한다. 단체적 소유관계가 성립하는 것이 형제와 같은 방계친 사이로 한정되었던 것은 아니다. 그리고 현실의 자료도 시기[滋賀]에게 유리하게 작용하고 있지는 않다고 생각한다. 당률이나 명청률과 같은 구래의 율에 말하는 '동거공재'는 부자사이의 경우이든 형제간의 경우이든 불문하고 모두 단체적 소유를 나타낸 제도이므로, 소유주체간의 지배종속관계의 존부는 잠시 두고 단체적 소유라는 점에서만 말하면, 동거공재는 이 두 경우의 공동성격을 나타낸 것이다. 그것을 부자의 '동거공재'라는 경우에 국한하여, 재산의 주체는 부친뿐이고 (소유권관계의 경합이 없이) 자는 승계기대권을 가질 뿐이라고 말할 필요는 없다고 생각한다.

명청률의 주석서가 "동거공재, 어느 것이든 자기의 소유가 아니겠는가"[가산은 부자사이라고 하더라도(형제간이라고 하더라도) 공산이고, 가산 가운데에 어느 것이든 자녀(또는 아우) 스스로의 소유로 귀속되지 않는 것이 있겠는가. 자녀 또한 부친과 같이 가산의 소유자이다]라고 하는 것을, 자의 수입은 모두 부친의 재산에 합류・흡수되고 "현재는 부친만이 소유권의 주체이다"라는 해석을 집어넣을 필요는 없다고 생각한다.

『당률소의(唐律疏議)』가 첩을 제외하고 자녀도 또한 부친과 함께 노비의 주인(소유자)이라고 하고 있는 것도, 자녀도 또한 부친과 함께 가산의 주체라는 것을 전제로 할 때 당연한 것이다. 당대의 노비해방 문서에 부친뿐만 아니라 장자 이하의 연서를 요건으로 하고 있는 것도 아들을 소유주체로 보고 있는 더할 나위 없이 좋은 증명이다. 이와 같은 여러 가지 예로 보면, 당시의 입법자들은 자가 "부친에 대하여 어떤 종류의 공유관계에도 서는 자가 아니다"(滋賀, 家族法, 12쪽)라고 생각하고 있지 않았던 것이다. 이에 대응하여 노비에 비교되는 첩은 가족공동재산의 주체가 아니고 노비의 주인(소유자)도 아니라고 『당률소의(唐律疏議)』에서 말하는 것도 당연한 것이다.[120]

　『당률소의(唐律疏議)』는 이와 같이 재산의 주체인 자와 그렇지 않은 자를 구별하고, 가부장과 함께 재산의 공동주체인 자와 그렇지 않은 자를 구별하고 있는 것이다. 여기에 다른 해석을 할 여지는 없다고 생각한다. 다만 가산의 소유자로서 대외적으로 대표하는 자는 부자 사이에 있어서도 가장(인 부친)이고, 또한 가산을 관리하고 총괄하는(總攝 또는 統制라고도 한다) 자도 역시 가장(인 부친)인 것은 구래의 법률이 규정하고 있는 바이다. 구래의 법률이 가부장이 관리하고 총괄한다(總攝 또는 統制)고 하더라도, 결코 부친만을 소유의 주체로 규정하고 있지는 않다(당시의 법률제정자나 주석자가 문제를 어떻게 파악하고 있었는지를 살펴보아야 하고, 거기에 객관성 있는 논의를 세워나가야 한다).

　따라서 자녀가 가장(인 부친)의 승낙을 얻지 않고 가산을 천단하는 경우에 법에 저촉되지만 그 가산은 자녀에게 있어서도 '유분지물(有分之物)'인 것이다. 이러한 '유분(有分)'을 시가[滋賀](〈補考〉3의 102쪽)는 단순히 "관계를 가지는" 정도로 해석하고 있지만, 자녀에게 있어서는 가산이 '유분지물'인 데에 비하여 첩은 공동생활의 일원이기는 하더라도 가산은 그의 '유분지물'이 아니었다. 그것을 생각해 보아도 '유분'이 단순히 "관계를 갖는" 이상으로 적극적인 의미를 가지고 있었다고 할 수 있다고 생각한다.

　또한 자녀가 그 가산을 타인으로 하여금 도적질하게 하는 것도 물론 법에 저촉되지만, 그 가산에 대해서는 역시 가장(인 부친)만이 소유주체인 것은 아니고, '공공의 물건'이고 '공물(公物)'이며, 자 자신에게 있어서도 '자기 가의 재물'이고, 단순히 '자기 가의 재물'일 뿐만 아니라 '자기의 재산'이라고 여겨

---

120) 『唐律疏議』의 원문에 대해서는 中田薫(앞에서 인용한 책, 1342쪽) ; 仁井田陞, 『支那身分法史』(앞에서 인용한 책, 950쪽 이하) ; 仁井田陞, 『中國社會の法と倫理』(앞에서 인용한 책, 62쪽) 참조.

졌다.121) 당시의 법률가 내지는 위정자가 자녀에게 있어서 '자기 가의 재물' '자기의 재산'이라고 하거나 '자기의 소유'라고 하는 그 자녀의 재산을 제멋대로 탈취할 필요가 어디에 있었을까. "자는 어떠한 종류의 공유관계에 서는 자가 아니다"라고 해서는 도저히 완전하게 설명할 수 없을 것이다.

中田가 부친이 가지는 가산처분권을 교령권의 측면에서 설명한 것은 의미 있는 일이다. 부친(부친 사후에는 모친)에 의한 가산처분은 그 '교령'이고, 자로서는 이것을 위반해서는 안된다고 설명하였다.122) 시가[滋賀]의 논의는 당시의 법의 원래 의미에도 없는 것을 집어넣고, 법의 원래의 의미에 있는 것은 잘라버리면서, 자료에 임의적인 해석을 덧붙이고, 자료의 제약으로부터 너무나 과도하게 자유롭다고 생각한다. 자녀는 그 가장인 부친의 지배에 복종하기는 하지만, 그것으로 가산의 소유자로서의 지위가 모두 부인되었던 것은 아니다.

당률을 비롯하여 명청률 등의 국가법률에서는 형제나 백숙부(방계친)가 가장인 경우와 달리 부조(父祖, 직계친)가 가장인 경우에, 가장이 가산을 임의로 처분하고 임의로 분할하고(자녀 가운데 누군가에게 균등한 이익을 주지

---

121) 『大淸律例統纂集成』卷8 「戶律」戶役(卑幼私擅用財) "鬼幼與尊長**同居共財**, 其財**總攝**于尊長, 而卑幼不得自專也, …… 卑幼引他人盜**己家財物**者, 加擅用罪二等, 自己盜用止科私擅之罪, 盖**家財亦卑幼有分之物也**" 卷25 「刑律」賊盜 下(親屬相盜) "**同居謂一家共產者也, 同居共產之卑幼, 原係應有財物之人**, 但同居之財物, **統制**于尊長, 而卑幼不得自專, 私擅用且有罪, 況將引他人而盜之乎, 然是**己家財物**, 故卑幼照私擅用財本律加二等科之". 또는 주 114 참조. 中田 소론과 같이 이 경우의 尊長은 백숙부이든 형이든 부친이든 불문하고, 卑幼는 조카이든 동생이든 자이든 불문한다. 부자와 伯姪·형제간의 소유관계의 공동지반(모두 단체적 소유관계)을 새삼스럽게 무시할 필요는 없다. 淸 雍正 3년 覆奏檔案 "凡同居者**同財**, 尊長之財, 卽**卑幼之財也**, 將引他人盜**自己財**, ……"에 대해서도 마찬가지. 특히 자녀에게 있어서도 "同財"는 "自己財"인 점을 지나쳐보지 않도록 특히 주의를 요망한다.

122) 『後村先生大全集』卷141 「神道碑」, "杜尙書民有鬻其妾者, **治與二子均分, 二子謂妾無分法**, 公書其牘云, 傳曰, 子從父令, **律曰, 違父教令, 是父之言爲令也**, 父令子違, 不可以訓, 然妾守志則可常享, **或去或終, 當歸二子**". 仁井田陞, 『支那身分法史』(앞에서 인용한 책, 476쪽). 또한 『宋史』卷437 「程迥傳」 "按令文, 分財産, 謂祖父母父母服闋以前所有者, 然則母在子孫不得有私財, **借使其母一朝盡費**, 其子孫亦**不得違教令也**, 云云". 仁井田陞(앞에서 인용한 책, 442쪽).

않더라도), 자녀는 법정에 제소할 방법이 없었다. 부친이 생전에 스스로 자녀에게 분할한 재산이나 분가 뒤에 자녀가 스스로 획득한 재산을 그 부친이 마음대로 처분하였다고 하더라도, 또 부친이 분가한 자녀에게 일단 증여하였다가 나중에 그것을 빼앗았다고 하더라도 역시 마찬가지였다.

부친을 고소한 자녀는(명청률에서는 干名犯義라고 한다) 오히려 처벌받게 되어 있었다. 자녀가 부모를 고소하는 것을 허용하는 것은 당시의 지배체제를 위협하는 큰 문제였고, 모반 등의 특별한 경우 이외에는 자녀가 부모를 고소하는 방법은 원칙적으로 차단되어 있었다. 재산을 균분하지 않거나 또는 재산을 빼앗는 형 또는 숙부를 고소하는 방법은 있지만,123) 자녀가 부모를 고소할 수 없었던 것은 자녀가 재산의 주체자인지 여부와 상관없는 일이었다. 이런 의미에서 보아도 부친의 처분권을 전제로 하여 소유주체를 부친뿐이라고 생각할 필요는 없다고 본다.

자녀의 소유권이 문자 그대로 현실화되는 것은 역시 부친과 가산분할한 뒤, 특히 부친 사후이기는 하였지만, 부친 생전에도 자녀가 재산무능력자로까지 국가의 법률상 지위가 낮아지지는 않았다. 이 문제에 대해서는 이른바 사회적 권리에 초점을 맞추어 생각하는 것도 필요하다. 가부장 권위 하에 있었다고 하여 자녀가 어떠한 종류의 공유관계에도 서는 자가 아니었다고 하는 것은 지나친 말이고, 그것이야말로 우찌다도모오[內田智雄]의 말을 여기에 빌리자면, 권위의 '추상화'이다. 나는 이러한 추상화를 시도하려는 것이 아니다. 가산의 소유자로서 외부에 대하여 대표하는 것은 말할 것도 없이 부친이

---

123) 明淸律 「戶律」戶役(卑幼私擅用財) "凡同居卑幼不由尊長, 私擅用本家財物者, 十兩笞三十, 每十兩加一等, 罪止杖一百, 若同居尊長, **應分家財不均平者**, 罪亦如之"(또 예를 들면 『大淸律例統纂集成』의 설명에 말하는 "若同居尊長, 如伯叔與兄之屬") 明淸律, 「刑律」訴訟(干名犯義) "凡子孫告祖父母父母 …… 者, 杖一百徒三年, 但誣告者絞, 若告期親尊長, …… 雖得實杖一百, …… 被其親以下尊長, **侵奪財産**, 或毆傷其身, **應自理訴者並聽**". 이것들과 동종의 규정은 모두 『당률』(다음에 게재에) 있었다. 즉 『당률』의 「戶婚律」〈卑幼私輒用財條〉 "卽同居應分, 不均平者, 計所侵坐, 臟論減三等"(여기에는 同居에 대해서 期親尊長 등의 한정이 있지 않다) 및 『당률』 「鬪訟律」〈告祖父母父母絞條〉 "諸告祖父母父母者絞……" 『당률』 「鬪訟律」〈告期親尊長條〉 "諸告期親尊長, …… 雖得實徒二年, …… 告大功尊長各減一等, ……**其相侵犯自理訴者聽**"에서 찾아볼 수 있다.

다. 이 점에서 보면 자녀가 가지는 소유자로서의 지위는 간접적인 것이라고 할 수 있을 뿐이다.[124]

그렇지만 거래를 할 때에 형제나 숙질이나 부부의 경우와 마찬가지로 자녀가 부친과 함께 매도인 또는 매수인으로서 그 이름을 나타내는 일이 있더라도, 또는 자녀가 부친과 함께 매도인 또는 매수인으로서 물건 값을 수수하고 매도인인 부자가 함께 추탈담보의 책임자가 되는 일이 있더라도 하등 이상한 것이 아니다. 이러한 자녀의 소유주체자적인 표현방식은 그 단체적 소유의 내적 관계를 잘 보여주는 것이다. 이와 같은 관계의 자료는 예를 들어 한대(漢代)와 같은 고대의 토지매매증서에도 어느 정도 나타나 있다. 거기에서는 자녀가 매매의 당사자로 나타나고 있을 뿐이지만, 송대 10세기의 토지매매증서에는 매도인에 방계친도 들어가 있는 것 같아도, 어쨌든 자녀도 부친과 함께 자기의 토지를 매매하는[賣自己地庄] 것이 되고, 자녀도 계약의 당사자[男某同立契]이고, 매도인으로서 부친과 함께 연서하고 있다.

마찬가지로 10세기의 노비매매증서에도 매도인은 부부이고, 부부가 함께 매도인으로서 연서하고, 매수인도 가부장 한 사람뿐만 아니라 그의 처와 자도 매수인으로 되어 있다. 명대의 토지매매증서인 『안어금전(雁魚錦箋)』, 『척독쌍어(尺牘雙魚)』, 『고금명공계찰운장(古今名公啓札雲章)』 등에 나타나는 토지매매증서의 서식(雛型)에는 그 위에 매매에 대한 부자의 합의까지 기재하게 되어 있다.[125] 나는 거기에서 자녀의 지위를 뒷받침해 주는 적어도 사회적인 힘을 느끼지 않을 수 없다. 청대의 광동, 호남, 안휘의 지방 관련 자료에 따르면, 자녀도 부친과 함께 매도인이자 매수인이고, 부자의 합의, 부자에 의한 대가의 수령, 부자공동의 매도인으로서의 책임(추탈담보책임)까지, 부자

---

124) 이런 의미에서 '간접적'이라고 하였다고 해서 그것이 바로 자녀가 소유주체임을 부인하게 되는 것은 아니다. 이 점에서도 시가[滋賀]와는 견해를 같이 하지 않는다.

125) 『雁魚錦箋』 등에 있는 명대의 토지매매증서에는 "父子兄弟商議"라고 되어 있는데, 그것은 "父子商議" "兄弟商議"를 포함한 표현인 듯도 하지만, 실은 "父子商議"와 같은 뜻인 것 같다. 또한 뒤에 언급할 청대 매매증서의 예에서 보면 "父子兄弟商議"의 형제는 자녀의 형제였다고 할 수 있다. 漢·宋의 예는 仁井田陞, 『唐宋法律文書の硏究』(1937년 3월, 112·186쪽) 참조.

에 의한 협력의 여러 관계가 나타나 있다.

이제 17세기(청의 강희 연간)의 광동지방의 예로 易丹陽太祖祠墓 嘗業錄[126]에 수록되어 있는 가옥매매증서 하나를 들어 문제점을 살펴보면 다음과 같다(이하의 매매문서의 원문은 다음 장 제1절 참조).

> 가옥매매증서의 작성인 류성옥, **아들** 사준, 사영, 사용은 자금을 얻을 필요로 인하여 **부자상의(父子商議)** 하여 그 소유가옥을 팔게 되고 중개인 양옥천에 의하여 역족에게 팔았다. 그 대가는 (성)**옥부자**가 직접 수령하였다(係玉父子親手接同). 그 가옥부지 등은 함께 (성)**옥부자**가 스스로 산 것이어서(俱係玉父子親手自置), 그 내력에 불명확한 것은 없고 이중처분을 하지 않았다. 만약 누군가가 추탈하는 경우에는, (성)옥과 중개인이 조치하여 매수인에게는 폐를 끼치지 않는다. 지금 가옥매매증서를 작성하여 영원히 증거로 삼는다.
>
> 강희(康熙) 26년(1687) 12월 일
> 가옥매매증서의 작성인 류성옥, 그의 **아들** 사준, 사용, 사영, **장손** 문금

이 내용에 의하면 부자가 매도인도 되고 매수인도 되며, 자와 장손노 매도인으로서 연서하고 있다. 그리고 광동의 경우에 있어서, 뒤에 나오는 호남 장사의 예와 마찬가지로, 매도인 부자가 추탈담보책임자로 되어 있는 예를 노강서원전보[127]에서 들면 다음과 같다.

> 영구(永久)매매증서의 작성인인 하조란은 금전의 필요가 생겨서 **부자상의(父子商議)** 하여 그가 소유하는 가옥을 노각서원 하함조에게 매도하고 그 대가는 하조란 **부자**가 직접 수취하였다. 매도한 가옥와 관련하여 내력이 불명한 것이 있어(누군가에게 추탈되는 경우에는), 하조란 **부자**와 중개인이 내력을 분명히 하여 (추탈에 대해 방어할) 책임을 지고 매수인에게는 폐를 끼치지 않는다. 후일의 증거로서 이 증서를 작성한다.
>
> 도광(道光) 20년(1840) 3월 일. 매매증서의 작성인 하조란

다음에는 18세기(청의 乾隆 연간)의 예로서, 호남 장사의 장군회관지[128]의

---

126) 『易丹陽太祖祠墓嘗業錄』(光緒元年 刊) 圖形契文彙錄.
127) 『盧江書院全譜』(光緒20年 甲午季秋序刊) 宗祠買受嘗業數契.

매매증서 하나에 대해서 그 요점을 들고자 한다. 여기에도 아들뿐만 아니라 손자의 이름도 매도인으로 나타난다.

　　가옥매매증서 작성인 학모(郝某), **작성인 아들** 연(璉) 등, **손자** 정동(廷棟) 등은 그 소유로 되어 있는 가옥을 장군회관 羅 등에 매도하고, 그 대금은 학성(郝姓)이 직접 수령하였다. 후일 누군가가 추탈하는 경우에는 가옥의 매도인인 학씨 **부자**와 중개인이 보증한다. 후일을 위해 이 증서를 작성하여 영원히 증거로 삼는다.
　　　　　건륭(乾隆) 25년(1760) 10월 18일. 매매증서작성인 학모(郝某)

　　그리고 호남의 辰州府義田總記[129)]에 실려 있는 매매증서 가운데 한 두 개로 문제점을 보면 다음과 같다.

　　수전(水田)매매증서 작성인 장심서, **작성인 아들** 장순안은 금전의 필요가 급박하여 **부자상의** 하에 그 소유인 토지를 진주부에 매도하고 그 대금은 심서 부자가 직접 수령하였다. 이 매도는 심서 **부자**가 진심으로 원하여 행한 것이고 누군가의 강제에 의한 것이 아니다. 후일을 위해 수전매매증서를 작성하여 증거로 삼는다.
　　　　　도광(道光) 25년(1845) 6월 6일. 매매증서 작성인 장심서

　　수전매매증서 작성인 팽대붕, **작성인 아들** 업선, 업항 등 **부자형제상의**(이 형제는 아들 형제를 의미 － 仁井田陞 주) 하에 조상으로부터 이어받은 토지를 진주부에 매도하고 그 대가는 붕 **부자**가 직접 교부 받았다. 후일을 위하여 매매증서를 작성하여 영원히 증거로 삼는다.
　　　　　도광(道光) 24년(1844) 10월 18일
　　　　　매매증서의 작성인 팽대붕, **작성인 아들** 업선, 업항, 업미, 업딕,
　　　　　업중과 함께 작성, 팽업선 친필

　　매매에 있어서 부친과 상의하고 매도인으로서 부친과 함께 나타나는 아들

---

128) 『長郡會館志』(道光 15년 序刊) 契據.
129) 『辰州府義田總記』하권.

이 한 사람인 것만은 아니다. 아들이 5명이면 5명 모두 나타난다. 호남성의 상담(湘潭) 채성(乾隆 연간, 강소성의 오현지방에서 이주)의 가보(家譜)[130]에 보이는 동종의 토지매매증서 하나를 예로 들면, 매도인뿐만 아니라 매수인도 함께 다음과 같이 부자로 되어 있다.

> 영구(永久)매매증서를 작성하고 토지·가옥 등을 매도하는 사람 진입 산, **매도인 아들** 극명, 덕요, 금태, 만년 등, **부자합구상의** 하에 자기가 취득한 토지·가옥을 채송천 **부자**에게 매도하고, 그 대가는 진입삼 부자가 직접 수취하였다. 후일의 증거로 이 영구매매증서를 작성하여 노계(老契, 권리전승의 유래를 보여주는 구증서)와 함께 채**부자**(父子)에게 교부한다.
> 가경(嘉慶) 17년(1812) 5월 9일.
> 진입산, 그 아들 극명, 덕요, 금태, 만년

이와 같은 예는 얼마든지 들 수 있고,[131] 호남 등의 지방에서는 오히려 일반적인 예이며, 결코 예외적 현상이 아니었다. 시가[滋賀](家族法 10쪽. 補考 3의 119쪽 참조)는 대만사법에는 그와 같은 예가 없다고 하지만, 그것은 그것만의 일이고 광동·호남 기타 안휘 등에는 물론 하등 영향이 없고, 나의 견해는 부정되지 않는다. 아들이 생장하여 가족 내 생산의 유력한 지주(支柱)가 되어 갈수록 가부장도 그 아들을 유력한 상의 상대로 생각하고, 토지의 매매에 대해서도 가부장이 사실상 임의로 하지 않는 것이 자연스럽다.

그러나 이 증서들에서는 아들이 가부장의 단순한 의논상대로 그치지 않고, 아들도 부친과 함께 법관계의 실현자로 되어 있는 점을 유의하기 바란다. 이것이 반드시 청대에 시작된 것은 아니었지만, 청대, 적어도 17~18세기 이후에 광동·호남 등의 지방에서의 자녀의 법주체적 지위(자녀의 법적 지위의

---

130) 『東蔡用玉公支譜』(중화민국 22년 編修) 金盤垢原契. 仁井田陞, 『中國法制史研究』의 羅家灣契據原文(光緖 30년 월일)도 "父子合口商議"의 토지매매증서이다.

131) 『善化館志』(光緖 戊子 仲春 刊) 卷上, 田産契據 등을 비롯해서 광동, 호남, 안휘 등의 지방의 매매문서의 예에 대해서는 仁井田陞, 『中國の農村家族』(앞에서 인용한 책, 236쪽) ; 「中國賣買法の沿革」(『法制史研究』제1호, 1952년 7월, 55쪽 이하·64·84·93·95쪽) 참조 ; 仁井田陞, 『中國法制史研究』가족촌락법 제5장 제1절 ; 仁井田陞, 『中國法制史研究』거래법(1960년 3월) 제1장 참조.

역사적 평가는 큰 문제점이다)는, 법의 역사의 척도 위에 바르게 위치하도록 할 필요가 있을 것이다. 그리고 이렇게 협력하는 (혹은 경쟁하는) 부자관계 하에서 가부장의 임의적인 가산처분을, 뒤에 기술하는 것처럼 농민의 소위 '도매도매'(임의처분권능이 없는 자녀의 임의처분)라고 하였을 것이다.

17세기 전후라고 하면 중국사회는 농노제의 전환기이고,[132] 부자관계에 있어서도 이런 사회변동과의 관계가 어느 정도는 생겨났을지도 모른다. 부친이 재산상의 불이익을 준 경우이든 그렇지 않든 자녀가 부친을 고소하는 것은 여전히 금지되었고, 이런 의미에서 자녀의 법주체적 지위는 아직 확립되어 있지 않았지만, 그 금지규정 자체는 『당률』과 명청률 간에 변화를 보이고 있고, 국가의 법률 자체에서도 권위주의의 변동은 부득이한 것이었다.[133] 오오다께히데오[大竹秀男]의 평언(評言)에 이른바 '반봉건(anti-feudal)의 맹아'[134] 와 관련하여 이후 이 문제를 더욱 전반적으로 음미하고 싶다.[135]

구래의 율에 나타난 부자공유관계는 그 법률상으로는 그 나름대로 지배·피지배의 힘의 균형상태를 기저로 한 것이다. 그 균형상태는 현실사회에서는 강약·농담의 차이를 보이고, 유동적이며 고정된 것이 아니었다. 이 힘의 균형상태의 차이를 될 수 있는 한 파악하여 진폭을 보여주려 한 것이 나의『中國의 農村家族』[136]이다. 따라서 자녀의 수입을 부친의 재산에 흡수하는 입장도 이 진폭 가운데 어딘가에 위치할 수 있지만, 그렇다고 해서 그것이 진폭의 전부를 대표하는 것은 아니다.

---

132) 17세기 전후는 중국사회의 하나의 전환기였다. 농노나 고용인의 법적 신분의 전환에 대해서는 仁井田陞,「中國の農奴·雇傭人の法的身分の形成變質」(野村博士還曆記念論文集,『封建制と資本制』)에 발표할 예정. 仁井田陞,『中國法制史研究』노예농노법 제5장 참조.

133) 仁井田陞,『中國社會の法と倫理』(앞에서 인용한 책, 26~33쪽). 또 주 121) 참조 ; 이 책 仁井田陞,『中國法制史研究』(가족촌락법) 제2장 제3·4절.

134) 大竹秀男의 仁井田陞,『中國の農村家族』에 대한 서평(『神戶法學雜誌』2권 4호, 1953년 3월) ; 仁井田陞(앞에서 인용한 책, 서 재판 부록 417쪽).

135) 또한 자녀의 이익이 어떻게 보호되는지에 대해서는 동족의 내부관계를 살펴보는 것이 하나의 방법이다. 仁井田陞,『中國の農村家族』(앞에서 인용한 책, 87쪽, 91쪽, 140쪽 이하).

136) 仁井田陞,『中國の農村家族』(앞에서 인용한 책, 219쪽 이하).

시가[滋賀](補考 2의 81쪽 이하)는 이 문제에 대하여 "仁井田陞는 후술하는 것과 같이 현실의 법의식의 다양성을 설명하면서 전유의식과 공유의식을 두 개의 극으로 두고, 그 중간에 여러 가지의 뉘앙스를 갖고 있는 의식을 고려하였지만, 이 또한 '전유'인가 '공유'인가라는 평면을 왕래하는 사고방식으로, 양자 택일론의 한 형태임에 틀림없다고 생각한다. '전유'와 '공유'의 두 가지로는 단어가 충분하지 않아 법률관계의 분석에 입각한 다른 개념이 필요하다는 것을 나는 말하고 싶은 것이다"라고 하고 있다. 이러한 경우에 시가[滋賀]가 소위 '다른 개념' '원리'를 가져온다고 하더라도, 그것이 적당하다면 모르지만 적당하지 않는 한 중국사회의 법의 원리에는 그다지 기여하는 바가 없을 것이다.

특히 시가[滋賀]는 그 이른바 '다른 개념' '원리'에는 흥미를 가지면서도, 내가 시도하고 있는 힘의 균형에 대한 분석에는 흥미를 갖지 않을 뿐 아니라, 이해하고 있지 않는 것으로 생각된다. 부친의 가산처분의 의사결정을 둘러싼 가족내의 분위기 등도 시가[滋賀]에게는 문제가 되지 않는 것 같다. 시가[滋賀]는 이러한 분위기 내에서의 의사형성의 문제를 비평하기 위하여, 고관(高官)이 그 비서의 조언에 따라 의사를 형성하는 경우를 예로 들어(滋賀 補考 3의 109쪽), 가족생활내의 여러 조건을 무시하고, 농민부자와 관리·비서를 같은 평면에 두고 단순히 일반적으로 설명하고 있다. 그러나 내가 문제시하는 것은 관리와 비서 사이가 아니라 농민 부자사이의 일이다. 즉 어떤 인간의 구체적 생활의식인가가 문제인 것이다. 조건을 무시하고 법의 역사를 다룬다는 것은 불가능하다.

일찍이 수에히로[末弘]가 중국농촌의 법적 관행조사에 대하여 우리들을 지도하실 때에 다음과 같이 말씀하신 적이 있다. "법적 관행은 소위 살아있었던 법률에 상당하는 것이기 때문에 원래 고정부동의 형태로 존재하는 것이 아니고, 현실생활과 함께 유동적으로 살아있는 것이다. 전통적이기에 고정적인 경향을 가진 재래의 질서와 날로 생장·발전해 마지않는 새로운 사회형성력과의 접촉면에 불연속선적 소용돌이의 형태로 발생하여 계속 변동되어가는 것이야말로 법적 관행의 존재의 실상임에 틀림없다. 특히 현재의 중국[支那]에 있어서와 같이 한쪽 면으로는 오랜 과거에서 유래한 전통적 요소가 여전히 강력하게 남아있고, 다른 면에서는 정치적 · 경제적 기타 각종 원인과 이유에서 날마다 발생하고 있는 혁신적 요소가 강력하게 작용하고 있는 경우에 대해서는, 그 곳에서 발생하는 소용돌이의 넓이와 움직임도 상당히 크다고 생각하지 않으면 안되기 때문에, 그것을 기술적(記述的)으로 포착하는 것에 있어서도 끊임없이 그 점에 유의하고, 전통적인 것과 혁신적인 것이 서로 대립되는 양태를 계속 표현하고, 실상을 움직임 그대로 표현해내는 일에 전력을 다할 필요가 있다. 사멸해가는 법적 관행, 발생하는 법적 관행, 그것들을 그 변동해가는 방면에 유의하면서 표현해내는 것이 우리들에게 가장 중요한 임무라고 말할 수 있다."[137)

사회의 현실적 규율은 이러한 역학관계에서 유동적으로 발견되는 것이고, 그것을 포착해내는 것은 역시 법사학에 있어서도 요체이다. 역학관계의 차이는 지방적으로뿐만 아니라 가족적으로도 나타날 수 있을 것이다. 그것은 또한 신분계급의 차이에 의하여도 특히 잘 나타날 것이다. 동일지방이라고 해서 동일한 상태로 포착된다고는 할 수 없다. 이러한 점을 무시하고 『中國의 農村家族』에 가한 시가[滋賀]의 비평은 온당하다고 생각할 수 없다.

시가[滋賀]의 비평은 필자의 (앞에서 인용한 책) 서뿐만 아니라 그 책에 인용된 『中國農村慣行調査』의 자료에도 미친다. 그리고 시가[滋賀]의 발언은 그 조사의 목적, 조사자료의 취급방법에도 관계되는 문제를 포함하고 있기 때문에, 이것에 대하여 한 마디 해두고 싶다. 시가[滋賀]의 소견(補考 3의 113 · 115~118쪽)에 의하면, "仁井田가 하북성 창려현 후가영 자료, 하북성 난성현 사북 시촌 자료, 하북성 창현 자료, 산동성 덕현 자료에서 '당가(當家)' '가장(家長)'이라는 용어를 둘러싸고 하고 있는 말은 어떤 가장에 대하여 말한 것인지가 의심스럽고, 부자관계를 보여주는 자료로서 적격이 아니라고 생각한다. 특히 '당가(當家)가 아무 말도 하지 않고 팔면 도매도매이다'라는 말은 단순히 의심스러울 뿐만 아니라, 방계친인 당가를 염두에 두고 말한 것이 틀림없음을 확신한다"라고 한다. 그러나 나는 자료를 거론함에 있어서 이와

---

137) 末弘嚴太郎, 「法律と慣習」(『法律時報』, 1943년 11월, 제15권 11호, 2쪽). 이것은 『中國農村慣行調査』(제1권 1952년 12월간)에도 수록되어 있다.

같은 논의가 제기될 것을 미리 고려하여 인용에 충분히 주의하였기 때문에 이런 의견은 전혀 뜻밖이다.

내가 『中國의 農村家族』에 자료를 누락하였기에 그것을 추기한다면, 하북성 양향현의 농민과 시오미긴고로우[鹽見金五郞]와의 문답은 다음과 같이 말한다. **"가장인 부친이 판다고 주장하면 어떻게 되는가 = 자녀는 분가를 주장할 것이다"**[138]이다. 여기에서도 자료는 분명히 '가장인 부친'을 가리키며 나타내고 있다. 시가[滋賀]에게 바람직하지 않은 자료는 "의심스러운 것" "적격이지 않은" 것이 되는 것 같다. 시가[滋賀]에게 가장 유리한 자료에 대해서는 "단지 의심스럽다고 할 뿐만 아니라" "있을 수 없는" 일이라는 것을 '확신'하기에 이른다. 그래서 시가[滋賀]의 소견은 다음과 같이 전개된다. "이상의 것만큼은 순수하게 해당 자료에 준거한 논의로 말할 수 있다고 생각한다.

그 이상으로 나는 직감적으로 '도매도매(盜買盜賣)이다'는 말이 가부(家父)를 지목하여 말한 것으로는 있을 수 없는 일임을 분명히 확신한다. 그 이유는 도매도매(盜買盜賣)라는 용어는 부조(父祖)에 대해 말하는 것으로서는 너무 심하기 때문이다. 형이나 백숙부에게 도매라고 하는 예는 드물지 않다. 그것은 결코 하나의 사건을 근거로 말하는 것이 아니라, 종래 내외 여러 학자들간에 인정되고 있고 중국사회를 고찰하는 자들에게 기초적 관념으로 되어 있는 반면, 중국인이 계급의 여하를 불문하고 부조에 대해서 품고 있는 의식, 즉 효의 원리[139]에 비추어 보아, 부모를 도적이라고 하는 것은 너무나도 심

---

138) 『中國農村慣行調査』제5권(1957년 2월) 良鄕縣 614쪽 "한 집에 세 명의 아들이 있는 경우에 가장인 父가 토지를 팔 때에는 아들에게 상의하는가 = 아들들이 20세 전후가 되어 있으면 일단 아들들에게 묻고 결정한다. 만약 아들이 반대하면 어떻게 되는가 = 부자의 관계가 좋아서 아들이 좋은 의견을 내면 거기에 따라서 파는 것을 그만두는 경우도 있다. 그것은 어떤 경우인가 = 아들이 장성하여 파는 것을 반대하고 '指地借錢'을 하여 돈을 마련하는 것과 같은 것을 제안한 경우. 그래도 **가장인 父**가 판다고 한다면 어떻게 되는가 = **아들은 분가를 주장할** 것이다. 아들은 토지가 팔리면 분가할 때 자신의 취득분이 적어질 것을 두려워하기 때문이다. 자가 어릴 때는 = 그때는 문제없이 가장인 父의 생각대로 처분할 수 있다…" 그리고 문중의 '지지차전'은 無占有質, 일종의 저당이다.

139) 桑原, 「法律上より見たる支那の孝道」『支那法制史論叢』所收 등 참조

한 말이기 때문이다.

물론 이와 같은 일반적 관념으로 구체적 자료가 말하는 바를 왜곡하는 것은 허용될 수 없다. 자료의 조작은 어디까지나 실증적이어야 한다. 그러나 그 조작의 결과, 종래 널리 인정되던 일반적 관념과 심히 모순되는 결과가 나온다면, 자료의 조작과정에 과연 잘못이 없었는지를 일단 반성할 필요가 있다. 이와 같은 반성자료를 제공하는 것으로서 종래 인정되던 일반적 관념을 고려에 넣는 일은 위험하지 않을 뿐만 아니라, 필요하다고 해야 한다. 그리고 지금 문제의 자료에 대하여 반성해보면, 전술한 것과 같이 도매도매라는 말이 부조에 대해서도 말해졌다고 생각할 수 있는 의문의 여지도 없는 근거는 어디에도 없다는 것이다. 그렇다고 하면 나는 일반적인 효의 관념에 반하지 않는 쪽의 견해를 취하지 않을 수 없는 것이다(滋賀 補考 3의 118쪽)."

나는 중국법사를 고찰함에 있어서 '효'[140]를 제외하자고는 생각히지 않는다. 그러나 그것을 생각할 때는 조건을 잊어서는 안될 것이다. 부친 앞의 자녀라고 하여 늘 그 입장을 부당하게 낮게 취급해야 하는 것은 아니다. 국가의 제정법의 경우에도 시대의 흐름에 따라 가부장 권위(전통적 자연률)는 일정 ·부동하지 않았다.[141] 특히 농민가족의 경우에 설교적인 '효'가 통용되었던 한계를 생각해 보는 것이 필요하지 않을까. 조건을 무시하고 아무리 '확신'을 서술한다고 하더라도 거기에는 비역사적, 비현실적인 사유방법이 남을 뿐이다. 이 경우에 구와바라[桑原]의 소위 '효도'(명치시대의 이른바 '절대주의'의 소산)를 가져와도, 그것이 그 나라 농민의 사상에 대하여 지주가 될지 의문이다. 오히려 그러한 원용은 역사의 톱니바퀴를 역전시키려고 하는 것일지도 모른다.

부친에 대해서 '도매도매(盜買盜賣)'라고 하는 이른바 부모에 불효한 농민에 관한 자료를 포섭할 수 없는, 시가[滋賀]의 소위 '원리'야말로, 논리적으로 보아 오히려 매우 비역사적, 비현실적인 것이 되는 것을 피해갈 수 없는 것이

· 140) 가부장 권위에 대한 공경과 순종, 아니, 어쩔 수 없이 참는 정도의 의무 부여.
141) 仁井田陞, 『中國社會の法と倫理』(앞에서 인용한 책, 26~33쪽) ; 이 책 仁井田陞, 『中國法制史研究』(가족촌락법) 제2장 제3·4절.

아닐까. 시가[滋賀]의 입장에 선다고 하더라도, 부친의 행동에 대한 제약이 생겼던 것만큼은 적어도 사실로 인정하더라도 좋지 않을까. 시가[滋賀]는 유학자적인 사상으로의 고착이 너무 강해서 부자의 지위평가에 대하여 문제가 없었다고는 할 수 없을 것이다. 시가[滋賀]의 원리는 법변동의 계기를 고찰함에 있어서 더욱더 관계가 멀어지고, 역사성보다 정체성의 경향을 현저하게 띠고 있다. 그것은 시가[滋賀]가 "12세기 전후의 법률에 보이는 여자몫이 칼프에 의한 광동성 봉황촌의 20세기의 조사에 나타나지 않았기 때문에, 12세기 전후의 관습에도 그것은 없었을 것이다"(滋賀 補考 1의 28쪽)라고 하는 초시간적 고찰을 생각해내는 근원과 연결되어 있다고 할 수 있다.

내가 쓰고자 하는 것은 자신과 관계있는 더욱 생동하는 생활의 역사, 살아 있는 사람의 살아있는 사회의 역사이다. 시가[滋賀]가 그 원리 밖에 나와 있는 자료에 대하여 취하는 최후의 태도는 '현실거부'이다. 번거롭고 귀찮은 자료에 대해서 시가[滋賀]는 여기에서도 대(大)를 변화시켜 소(小)로 만들고, 마침내 무(無)로 만들려는 것에까지 이르려고 한다. 시가[滋賀]는 "역대의 법률 및 그 주석 가운데에는 사견에 모순되는 것이 발견되지 않는다고 생각한다"(補考 3의 104쪽)고 말하고 있지만, '모순'을 주관적 방법으로 처리하는 한 모순을 모순으로 느낄 수 없게 되는 것은 당연한 일이라고 생각한다.

아무리 시가[滋賀]에게 그것이 '확신'에 찬 방법이라고는 하지만, 그것은 시가[滋賀]의 소위 '원리'적인 견해의 유형이라고 밖에는 생각할 수 없다. 또한 나도 '개념'·'원리' 그 자체를 세워서는 안된다고 하는 것이 아니다. 세울 필요가 있는 것은 세우면 된다. "가부장 권위의 투영" "단체적 소유" 기타의 것을 이용하지 않으면 나로서도 설명을 진전시킬 수 없다. 그렇다고 하더라도 그것은 시가[滋賀]의 연구태도와 동일하지 않다. 문제는 어떤 것을 세워야 하는지, 또한 그것이 자료에 의해 어떻게 검증되어야 하는가이다.

우리는 급히 만들어낸 편면적인 '개념'·'원리'를 집어넣어 중국법의 원래의 뜻에 없는 것을 만들어내고, 그것을 고집함으로써 무용(無用)한 혼란을 야기하는 일이 없기를 바라고 있다. 시가[滋賀]는 그 개념구성을 위해 오히려 그 견해가 방해받고 있는 것은 아닐까. 또 우리는 '개념'·'원리'의 구성을 생각한다면 더욱 전면적인 것으로 접근하는 방법을 생각하고자 한다. 현실분석을 피해 지나가면 '살아있는 법'으로 접근할 방도는 끝내 발견할 수 없게 되고 말 것이다. 사회적인 힘의 지지, 말하자면 여론이 있는 곳에 무관심한 부친의 행위는(설령 자녀가 소송을 제기하는 일이 없었다고 하더라도) 여론은 거기에 무관심하지 않을 것이다. 부친의 행위에 대한 '도매도매'라는 비난 속에 문제를 읽어내야 하고, 규범의식을 깊이 생각해야 할 것이다. 권력 내지 권위와 모순되고 그것과 대항하는 힘에 의해 생기는 소용돌이 속에서 법의 역사를 발견해가지 않으면 안된다.

제6절 '끼리끼리' 주의의 역사적 종말

이 절에서는 문제의 개요만을 서술한다. 나는 종전에 혈연집단(동족 등), 지연집단(동향), 길드(동업), 기타 종교적 결합(홍방, 청방 등) 등 중국사회의 '끼리끼리'적 결합의 대부분을 연구조사의 대상으로 해왔다. 그리고 언제인가 그 역사적 종말이 있을 것을 예측하였다. 그러나 그 종말의 과정, 조건에 대해서는 충분히 알 수 있는 근거조차 없었다. 막스 베버는 일찍이 "'프로테스탄트'가 성취한 거대한 객관적 효과는 씨족적 유대의 파괴이고, 윤리적 생활공동체인 혈연공동체에 대한 훨씬 우월적인 지위의 형성이었다"라고 말했다. 만약 혈연공동체를 파괴하는 것이 '프로테스탄트'에 한하며, 자본주의 정신만이 이러한 역할을 수행하는 것이라고 한다면, 새로운 시대는 동양사회에는 쉽게 오지 않게 될지도 모른다. 그러나 나로서는 동양사회가 어떻게 해서 '끼리끼리' 주의를 탈피해갈 것인지, 그 가능한 방법의 발견이 중대 관심사였다. 이 일에 있어서의 귀중한 자료를 제공한 것은 모택동의 정강산(井岡山, 강서의 공산 혁명근거지)의 기록이고 주덕의 전기였다.

혁명이 농공의 합작에 의한 것이라는 점은 말할 것도 없지만, 농민과 농민 출신의 병사와의 일관된 결합은 혁명성공의 요인이었다. 혁명은 태평천국의 이상과 실패의 자취를 거울삼았고, 혁명군은 호남, 강서의 해방지구에서 서서히 토지개혁의 방도를 얻게 되어 경제적 지반의 확립을 도모하였다. 농민에게는 이러한 방향 이외에 달리 갈 방법이 없었다. 그리고 공동으로 해결해야 하는 임무를 맡는 사명감, 같이 직면하고 있는 위기의식을 매개로 하여, 이들 화남지대의 농민들에게 특히 존재하기 쉬운 혈연적·지연적 대립을 자각적으로 극복하고, 예전에 그 몸을 지키기에 유리하다고 생각되었던 집단의 폐쇄성·배타성도 이제는 무용화되었다.[142)

모택동의 정강산(井岡山) 기록에 의하면, 그때까지 누가 뭐라고 하더라도 그만두려고 하지 않았던 동족 부락끼리의 계투(혈투·혈수)나 본토박이 부락과 외래자 부락 사이의 토객계투(土客械鬪)도 폐지되었다. 농민들 사이에도 병사들 사이에도 고조되는 계급적 자각은 모든 '끼리끼리'적 이기주의를 무너뜨리고 있었다. 혁명근거지인 정강산(井岡山)에서의 주덕(朱德)과 모택동, 이른바 주모(朱毛)의 합체 전후는 혁명의 고조 속에서도 하나의 정점을 이루고 있었다.[143)

또한 주덕(德)의 전기에는 '바다의 모래'와 같은 가로회(哥老會)의 농민이 종종 혁명에로의 적극성을 가지고 등장한다. 가로회는 소위 홍방(紅幫;洪幫)계통의 '끼리끼리'이고, '끼리끼리'는 횡적인 형제 관계를 갖는 것이다.[144) 그 적극성의 근원은 가로회의 구성이 주로 농민출신자였던 것은 물론이고, 그들이 가지고 있는 횡적인 '끼리끼리' 의식과도 무관하지 않았던 것 같다. 그러나 적극성을 가로회(哥老會)—사람들의 소위 뒤떨어진 비밀결사—가 보여 주었다고 하기보다, 그것은 농민 자체의 주체적 지향이었다. 일반적으로 말해서 중국혁명은 주덕의 전기에 보이는 것과 같이 무명의 중국 농민의 자각적이고도 자율적인 운동이었다. '바다의 모래'와 같이 많은, 그리고 무명인 농민들이야말로 혁명의 추진력이고, "중국의 청년은 산도 움직이고 하류도 바꾼다"(스메들리,「위대한 길」)고 하는 청년(농민과 병사)의 협력일치가 혁명을 완수하는 큰 힘이 되었던 것이다. 이렇게 하여 혁명이 확대되어가는 과정에서는 이러한 가로회의 '끼리끼리' 결합도 특별히 필요가 없어지게 된다.

---

142) 거기에는 또한 족전(의장, 제전)과 같은 동족의 '끼리끼리' 주의를 지탱해주는 물적 지반도 소멸해 간다.

143) 仁井田陞,『中國社會の法と倫理』(法原理叢書, 1954년 2월, 187쪽 이하).

144) 仁井田陞,「中國社會の兄弟的結合構造」(『隨筆中國』3호, 1948년 4월, 7쪽 이하).

설령 가로회가 형식적으로는 후대까지 존속하였다고 하더라도 그 '끼리끼리' 결집의 의미는 약해지고, 그 실질적인 종말을 맞이하게 되었다.

이에 대해 주덕의 전기에는 청방(靑幇 ; 이것도 소위 사람들의 뒤떨어진 비밀결사)이 반혁명의 역할을 한 것으로 몇 번이나 지적되어 있다. 이 청방은 홍방과 같은 횡적인 형제관계의 구성을 가지고 있다고 하기보다는, 상당히 부자조손적 상하의 수직지배구성에 힘이 들어가 있었다.[145] 홍방과 청방은 초기 청조에 대하여 저항하는 자리에서는 손을 맞잡고, 함께 적극성을 가지고 있었다. 그러나 혁명과정의 마지막 단계에서 양자는 각각 다른 노선을 선택하였다. 이러한 노선의 분리는, 하나는 형제적이어서 농민층의 지지를 받았고 다른 하나는 가부장제적이어서 향신층(鄕紳層, 도시농촌의 지배자층)으로부터 지지를 받은 것과 깊은 연관이 있었다고 생각한다.[146] 다만 형제적이라고 하는 홍방에서도 과두지배가 없었다는 것은 아니다.

길드라는 중세적인 '끼리끼리' 조직이 근래에 이르기까지 계속된 것은, '끼리끼리'적 이기주의를 계속하는 데에 이익이 있는 경제적·사회적 조건이 있었기 때문이다. 그 조건이라고 하는 것의 하나는 수공업 단계이다. 그리고 중국경제를 이런 수공업 단계에 정착시키는 데에 크게 힘이 된 것은 국내의 봉건주의와 거기에 결합된 열국의 식민지 지배였다. 손문의 산업혁명의 의욕도 이러한 조건을 극복하기에 이르지는 못했다. 새로운 중국혁명의 진전 과정은, 안으로는 봉건주의의 타파였고,[147] 밖으로는 식민지 지배의 배제였다. 더욱이 기업은 혁명 뒤 공사합영(公私合營) 및 국영이라는 발전의 방향으로 압도적인 발걸음을 내딛게 되고, 길드는 자본주의도 넘어서는 새로운 사회의

---

145) 仁井田陞,「中國社會の兄弟的結合構造」(『隨筆中國』3호, 1948년 4월, 7쪽 이하).

146) 스메들리,『偉大なる道』(阿部知二 옮김)에 대한 仁井田의 소개문(岩波書店 편,『圖書』70호, 1955년 7월, 22쪽 이하).

147) 幼方直吉,「幇·同鄕會·同業公會とその轉化」(『近代中國の社會と經濟』, 1951년 5월, 247쪽 이하). 특히 그 가운데 幇을 깨뜨리는 것—노동력—. 혁명전야 시기에도 기업조직이 진전되면 이때까지처럼 우두머리 제도(親方制度)나 幇('끼리끼리' 집단)에 의지해서는 노동자를 모집할 수 없게 되고, 우두머리나 幇이 아닌 새로운 타입의 직공이 노동조합을 조직해간다. 그리고 동맹파업으로 일어서서 투쟁하는 노동자에게는 이제 우두머리 제도나 幇이 있으면 도리어 방해가 된다.

차원에서 해소되지 않을 수 없었다. 根岸는 그의 저서『상해의 길드』에서 "중국 근래의 길드가 외국의 제도에 의하여 병용된 것은 동서문화 융합의 가능성을 보여주는 것이고, 길드는 민주주의의 수립과 근대국가 건설에 기여·공헌할 수 있어야 한다"고 길드를 평가하였다. 그러나 이러한 길드에 대한 평가는 역사의 방향과는 역방향이다.[148] 根岸도 그의 저서『중국의 길드』에서는, 혹 우리의 의견을 고려하였는지도 모르지만, 그 점을 수정하였다.

동족집단이나 종교적 '끼리끼리' 결합이나 길드 등의 붕괴와 함께 가족도 또한 구태를 지속하는 것이 불가능하게 되었다. 가족의 '협동체적'인 인간관계 및 '지배단체적'인 인간관계는 그 종말을 재촉한다. 예전의 가족적 소유법의 체계도 새로운 것으로 변화되어 간다. 혼인법과 토지개혁법은 모두 일찍이 '강서(江西)소비에트' 시기에 등장하였다. 또한 1950년에 양법은 함께 중화인민공화국의 법률로서 혁명법률의 선두에 섰다. 토지개혁법이 지주농노간의 지배종속관계를 종결지은 것뿐만 아니다.

토지개혁은 동족 및 가족단체에도 그 예전 단체의 물적 기초까지 상실시키기에 이른다. 동족집단에 대해서는 그것이 가지고 있던 의장·의전·제전과 같은 동족적 소유(단체적 소유의 하나)를 소멸시킨다. 가족단체에 대해서 토지개혁법과 혼인법은 형제적 혹은 부자적 소유관계(각각 단체적 소유의 한 경우)를 상실시키기에 이른다. 소유권에 대한 속박(단체적 소유)의 해소와 인간에 대한 속박[149]의 해소는 동시에 진행되지 않으면 실현되지 않는다. 지주와 농민간의 이중소유관계(一田兩主制)도 지주제의 폐지와 운명을 같이 하였다.

토지개혁법과 혼인법이 중국의 혁명기에 있어서 애초부터 동반자적으로 등장한 근거가 여기에 있다.[150] 그러나 또한 소유관계의 새로운 발전은 인간관계의 새로운 발전과 호응하여 새로운 사회를 생장시켜 간다. 예를 들어 농

---

148) 仁井田陞,『中國社會とギルド』(1951년 11월, 後記 228쪽).
149) '공동체' 및 '협동체적 단체' 내지 '지배적 단체'.
150)『中華"ソヴェト"憲法大綱』제6「토지정책」, 제11「부녀의 해방」. 幼方直吉와 공동 집필한「中華ソヴェト共和國婚姻條例」(『法律時報』제27권 9호, 1955년 9월, 78쪽 이하).

업경영의 협동화, 협동조합경제에서의 집단적 소유제 = 협동조합소유제의 형성은[151] 과거의 혈연주의, 과거의 단체주의를 불러일으킬 최후의 실마리도 소멸시킨다. 그 뒤의 문제로 인민공사적 소유제로의 발전의 문제가 있다.[152]

'끼리끼리' 주의라고 하면 혁명전의 오족공화론(五族共和論)도 일종의 '끼리끼리' 주의였다. 그 주장은 일단 한(漢)·만(滿)·몽(蒙)·회(回)·장(藏)의 오족의 평등한 입장을 인정하였다. 그러나 그것은 한족 중심의 동화주의이고, 소위 이적(夷狄)을 회유하는 구래의 기미(羈縻, 조종제어) 정책의 연장이었다. 그러나 오늘날의 중국은 '통일된 다민족국가'이고, 국내의 여러 민족은 '일률적으로 평등'한 입장에 서 있다. 그들은 각각 자기의 언어·풍속·관습을 가지고 있고, 이것들을 개혁하는 것은 또한 그들의 자유이다. 그리고 그들이 집단으로 거주하는 지방에서는 구역자치가 실행되고 있다(헌법 및 공동강령).

예전부터 외국인 내지 이민족의 명칭에는 이적이라고 하여 犭변(개사슴록변)이 붙어 있었다. 지금은 그 犭변이 人변으로 고쳐지거나[153] 玉변으로 변경되었다.[154] 여러 민족은 이제 번인(番人)이나 이적(夷狄)이 아니고 한인과

---

151) 오늘날 중국에서는 토지소유권을 폐지하지 않고 있다. 그뿐만 아니라 헌법(제8조 제1항)에서 볼 수 있듯이 이것을 보호하고 있다. 농민이 토지소유권을 바라는 단계에서 그것을 인정하지 않는 것은 오히려 생산력의 발전에 도움이 되지 않는다 (野間淸). 그보다는 농민이 바라는 바를 보호하면서, 그리고 헌법(제8조 제2항)에도 있듯이 경영면에서 농민자신에게도 단독경영이 이익인지 생산의 협동화가 이익인지 현실에 입각하여 판단하도록 맡기면서 생산이 고조되는 방향으로 지속시키려고 한다. 그러나 현실적으로 아득하기만 한 이익을 목전에 두게 되면 농민은 생산의 협동화로 향하지 않을 수 없게(野間淸) 될 것이다. 오늘날 중국에서는 농민들 간의 단순한 상호부조그룹을 결성하는 데서 그치지 않고, 헌법(제7조)에 말하는 협동조합경제(合作私經濟)가 진행되고 있고, 근로대중에 의한 집단적 소유제 = 협동조합적 소유제의 실현에 관심을 갖고 있다. 오늘날에는 인민공사적 소유제로의 진전을 볼 수 있다.

152) 中國의 新婚姻法에 대해서는 仁井田陞, 『中國法制史硏究』 가족촌락법 제7장을, 토지개혁법과 그 뒤의 토지제도의 진전에 대해서는 仁井田陞, 『中國法制史硏究』 토지법거래법(1960년 3월) 토지법 제5장을 참조하기 바란다.

153) 野原四郎의 교시, 동족(獞族)이 동족(僮族)으로 된 것 등.

154) 요족(猺族)이 요족(瑤族)으로 된 것 등.

대등하게 동등한 사람이다. 이와 같은 자각은 새로운 중국 및 중국인의 생장을 의미하는 것임에 틀림없다. 중국에 있어서의 오래 된 '끼리끼리' 주의는 가족이든 민족이든 불문하고 모두 예외 없이 소멸단계에 이른 것이다.[155]

---

155) [原載] - 법사회학회편 『家族制度の 研究』(하)(1957년 4월).

제5장

명청시대의 족보에서의 가산관계문서와 소작관계문서

머리말

이 장의 초점은 제1절에 있다. 중국 구래의 국가제정법에서는 부친에 대한 자녀의 주체적인 지위를 충분하게 승인하고 있지 않았다. 그러나 이렇게 국가법 앞에서는 무권리인 것 같아도 사회적으로 성립하는 자녀에 대한 평가는 이와 반드시 동일하다고 생각할 필요가 없다. 나는 이 제1절에서 부자공산제를 통해 나타나는 자녀의 이른바 "사회적 권리"를 역사적으로 조명하고 싶다. 그 자료로서는 주로 청대의 거래문서 등을 사용한다. 이 장의 지면 대부분은 이것에 할애하였는데, 명대의 가산분할문서, 청대의 강서(江西)지방의 이중소유관계, 즉 일전양주(一田兩主) 관계문서, 동족의 의장(義莊)·제전에 대한 소작관계문서, 항조(抗租) 관계자료 등 종전에는 거의 이용하지 않은 상태로 있던 귀중문서를 수록하여 학계의 이용에 편의를 도모하고자 한다. 나는 단지 아무 생각없이 문헌을 나열할 생각은 없다. 지금 학계가 요구하고 있다고 생각되는 부분에 응답할 예정이다.

이 장에서 다루어지는 자료의 대부분은 족보에 수록되어 있는 문서 등이다. 족보(族譜)는 가보(家譜)·종보(宗譜)라고도 하고, (1) 족보편집상의 소위 기술적 사항(범례, 목록 등) 외에는 (2) 동족의 계보나 전기 등과 같은 동족의 인물보(人物譜)적 사항과 (3) 가규·가훈·사산기(祠產記)·의장기·계약·의단(議單) 등과 같은 동족의 생활보(生活譜)적 사항이 주내용으로 구성되어 있다.[1] 그리고 (3) 가운데에는 ① 동족 그 자체에 관한 것과 ② 그 주변에 속하는 것이 있다. 양자 모두 연구자료로 귀중하지만 이 장에서는 오히려 후자에 역점을 둔다. 전자에 대해서는 예전의 『支那身分法史』에, 그리고 이 책에서는 가족촌락법 제1장, 제4장, 제12장에 어느 정도 서술되어 있다. 이 장은 『中國法制史研究』(토지법) 및 이 책의 여러 장과 상호보완적인 관계에 있으므로 다음에는 관계되는 장(章)과의 대조표를 그려 둔다.

본장 각절	관계되는 장
제1절	이 책 가족촌락법 제2장, 제4장 및 제6장
제2절	위와 같음
제3절	이 책 가족촌락법 제14장, 특히 『중국법제사연구』(토지법거래법)의 토지법 제4장
제4절	이 책 가족촌락법 제12장, 아울러 이 책 노예농노법 제4장 및 제5장의 일부와도 관계가 있다.

제1절 가족공산(家族共産)관계 문서
-가산처분과 부자의 '합구상의(合口商議)'

1. 서언

청말의 양수경(楊守敬 ; 호북성 의도현 사람, 1839~1915)은 금석학자로도 저명한 인물이었다. 그는 한대의 토지매매증서에 부자가 함께 매수인으로서 나타나는 것에 대하여 다음과 같이 말했다. "그것은 마치 현재의 사람이 토지가옥을 매매할 때 부자가 함께 서명하는 것과 같은 것이다."[2] 나는 그것을

---

1) 仁井田陞, 『支那身分法史』(1942년 1월, 148쪽 이하).
2) 楊守敬, 『壬癸金石跋』(『匋齋藏石記』卷1) "此漢建初六年買地玉券, 匋齋尙書所藏, 其云, 武孟子男靡嬰者, 東漢少二名, 靡嬰當是武孟子之兩男, 亦如今人賣買田宅, 父子皆

떠올리면서 이 장을 기술하고자 한다. 그리고 이 절의 독자는 이 책 가족촌락법 제2장 및 제4장을 함께 참조하기 바란다.

중국의 가산공산제 내지 공산에 대한 규범의식을 알기 위해서는 매매·교환·증여 등 거래의 주체(매매 시에는 매수인 또는 매도인)로 누가 등장하는지를 살펴보는 것이 하나의 단서가 된다. 물론 거래하는 자리에 나타나는 자는 가족단체 또는 가족 전원의 대표자 한 명이라도 상관없기 때문에, 거래문서에 대표자 한 명이 기록된다고 하더라도 별로 이상하게 여길 필요는 없다. 그러나 형제 또는 숙질과 같은 방계친이 함께, 부자 또는 조손(祖孫)과 같은 직계친이 공동으로 거래문서에 그 이름을 나란히 적는 것은, 안휘·호북·호남 등의 예에서 보는 것과 같이 드문 일이 아니었다. 그리고 그 내력도 결코 새로운 것이 아니다.

실례(實例)로서 오래 된 것은 기원 전후 한대에까지 거슬러 올라간다. 한대의 예로서는 양수경이 앞서 언급한 것과 같은 의견을 서술한 한(漢) 건초 6년(81) 11월 토지매매문서 "武孟子男靡嬰, 買……"3) 외에 한(漢) □평□년 10월 토지매매문서 "從雒陽男子王孟山 子男元顯 子男富圭 買所名有……"가 있다. 전자는 부자가 토지의 매수인으로서, 후자는 부자가 토지의 매도인으로서 함께 증서에 그 이름을 표시한 경우이다. 전자의 연대는 기원 1세기, 후자의 그것은 오래되었다면 기원전 1세기, 오래되지 않았다고 하더라도 기원 후 1~2세기에서 더 내려오지 않을 것이다.

나는 이와 같은 자료에 의하여 부자사이에도 가산공유관계가 성립되었고 공유의식이 있었다는 것을 인정해도 좋다고 생각한다. 그런데 중국에서는 부친과 "자는 어떤 종류의 공유관계에도 서는 것이 아니라"는 것이 시가슈우조[滋賀秀三]의 견해이다. 그러나 그러한 것을 단정하기 전에 필요한 것이 자료의 분석이다. 또한 시가[滋賀]는 매수인으로서 부자의 이름이 등장하는 한

署名也". 仁井田陞, 『中國法制史研究』 토지법거래법(1960년 3월, 455쪽).

3) 仁井田陞, 『中國法制史研究』(앞에서 인용한 책, 429쪽). 그리고 仁井田陞(앞에서 인용한 책, 407쪽) 토지매매증서의 표에서 제5번째의 漢 建初 6년 11월 및 제16번째의 漢 □平□年 10월의 두 문서에서는 매도인과 매수인이 바뀌어 기록되어 있어서 여기에 정정해둔다.

(漢) 건초 6년 11월 토지매매문서는 묘지매매증서이고, 매매증서의 일반적인 예가 아니라고 말한다. 이것도 시가[滋賀]가 부자사이 공유관계의 입증에 도움이 되는 것을 배제하려고 하는 의도의 표현이라고 생각된다.

거래의 객체가 묘지이든 아니든 마찬가지였다는 것은 다음의 예에서도 엿볼 수 있다. 슈타인 돈황발견의 천복 9년(909) 기사년 10월 토지매매문서에는 매매의 목적물이 묘지는 아니지만, 매도인은 부친과 아들이다.[4] 슈타인 돈황문헌에는 노비매매문서 가운데에도 같은 종류의 예가 있다.[5] 더 확실히 해두기 위해 기록해두지만, 나는 부자공유제와 함께 가부장 전유제가 행하여진 것까지는 부정하지 않는다. 오히려 그 양극단 사이에 가산소유의 단계가 있다는 것을 인정하는 것이다.[6] 또한 부자공유제라고 하더라도 그 부자가 대등자라고 생각하지는 않는다.

그런데 시가[滋賀]와 반대되는 말을 하는 사람이, 앞서도 소개한 대로 청말의 양수경(楊守敬)이다. 양수경이 자신이 향리로 있는 호북의 관습법을 머리속에 그리고 있었는지, 호북을 포함하여 더 넓은 지역에 걸친 관습법을 전제로 하고 있었는지는 문제이겠지만, 나는 호북·호남·안휘·강서·광동 등 여러 지역에 걸친 여러 자료, 특히 족보를 조사하면서 적어둔 것을 들어 양수경의 소견을 뒷받침하고 연구자들의 참고자료로 제공하고자 한다. 강소·강서 등에 대한 조사는 호남·안휘 등의 경우에 비해 미흡한 경향이 있지만, 그렇게 된 것은 관계자료를 많이 수록한 전계(田契)·산계(山契) 같은 것이 호남·안휘의 족보에서 비교적 많이 발견되는 것에 그 요인이 있음을 알아주기 바란다. 그러나 현재 가지고 있는 자료만으로도 역시 양수경의 지적이 잘못 되지 않았다는 견해가 가능하다고 생각된다. 관계자료가 너무 대량이어서 조사의 미흡을 다소나마 시정할 수 있는 것은, 또 몇 년 뒤가 될 것 같다. 그러나 여기에 일단 견해를 밝혀두고자 한다.

내가 요즈음 얻은 것보다 적은 자료이기는 하지만, 나는 예전에 같은 종류

---

4) 仁井田陞(앞에서 인용한 책, 678·680쪽).
5) 仁井田陞(앞에서 인용한 책, 696쪽 이하).
6) 仁井田陞, 『中國の農村家族』(1952년 8월, 224쪽 이하). 그리고 이 책 仁井田陞, 『中國法制史研究』(가족촌락법) 제4장 제5절.

의 자료를 어느 정도 제시한 적이 있었다.[7] 이에 대해서 시가[滋賀]는 "대만 사법에는 이런 종류의 자료가 발견되지 않는다"고 하여 부자공유관계의 입증을 저지하려고 하였다. 그러나 대만에 이런 자료가 없었다고 하더라도 그것은 그것일 뿐이다. 그것은 하등 나의 견해에 대한 반증이 되지 않는다. 그것을 다시 말해두고 싶다. 대만사법의 연구사에서의 의미를 모두 부정할 필요는 없지만, 우리는 태산같이 많은 문헌 속으로 깊이 들어가더라도 스스로 새롭게 자료를 꺼내어 이것을 평가하고 문제를 해결해야 한다는 데 유념해야 한다.

그리고 계약서에 부자조손이 매도인으로서 이름을 나란히 하는 경우에, 계약서의 본문에 부자조손이 처분에 대하여 협의하였다는 취지를 나타낸 의미의 말로 종종 '부자합구상의(父子合口商議)' '부자상의(父子商議)' '부자상의(父子相議)' 또는 '조손상의(祖孫商議)' 등이 기재되어 있다. '부자전가상의(父子全家商議)' '형제상의(兄弟商議)' '숙질상의(叔姪商議)' 또는 '동족상의(同族商議)' 등으로 되어 있는 것도 같은 표현이다.

부친과 가산의 처분을 '함께' 협의하고 계약서면에도 '공동으로' 매도인으로 되어 있는 아들은 '안동자(眼同子)'로도 표현되었다. '안동(眼同)'이라 함은 '함께' '공동으로'의 뜻으로, 공동행위를 나타낸다. 부자가 가산의 매매대가를 함께 수령하는 것을 '父子眼同親手領訖'이라고 한다. '안동(眼同)'이라는 용어만으로 본다면, 그것은 명 홍무(洪武) 연간의 자료에서도 볼 수 있다. 또한 예를 들어 명 홍치(弘治) 8년(1495) 강소 안양(安陽)의 양씨 가산분할 문서에는 가산의 공유자인 형제나 조카나 손자가 가산을 공동으로 관리하는 것을 '안동장관(眼同掌管)'이라 하고 있다. 앞에서 기술한 '안동자'는 아들이 아버지와 함께 거래하는 자리에 참석하고 거래의 주체가 되는 것을 나타내는 것이고, 부자 공동행위의 표현이다.

나는 앞서 명대의 일용백과전서인 척독쌍어(尺牘雙魚) 등에 '부자형제상의'(실제로는 부자상의의 뜻)라고 되어 있는 것에 주의를 기울였다. 다수 수집하였던 청대의 일용백과(日用百科)는 불행하게도 1945년 동경(東京) 공습

---

7) 仁井田陞, 『中國の農村家族』, 236~238쪽.

에 소실의 재해를 당하였지만, 그 가운데에도 수차 부자가 거래주체로 되어 있던 증서가 있었다는 것을 기억하고 있다. 지금 수중에 있는 것에서도 그것이 토지·가옥매매증서에 나타나 있는 것을 알 수 있다.[8] 이렇게 해서 거래의 주체로 등장하는 매도인인 부자는 함께 대가의 수령자가 되고, 계약서에는 "父子親手領訖"이라든지 "父子眼同親手領訖" 등으로 적혀 있다.

부자가 자기 손으로 공동으로 재산을 취득하는 것을 "係父子親手自置"라고 한다. 부자가 그 공동재산을 팔았을 경우에 부자는 제3장 등의 추탈에 대하여도 또한 방위책임을 졌다. 이에 대응하여 부자가 함께 매수인으로 증서에 나타나고[賣買與某某父子管理], 매입한 땅이 부자의 소유가 된다는(出賣與 …… 父子爲業) 의미가 적혀 있어도, 또 이와 함께 계약서를 교부 받는다는 것(父子收執)이 기록되어 있어도 이상한 일이 아니다. 그리고 그 실례도 계약서에 따라서 나타날 수 있다. 이런 것으로 보면 부자사이와 같은 지배적 단체에 있어서도 단체적 소유관계를 인정해야 한다. 따라서 시가[滋賀]와 같이, 부자는 재산을 공동으로 하지만, "그러나 부친이 생존하는 동안에는 이 공동재산의 주체로 나타나는 것은 부친의 인격뿐"이라든가 "자는 어떠한 종류의 공유관계에서는 자가 아니다"라는 것은, 이 사례들의 경우 온당하지 않은 것 같다.

연구자들 사이에서 중국 구래의 가부장의 지배 권력이 무한정적인 것으로 이해되고 있지 않다고는 할 수 없다. 또한 자녀라고 하여 반드시 몰주체적인 것으로 취급되지 않는다고도 할 수 없다. 그러나 늦어도 청대 이후[9]의 현실사회 중에는 자녀가 가지는 주체적인 힘을, 어느 정도 한계는 있겠지만, 종래보다는 크게 용인하지 않을 수 없게 된 것은 아닐까. 즉 자녀도 또한 사회적인 의미에서의 권리자로서의 성장도를 증가시키고 있는 상태가 나타나는 것은 아닐까. 거기에는 물론 지역차를 고려할 필요가 있다.

---

8) 仁井田陞,『中國法制史硏究』 가족촌락법 제14장 1절 주 22 참조. 청대의 것으로서는『酬世錦囊全集』(乾隆 36年編) 가운데의 買田契式 및 賣買契式에 父子가 함께 買主로서 증서에 쓰여 있다.

9) "늦어도 청대 이후"라는 것은 매우 애매한 표현이라고 생각되지만 여기에 우선 그렇게 기록해두고 뒤에 연구할 것을 기약한다.

과연 국가의 제정법에서는 부친에 대한 자녀의 주체적 지위를 충분히 승인하고 있지는 않았다. 따라서 설령 부친이 자녀에게 가산의 불리한 처분을 행하는 일이 있었다 하더라도 자녀는 국가의 법정에 구제를 요구할 방법이 없었다. 그러나 그렇다고 해서 부친의 전횡에 대한 사회적인 제약이 없었다고는 말할 수 없다. 그 제약을 뒷받침하는 증거로, 사회적으로 성립되고 사회적으로 승인을 받고 있는 자녀의 지위까지 전적으로 부정하는 것은 "현실적으로 적용되고 있는 법"을 이해하는 방법이 아니다. 내가 여기에서 목표로 삼은 것은 부자공산제를 통해서 나타나는, 자녀가 가지는 이른바 "사회적 권리"이다. 위에 서술한 것과 같은 자녀의 지위는 국가의 법규만을 탐색하는 것만으로는 충분히 밝혀낼 수 없을 것이다. 가산의 취득과 처분의 자리에 부친과 함께 나타나는 자녀의 협동관계는, 부친에 대한 자녀의 자기주장의 평가가 사회적인 지지를 받아 성립하였다는 것을 보여주므로, 자녀의 지위에 대한 이와 같은 사회적 승인을 도외시하는 일이 있어서는 안될 것이다.

2. 안휘(安徽)의 증서

가산처분에 있어서 부자의 공동행위를 나타내기 위하여 증서 본문에 "부자공동상의"라고 기재하고 부자가 동서(同署)한 예는, 내가 현재 아는 바로는, 족보수록문헌 중에 명 홍치(弘治) 6년(1493) 2월의 토지매매증서에서 처음 보았다.

나는 안휘 동성(桐城)의 『高林汪氏宗譜』(光緒 8년)[10]에 형제가 그 공동재

---

10) 『高林汪氏宗譜』(光緒 8년) 卷末 山契.
　　樂莊公懷邑鳳形山契
　　立賣契人安慶府懷寧縣康應者, **同弟**遇春, 早晚, **兄弟商議**, 今將自己山廠一片, 坐落
　　……, 情愿立契, 出賣與 桐城縣汪名下, 遷葬父墳爲業, …… 二比情願, 並無逼勒成
　　交, 倘康人戶內人等, 爭論盡足, 應春弟兄承管, 不干買主之事, ……
　　萬曆三十九年十月二十八　　　　　　　　　　　日立賣陰地人康應春　　遇春
　　　　　　　　　　　　　　　　　　　　　　　　　　同男康京康銀俱押
　　　　　　　　　　地仙何紹之　　　　　　　　　　　　　　　姚　元
　　　　　　　　　說合中見人(八名)　　　　　　　　　　　　　　俱押

산인 토지를 처분하는 경우, 증서 본문에 '형제상의'라고 쓰고, 아들이 있으면 그 아들도 '同男'으로서 서명하고 있는 만력(萬曆) 39년(1611) 10월의 예를 알고 있었다. 그런데 안휘 동성의 『唐氏宗譜』(同治 9년 刊)에서는, 멀리는 명 홍치(弘治) 연간(15세기 말)까지 거슬러 올라가고, 이후에 명청을 거치고 있는, 토지매매증서에 '부자상의'라고 기재하여 부자가 동서(同署)하고 있는 수많은 사례를 발견할 수 있었다.[11] 다음은 앞서 언급한 홍치 6년 2월의 증서이다.

> 三世四世祖墳山契
> 　立賣地契桐城縣第一圖住人吳纓, **同男**吳正方等, 情因田價銀兩無湊, **父子商議**, 情願將自己置買過割山場陰地一片, 東至劉家山頂爲界, 南至鄭家墳前水溝爲界, 西至山澗溝爲界, 北至山頭頂上分水爲界, 踏看四至明白, 憑中立契, 出賣與市三圖
> 　唐世奇名下爲業, 三面言議, 時直地價白銀入兩整, 當日其價契兩相交訖, 其地該載原稞畝數四分整, 自立契已定, 其地聽從唐門管業, 不許賣主男子姪及親鄰阻當, 其畝後遇大造, 聽從過割當差, 所成其事, 係二此情愿, 幷無逼勒準執情由, 不許反悔, 如有反悔者, 甘罰契內價銀一半, 與不悔人用, 今恐無憑, 立此賣地文契, 日後永遠爲照用者
>
> 　　　　　　　　　　　　　日情願立契賣地　吳纓
> 　　　　　　　　　　　　　　　　**同男**　正方
> 　　　　　　　　　　　　　　　　　　正岳　俱押
> 　　　　　　　　　　　　　中見人　黃萬銘　周天佐　俱押
> 　　　　　　　　　　　　　　　　依口代書人　王頂

　이 증서에서는, 이하의 많은 예도 이것과 마찬가지이지만, 단순히 부자가 그 공산의 처분에 대해 협의하였다는 것뿐만 아니라 부자가 가산처분에 대해

同男이라고 되어 있는 두 사람의 아들은 형이나 아우의 아들이라고 생각한다. 이 宗譜에는 또한 같은 종류의 것으로 만력(萬曆) 42년 10월 토지매매증서가 있다.

11) 『桐城唐氏宗譜』(同治 9년 刊) 卷13 文契. 나는 현존하는 족보를 모두 조사한 것이 아니기 때문에 弘治 6년보다도 오래된 '부자상의'라고 되어 있는 매매증서가 이것 외에는 없다고 단언할 수는 없다.

서 공동행위를 하고 있는 점이 눈에 띈다. 오정방(아들)은 오영(부친)과 함께 매매계약서의 작성자이고 매도인으로서 서명하고 있고, 중개인이나 대필인이 된 것이 아니다. 다음의 강희 17년(1678) 10월 토지매매증서에서도 마찬가지이다.

九世祖瀛宏公山契
立賣陰地契人許君錫, **同男**子厚, **父子商議**, 今將鷄龍石口祖住厲家嶺頂
上生基一穴老境一十捌步, 因歲歉, 憑中賣與
唐名下, 當得受山價紋銀七兩整, 比日銀山兩訖, 聽從買主擇日扞葬, 母
得異說, 倘有許族爭索酒勸盡, 是賣主一面承管, 恐後無憑, 立此地契, 日後
永遠爲照
康熙十七年十月十五

日立人許君錫 **同男** 子厚押
繼男 *果生
戶尊 許武臣俱押
戶長 許思引
憑中人 (十名) 俱押
代書人 厲旦若

또한 건륭(乾隆) 35년(1770) 12월이나 가경(嘉慶) 12년(1807) 12월이나 가경(嘉慶) 24년(1819) 12월 혹은 동치(同治) 7년(1868) 12월의 토지매매증서에서도[12) 그 점에는 변함이 없다. 『당씨종보(唐氏宗譜)』에 게재되어 있는 여러 예를 차례로 들어 본다.

季業公山契
立社賣陰地山契魏廣鳴, **同男**鳳高, …… 社賣與(以下別行)
唐宗傳名下, ……

---

12) 『桐城唐氏宗譜』(앞에서 인용한 책) 卷14 文契.

嘉慶十二年十一月初二

　　　　　　　　　　　　日立社賣陰地契　魏廣鳴
　　　　　　　　　　　　　　同男　鳳高俱押

朝舉公山契
立社載賣山契張干發, **同男**善三, ……
嘉慶卄四年十二月初十

　　　　　　　　　　　　立社載賣地契　張干發　押
　　　　　　　　　　　　　　同男　善三　筆

振有公山契
立載社賣陰地山契方餘銀　**同男**治泉, ……
同治七年十二月十四

　　　　　　　　　　　　日立載社賣陰地山契　方餘銀　(以下別行)親筆
　　　　　　　　　　　　　　男　治泉　押

立社賣陰地契劉延相, **同男**孔懷, …… 社賣與(以下別行)唐名下, ……
乾隆三十五年十二月卄九

　　　　　　　　　　　　日立社賣地契　劉延相
　　　　　　　　　　　　　　同男　孔懷　俱押

　이런 종류의 것은 토지매매증서에서만 볼 수 있는 것이 아니다. 가옥매매
증서에서도 그것은 마찬가지였다. 예를 들어 건륭(乾隆) 22년(1757) 3월 가
옥매매증서13)

　　　立賣屋契人唐巨芳, **同男**敦典, 因該公堂銀兩無償**商議**, 情願將**自己居
屋**, …… 憑族戚, 出賣與合族名堂名下, 以爲祠廟, …… 自賣之後, 巨芳**父
子**聽從公堂起造, 此係兩意情願, 竝無勒逼等情, 恐後無憑, 立此賣契, 永
遠存照
　　　乾隆二十二年三月初四

　　　　　　　　　　　　日立賣屋契　巨芳　押

---

13) 『桐城唐氏宗譜』(앞에서 인용한 책) 卷末 契議屋契.

同男 敦典
戶尊 占五
憑戚 倪志剛 (以下略)
房長 延佩 (以下略)

에서는 매도인이 당거방(唐巨芳) 부자이고, 그 합의하에 공유가옥을 동족에게 판 사실이 기재되었고, 매도인의 서명 부분에도 부자의 이름을 적고 있다.

이 『왕씨종보(汪氏宗譜)』와 같은 형태의 예가 안휘지방의 것에는 매우 많다. 『환동왕씨종보(皖桐王氏宗譜)』(光緒 21년)에는[14] 강희(康熙) 21(1682) 2월의 증서

> 買戴姓山地
> 立賣陰地契人戴靈台, 今因天年乾旱, **父子商議**, 將續買王獻父所買余以祥窖立生基壹穴, 荒田壹片, 坐落, …… 盡行出賣與(以下別行)王芳伯名下, 在上扦葬蓄陰管業 …… 地有好夕買主自見, 倘戶下人等, 爭索酒勸盡, 是賣主承管, 不干買主之事, ……
> 康熙二十一年二月初九
>
> 　　　　　　　　　　　　日立賣地契戴靈基**同0男**
> 　　　　　　　　　　　　　　昇如俱押
> 　　　　　　　　　　　　中見人(七名) 俱押
> 　　　　　　　　　　　　㐅議(八名) 俱押

와 가경(嘉慶) 19년(1814) 12월 증서 등이 나와 있다.

> 走馬嶺契
> 立社賣山地契李元兆, **同男**勝彩等, 今將自置原買左姓古塘保走馬嶺黃泥岡遺留餘地一片, …… 出賣與(以下別行) 王順祥名下管業, ……
> 嘉慶十九年十二月二十六
>
> 　　　　　　　　　　　　日立社賣山契李元兆
> 　　　　　　　　　　　　**同男**勝彩押

---

14) 『皖桐王氏宗譜』(光緒 21年) 卷末.

『동성동씨종보(桐城董氏宗譜)』(光緖 32년 간)[15] 강희 27년(1688) 12월의 토지(경지)매매증서에서

> 立賣田契人董聖怡, 今因年老*用, 將己名下祖遺四＊＊田種＊擔, 坐落,
> ……, 以上共載田畝一畝五分, 盡行出賣與大公堂名下, 耕種管業, ……
> 康熙二十七年十二月初十 日
>
>
>
> 董聖怡 押
> **同長男** 董爲鑑 押
> 憑公親 齊以煥 押
> 方子力 押
> 戶長 董厚之
>
>

부친 외에 아들로는 '장남'이 서명하고 있다.
『환동모씨종보(皖桐毛氏宗譜)』(嘉慶 12년 중간)의 건륭(乾隆) 2년(1737) 2월 음지(陰地)매매증서도[16]

> 立倂山契人毛勝甫, 今因用度不湊, **父子商議**, 將續置山厰一片, ……
> 出倂與弟勝友名下, 在上畜樹管業, …… 比日山銀兩交, 此係二家情愿, 倂
> 無逼勒等情 ……
> 乾隆二年二月初四
>
>
>
> 日立倂契人毛勝甫
> **男**以德
> 憑中人(五名)
> 代 筆(一名) 俱押
>
>

『동성강씨지보(桐城姜氏支譜)』(道光 26년 간)의 건륭(乾隆) 11년(1746) 6월 매산계(賣山契)[17]도 역시 위와 같은 종류의 예이다.

---

15) 『桐城董氏宗譜』(光緖 32년) 卷5.
16) 『皖桐毛氏宗譜』(嘉慶 12년 重刊) 卷2 「家規」(家訓) 附載陰地契券.
17) 『桐城姜氏支譜』(道光 26년) 卷6 山契.

立社賣山契桂榮萬, 仝男鳳祥, 今將坐落官官山保龍井沖, …… 憑中立
契出賣與(以下別行)姜名下, 在上聽從管業 ……
　　乾隆十一年六月卅
　　　　　　　　　　　　　　　　　　　　立社賣山契榮萬**仝男**鳳祥押

『동성고씨종보(桐城高氏宗譜)』(同治 8년 간)의 건륭(乾隆) 47년(1782) 11
월 토지 영구(永久)매매증서에서도[18]

立社賣田契張阿徐, 今因脫小就大, **同男**商議, 情願將祖遺分受田鍾四斗
大小十坵, 坐落 ……, 憑中立契賣與(以下別行) 高名下, 召佃耕鍾管業當
差, …… 倘戶下親疎人等, 爭索**酒勸**, 賣主一力承管, 此係自意情願, 並無逼
準等情, ……
　　乾隆四十七年十一月初六
　　　　　　　　　　　　　　　　　日立社賣田契　張阿徐　**同男**景雲
　　　　　　　　　　　　　　　　　　　　俱彩云　慶云　餘保押

　아들 여러 명이 아버지와의 상의(商議) 하에 조상 전래의 토지(면적은 파
종된 볍씨의 분량으로 나타낸다)를 팔 경우에 부모와 아들이 공동으로 매도
인으로 서명하고 있다. 매도한 뒤 누군가가 방해하는 행동을 할 때에는 아들
도 또한 방해 배제의 책임을 지는 것이 당연하다.
　동서(桐西)의 『관장류씨족보(官莊劉氏族譜)』[19]에도 다음의 가경(嘉慶) 22
년(1817) 3월 토지의 영구(永久)매매증서가 나와 있다.

立社賣田契李東益 **仝男**鳳翯等, 今將續置田種三担三斗, 坐落官莊山小
保項家河, …… 比立推圖登用塘壩水利車放澆灌溝路埠岸, 俱照老例, 在莊
一切各項, 俱照朱姓老契管業, 並無遺留, 憑中立契, 出社賣與劉松久名下,
管業收租, …… 倘有親疎人等, 爭索酒勸賣者, 一力承管, ……
　　嘉慶二十二年三月十四
　　　　　　　　　　　　　　　　日立社賣田契李東益, **男**鳳岑, 鳳儀, 鳳翯俱押

---

18) 『桐城高氏宗譜』(同治 8년) 卷末 田契.
19) 중화민국 10년 重刊. 道光·同治의 서문 있음. 『官莊劉氏族譜』(中華民國 10년 重刊) 卷末 祭田契.

여기에 매매의 목적물은 경지이고, 부친과 아들 세 명이 매도인으로 표시되어 있다.

『동성황씨종보(桐城黃氏宗譜)』(同治 12년)에서는 증여증서(연전계 捐田契), 교환증서(환계 換契) 및 매매증서 등 각종의 증서에 걸쳐있고, 또한 연대도 강희, 건륭(乾隆)에서 도광(道光), 동치(同治)의 각 대에 걸쳐, 위에 서술한 바와 같은 사례의 증서가 많이 실려 있다.[20] 이제 그 몇 가지의 예를 들어 보자. 동치(同治) 11년(1872) 8월의 토지증여문서

> 續捐田契
> 立捐田契十七世孫興邦, **同男**浩然文然文魁, **孫**開甲吉來等**商議**, 情原將花園坂保土名黃家老屋田種六斗額租六擔, …… 憑**族長**, 出捐與(以下別行)
> 敦本堂大公堂名下, 收租管業納糧當差, 永爲**祭田**, 嗣後凡我子子孫孫無得異說, 立此捐田契存照
> 同治十一年八月十八
>
> 　　　　　　　　　　　　　日立捐田契 興 邦 親 筆 押
> 　　　　　　　　　　　　　命**男** 浩然文然文魁
> 　　　　　　　　　　　　　**孫**開甲吉來俱押
> 　　　　　　　　　　　憑**族長** 昭文 (以下八名) 俱押

는 부자조손이 협의하여 그 공유하고 있던 토지(면적은 볍씨의 분량으로 측량된다)를 동족에게 제전(祭田)으로 증여한 경우의 것인데, 본문에는 그 취지가 기록되어 있고 연월일 아래에 공동의 증여자로 부자 및 손자의 성명이 나란히 적혀 있다. 이 경우 빙(憑, 증인)으로 되어 있는 자는 족장 등이다. 이 종보에는 건륭(乾隆) 16년(1751) 3월의 토지교환문서도 나와 있다.

> 璟公支下墓地換契
> 立**換契**其都, 今因大堂有竹園抒廠一塊稻場一股, 及嗣宇左邊餘基一塊, 並嗣宇基一條, 與己名下界, 犬牙相錯, 彼此不便管業, 情愿將昔年自置祠宇右首餘基一片, …… 憑中踏看明白, **出換**與(以下別行)大公堂名下, 在上

---

20) 『桐城黃氏宗譜』(同治 12년) 卷20 田契.

做屋蓄樹管業, 當日得受我換價銀一十三兩五錢, 比日基銀兩訖, 自換之後, 各管各業, 立此換契, 永遠存照

　　乾隆十六年三月十五

日立換契其都

同男 上珍 俱押

立換契一樣二紙各收一紙永遠存照

憑公親 趙質彬 胡世昭

戶尊 襄 武 延 佐

股頭 紹 周 瀛 擧

揚聲 咸臨筆 俱押

　　이 경우에도 부자가 함께 교환계약의 주체로 그 이름을 나란히 하고 있다. 이 종보의 토지매매증서에는 아래에 언급하는 건륭(乾隆) 연간 기타의 것이 있다.[21]

　　　　慶魁公支下私山文契
　　　　立社賣山契范勝伯, 同子義和商議, 今將祖一處, …… 出賣與(以下別行)
黃名下, ……
　　　　乾隆五十九年四月廿八

日立社賣山契 范勝伯

子義和 俱押

憑中(黃鳳祥以下六名) 俱押

　　　　如天公山契
　　　　立社賣山契繆汝祥, ……
　　　　乾隆二十六年十二月初十

立社賣山契 繆汝祥

同男 惟周 惟鼎 俱押

---

21) 『桐城董氏宗譜』卷20「仁房山契」, 卷21「信房山契」, 卷22「禮房山契」, 卷22「智房山契」, 卷23「宏房山契」, 卷23「蔭房山契」, 卷24「山契」.

郭家灣老契

立社賣山契吳昇有, **同男**成章, 起萬, **商議**, 情原買齊姓六世祖右靑山
一片, 坐落, ……, 出社賣與(以下別行)黃名下, ……

　　乾隆四十三月二月十八

　　　　　　　　　　　　　日立社賣山契　吳昇有
　　　　　　　　　　　　　同男　成章　起萬　俱押
　　　　　　　　　　　　　　憑中　張九思　王聖友
　　　　　　　　　　　　　　黃以勝　王廣居筆　俱押

　다음의 동치(同治) 2년(1863) 10월 증서에는, 매도하는 토지는 매도인인
부자조손의 공유관계에 있는 것이며, 매도인은 함께 제3자의 추탈에 대하여
방위의 책임을 지는 내용이 있고, 아들도 손자도 매도인으로 서명하고 있다.
다음에는 마찬가지로 『황씨종보(黃氏宗譜)』에 실려 있는 것을 종보의 기재순
으로 예시해 둔다.

興舟私置山契

立社截賣陰地契張全萬率, **男**明香, **孫**一三保等, 今將祖遺分授山廠一
片, 坐落, ……, 出社截賣與(以下別行) 黃興舟名下, …… 倘有重復典賣, 爭
索酒勸盡, 係賣者一力承管, 不干買者之事, ……

　　同治二年十月二十四

　　　　　　　　　　　　日立社截賣陰地契　張全萬
　　　　　　　　　　　　男 明香, **孫** 三一保　俱押
　　　　　　　　　　　　　憑中 (二十一名) 俱押

興安公山契

立大賣山契束義舟, **同子**惟明, …… 出賣與(以下別行) 黃名下, ……

　　同治十年十二月二十六

　　　　　　　　　　　　　日立大賣山契　束義舟
　　　　　　　　　　　　　　男　惟明　俱押
　　　　　　　　　　　　　　憑中 (四名) 俱押

正德公山契

立社賣山契胡國興, 因賃項莫度, **同子**廣林, **商議**, 將組遺已名下龍旺

山保五甲內嚴家溝山*一處, …… 出社賣與(以下別行)黃名下, ……

道光二十七年九月卄四

　　　　　　　　　　　日立社賣山契 胡國興
　　　　　　　　　　　同子 廣林 俱押
　　　　　　　　　　　憑中(六名) 俱押

立賣山契張勝友, **同男**名玉, 名成, 今將蔡家店保土名將軍溝祖墳一處, 因天乾旱, **父子商議**, 情愿將祖墳上下左右餘山, …… 在上樹木俱在其內, 有自己祖墳一塚, 有墳無境, 聽其標祭, 憑中看明並無遺留寸土尺木, 盡行出賣與(以下別行)黃保合名下, …… 此係二家情愿, 並無逼勒等情, 自賣之後, 倘有戶下人等, 爭索酒勸 賣者承管, 立此社賣契, 永遠存照

乾隆四十四年六月初二

　　　　　　　　　　　日立賣山契 張勝友
　　　　　　　　　　　同男 名玉 名成 俱押
　　　　　　　　　　　憑中 (四名) 俱押

立賣山契人何公純, **同男**恒三, …… 出賣與(以下別行)黃名下, ……

康熙五十七年三月二十六

　　　　　　　　　　　日立賣契 何公純
　　　　　　　　　　　同男 恒三 俱押

立社賣山契王天彩, **同男**盛高, 盛祥等, …… 出賣與(以下別行)黃名下爲業, ……

嘉慶十二年十二月十三

　　　　　　　　　　　日立絶賣山契 王天彩
　　　　　　　　　　　同男 盛高 盛祥 俱押

위의 증서가 연대순으로 되어 있지 않은 것은 『황씨종보(黃氏宗譜)』에 기록되어 있는 순서를 그대로 답습하였기 때문이다. 『동피조씨종보(桐陂趙氏宗譜)』(光緒 9년)에도[22]

---

22) 『桐陂趙氏宗譜』(光緒 9년) 卷28 契約.

十五世祖心默公墳山契
立賣陰地契余玆介, **同男以剛**, …… 出賣與, 趙名下, …… 倘有戶下人
等, 爭索酒勸盡, 賣主一併承關, 不干買主之事, ……

雍正六年十二月十六

日立賣陰地契 余玆介 **男 以剛** 俱押

와 같이 동종의 예로 옹정(雍正) 6년(1728) 12월 토지매매증서가 나와 있다.
동성(桐城)에 근접한 지대인 『첨양이씨중수종보(灊陽李氏重修宗譜)』(同治
11년)[23]에서도 이상과 같은 내용의 옹정(雍正) 4년(1726) 4월 토지매매증서
가 나와 있다. 그 본문에 의하면 '부자상의' 하에 부조(父祖)로 전해 내려온
경지를 처분하기로 한 경우이고, 본문 끝에는 부친과 함께 세 명의 아들이 매
도인으로서 서명하고 있다.

立賣田契徐榮臣, 今因置業不湊, **父子商議**, 情願將查冲祖遺田種共一
石七斗, 坐落 ……, 出賣與李 名下爲業, ……
雍正四年四月初八

日立賣田契徐榮臣 **男**郡侯朝宗 三足 龍光俱押

中見人 (六人) 俱押

마찬가지로 도광(道光) 5년(1825) 2월 음지매매증서도 이것과 같은 예이
다.

立賣陰地契莊芳擧, 情因置業不湊, **父子商議**, 將續置業, … 陰地一片,
其界東至 … 北至**老界石**爲界, 四至踩明, 俱係埋石, 爲界, **界內花菓樹木**,
俱係在內, 憑中, 出賣與(以下別行) 李廣中名下爲業, 安葬墳塋, ……
道光五年二月十八

日立社賣陰地契蔣芳擧押

憑中(數名) 俱押

---

23) 『灊陽李氏重修宗譜』(同治 11년) 卷50 模公查冲祀田契, 道光 5년 증서는 卷50 議約
에 있다.

이 증서에서는 경계에 돌을 묻어두었음을 알 수 있다. 그리고 경계내의 화과수목(花菓樹木)도 유보하지 않고 토지와 함께 매도하는 것임을 밝혀두고 있다.

안휘 합비(合肥)의 『의문진씨종보(義門陳氏宗譜)』(同治 8년)[24]에 보이는 가경(嘉慶) 22년(1817)의 토지 영구(永久) 매매증서에서는 가경(嘉慶) 6년 매입한 토지를 부자합의 하에 처분하며, 이때 합의자이면서 매도인으로 되어 있는 아들은 세 명이다.

> 立社賣田契東益, **同男**鳳蠹, 鳳儀, 鳳岑, **商議**, 情因共年承領公存租稻勻放與石井舖東河名下, 年久本利已多, 河竟難出, 只得將己名下嘉慶六年原買余百創郭家灣老屋門首田一坵, 河西田三坵, 共田種一斗, 載畝一分二坵, 共田種一斗, 載畝一分二釐 …… 坐落, 盡行出社賣與(以下改行)盛公墓下三大房名下, 次作永遠春秋祭*之費, 比得受田山時直價*銀二百二十兩整, …… 此係家人一本彼此情
>
> 嘉慶二十二年九月初二
>
> 　　　　　　　　　　　　　日**立社賣田山契** 東益
> 　　　　　　　　　　　　　　**同男** 鳳蠹 鳳儀
> 　　　　　　　　　　　　　　　　　鳳岑 俱押
> 　　　　　　　　　　　　　　　憑中 (十名) 俱押
> 　　　　　　　　　　　胡文昌 胡作舟 姚楷成 筆

그리고 같은 종류의 함풍(咸豊) 8년(1858) 2월 토지매매증서로 다음과 같은 것을 함께 실어 둔다.

> 立社賣田山契李國念, ……
> 咸豊八年二月卄二
>
> 　　　　　　　　　　　　日立社賣田山契　李國念
> 　　　　　　　　　　　　　　**同男** 錦章
> 　　　　　　　　　　　　　　　錦福 俱押

---

24) 『義門陳氏宗譜』(同治 8년) 卷8 公田契議.

안휘의 족보 중에는 『흡서계남오씨선영지(歙西溪南吳氏先塋志)』(명말 刊청 증보본)[25]가 있다. 홍무·영락·홍치 이래의 자료가 실려 있고, 청대의 토지매매증서[두매산세계(杜賣山稅契)]에는 부자조손을 매도인으로 하는 것이 수록되어 있다.

이상과 같이 살펴보면 안휘지방에 부자상의라든가 부자동서(父子同署)의 예가 있었을 뿐만 아니라, 부자상의, 부자동서 및 그것을 전제로 하는 부자사이의 공동체적 소유관계는 그 지방의 사회적인 힘에 의해 지지를 받은 관습이었던 것으로 받아들여도 좋다고 생각한다.

3. 강소(江蘇)의 증서

지대별로 자료를 열거하는 경우에 동쪽에서 서쪽으로 순서대로 따라 가다 보면 안휘보다는 강소를 앞세워야 할 것이다. 그런데 안휘의 족보에는 토지 매매를 위시한 증서(산계·전계 등)를 든 예가 적지 않고, 따라서 이 장에서 문제 삼고자 하는 자료가 안휘의 경우에는 많이 발견될 뿐만 아니라, 그 자료의 연대도 15세기로 올라갈 만큼 오래 된 것이 있다. 강소에는 우리가 조사할 수 있는 족보의 수가 다른 지방에 비하여 압도적으로 많음에도 불구하고, 산계·전계 등을 수록하고 있는 것은 비교적 적은 것 같다. 내가 조사한 것이 불충분하기 때문이기도 하지만, 지금 단계에서 조사해낸 관계자료가 적고 시대도 비교적 오래 되지 않은 것이어서, 설명의 편의상 안휘를 첫 번째로, 강소를 두 번째로 싣도록 하였다.

다음에는 『윤주추씨종보(潤州鄒氏宗譜)』[26]를 든다. 여기에는 토지매매증서를 완전한 형태로 보여주고 있지는 않다. 그러나 건륭(乾隆) 60년(1795) 7월 증서 및 가경(嘉慶) 5년(1800) 11월 증서의 초록에서도 알 수 있듯이

---

25) 『歙西溪南吳氏先塋志』(崇禎 8년, 17년 康熙 28년 序)는 명말이나 청초 간행본으로 간행 후 도광(道光)까지의 사이에 증보되었으므로 일부분은 사본이다. 洪武 26년 正月 壟塘山山隣立看守文書나 淸水가 인용한 「明洪武魚鱗圖」도 실려 있다.
26) 『潤州鄒氏宗譜』(道光 8년 刊, 嘉慶 6년 序 등이 있음) 卷4 上雜誌宗祠契略.

乾隆六十年七月契一紙, 賣地人史存仁, **同子**德富, 賣價九九平元絲銀
十五兩整, 絶買……

嘉慶五年十一月契一紙, 賣地人華起悅, **同子**文琦文明文斌文慶文貴文
安, 賣價制錢二百九十千文, 絶買……

부자가 함께 토지의 매도인(매지인)의 지위에 서 있는 것을 충분히 알 수
있다. 이『윤주추씨종보(潤州鄒氏宗譜)』는 명대의 가산분할문서뿐만 아니라,
제전의 소작증서를 다수 싣고 있는 점으로 보아도 귀중한 자료이다(이 장 제
2절, 제4절 참조).

4. 강서(江西)의 증서

강서지방의 예도 지금 단계에서는 다음의『삼전이씨묘사록(三田李氏墓祀
錄)』[27]을 드는 것에 그친다. 그러나 이 지방에는 청대 상지저지(上地底地)의
이중소유관계[一田兩主制]가 성립되어 있었기에, 다음에 드는 증서는 이와 같
은 상지 또는 저지의 매매증서인 점에서 귀중한 자료이다. 일전양주 관계문
서는 뒤에 정리하여 기록하게 될 것이므로(제3절 참조), 여기에는 우선 부자
의 공동행위가 나타나 있는 토지매매 증서만을 예시하는 것에 그친다. 다음
의 도광(道光) 17년(1837) 납월(臘月) 토지매매증서

立斷賣契人, …… 計**大租**貳拾秤, …… 立契出賣與辛田都李皐公祀名
下, 聽憑前去**收租管業**, ……

俊押

道光十七年臘月二十五　　　　　　日立斷賣契人王茂枚**男**世侑押

佳押

는 부자공유에 관련된 대조(大租), 즉 저지(底地)를 부자가 영구(永久) 매각
(斷賣)한 경우의 자료이고, 다음의 도광(道光) 20년(1840) 3월 토지매매증서

---

27) 함풍(咸豊) 원년 刊, 도광(道光) 경술 서문 있음.『三田李氏墓祀錄』(咸豊元年 序 刊)
卷2 文契.

立斷賣契人, …… 小租田貳坵 …… 計小租貳拾秤 ……, 出賣與辛田都
李皐公祀名下, 聽憑前去耕種交租管理, ……

俊押
道光二十年三月初一　　　　　　　日立斷賣契人王茂枚**男**世侑押
佳押

는 마찬가지로 소조(小租), 즉 상지를 부자가 영구매도한 경우의 증서이다.
모두 매도인으로서 부친 외에 아들 세 명의 연서가 보인다.

5. 호북(湖北)의 증서

청말 호북 사람 양수경이 "현재 토지가옥의 매매증서에는 부자가 함께 서
명한다"라는 의미의 말을 하였다. 그것이 그 고향인 호북지방을 염두에 둔
발언인지, 더 광범위한 지대를 전제로 한 것인지는 문제가 되겠지만, 호북에
서도 안휘나 호남처럼 널리 부자동서(父子同署)가 행하여졌다고 보아도 되지
않을까 생각한다. 무창의 『엄씨종보(嚴氏宗譜)』[28]에서 볼 수 있는 건륭(乾
隆)에서 광서(光緒)에 이르는 기간의 많은 부동산매매증서는 그 유력한 입증
자료가 될 것이다. 그 가운데에 몇 가지 예를 들면, 건륭(乾隆) 15년(1750)
10월, 건륭(乾隆) 16년 5월의 자료에서는

立大賣契人程遠馥, 今因家用不足, **父子商議**, 情愿將分關內自己名下,
坐落土名老鶴廟東舖口門路下, 大小乾田二坵, 計種五升, 憑中四至踩明, 出
賣與嚴質彬名下, 管業耕種……
乾隆十五年十月　　　　　　　　　日　　　　　　　　男應宗筆

立大賣契人程凡先, 今因置業少湊, **父子商議**, 情愿將自己名下, 分關
內水田一坵, 計種八升, …… 出賣與嚴質彬名下, 爲業, ……
乾隆十六年五月初十　　　　　　　日長男應必命男應汶筆

---

28) 『嚴氏宗譜』(光緒 30년 續修) 卷7 契約.

경지(乾田·水田)를 처분하는 때에 '부자상의'하고, 상의에 참가한 아들이 증서에 매도인으로 서명하고 있다. '부자상의'는 다음의 도광(道光) 및 함풍(咸豊) 연간 이하의 증서에도 나타난다.

> 立大賣山地契人張德福, 父子商議, 今因貿易少湊, 央中踩明, 願將祖遺, …… 出賣與嚴式南名下, ……
> 道光　年　月　日　　　　　　　　　　　　　　　　親筆

> 立大賣基屋圍垸禾場花地契人嚴德性, 今因食用不足, 父子商議, 願將祖遺堂屋一間, …… 賣與服弟德惇, 爲業, ……
> 咸豊　年　月　日　　　　　　　　　　　　　立　德性親筆

> 立大賣陰基契人程英朋, 今因別置少湊, **父子全家商議**, 情願將先年所置之業, …… 憑中四至踩明, 出賣與　嚴竹村名下爲業, …… 其陰地基屋自賣之後, 聽從買主墾添葬禁蓄保祖子孫永遠管業, 賣主內外親疎人等, 並無異說……
> 同治　年　月　日　　　　　　　　　　　　命男財美親立筆

> 立大賣花地契人熊琢軒, **父子商議**, 情願將自置花地一塊, …… 出大賣與嚴敬三公祭上培植祖山, ……
> 光緒拾捌年　月　日　　　　　　　　　　　命男筆立

특히 동치(同治) 연간의 자료에는 단순히 '부자상의'가 아니라 '부자전가상의(父子全家商議)'로 기록되어 있다.

무창(武昌) 동쪽 황강(黃岡)의 『김씨종보(金氏宗譜)』(중화민국 14년 刊)에는 증서의 초록이 게재되어 있다.[29] 그 가운데에는 예를 들어

> 光緒十五年十月二十六日契, 買應祥**父子**花地貳斗柒升半, 承子池錢貳百柒拾文, 坐落, 麻四墧, 水係長溝灌漑, ……
> (光緒十八年)十月初六日契, 買榮發率**男**承高花地壹斗貳升, 承麥糧壹

---

29) 『黃岡金氏宗譜』(中華民國 14년 刊) 卷36 祭產坵畝租稞.

升貳合, ……

　　(光緒二十四年九月二十四日)同日契, 買嘉瑞**父子**水田捌升, 承民米參
升貳合, ……

와 같이 "모모부자(某某父子)의 경지를 매입하였다"는 취지를 분명히 밝혀둔
광서(光緒) 연간의 자료가 수록되어 있다.30)

6. 호남(湖南)의 증서

오늘날까지 안휘에 이어서 가장 많은 관계사료가 발견된 지방은 호남이다.
그 사료는 족보에만 한정되지 않는다. 길드 문헌 등에서도 이것을 발견할
수 있었다. 『민상사습관조사보고록(民商事習慣調査報告錄)』의 호남성 진원
도(辰沅道)에 소속된 각 현의 관습에 부록으로 실려 있는 광서(光緒) 17년
(1891) 2월 토지 영구매매[斷賣] 증서를 보아도 '부자상의'라는 것이 적혀 있
어,31) 호남지방에 있어서의 거래관습의 양태를 어느 정도 알 수 있다고 생각
한다.

호남 상담(湘潭)의 『동채용옥공지보(東蔡用玉公支譜)』32)에서 볼 수 있는 가
경(嘉慶) 17년(1812) 5월의 토지 영구매매증서(絶契)

　　金盤坵原契
　　立絶契出賣田山屋基屋宇蘭土溝池樹木等項人陳立山, **仝男**克明德耀金

---

30) 『龍霓戴氏宗譜』(중화민국 9년 간) 제2책 租課에는 光緒 연간의 土地贈與 증서와 受
　　贈 증서가 있다. 증여는 형제가 한 것으로 증서본문에 "弟兄好作商議"라고 되어 있
　　고, 증서에는 매년의 額租, 新米, 田蛋, 雞錢, 稞錢, 醬麥, 恭迎錢 등의 기재가 있다.
31) 『民商事習慣調査報告錄』(中華民國 19년 5월) 第14章 「湖南省關於債權習慣之報告」
　　第10節 「辰沅道所屬各縣之習慣」, 附錄 文契, "立斷賣地基牆垣文契人李熹楚, ……
　　父子商議, …… 引同縣民徐金彰名下, 向前承買, …… 其銀**眼同**在內人等, 親手收訖,
　　…… 光緒七年二月初六日……". 이 증서에 나타나 있는 대가의 수령자도 "**眼同左**
　　內人等"이고, 부친 한 사람이 아니다.
32) 『東蔡用玉公支譜』(中華民國 22년 編修). 仁井田陞, 『中國の農村家族』(앞에서 인용
　　한 책, 236쪽 이하).

台萬年等, 今因移業就業, **父子合口商議**, 願將自置二都二甲, 地名金盤坵
民熟水田拾畝, 計大小六坵, …… 儘問親房人等, 俱稱不受, 請中唐煥南
…… 等, 行言召到蔡松泉**父子**, 向前承接爲業, 三面議定, 時值九五足色蘇
布平價銀參伯肆拾兩正, …… 其銀係陳立山**父子當日憑中親手領訖**, 未少分
釐, …… 今欲有憑, 立此杜絶契一紙, 扗單一紙, 並上首老契壹紙, 共計四
紙, 槪付蔡人**父子**收執, 永遠爲據

憑中　　（八名）

嘉慶拾柒年五月初九日

德耀

克明

陳立山卽輝楚**同男**　　筆

金台

萬年

는 陳立山 부자가 공유하고 있던 수전(水田)을 '부자합구상의'에서 '채송천
부자'에게 매도한 내용이고, 대가에 대해서도 "其銀係陳立山**父子**當日憑中**親
手領訖**"이라고 한 것과 같이 매도인 부자가 대가의 공동수령자가 된다. 증서
의 작성자도 매도인 부자이고, 매도인측 부친과 네 명의 아들이 동서(同署)하
고 있다. 이에 대하여 "**父子**, 向前承接**爲業**"이라고 되어 있는 것과 같이 토지
는 매수인 부자의 소유가 되고, 또한 증서에 대해서는 "蔡人**父子**收執"이라고
되어 있어서 매수인 부자가 공동으로 수취한다는 취지가 기록되어 있다. 이
런 사실은 호남의 증서에서는 그다지 드문 일이 아니다. 그러나 이 족보의 광
서(光緒) 33년(1907) 모월 토지매매증서

羅家灣契據原文
　　立契摘賣陰地字人劉悟齋, **同男**茂林芳林華林等, **合口商議**, 願將祖遺
分關業內契管二都八甲 …… 陰地一穴, …… 央中陳月庭劉玉生等, 行言說
合, 召賣與蔡愼遠堂名下, 安塋進葬, 當日出備契價玖壹色蘇布平元銀壹伯
拾兩, 比日劉人**父子眼同親手領訖**, 未少分釐, ……
憑中　　（三名）　　押
光緒參拾參年　　月　　　　日悟齋押, **同男**芳林押, 茂林押, 華林押立筆

에서는 부자의 '합구상의' 및 부친과 세 명의 아들의 동서(同署)도 그렇지만, 특히 "劉人父子眼同親手領訖"이라고 하여 대가의 수령은 부자가 '안동(眼同)' 즉 공동으로 수령하였다는 것이 명기되어 있다. '안동'이라는 것은 이미 명대에도 사용되고 있었다. 명 홍치 8년(1495) 11월의 가산분할문서에서 가산공유자가 가산을 공동으로 관리하는 것을 '안동장관(眼同掌管)'이라고 한 것을 보면, 그 용어법이 청대에서부터 시작된 것이 아님을 알 수 있다(이 장 제2절 참조).

같은 호남 상담의 『백사진씨필원방보(白沙陳氏必元房譜)』[33)에 있는 가경 (嘉慶) 7년(1802) 6월의 토지매매증서도, 료사능(廖士能) 부자가 공유지의 공동매도인으로서 매매증서를 작성하고, 또한 진사선 부자가 공동매수인으로서 대가를 공동으로 지급하고, 매입한 토지는 부자의 소유가 된다(出賣與 …… 父子爲業)는 것을 보여주는 예이다.

> 廖士能出賣陳仕選地契
> 立地契人廖士能, **仝男安國**, 今將地名白龍十一都實竹岮㙷絲塘左側陰地
> 壹穴, …… 出賣與(以下別行)陳仕選**父子爲業**, 當日三面議定, 時值價銀貳
> 拾兩正, 自廖**父子親手領訖**, 並未短少, 自賣之後, 丈內任陳人進葬管理, 丈
> 外廖掌禁砍伐, 立此賣契壹紙, 付陳人收執爲據
> 憑前
> 嘉慶七年六月初十日 　　　　　　　　　　　　　　命男安國　筆押

또한 이 족보에는 가경(嘉慶) 3년(1798) 5월 및 22년 6월의 토지매매증서 외에도 같은 예로서 도광(道光), 함풍(咸豊), 광서(光緒)의 증서가 있으므로, 이하 이들 가운데 열 가지 예를 족보의 기재순으로 초록하여 참고에 제공하고자 한다.

> 王氏地契
> 立契出賣陰地字人陳久華, **仝男振光等**, ……

---

33) 『白沙陳氏必元房譜』(宣統元年 序 刊) 卷首下 梅房墳山案據.

咸豊七年六月初一日　陳久華　本筆　　押

文祥公地契
立契出賣陰地字人謝光照**父子**, ……
咸豊六年八月初十日男　謝厚德　筆押

萬先公墳山地契
立契出賣陽山陰地字人謝云照, **全男等**, ……
光緒二十四年五月二十二日　　　謝云照立筆押

牛頭崙地契
立契出賣陰地字人陳久華, **同男**政光等, ……
咸豊七年四月初四日　　　陳久華　本筆押

睦田墈地契
立契出賣陰地人彭祖虞, 全男江萬, ……
道光八年五月初四日　　　江萬立　筆押

新基台石衝地契[34)]
立績賣地契字人陳鎭南, **全男**仁和, 卓立, **父子合口商議**, 今將關管地
…… 陰地一穴, 出賣與陳瑞麟安葬, …… 地價錢九千文正, 是南父子**親手領**
訖, 並未短少, ……
道光十二年六月十四日　　　鎭南押　　　筆

仙入塘地契
立契出賣陰地字人彭楚臣, **全男**炳卿, ……
光緒二十八年三月初六日彭楚臣押筆男彭炳卿押

立契出賣陰地字人陳濟美**父子**等, ……
咸豊九年　正月　二十一日　　　　　　　　立本筆押

文彬公地契

---

34)『白沙陳氏必元房譜』(앞에서 인용한 책) 卷首下 琥房墳山契據.

立契出賣陰地字人舒昇云, **全男懋啓**, 今將地名麥子圫父乾芳墳前邊陰
地一穴, …… 出賣與文彬, 日後安葬墳塋, 比日憑中議出地價錢二千五百文
正, 當日係昇云**父子親手領足**, 並未短少, ……

　　嘉慶三年　五月　十一日　　　　　　　　　　舒昇云本筆

　　萬定公地契

　　立契出賣陰地字人譚治平**父子**, **合口商議**, 甘將十都地名大山, …… 陰地
壹所,　平塋項起各坵丈, …… 出賣與陳萬定步靑步靑**父子**管理, …… 比日
錢契兩交, 是**治平全男親手領訖**, 併未短少, ……

　　嘉慶二十二年六月初十日　　　　　　　　　　譚治平親筆押

　이 여러 가지 예를 보면, 그 지방에서는 가산처분에 있어서 부자는 공동행
위를 필요로 하고, 그것이 사회적으로 지지를 얻고 있었다고 할 수 있겠지만,
그렇게 하면 어떻게 되는 것인가.

　동족(同族) 관계문헌이 아니고 길드문헌이지만, 호남의 『선화관지(善化館
志)』[35]로부터는 다음과 같은 경지매매증서를 예시할 수 있다. 모두 도광(道
光) 22년(1842) 4월 혹은 9월의 것이다.

　　接受李隆秀等地名晏家圫田業契據

　　立契傾心吐賣田山屋宇園土竹木餘坪隙地牆壕塘圳池井溝墈車埠水路
茶兜果樹等項人李隆秀, **同男**光亮等, 今因棄業就業, **父子商議**, 願將自置善
邑地名晏家圫荒熟屯田七石零五升 …… 以上等項, 槪行出售, 儘問親房人
等, 俱稱不便, 浼請中人高琇亭等說合, 京善堂館承接爲業, 當日憑中, 得
受時價九五色錢平元銀七百七十兩整, 隆秀**父子親手領訖**, ……

　　　　　　　　　　　　　　　　　憑中 (六名)

　　道光二十二年四月二十五日　　　　　　　　隆秀**男**光亮立筆

　　接受易秀興等霧畑冲田產契據

　　立契傾心吐賣田塘山場屋宇園土竹木餘坪隙地墙壕溝墈池井水甽車埠
等項人, 易秀興, **全男**煥章等, 今因棄業就業, **父子商議**, 願將關分己分, 及

35)『善化館志』(光緖 14年 刊) 卷上「邑館田產契據」(邑館所置南省田產契據 − **南省學宮
　首事收存** −).

自置之業, 坐落地名霧土中水田四石 …… 以上所載等項, 槪行出售, 儘問房
親人等, 俱稱不受, 再三凂請中人高琇亭等說合, 京善館承接爲業, 當日憑
中, 得受時價九五色錢平元銀四百六十兩正, 易秀興**父子**, **親手領訖**, ……

憑中 (九名)

道光二十二年九月初九日　　　　　　　　　　　　　易琇興**仝男**煥章立

여기에도 '부자상의'라고 되어 있어서, 부자를 공동의 매도인으로 하고 공
동의 대가수령인으로 한 것은 이제까지의 여러 예와 마찬가지이다. 그리고
호남관계의 길드문헌에 『장군회관지(長郡會館志)』36)가 있는데, 거기에는 건
륭(乾隆) 25년(1760) 10월 18일 가옥 영구(永久) 매매증서[絶賣房屋契]가 수
록되어 있다. 그것에 의하면 "郝儼若, **同男**璉等, **孫**廷陳等"이라고 되어 있어
서, 부자조손을 매도인으로 하고, 친족 또는 제3자의 추탈에 대해서는 매도인
부자 등이 방위의 책임을 지는, 즉 "郝姓**父子**同保人, 一面承管"이라고 씌어
있다. 그것은 부자뿐만 아니라 조손의 단체적 소유관계를 엿볼 수 있는 자료
이다. 다만 장군회관(長郡會館)이라고는 하지만 북경의 회관 부지에 관한 것
이므로, 호남지방의 예로서는 잠시 제외시켜 둔다. 그러나 호남이라고 하는
지방적 한정을 부가하지 않고 부자조손간의 공동소유관계가 나타나는 자료로
서는 제외할 필요가 없다.

　『진주부의전총기(辰州府義田總記)』37)라고 하더라도 이것은 동족관계 자료
가 아니다. 진주부에서는 도광(道光) 연간에 의전의 집적이 행해졌기 때문에
당시의 관계문서가 수록되어 있다. 여기에는 그 가운데에 도광(道光) 24, 25
년의 토지 영구매매(斷賣) 증서의 네 가지 예를 순차적으로 든다. 다음의 세

---

36) 『長郡會館志』(道光 15년 序 刊) 契據. "立契絶賣房屋人郝儼若, **同男**璉等, **孫**廷棟等,
　　今將自置瓦房貳所, …… 情愿賣與長郡會館羅等名下住坐, 永遠爲業, …… 自賣之後,
　　倘有旗民親族長幼人等爭競, 及指房借貸官銀私債等情, 俱係賣房主郝**姓父子**同中保人
　　一面承管, …… 乾隆二十五年十月十八日立賣文契人郝儼若".

37) 『辰州府義田總記』(道光 刊으로 추측). 동경대학 東洋文化硏究所本도 저자 소장본과
　　동일본. 모두 序跋이 없고 목록으로 시작된다. 또한 간행기록이 없다. 내용으로 보
　　아 도광(道光)刊으로 추정. 동양문화연구소 大木文庫漢籍目錄에 '도광(道光) 26년
　　간'으로 되어있는 근거가 분명하지는 않다.

가지 예에서는

　　　立斷賣百羊坪沖水田文契人李林澣, **男**必仁必德必興, 今因要錢用度, 無
從設湊, **父子商議**, 情願將道光二十三年對捒堂弟林澍欲要出賣, 無人承買,
因 (以下別行) 本府大老爺雷　捐廉並勸捐沅邑公買義田, …… 自請引領尹
九高鄭玉先, 引到承辦義田首事許文燿, …… 轉引到　府署承買, 當時三面
議定, 時值價錢[]大錢一千串零十千文正, 所有畵字酒食, 一倂在內, 其錢
眼同在內人等, 交付林瀚**父子親手領足**, 並未包賣他人寸土, 其田任從義田
首事, 永遠招佃收租, ……
　　　　　　　　　引領(二名)
　　　　　　　　　憑中見錢(五名)
　　　道光二十四年十月十三　　　　　　　　　日立斷賣百羊坪梅沖水田文
契人李林瀚親筆**同男**必仁必德必興立

　　　立斷賣水田文契人張心瑞, **同男**張順, 今因家下要錢使用, 無從得處, **父
子商議**, 情願將受分之業, 坐落……, 轉引到(以下別行)辰州府大老爺雷　台
前捐廉並勸捐公買義田, 向前承買……, 其錢心瑞**父子親手領足**, …… 此係
心瑞**父子情願**, 中間並無强逼
　　　　　　　　　引領 (一名)
　　　　　　　　　憑中見錢 (四名)
　　　道光二十五年六月初六　　　　日立斷賣水田文契人張心瑞立, 周昌言代筆

　　　立斷賣水田文契人張化興, **同男**本正等, 今因家下要錢使用, 無從設湊, **父
子商議**, 情願將己手得置, 並受分祖業, 坐落……, 轉引到　府署承買……
　　　道光二十四年十月十五　　　　日立斷賣水田文契張化興親筆, 本正等**同立**

　　모두 '부자상의' 하에 조상 전래의 또는 자기 취득의 공유수전[38]을 진주부
에 매각한 경우이고, 대가도 부자가 함께 수령한 것으로 되어 있다. 증서의
작성자도 서명인도 매도인 부자이다. 다음의 한 가지 예

---

38) 면적은 볍씨의 양으로 측량한다.

立斷賣水田文契人彭大鵬, **同男**業先業恒等, 今因家中要錢用度, 無從設湊, **父子兄弟商議**, 情願將祖遺受分之業, 坐落 …… 轉引到　府署承買, …… 其錢**眼同**在內人等, 交付鵬**父子親手領足**, ……

　　道光二十四年十月十八　　　　　　日立斷賣水田文契人彭大鵬**同男**業先業恒業美業德業增同立, 彭業先親筆

는 부친이 5명의 아들과 협의하고 함께 매매증서를 작성하여 가산을 처분한 경우이다. 그렇지만 '부자형제상의'라는 용어로 보면 앞에 든 세 가지 예와는 다소 상이한 점이 있다. 그러나 가령 명대의 『척독쌍어(尺牘雙魚)』나 『고금계찰운장(古今啓札雲章)』이나 『오두탁옥잡자(鰲頭琢玉雜字)』 등의 '부자형제상의'와 마찬가지로,[39] 그 형제는 부친의 형제를 가리키는 것이 아니라 아들의 형제를 가리키는 것으로 생각된다. '부자형제상의'가 '부자상의'와 같은 의미인 것은, 도광(道光) 문서의 연월일 아래에 기록되어 있는 매도인의 서명인이 부친 1인, 아들 5인뿐인 것으로도 분명해질 것이다. 진주의 토지매매증서로는 또한 『진주구세국총기(辰州救世局總記)』[40] 가운데 위와 비슷한 예를 발견할 수 있다. 여기에는 동치(同治) 9~10년(1870~1871)의 세 가지 예를 들기로 한다.

　　立斷賣水田文契人心輝, **同男**順億, 順傑, 今因要錢正用, **父子商議**, 願將受分及私置之業, …… 共計大小水田五十七坵, 册載額糧四石三斗八升五合零七杪, 欲行出賣, 自請引領章順僑等, 引到(以下別行)辰州府救生公局, ……

　　同治九年四月初八日　　　　　　　　章心輝, **同男**章順億, 順傑立

　　立斷賣水田文契人章心輝, **同男**順億, 順傑, 今因要錢正用, **父子商議**, 願將受分及私置之業, …… 大小水田二十七坵, …… 欲行出賣, 自請引領宋集成等, 引到(以下別行)辰州府救生公局, ……

　　同治九年四月初八日　　　　　　　　章心輝, **同男**章順億, 順傑立

---

39) 仁井田陞, 『中國法制史研究』(가족촌락법) 제13장 및 제14장 참조.
40) 『辰州救世局總記』, 『辰州府救世局總記』라고도 한다. 동치(同治) 12년 刊. 卷6.

立斷賣水田文契人向學書, 同男友根, 友本, 今因要錢正用, **父子兄弟商議**, 願將私置之業, …… 欲行出賣, …… 其田任憑　公局永遠招佃收租, ……

　　　同治十年二月十八日　　　　　　　　　向學書, **同男**友根, 友本立

　여기에는 '부자상의'라고도 '부자형제상의'라고도 되어 있지만, 양자는 같은 의미일 것이다. 그것은 『진주부의전총기(辰州府義田總記)』의 도광(道光) 문서에서 서술한 것과 같이 설명할 수 있다.[41]

　마찬가지로 구생국지(救生局志)로는 호남에 『악주구세국지(岳州救世局志)』(光緖 원년 刊)가 있다. 그리고 여기에 수록되어 있는 경지나 시산(柴山), 다전(茶田) 등의 매매증서에는 부자조손을 매도인으로 한 것이 매우 많은 분량을 차지하고 있다. 증서의 연대는 동치(同治) 연간, 가령 동치(同治) 4년(1865)에서 광서(光緖) 원년(1875) 사이의 것이다. 우선 『악주구세국지(岳州救世局志)』 「전산계거상책(田産契據上册)」[42] 부(部)에는,

立吐契出賣水田字人, 一都八甲劉元善, 今因年歲荒歉, 無處借辦, 父子商議, 願將祖遺之業, …… 請中說合出賣與(以下別行)坵陽救生官局管業, 當日三面言定, 時値價錢肆拾貳串文正, 一色現交親手領訖, 自賣之後, 推糧過戶田聽另佃, 二比無得異言, 今恐無憑, 立此賣字爲據
　　　同治四年十一月初二日　　　　　　　　劉榮恩代筆立

立吐契出賣水田字人, …… 王人交, …… **父子商議**, 願將自置之業, …… 出賣與(以下別行)岳陽救生官局管業, ……
　　　同治四年十二月初八日　　　　　　　　王湘山代筆立

立吐契出賣水田字人, 一都八甲鄧志安, 今因年歲荒歉, 缺少用度, **祖**

---

41) 『辰州救世局聽記』(앞에서 인용한 책) 卷7 舖屋契據에는 "族內公同商議, 願將公買之業"(同治 10년 2월 27일)라는 예가 있다.
42) 『岳州救世局志』(光緖元年 刊) 卷6 「田産契據上册」(岳州救世局 捐收並置買田産契據). 그리고 이 부분에 "父子商議"와 함께 "夫婦商議" "兄弟叔姪商議" "合家商議" 등으로 되어 있는 자료도 많다.

孫商議, 願將自置之業, ······ 出賣與(以下別行)岳陽救生官局管業, ······
　　　同治四年十二月十二日　　　　　　　　面請鄧輝祖代筆立

또한 『악주구세국지(岳州救世局志)』「전산계거하책(田產契據下冊)」의 부에
서는[43)]

　　　立吐契出賣水田字人, 三十四都二甲王尊位, 今因日用不足, 無處借湊,
父子商議, 願將自分之業, ······ 出賣與(以下別行)岳陽救生官局管業 ······
　　　同治六年十一月初七日　　　　　　　　李鏡堂代筆立

마찬가지로 『악주구세국지(岳州救世局志)』「당압전산계거(當押田產契據)」
의 부에서는[44)]

　　　立契出賣水田約人, 三十四都六甲高耀先, 因用度不足, **父子商議**, 本
心情願, 將自分祖遺之業, ······ 出賣與(以下別行)岳陽救生官局管業, 當日
三面言定, 時值價錢捌串文正, 現交親手領, 每年承種晒乾租穀二石四斗內,
除穀四斗以補完糧, 不得短少升合, 倘若短少, 聽其提田另佃追租糧聽過戶
當差, 無得異言反悔, 今恐無憑, 立押乾租字爲據
　　　　　　　　　　　　　　　　　　　　　　　憑中(二名)
　　　同治六年十一月十三日　　　　　　　　高耀先親立

그리고 『악주구세국지(岳州救世局志)』「산지계거(山地契據)」 부에는 다음
과 같은 예가 있다.[45)]

---

43) 『岳州救世局志』(앞에서 인용한 책) 卷6「田產契據下冊」(岳州救世局田產契據). 이
　　부분에는 본문에 든 것 외에 '父子商議'라고 되어 있는 것은 매우 많다.
44) 『岳州救世局志』(앞에서 인용한 책) 卷6「當押田產契據」(岳州救世局 當押田產契據).
　　증서의 문장에는 '賣'라고 되어 있어서 '當押'(不動產質 등)에 직접적으로 해당되는
　　자구는 발견되지 않는 듯 하다.
45) 『岳州救世局志』(앞에서 인용한 책) 卷6「山地契據」(岳州救世局 柴山山地契據). 仁
　　井田陞, 『中國法制史研究』에서 연대가 가장 오래되지 않은 증서의 하나는 이 부분
　　에 나와 있는 광서(光緒) 원년 4월 24일의 토지매매증서이고 여기에도 '父子商議'
　　가 보인다.

立吐契出賣柴山字人, 三十四都二甲王善交, 今因年近歲迫, 缺少用度, **父子商議**, 願將自置鍾家坡北山柴山一面, …… 山內雜木柞柴松木一併在內, 請中說合, 出賣與(以下別行)岳陽救生官局管業, ……

同治五年十二月初五日   王虎榜立

立吐契出賣靑山茶地字人, 十三都五甲屈永言, 今因用度不給, **夫婦父子商議**, 願將自分之業, 靑雲莊對照山一嶂, …… 出賣與(以下別行)岳陽救生官局管業, ……

同治九年四月初八日   柳任臣代筆立

이상과 같이 살펴보면, 호남의 경우도 안휘의 경우와 마찬가지로 가산처분에 있어서 부자상의하고 부자를 공동의 매도인과 매수인으로 하는 것은 지방관습으로서의 넓은 저변을 확보하고 있었던 것이라고 생각할 수 있어, 부자사이의 단체적 소유관계가 사회적인 힘에 의해 지지를 받고 있었다고 하더라도 과언은 아닐 것이다. 부자를 매도인으로 하는 것은 묘지매매의 경우에만 한정시킬 필요도 없고, 부사상의를 부인할 필요도 없으며, "자는 어떠한 종류의 공유관계에 서는 자가 아니다"고 할 필요도 없다. 설령 대만사법에 자료가 보이지 않는다고 하더라도 그것이 문제를 결정하는 열쇠가 되지 않는다.

7. 광동(廣東)의 증서

광동지방에서도 부자의 공유재산을 처분하는 경우에 '부자상의'하고 부자가 증서의 작성자가 되며 또 대가의 수령자가 되었음에 틀림이 없다. 『역단양태조사묘상업록(易丹陽太祖祠墓嘗業錄)』[46]에 등장하는 다음의 강희 26년(1687) 12월 가옥매매증서는 그 하나의 예증이다.

---

46) 『易丹陽太祖祠墓嘗業錄』(光緒 원년 刊). 仁井田陞, 『中國法制史硏究』의 上手郭崇堂 契稿의 咸豊 元年 11月 家屋賣買證書에는 본문에 "**母子商議** …… **母子**卽當中親手接收 ……"라고 되어 있고, 서명 부분에 "**母劉氏指模**"이라는 예가 나와 있다. 指模는 손도장이다.

洞神堂小大房屋契稿

　　立明賣屋契人劉成玉, **男士俊**, 士英, 士雄, 係原籍北京河澗府靜海縣人,
附籍廣東州府南海縣西門外第六甫洞神堂居住, 今有自置房屋一所, 坐落土
名洞神堂……, 今因用度, **父子商議**, 將屋出賑召人承買, 取要價銀壹仟貳
伯兩, 先召宗族親戚, 各無承買, 次憑中人楊玉泉, 引至　易族承買, 以爲
祖祠, 還實價銀肆伯捌拾兩細絲天平, 二家允肯, 三面言明, 就日寫立文契,
一色現銀交足紋銀天平, 當中燒驗明, 係玉**父子親手接回用度**, 其屋即日交與
易族修整, 以爲祖祠永遠管業, 其屋地幷料, 俱係玉父子親手自置, 並無來
歷不明重復典當等情, 如有別人爭認, 係玉同中理明, 不干買主之事, ……

中人(四名)

長孫文錦

士雄

康熙貳拾陸年十二月吉　日立明賣屋契人劉成玉同賣花代書**男**士俊的筆

士英

　　매도인으로서는 유성옥과 그 아들 세 명 및 장손의 이름이 기록되어 있다.
매수인은 역씨이고, 대가는 역씨에게서 유(劉)부자에게 지급되었다. 매매의
목적물이 된 가옥은 원래 유(劉)부자가 직접 매입한 것[父子親手自置]이어서,
매각의 경우뿐 아니라 매입의 경우에도 부자공동의 행위가 나타나 있다. 매
입한 부동산은 부자가 공유하게 된다.

　　광동의 경우 위와 같은 예는『노강서원전보(盧江書院全譜)』[47]에서도 들 수
있다. 가경(嘉慶) 19년(1814) 10월 가옥 영구(永久)매매증서가 그 일례이다.

　　立永遠斷賣舖契人張金錡, 係惠州府歸善縣人, 今有自置舖一間, ……
爲因急用, **父子商議**, 情愿將此舖出賣, 先招本族房親無人承買, 次出帳托
中人呂運勝等, 至盧江書院(以下別行)何城祖, …… 就日立契交銀, 銀契兩
相交訖, 其舖價銀庫平兌足, 係張金錡**父子親子接回應用**, ……

中人(기타의 署名)

嘉慶十九年十月二十二　　　　　　　　日立永遠斷賣舖契人張金錡的筆

---

47)『羊城盧江書院全譜』(光緒 20년 序 刊, 嘉慶 18년 序 있음) 하권 契稿. 또한 부부 공
　　산의 경우에 대해서 光緒 19년 4월 부동산매매증서에 "**夫妻親手接回應用, …… 妻
　　邱李氏指模**"라고 되어 있는 것을 부기해 둔다.

그 매도인은 광동 혜주부(惠州府) 귀선현(歸善縣) 사람으로, '부자상의' 하여 그 가옥을 노강서원(廬江書院)에 영구매도(永遠賣渡)하고[永遠斷賣] 그 부자가 함께 대가의 수령자가 되어 있다. 다음의 도광(道光) 20년(1840) 3월 가옥매매증서도 앞에 든 가경(嘉慶)문서와 같은 예이다.

> 立永遠斷賣契人賀朝鑾, …… 爲因乏用, **父子商議**, 情原將此二舖出賣,
> 先召本籍房親無人承買, 次出帳托中人黃榮達等, 送至廬江書院(以下別行)
> 何瑊祖, 時價銀五百玖拾兩正, …… 另簽書中人洗業酒席銀拾參兩陸錢五分,
> 卽日立契交銀, …… 係賀朝鑾**父子親手接回應用**, …… 此係明買明賣, 不是
> 債折按當等情, 如有來歷不明, 係賀朝鑾**父子**全中理明, 不干瑊祖承買之事,
> ……
>
>   道光二十年三月二十四日　　　　　　　立永遠斷賣舖契人賀朝鑾的筆

8. 사천(四川)의 증서

우리가 우리 주위에서 조사할 수 있는 광동의 족보는 그리 많지 않지만, 사천의 족보는 광동의 것보다 훨씬 수가 적다. 따라서 이 장에서 다루는 관계자료도 자연히 그리 눈에 띄지 않는다. 그러나 그래도 『촉서숭양왕씨족보(蜀西崇陽王氏族譜)』[48]에서 다음과 같은 수전매매증서를 발견할 수 있다. 연대는 광서(光緒) 24년(1898) 8월의 것이다.

> 立寫出賣水田文約人游世淸, ^{眼同子} 國棟, **父子相商**, 自請引中王永福,
> 說合願將己名下分受水田一塊, …… **合家相商**, 甘願出賣與王^{耕煙明初}名下, 子
> 孫永遠管業, ……
>
>   出賣水田文約人游世淸十^{眼同子}國棟十
> 光緒二十四年八月二十五日儲字第伍拾玖號給北一甲　　　　　　領發

이 증서에서의 매도인은 유세청(游世淸), 유국동(游國棟) 부자이고, "부자

---

48) 『蜀西崇陽王氏族譜』(중화민국 25년 刊, 光緒 11년 序文 있음) 卷14 契約. 주 31·32 참조.

서로 상의"하여 그 공유수전을 처분한 것으로 되어 있다. 매도인으로 서명하고 있는 자도 이 부자 두 사람이다. 그런데 이 증서에서는 유국동을 '안동자'라고 하고 있다. 명대의 가산분할문서에 공유자가 가산을 공동으로 관리하는 것을 '안동장관'이라고 하고, 호남의 『동채용옥공지보(東蔡用玉公支譜)』에 보이는 광서(光緖) 33년 모월 토지매매증서에는 매도인 부자가 함께 대가를 수령한 것을 "劉人父子眼同親手領訖"이라고 한 것을 참고하면, '안동자'라는 것은 공산처분에 있어서 부친과 행위를 같이 한 아들(매도인으로서의 아들)을 나타내는 것 같다. 여기에서도 '안동'은 공동행위라는 의미가 될 것이다. 부친은 아들과 상의한 뒤에(라고 해서 부친과 아들이 대등한 지위에 있었다고까지 말할 생각은 없다) 가산처분을 하고 함께 매도인이 되는 일이 증서면에 나타나 있는 것이라고 해도 좋을 것 같다.

제2절 가산분할문서

나는 예전에 족보 가운데에서 송원(宋元) 무렵의 가산분할문서[49]와 명 홍치(弘治) 8년(1495) 11월의 가산분할문서[50]를 예로 든 적이 있었다. 그 후에도 명대 이전의 분할문서에 대해 주의를 기울여왔다. 여기서는 명의 홍무(洪武) 7년(1374) 6월 및 가정(嘉靖) 43년(1564) 6월의 문서 등을 예시해 둔다. 홍무 때의 것은 『복주곽씨지보(福州郭氏支譜)』[51]에 포함되어 있다. 부친 사후 모친 양씨를 중심으로 친족을 모아 남자 세 명 간에 적서를 불문하고 가산을 삼분(三分)하였다. 그런데 가족공산의 분할은 상속과는 다른 법의 범주이다.[52] 史懷璧도 그것을 말하고 있다.[53]

---

49) 仁井田陞, 『唐宋法律文書の研究』(1937년 3월, 603쪽 이하)에 『吳中葉氏族譜』(宣統 辛亥年 增修) 卷64 雜誌丙故事를 인용한다.

50) 仁井田陞, 『支那身分法史』(1942년 1월, 470쪽 이하).

51) 『福州郭氏支譜』(同治 13年刊, 隆慶 6년 序 등 있음) 卷7 家矩, 元顯公妣楊氏圖書.

52) 中田薫, 「唐宋時代の家族共產制」(『法制史研究』제3권, 1338쪽 이하) ; 仁井田陞(앞에

母親楊氏嫁事郭四公, 生下二男一女, 長曰貴卿, 次曰子貴, 女曰每小, 各己婚嫁, 夫在日, 常往建寗府經商, 辛卯年間, 與本府管下水吉村吳佛小, 生一男曰建郎, 後佛小身故, 癸卯年再往建寗, 乃取建郎囘家恩養, 夫先時並無祖業, **田產**係長男貴卿將伊媳婦妝奩, 變爲財本, 與夫外商置立家產, 貴卿俻歷險阻, 多受勞苦, 夫**治命**每欲優待, 及撥還冢婦原本, 不幸癸卯年外亡, 莫遂厥志, 今請宗眷相議, 從公品派, 將所置田園, 共計貳拾伍石肆斗種地內, 撥出參石伍斗, 還貴卿原入資本, **餘作三分均分**, 肥磽不等, 種數長短, 配匀平等, 編立字號, 開寫地段種數, 令各男於先後拈鬮, 然後照依所得字號, 填實鬮書, 前去掌管, 所有稅銀戶役, 各自承當, 房屋一座, 東邊一半分與貴卿, 西邊一半分與子貴, 一同居住, 西邊一座與建另居, 仍於貴卿名下, 取出原收夫遺下花銀肆拾兩, 將貳拾兩與子貴, 貳拾兩與建郎, 分析之後, 各宜思念創業艱難, 毋得非理破蕩, 亦不得迯行反悔, 互異紊亂, 如違准不孝忤逆情罪, 遂立**福祿壽三字號**鬮書, (按楊氏妣立**福祿壽三字**, 不知何以又改爲**天地人三房**)各收執爲照者,

　　洪武七年六月, 書在見弟五郎

　　다만 문자 그대로 재산을 균분한 것이 아니고, 장남에 대해서는 그 처의 지참재산(妝奩)을 자본으로 하여 가산을 증식시킨 것 등을 고려하여 부친이 생전에 장남에게만 할증을 해 줄 생각을 갖고 있었으므로, 그 유지를 받들어 장남에게는 할증을 하게 되었다. 그리고 그 할증을 제외한 몫은 균분으로 하였다. 분할재산 가운데 경지에 대해서는 비옥함을 고려하여 미리 삼분하고 제비뽑기로 세 명의 취득분을 결정했다. 가옥에 대해서는 형은 동편, 동생은 서편을 취하도록 하여, 제비뽑기에 의하지 않고 분여가 결정되었다. 가산분할문서의 자호(字號)에는 복록수(福祿壽)(또는 天地人)의 세 글자가 사용되었다. 참고로 처의 지참재산은 이 문서의 경우에 토지로 되어 있다.

　　『안양양씨족보(安陽楊氏族譜)』[54]에 있는 홍치 8년 11월 가산분할문서(다

<hr>

　　서 인용한 책, 488쪽 이하) ; 仁井田陞, 『中國法制史』(岩波全書 1952년 6월, 239쪽). 물론 전유재산에 대해서는 상속이 이루어졌다.

53) 史懷璧, 『略論我國繼承制度的幾個基本問題』(1957년, 55쪽 이하) "有些同志認爲公民間的分家析產就是繼承, 這是錯誤的". 福島正夫, 「中國における相續立法の諸問題」(『民商法雜誌』 1958년 12월호, 81쪽).

54) 『安陽楊氏族譜』(中華民國 3년 重修, 順治 17년 등의 序文 있음) 卷24 「雜記」, 四大

음에 게재)에 대해서는 예전에 발표한 적이 있다.

> 四大分分書
> 立撥付分書坺瑤等, …… 祖遺田地房屋家財什物, 一應是坺**同弟**瑤, 姪
> 組綺紀綸**孫**晅昉昺等, **眼同掌管**, 今因人口重大, 心力不齊, 每年所收租稅,
> 用度不敷, 借欠債負, 議將田地變賣, 今有姪孫綸約昂昉, 不愿同居, 爲此邀
> 同親鄰人等, 公同酌議, 將祖遺田地房屋址墳山, 幷家財什物, …… 除各分子
> 孫自各房資置買莊田不分外, 其餘一應祖產, 品作四分, ……
> 弘治八年十一月初十　　日立撥付楊坺同弟姪再嫉等押

문서 본문에 이어서 분할재산목록도 기록되어 있는데, 너무 장문이어서 전문(全文)을 재록(再錄)하는 것은 보류한다. 다만 (1) 이 문서 본문 가운데 가족이 가산을 공동으로 관리하는 것을 '안동장관'이라고 하는 점은 앞 절 제6 및 제8의 '안동' '안동자'라는 말과 관련되어 있고,[55] 또한 (2) 이 가산분할은 횡적인 세대간의 분할이라기보다 각 분파(4대 분파에 의한)의 분할이라는 점에 주의가 끌리므로, 필요한 부분에 한해서 재록(再錄)하기로 하였다.

강소의 『윤주추씨종보(潤州鄒氏宗譜)』[56]는 각종 법률문서를 수록하고 있는 점에서 내가 항상 유의하고 있는 족보 중의 하나이다. 여기에는 가정(嘉靖) 43년 6월의 가산분할문서가 수록되어 있다. 이 문서는 친린(親隣)을 증인으로 하여 형제가 가산을 균분하는 내용이다.

> 昂公仝弟昊公議分合同
> 鎭江府丹徒縣雲山坊民人鄒昂, 今立議分合同一樣二紙, 故父鄒鎭存日,
> 生身幷弟鄒昊, 父因早逝, 幷無遺下財產, 係身與弟同家過活, 彼此協力, 帮
> 扶生理, 置有坐落大圍坊門面房屋一所, 縫做蒲鞋藝業, 惟圖百年相聚, 近
> 身有疾, 朝夕難保, 況弟一子增兒年幼, 誠恐長大爭論, 兄弟和同商議, 再
> 三不忍立分, 慮後不爲常便, 趁今二人眼見, 請到親鄰王鑾張芳陳惟等, 來

分分書. 仁井田陞(앞에서 인용한 책) 참조.
55) 『廬江郡何氏家記』(玄覽堂叢書 續集) 洪武 5년(1372) 義田遺訓. 그러나 "眼同"의 자료로서는 이보다 오래된 것이다. 제1장 제1절 참조.
56) 『潤州鄒氏宗譜』(道光 8년 刊, 嘉慶 6년 등의 序 있음) 卷4上「雜誌」.

家作証, 除各房衣物傢伙相平, 照舊不動外, 前房屋東邊門面二間, 直抵後門, 係昻受業, 西邊門面一間居中直抵林宅墻界, 係昊受業, 其存在舖貨銀七拾兩, 此弟念兄平日苦掙辛勤, 義讓與次男鄒柏, 作本供身, 養生送老, 係弟仁人之心, 並無偏匿, 兩下再無不盡纖毫私蓄, 自分之後, 兄友弟恭, 各安生理, 如遇戶役粮差, 兩下均當, …… 各無反悔, 恐後無憑, 立此議分合同存照

嘉靖四十三年六月 　　　　　　　　日立議分合同人鄒昻押

　　　　　　　　　　　　　　　　　親鄰　　人王鑾押

　　　　議分合同爲照 　　　　　　　(以下八名押)

홍무 7년 6월의 가산분할문서와 마찬가지로 이 문서에서도 가옥을 분할할 때에 형은 동편을, 동생은 서편을 취하는 것으로 하고 있다. 그리고 형제균분이라고 하더라도 특별한 조건이 고려되는 경우에는 문자대로의 균분이 되지 않는다. 이 문서의 경우에도 형의 평소의 근실함을 고려하여 그에게 특별한 할증금을 유보하고 있다.

제3절 일전양주(一田兩主)관계 문서

양자강유역 이남지대에서는 혁명전야에 토지개혁이 현실화되기 전까지[57] 일전양주제(일종의 이중소유제)가 널리 행하여졌다. 강서에서도 "북부의 구장, 중부의 임천, 남부의 영도 등 각지의 토지관습에 피업골업(皮業骨業), 대업소업의 구분이 있어서 소위 일전양주가 시행"[58]되고 있었다. 『삼전이씨묘사록(三田李氏墓祀錄)』[59]은 이러한 일전양주관계증서를 다수 수록하고 있는 점에서 특징적이다. 이하에서 어떤 것은 증서의 전문(全文)을, 어떤 것은 초

---

57) 仁井田陞, 『中國法制史研究』 토지법거래법(1960년 3월) 제5장 참조.

58) 仁井田陞(앞에서 인용한 책) 제4장 제3절 참조. 강서에서는 小業이 上地, 大業이 底止이다. 仁井田陞(앞에서 인용한 책) 제1절 180쪽에는 誤記가 있다.

59) 『三田李氏墓祀錄』(咸豊元年 序 刊, 道光 庚戌 序 있음) 卷2 文契.

록(抄錄)하여 들어본다. 이들 증서에서는 저지(底地)를 대조(大租) 또는 대업(大業), 상지(上地)를 소조(小租) 또는 소업(小業)이라고 하고, 양자를 합하여 대소전조(大小全租)나 대소전업(大小全業)이라고 하고 있다. 강서뿐만 아니라 중국의 일전양주제에 있어서 상지의 소유자는, 그 상지를 저지의 소유자로부터 견제를 받지 않고 처분할 수 있고, 저지의 소유자도 또한 임의로 저지를 처분할 수 있었다. 그리고 상지·저지를 나누어서 처분하는 것도 가능하였다. 그런데 다음에 게재하는 도광(道光) 15년(1835) 12월 토지 영구매매문서 등에서는

立杜斷賣契人辛田都葉良^{階院}名下, 原父手買得晚田壹號, 坐落向係辛田都 ……, 今因無錢支用, 自情愿托中, 將前四至界內**大小全租**併荒洲賣併立杜斷契, 出賣與本都李皐公祀名下, 聽憑前去**耕種管業**, 當三面言定, 時值價人錢壹百參拾干文正, 其錢在手足訖, 其田並無重互交易, 如有不明, 賣人自理, 不干買者之事, 自賣之後, 家外人等, 毋得生端異說, 所有粮稅, 當日隨契推付, 口恐無憑, 立杜斷賣契存照
　　　　　中見人(二名)押　經手·叔(二名)押　依口代筆兄良彦押
道光十五年十二月二十四　　　　　　　　日立杜斷賣契人葉良^{階院}押
　　今因奉父遺命, 將前田租貳號**大小全業**原契原價, 盡行繳歸三田祖祠命下, …… 道光卄六年臘月初六 ……
　　將前田**大小全租**, 立杜斷契出賣與 …… 道光卄五年臘月初十日 ……
　　將前田**大小全業**, 立契出賣與 …… 道光二十六年十月卄二日 ……
　　計田**大小**三坵計**全租**五十五秤, …… 立契出賣與 …… 道光二十六年十一月十六日 ……

상지(上地)·저지(底地)를 구분하지 않고 함께 처분하는 경우인데, 증서에도 '將 …… **大小全租** …… 出賣與 …'라든지 '將 …… **大小全業**, 立契出賣與 ……'라고 기록되어 있다. 다음의 도광(道光) 17년 이후의 영구매매증서는 상지이든지 저지이든지 어느 한쪽을 처분한 경우이고

立斷賣大租契人勸義都朱之楨, 原父手置有大租田壹號 ……, 計大租肆拾伍秤 ……, 情愿托中, 將前田**大租**, 盡行立契斷賣與辛田都李皐公祀名

下, 聽憑前去**收租管業** …… 道光二十一年四月十六日入斷賣契人朱之楨親
筆押

　　立斷賣契人, …… 計**大租**貳拾秤, …… 立契出賣與 …… 道光十七年臘
月二十五日……

　　入斷賣契人, …… **小租田**貳坵 …… 計小租貳拾秤, …… 立契出賣與
…… 道光二十年三月初一日……

　　將本身前田**大租**貳拾秤, 盡行立契出賣與 …… 咸豊元年十一月十四日
……

　　立杜斷出賣田契人勸義都鄭觀龍, 原承父業有晩田壹號, 坐落辛田都, 上
名雙井頭, 計田二坵, 計**大租**肆拾秤, 內合汪姓**大租**貳拾秤, 身合**大租**貳拾
秤, 今因無錢支用, 自情愿托中, 將本身前田**大全租**貳拾秤, 盡行立契出賣
與辛田都李皋公祀名下, 聽憑前去**收租管業**, …… 咸豊元年十一月十四日
　　立杜斷契人鄭觀龍押

라고 되어 있는 것처럼 "**大租** …… 立契出賣與 ……"라든가 "**小租** …… 立契
出賣與 ……"라고 기록되어 있다. 그런데 다음의 함풍(咸豊) 원년(1851) 11월
임대차 증서(佃契)

　　立佃契人鄭觀龍, 原自手佃得晩田壹號, 坐落土名雙井頭, 計田二坵, 計
大租肆拾秤, 內合汪姓**大租**貳拾秤, 收租管業, 本身合得**大租**貳拾秤, 出賣
與李皋公祀名下**爲業**, 身仍存**小租**貳拾秤, 耕種交租管業, 今因無錢支用, 自
愿托中, 將前**小租出**佃與李皋公祀名下, 聽憑前去耕種交租管業, 當中面言
定, 時值價紋銀拾兩整, 其銀當日親手收訖, 其田未佃之先, 並無重互交易,
旣佃之後, 家內親疎人等, 毋得翻找異說, 恐口無憑, 立佃**小租**契爲據

　　　　　　　　　　　　　　　　　　李景淸押
　　　　　　　　　　　　　　　　　　李志聚押
　　　　　　　　　中見人張道合押
　　　　　　　　　　　　　　　　　　李能芬押
　　　　　　　　　　　　　　　　　　李惕樹押
　　　　　　　　　　　　　　代筆經手親叔鄭裕林押
咸豊元年十一月十四　　　　　日立佃**小租**契人鄭觀龍押

에서는 대조(大租)·소조(小租) 가운데에 대조만을 매각하고 소조를 유보하였으나(身仍存小租), 그 소조를 다시 임대하게 된 것을 나타내고 있다. 다음의 도광(道光) 29년(1849) 납월 토지임대차 증서(佃契)

立佃契人辛田都李仲亨公秩下裔孫夢枝勝遠夢榜和川等, 原有**小租**祀田壹號, 坐落本都, 土名溷塢里, 計田**大小**六坵, 計租拾六平秤零拾觔, 今因不便管業, **合衆商議**, 自愿托中, 將前田**小租**, 壹併盡行立契**出佃**與本都三田祀名下, 聽憑前去耕種**交租**管業, 當三面言定, 時値價錢拾三千文整, 其錢當日收訖, 其田未佃已ママ先, 並無重互交易, 如有不明, 佃人自理, 不干受典ママ者之事, 自佃之後, 內外人等, 毋得異說, 恐口無憑, 立佃契爲據

內批每年硬交**大租**谷十六平秤零十觔只此

中見人鄭元有　押

代筆人夢　榜　押

道光廿九年臘月十二日立　**佃**契人仲亨公秩下裔孫等

夢枝押

夢榜押

夢遠押

和川押

도 소조(小租)를 임대차한 경우이다.

그리고 『복주곽씨지보(福州郭氏支譜)』60) 가구(家矩)에서 볼 수 있는 제전에 관한 기사는, 소작관계자료로 다음 절에 넣어도 상관없지만 복건의 일전양주관계자료로 여기 주(註)에 기록해 둔다.

60) 『福州郭氏支譜』(同治 13년 갑술 序 刊, 光緒 31년 修. 隆慶 6년 서 있음) 家矩(咸豊同治 年間) "古者**祭田**負郭以其無水火之患, 閩侯兩縣, **佃戶欠租**, 習爲故常, 若買置**根田面田**, 日後難免糧色空駄, 祀事不修, 故十房所有**祭產**, 多係店業, 而店業又不免有回祿, 曠租二事". (〈옮긴이주〉 '光緒 31년 修'라고 있으나, 주 51) 등을 고려해 볼 때에 '同治 13년'이 맞을 것이다.) 그리고 前後의 기사에 대해서는 多賀秋五郎, 『宗譜の硏究』(1960년 3월, 732쪽)를 참조하기 바란다.

제4절 동족과 소작관계 문서
- 항조(抗租)관계자료를 포함한다

동족 총유로 되어 있는 족전[61]은 이것을 동족에게 소작시키지 않는 것이 범씨의장의 원칙이었다.[62] 그리고 후세 이것을 규범으로 하는 동족도 적지 않았다. 그것은 예를 들어 『안양양씨족보(安陽楊氏族譜)』[63]·『안양마씨의장조규(安陽馬氏義莊條規)』,[64]『산음안창서씨종보(山陰安昌徐氏宗譜)』[65]나 소

---

61) 의전·제전·사전(祠田) 등.

62) 仁井田陞, 『支那身分法史』(1942년 1월, 189쪽). "范氏義莊규정에서는 '一族人不得租佃義田(詐立名字同)'과 같이 범씨의 족인은 의장(義莊)의 토지를 小作(租佃)할 수 없었다. 다른 동족에게 소작을 시키고 租米를 징수하였는데 그것이 의장(義莊)의 주요한 수익이 되었다. 당시 범씨 이외에는 족인에게도 소작을 시키는 경우가 있지만 ……", 또 仁井田陞, 『中國法制史研究』, 196쪽. "소작지의 침탈은 의장(義莊) 규정에 '舊規諸房不得租種義莊田土, 詭名者同, 近來有**特强**, 公然於租戶名下奪種者, …… 今後探聞有違犯之人, 罰全房月米半年(慶元二年規定)'이라고 되어 있는 것과 같이 세력을 믿고 공연히 자행하는 것이다."

63) 『安陽楊氏族譜』(중화민국 3년 刊, 순치(順治), 강희(康熙), 가경(嘉慶) 등의 序가 있음) 卷22 祠規에 다음과 같은 순치(順治) 17년 刊定의 大宗祠禁例를 싣고 있다. 족인이 족전을 임차하고 지대를 걷지 않은 때에는 동족의 제사에까지 지장을 초래할 우려가 있다. ① 一禁祠田, 不許**族人**耕種, 祠田不過數百畝, 除完糧外, 修葺祭祀, 尙虞不給, 乃有**族人**借佃種爲名, **拖欠不完**, 積算盈石, 此輩後必不昌, 有犯前項告官究追. 또 강희 30년 刊定의 大宗祠管年禁約에도 다음과 같이 나와 있다. ② 一不許埋沒準租什物. ③ 惡佃不還租, 將什物準抵, 已屬可恨, 乃管年人久留在家, 希冀埋沒, 更屬可憎, 自後凡有準租物件造冊貯祠, 或變價或留用, 遞年稽查, 如有隱匿者, 容旁人指出, 於祭祠日懲戒, 立追入祠. ④ 一祠田不許族人耕種, **恐拖欠租米**, 此舊例也, **今年久禁弛, 管祠多容情**, 其獘豈可漸長, 嗣後族人種祠田者, 於春祭前一日, 管年同族長算明, 方許入祠與祭, 特强不服者, 祖宗前責治, 仍行告理, 至有代佃還租, 將低米塘塞, 更屬可託, 祭祠日指名公究, 所以懲頑梗也.

64) 『安陽馬氏義莊條規』(光緒 16년 重修)에 광서(光緒) 12년의 義莊條規를 싣고 다음과 같이 말하고 있다. "一凡置田祗許買絶, 不許**典押**, 以斷葛藤, 亦不許買族人田業, 至於**佃戶久遠相依**, 宜恤其力, 族人亦不得恃勢欺侮, 違者議罰, **族人亦不得佃種義田**".

주의 『정씨지보(程氏支譜)』[66] 등에서 볼 수 있다. 이러한 규약이 생긴 이유 중 하나는 족내의 유력자에 의한 소작지 독점을 억제하기 위한 것이기도 했지만,[67] 또 다른 하나는 동족내의 계급적 대립을 표면화시켜서 동족간의 정의(情誼)를 해하는 것을 피하기 위함이었다. 남창의 『이씨족보(李氏族譜)』[68]에 나와 있는 건륭(乾隆) 14년 8월 당시의 제전(祭田) 소작인(전호) 가운데에 이씨는 한 사람도 기록되어 있지 않다. 그러나 『안양양씨족보(安陽楊氏族譜)』[69]에서 말하고 있는 것처럼, 위와 같은 규약을 가지고 있었던 곳에서도 그것이 엄격하게 지켜지고 있었다고 할 수만은 없었다.[70] 족인의 소작료체납이 동족내에 문제를 일으키고 있었던 것은 어쩔 수 없었다.[71] 동족적 토지소

多賀秋五郎, 『宗譜の硏究』(1960년 3월, 559쪽).

65) 『山陰安昌徐氏宗譜』(光緖 10年 重修) 卷2 徐氏義倉規條, "一佃戶勿使族人租田, 宜仿姑蘇范氏之規, 恐有頑欠者, 以致呈追反傷族誼也, 義倉基地, 勿許族人佔造私宅, 如違送官斥逐". 多賀秋五郎(앞에서 인용한 책, 554쪽).

66) 『程氏支譜』(光緖 31년 續修) 卷1에 실린 光緖 6년의 成訓義莊規條에 "族中不准租種莊田, 不准占居莊房, 不准借用什物"이라고 한다. 多賀秋五郎(앞에서 인용한 책, 548쪽).

67) 『范氏義莊』의 문제에 대해서는 仁井田陞, 『支那身分法史』(앞에서 인용한 책, 196쪽) 참조.

68) 『李氏族譜』(道光 15년 重刊, 萬曆, 乾隆 등의 序가 있다) 第一冊 本族祭田記.

69) 『安陽楊氏族譜』(앞에서 인용한 책), "今年久禁弛, 管祠多容情, 云云" 參照.

70) 『漢陽龍霓戴氏宗譜』(중화민국 9년 간) 제2책 가훈에서의 소작인의 견해는 다음과 같다. "其十二曰, 近來一切佃戶馴善者少, 刁頑者多, 寬則玩猛者變, 此中多少難調, 吾謂寬以濟猛, 猛以濟寬可也, 至疲癃殘疾顚連無告者, 又當別論, 凡此條例, 謹以訓愚後世子孫, 守之勿替, 豈(以下別行) 嘉慶十年歲在乙丑新亭生民年六十有八題於訓愚草堂".

71) 『趙氏宗祠經費章程』(乾隆 53년 序 있음). 이 조씨가 하북 懷柔 사람인 것에 대해서는 뒤에 나오는 주 76) 참조. 仁井田陞, 『中國法制史硏究』의 내용에는 嘉慶 시대에 관한 것이 많다. 仁井田陞, 『中國法制史硏究』에는 소작료에 관한 기사 뒤에 소작인에 대한 견해가 나와 있다. "每年取租(義田學田租錢, 一律辦理)定于十月二十一日下縣, 至十一月初一日止(向來十月二十六日下縣, 至十一月初一日止, 佃戶坌集, 交至五更, 應接不暇, 今定于十月二十一日下縣, 三・六・八・一 四集, 陸續交收, 算賬, 數錢, 書約辦理較爲從容)立有租約, 佃約, 合同爲據(如交租違約, 每千罰出小租錢五十文)取租人每日飯食制錢一百文, 如催取迅速, 不致欠缺, 酌給辛力錢, 以酬其勞(有辦事持重之人, 有隨同數錢之人, 分別奬勵)(以下別行)(租錢遲滯, 皆由刁佃疲戶, 捐勒租錢, 宜于春間前往, 僱賃牛具, 耕種數畝, 不望收穫, 祗期將地交出, 次年便可轉佃, 庶幾懲

유제는 지주제와 범주를 달리하지 않았다.[72) 동족적 토지소유는 일반 지주에서와 마찬가지로 소작인에 의한 항조(抗租)를 피할 수 없었다. 소주의 『程氏支譜』[73)와 같은 것은 그 『성훈의장규조(成訓義莊規條)』[74) 가운데에서 소위 "勾佃頑租之戶"가 떨어져 나가지 않은 토지를 족전으로 증여하는 것을 금하고 있다. 『황강김씨종보(黃岡金氏宗譜)』[75)의 수과장정(收稞章程, 소작료징수규정)을 보면, 소위 완전(頑佃)(持强抗稞)에 대하여 자력에 의한 토지 몰수만으로는 도저히 대처할 수 없기 때문에 공권력에도 의지하고 있었던 상태를 알 수 있다.

족보 등에는 소작증서를 수록하고 있는 것이 있다. 『조씨종사경비장정(趙氏宗祠經費章程)』[76)도 그 가운데 하나이다. 그 연대는 가경(嘉慶) 연간이다. 다만 이 증서는 서식으로, 2통(通) 1조(組)로 되어 있다. 그 한 통은 지주인 조씨 측에서, 다른 한 통은 소작인 측에서 작성하는 내용이다.

　　　附租約佃約合同式
　　　立租約人業主趙　　今有
　　　宗祠**義田**　　　　　　畝租給

一儆衆, 依限得租, **若因循不辦, 衆佃效尤馴至廢弛矣**)". 그리고 앞 절 주 60)의 『福州郭氏支譜』 참조.

72) 仁井田陞, 『中國の農村家族』(1952년 8월, 74쪽). 여기에는 鄒氏(뒤에 나옴)의 祭田의 소작을 예로 들어서 鄒氏가 지주와 같은 존재임을 설명하고 있다.

73) 『程氏支譜』(光緒 31년 續修) 卷1 成訓義莊規條 "願損銀洋田房入莊者, 不拘多寡, 具見敦睦之誼, 但不得以瘠田破屋, 及勾**佃頑租之戶**充損, 先將都圖圩額則, 及**佃戶**姓名, 彙造淸冊, 呈交支總轉報莊正副査明後, 方准收損, 勒石以昭世守" 多賀秋五郎(앞에서 인용한 책, 548쪽).

74) 광서(光緒) 6년.

75) 『黃岡金氏宗譜』(中華民國 14년 刊) 卷36 計開經管收稞章程 "**佃戶**應納之稞, 必令先期揚晒乾潔, 臨期備辦酒席, 經管畢集, 諒豐歉酌議, 當日收淸押送祠內, 用公平斗秤, 多退少補, 不准聽其支吾展限或拖留帶欠, 如**持强抗**稞, 除提佃外, 公同稟請押追".

76) 『趙氏宗祠經費章程』(乾隆 53년 序 있음). 仁井田陞, 『中國法制史研究』에는 嘉慶 연간의 자료가 많다. 또 仁井田陞, 『中國法制史研究』에 의하면 趙氏의 祭田·義田은 懷柔縣에 있고, 義塚은 宛平縣에 있다는 것이다. 이 조씨는 하북 회유의 조씨로 생각된다.

承種每年租錢

因取租費多不能久候, 約定, 每年十一月初一日交租, 不得遲悞, 如十一月初一日**限內, 租不全交, 許業主自種轉租**, 不得攔阻, **如限內交完, 亦不准**另**租他姓**, 此係趙氏**義田**, 曾經呈明(以下別行)順天府大人存案, 趙氏子孫, **永無典賣**, 如有不肖族人, 私典盜賣, 不得私兌租錢, 及承典承買, 又族人衆多往來經過, 不得通挪借貸, 如私相應付, 不准折算租錢, 違者一併告(以下別行)官究處, 先此訂明, 後無悔賴, 租約是實

　嘉慶　　　年　　　月　　　日

　　　　　　　　　　　　　　　立租約人業主趙

立佃約人　　今租到

趙氏宗祠**義田**　　畝, 每年應交租錢　　文, 因取租費多不能久候, 約定, 每年十一月初一日交租, 不致遲悞, 如十一月初一日**限內, 租不全交, 許地主自種轉租**, 不得攔阻, **如限內交完, 亦不准**另**租他姓**, 此係趙氏**義田**, 曾經呈明(以下別行)順天府大人存案, **永無典賣**, 如有趙氏族人, 私典盜賣, 不准私兌租錢, 及承典承買, 又趙族人多往來經過, 不得通挪借貸, 如私相應付, 不准折算租錢, 違者任憑地主告(以下別行)官究處, 兩無悔賴, 佃約是實

　嘉慶　　　年　　　月　　　日

　　　　　　　　　　　　　　　立佃約人

이 증서 서식에 의하면 "지대는 매년 조전(租錢) 약간으로 하고, 납입기일은 11월 1일로 하며, 기일을 넘기고 완납할 수 없을 때에는 지주측에서 토지를 몰수하여 직접 경영하거나 타인에게 대여하는 일이 있어도 소작인은 그것을 방해할 수 없다. 그러나 소작료를 기일까지 완납하였다면 토지를 몰수해서는 안된다. 조씨 의전에 대해서는 조씨 자손 대대로 처분(매매·입질)하는 일은 없다"고 하는 것으로 되어 있다.

강소의 『윤주추씨종보(潤州鄒氏宗譜)』[77]는 제전 등의 족전 소작증서를 다수 수록하고 있는 점에서 귀중한 문헌이다. 그런데 이 추씨의 제전 등도 동족간에는 대여되지 않았던 것 같다. 확언할 수는 없지만, 수록되어 있는 다수의

---

77) 『潤州鄒氏宗譜』(道光 8년 刊, 嘉慶 6년 序 있음) 卷4上 雜誌. 제전의 삽입 그림은 동경대학 동양문화연구소본에 의한다. 仁井田陞, 『中國の農村家族』(앞에서 인용한 책, 80쪽 주 16)) 참조.

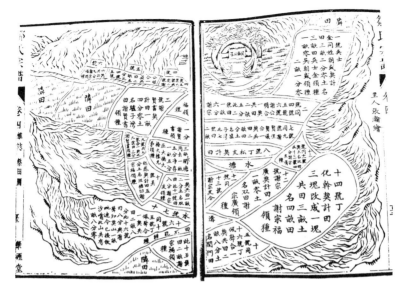

〈그림 3〉 祭典: 潤州鄒氏宗譜

소작관계자료의 소작인은 모두 추씨 이외의 사람이다. 이 제전은 추씨의 조
상묘[祖塋] 앞에 있고, 이 족보에서는 소작인에게 할당하고 있는 제전이 그림
으로 표시되어 있다(그림 3). 이 족보의 소작관계자료 가운데에는 예를 들어
건륭(乾隆) 3년(1738)부터 도광(道光) 17년(1827)에 걸쳐서 소작인의 부조(父
祖)시대부터 제전을 임차하고 있는 자가 있다. 담유귀 형제를 소작인으로 하
는 다음 한 통이 그것이다.

城西三茅菴側談家山祖塋前**祭田**原佃情懇承種嗣後稻麥收割當面割分帖
立情懇承種**祭田**, 嗣後稻麥收割當面割分帖, 談有貴談有富, 情因*身*祖于**乾
隆三年**領種(以下別行)鄒名下二區三都三圖談字圩二十號田五分八厘六毫
……, 共五畝七分三厘三毫, 歷年春麥秋稻收割之時, 皆憑鄒姓當面分割, 近
年*身*等不合, 先將麥稻私割收家後, 再邀鄒來分, 今鄒欲起田另**佃**, *身*等情懇
蒙念**照管墳山有年**, 俟後收割, 照舊請鄒當面分割, 不致再蹈前轍, 倘有此
情, 聽憑起田送究, 恐後無憑, 立此情懇承種祭田, 嗣後稻麥收割, 當面
割分帖存照

道光七年十一月

日立 ^{情懇承種**祭田**嗣後}帖談有貴　押
　　 _{稻麥收割當面割分}

仝　　弟談有富　押

見　中張際唐　押

　부조 대대로 제전(祭田)을 소작하면서 그 소작인은 지주측의 분산(墳山)을 대대로 관리하였던 것이다. 위의 문서에 의하면 "소작료로는 봄에는 보리, 가을에는 벼로 하고, 종래는 지주측이 수확 현장에서 직접 지대분을 거두었다. 그런데 근년에는 소작인측에서 일단 수확을 자신의 집에서 한 뒤에 지주측을 불러서 지대를 나누려고 하였으므로, 지주측은 이것을 승낙하지 않고 토지를 몰수하여 다른 사람에게 소작시키려고 하였다. 그런데 소작인측은 토지몰수를 중지시킬 수 없기 때문에, 지주측의 요구를 수용하지 않을 수 없었다. 그래서 소작인측에서는 위와 같은 문서를 작성하여 시주측에 이것을 제출하기로 했다."

　다음의 도광(道光) 7년 9월 중서도 소작인이 부대(父代)로부터 제전을 임차하여 소작하고 있었던 것을 보여주고 있다.

　　城西三里岡金家灣祖塋**祭田**領種金洪虞之子子正倫正美正裕情懇欠租分年帶完正租按期交納帖
　　立情懇欠租分年帶完, 嗣後承種, 按期交納帖, 金正倫同弟正美正裕, 情因_身**父**洪虞領種(以下別行)鄒名下二區三都四圖金家灣江字圩九十號**祭田**二畝二分三釐, 蒙念身父居近祖塋, 向又帮同照管所種之田, 從輕取租, 每年夏納乾麥五斗, 秋納租銀曹紋五錢, 年清歘, 今_身等不合, 將租拖欠多年, 共欠夏租乾麥五擔有餘, 秋租曹紋五兩有零, 理應如數完納, 奈一時家寒, 難于齊繳, 今情懇, 由次年起, 分作五年帶納, 今年先將本年應完夏租乾麥五斗, 秋租曹紋五錢送交, 俟後按年同帶納之, 夏租乾麥一擔, 秋租曹紋一兩, 如數送交, 不致拖欠短少, 倘有此情, 聽憑送究起田另**佃**, 恐後無憑, 立此情懇, 欠租分年帶完, 嗣後承種按期交納帖存照
　　　　道光七年九月　　　　日立 ^{欠租}_{帶完}正租按期交納帖人金正倫　押

　　　　　　　　　　　　　　　　同弟金正美　押

　　　　　　　　　　　　　　　　金正裕　押

　　　　　　　　　　　　　　中見人金正明　押

　欠租帶完正租按期交納帖存照

이 증서는 소작인 금씨가 소작료(여름엔 보리, 가을은 세금) 체납을 이유로 부대(父代)로부터 임차하고 있는 제전을 몰수당하려고 했을 때 지주측인 추씨에게 제출한 문서이다.

또한 다음의 가경(嘉慶) 12년(1807) 10월 소작증서는

宗祠餘田庄房孫桂林桂元領種領住佃約

立承種人孫桂林元, 今立到(以下別行)鄒祠名下所有祠外埂內餘田共約三畝零, 又祠右太平庵前一畝二分, 又祠後右首山缺田半分, 係身承種, 每年納田租制錢七千四百文, 又祠旁住屋三間一廂, 係身居住, 每年納房租制錢三千文, 俱按四季支付, 不致過期短少, 但此項田房納租甚輕, 綠因祠租基周圍籬徑樹木, 俱係身**承管補栽培土**, 不致傷損欠壞, 如有欠租損壞, 聽憑另**招承種**無辭, 今欲有憑, 立此承種存照

其田房言明, 自嘉慶十四年春季起, 租房內裝修, 另有收單, 又照

嘉慶十二年十月　　　　　　　　　　　日立承種人孫桂林　押

　　　　　　　　　　　　　　　　　　同　弟孫桂元　押

　　　　　　　　　　　　　　　　　　保　人僧性傳

　　　存照

표제에도 영종영주전약(領種領住佃約)이라고 되어 있는 것과 같이, 소작인이 지주로부터 토지뿐만 아니라 가옥도 임차하고 있는 경우이다.

다음의 도광(道光) 6년(1826) 2월 소작증서는 추씨 제전의 소작인 무대남(巫大楠) 형제가 작성한 것이다.

城西劉庄南字圩祖塋祭田巫大楠同弟大椿大槐情懇讓租嗣後承種按期交納帖據

立情懇讓租嗣後承種按期交納帖, 巫大楠, 同弟大椿, 大槐, 情因嘉慶元年(以下別行)鄒府杜買丁松友二區十四都西十五圖南字圩山地並田, 共八畝有零, 每年条漕, 均係鄒姓過戶自納, 其山田, 除葬墳挑塘等用外, 淨餘田一畝五分, 維時憑戴挹棠翁謝公明翁, 與身祖佩芳言明, 無論豐歉, 每年春季, 納淨乾麥二斗二升五合, 秋季, 納熟米五斗二升五合, 所有山柴薪, 以抵照管墳山之費, 嗣因國家運不齊, 疊逢大事, 其租未能交納, 蒙鄒念賓主之情, 改於十二年起租後, 又因身祖佩芳身伯廣和身父廣順, 先後病故, 以及年歲豐歉不一, 至二十年二月始, 納米九斗, 今由嘉慶十二年春季起, 接算

至道光五年秋季止, 除二十年納米九斗外, 淨欠鄒姓租麥四担零七升五合, 今
挽張際唐翁謝玉峯翁, 再三情說, 蒙鄒應允讓去麥二担二斗七升五合, 米五
担零七升五合, 下少麥二担四担, 今言明, 定於四月, 先繳還麥二担, 下仍
少米二担, 情懇分作四年同正租按期交納, 倘再拖欠短少, 聽憑**起田**另**佃**追
租無辭, 今欲有憑, 立此情懇讓租, 嗣後承種按期交納帖存照

　　　道光六年二月　　　　　　　　　　　　　日立帖人巫大楠　　押

　　　　　　　　　　　　　　　　　　　　　　　　同弟巫大椿　　押

　　　　　　　　　　　　　　　　　　　　　　　　　巫大槐　　押

　　　　　　　　　　　　　　　　　　　　　　　中見張際唐　　押

　　　　　　　　　　　　　　　　　　　　　　　　　謝玉峯　　押

　여기에 기록된 바에 의하면, 소작료는 풍흉에 상관없이 봄에는 건맥(乾麥),
가을에는 숙미(熟米)를 정액 상납해야 하고, 산의 땔나무는 추씨 분산(墳山)
의 관리비용으로 소작인에게 주어지는 것으로 되어 있다. 그런데 소작인은
소작료의 완납이 불가능했다. 그래서 중개인을 사이에 세워서 지주와 교섭하
여 미납분에서 일부분을 경감받고, 또한 분납을 허락받기도 했다. 그리고 거
기에다가 만약 체납하는 경우가 있으면 지주측에서 토지를 몰수하여 다른 사
람에게 소작시키는 일이 있어도 불평할 수 없다는 의미의 문서를 소작인측에
서 제출하였다.

　다음의 도광(道光) 7년 12월 소작증서는 제전을 사씨에게 소작시켰을 때의
것이다. 여기에도 소작료의 체납을 소작지 몰수의 원인으로 기록하고 있다.

　　　謝宗福領種帖據
　　　立領種田文契人謝宗福, 領到(以下別行)鄒名下二區十四都西十五圖樓
庄南字圩艫子灣田二號一畝六分, 四號五號六號三共九分, 十號五分, 十四
號三畝, 十五號二畝, 十七號沿山脚水溝約二分, 通共計田八畝二分, 當憑
中保言明, 無論豐凶, 每年夏納乾小麥一担二斗, 秋納熟米二担八斗, 顆粒
不得短少, 務要挑送清楚, 倘有拖欠不清, 任從田**主收回**, 另**行付種**無辭, 恐
後無憑, 立此領種田文契存照

　　　道光七年十二月　　　　　　　　　日立領種田文契人謝宗福　　押

　　　　　　　　　　　　　　　　　　　中　見張際唐　　押

　　　　　　　　　　　　　　　　　　　　　謝玉峯　　押

『추씨종보(鄒氏宗譜)』에 보이는 소작증서에는 본문 끝에 특히 "此田身如不種退田, 鄒亦無辭, 又照押"이라고 씌어 있는 경우가 있다. 이 문언으로 알 수 있는 한도에서는, 그 소작인이 지주의 토지에 속박되어 있었다고 할 수 없다. 그리고 앞서 언급한 도광(道光) 6년과 7년의 문서 두 통의 소작지는 이 족보의 제전도(그림 3)의 무씨 및 사씨의 소작지 그림에 대응되는 것이다.

『추씨종보(鄒氏宗譜)』와 마찬가지로 윤주의 『동흥무씨윤파종보(東興繆氏潤派宗譜)』[78]에도 여덟 통의 소작증서가 나와 있다. 다음에는 그 가운데의 한 통, 중화민국 2년(1913) 정월의 것을 예시해 둔다. 소작지는 무씨의 족전이고, 소작인은 조씨이다. 보증인(保領人)은 진씨이다.

> 立領種民田佃戶趙德富, 今領到(以下別行)繆祠主人門下領得甘邑西鄉
> 萬家宗地方計民水山田種肆担整, 夏包雙伏便秈小麥一担七斗止秋包每担重五担六斗, 計
> 完全租稻二十二担四斗自行送倉, 過風飄賜, 潔淨完納, 斗斛小租, 悉依舊例,
> 隨田草佃房三間半廂在房裝脩磚石天井水塘溝水路照舊, 在庄樹木神廟, 不計麥稻
> 種存佃其田月却頂首英洋拾元兩, 倘遇歉收, 請　主登田踏看, 如有抛荒田
> 地, 照鄰田賠補, 拖欠租籽不淸, 保領承管, 聽　主摘田另招妥佃無辭, 亦
> 不得私過他姓所領基地佃起房屋, 日後自行折囬, 立此存照
> 　　　民國二年正月　　　　　　　　日立領種民田佃戶趙德富押
> 　　　　　　　　　　　　　　　　　　　保領人陳節高押

이 증서의 내용에 의하면 "소작료는 여름에 보리, 가을에 벼이고, 소작인이 지주 무씨의 창고까지 운반해 와야 한다. 흉년에는 지주측에 실지검분(實地檢分, 소작료의 인하)을 요구할 수 있다. 다만 소작인이 경작을 게을리 하여 수확의 양이 감소했을 때는 주위의 수확에 비추어 배상해야 한다. 그리고 소작료 납부를 게을리 했을 때에는 지주측이 토지를 몰수하여 다른 사람에게 소작시키는 일이 있어도 불평할 수 없다"고 하고 있다.

『무진청산문조씨지보(武進靑山門趙氏支譜)』[79]에도 제전, 즉 호분전(護墳

---

78) 『東興繆氏潤派宗譜』(宣統 3년 續修) 卷6 「雜記」3, 入祠祭田佃領.
79) 『武進靑山門趙氏支譜』(중화민국 17년 刊) 卷3. 護墳田의 삽입 그림은 저자 소장본에 의한다. 또한 仁井田陞, 『中國の農村家族』(앞에서 인용한 책, 74쪽).

田)의 소작증서가 나와 있다. 이 족보에는 다른 많은 동족과 마찬가지로 각각 떨어져 있는 조상의 분묘군(墳墓群)마다 호분전이 두어져 있고(그림 4), 그 소작료를 분묘의 제사와 수선비로 할당하고 있었다.

소작인 가운데에는 조씨와 동성도 보이고, 이성도 보인다. 조씨의 소작증서 (다음에 게재)에 의하면

羌塏坽田照管人立據錄存
立照管坽塋據陳金培, 今接承
趙府門下照管羌塏塋墓, 悉遵議允後列規條勤實從事, 蒙　趙府於**祭田**內給種

陸畝捌分零, 減輕租數, 以酬其勞, 言明冬租白米參擔陸斗, 夏租麥壹擔捌斗, 不得再少, 如有短少, 原中賠償, 議以五年爲滿, 年滿之後, 再行酌議, 倘照管不妥, 不照規條, 隨時更換, 此係自愿, 並無異言, 立此照管坽塋承種據存照
計開
一老祖坽四圍籬界, 現均茂盛, 垇外前後左右, 現有柏樹貳百零玖株, ……今——點明, 務須勤謹管守
二倘有竊伐坽樹, 以及放牛踐踏縱羊吃草, 傾圮瓦礫等事, 隨時禁阻, 傷礙籬樹, 責令賠償 …… (中略)
民國拾陸年十一月　　　日立照管坽塋承種租田人陳金培
　　　中保　　　(三人署名)
　　代筆　(署名)

이 소작료는 동조백미(冬租白米)와 하조맥(夏租麥)으로 지급하도록 되어 있지만, 소작인은 분묘의 관리부담을 가지고 있기 때문에 소작료가 경감된다. 소작기간은 5년으로 하나, 기간 만료한 뒤 계약을 갱신할 수 있게 되어 있다. 증서 본문 뒤에 분묘관리에 관한 5개조의 약정이 기록되어 있다.

또한 사천의 『촉서숭양왕씨족보(蜀西崇陽王氏族譜)』[80)]에도 족전의 소작증

---

80) 『蜀西崇陽王氏族譜』(中華民國 26년 刊, 光緒 11년 序) 卷14 藝文志下租字.
〈옮긴이주〉 본문과 주석에서 각기 "中華民國 25년 刊"과 "中華民國 26년 刊"으로

서가 나와 있다. 다음에 든 광서
(光緒) 14년(1888) 2월 소작증서
가 그것이다.

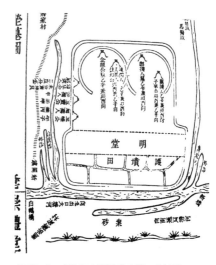

〈그림 4〉武進靑山門趙氏支譜, 호분전

　　立寫看守坟園文字人王
洪順, 今憑中佃到(以下別行)
三槐堂黃鶴林祖塋旱地一段,
所有旱地栽種, 離碑坟望桂二
尺遠, 每年納租錢四百文, 每
年壘坟四座外, 作錢四百文, 共
合錢八百文, 於淸明節前五日
交付　族長王^{廷爃}^{瀋章}二人經收, 所
有坟 園坟墓二十一座, 經理
不準添葬, 柏樹大小共四十二
根, 不準砍伐, 以及望柱碑石,
經理不可損壞, 不准牛踏馬踐,
今恐人心不古, 故出佃約一紙存據

出約人前名十
憑中代字人王福堂在
立

　　　　光緒十四年二月二十二日
　　黃鶴林坟園樹木石物單(以下目錄略)

　여기에 적혀 있는 지주인 왕씨와 소작인 왕씨는 동성(同姓)이기는 하지만,
동족(같은 혈연)인지의 여부는 증서만으로는 알 수 없다. 매년 소작료(租錢)
를 청명절 5일전까지 족장(여기에는 족장 두 사람의 성명이 나와 있다)을 거
쳐서 받게 되어 있다. 소작인은 묘지의 관리부담을 지고 있다. 묘지내에는 첨
장(添葬)을 허락하지 말 것, 묘지내의 측백나무를 베어내지 말 것, 비석 등을
파괴하지 말 것, 우마(牛馬) 등으로 밟아 망치지 말 것을 증서에 함께 적고
있다.

　달리 나와있는데, 어느 한곳이 오자(誤字)일 것이다.

제6장

대월[黎氏] 베트남의 재산상속법과 중국법

제1절 서설

강대한 가부장 권력 하에서는 재산이 가부장의 전유(專有)로 귀속되고, 처자와 같은 가족은 재산능력을 갖지 않는다고 생각하기 쉽다. 그러나 그것은 일률적으로 말할 수 없다. 로마법, 중국법, 베트남 법에 있어서도 그 점, 각각 한 가지 형태로 되어 있지 않았다. 로마에서는 가부장이 가지고 있는 권력의 효과로서, 권력복종자는 당초 모두 재산무능력자이고, 가자(家子)가 취득한 재산도 모두 가부장 개인의 소유로 귀속되고, 그 처분도 또한 가부장의 손에 위임되어 있었다. 설령 가자(家子)가 특유재산을 소유한 경우가 있다고 하더라도 그것은 예외적인 것이고, 특유재산의 증대는 후세의 일에 속한다. 가부장이 갖고 있었던 재산처분의 자유는 그 생전으로 한정되어 있지 않았다. 로마의 가부장 권력의 절대성은 자기의 사후의 일에 관한 유언에서도 무제한적인 자유를 요구하였다. 로마법1)에서 상속은 유언상속을 전제로 하고, 법정상속은 유언이 없는 경우 보충하는 것에 그쳤다. 이것은 일찍이 기원전 5세기 중반의 12표법에 의하여 승인되고 있었다고 하며, 기원전 2세기경에는 유언을 작성하는 것이 일반적인 예이고, 무유언상속은 예외적인 현상으로 되어 있었다.

---

1) 로마법에 대해서는 船田亨二, 『羅馬法』(1944년 5월, 211쪽 이하), 原田慶吉, 『ロ—マ法』하권(1949년 5월, 110쪽 이하) 참조.

중국의 가부장 권력은 종종 로마와 비교되는데, 가산법상 가산분할의 비율이 당대법에서 알 수 있듯이 법정되어 있고,[2] 가부장의 생전·사후를 통하여 그 임의적인 분할에 대해서는 오히려 규정되어 있지 않았다. 그것은 재산의 승계자는 혈족관계에 의해 자연적으로 정해지고 가부장도 임의로 이것을 변경할 수 없었던 게르만법과 비슷했다. 다만 중국법에서는 가부장이 가산을 임의로 분할하는 경우가 있어도 가족인 자손은 그 가부장을 법정에 고소할 방법이 없었고, 그 점에서 가부장은 법률상 무제약인 것과 다름없었다. 다만 현실사회에서는-특히 근래는 최근의 혁명전에도-가부장의 이러한 무제약성이 일반적으로 승인되어 있지는 않았던 것 같고,[3] 그 유언도 또한 가족인 자손을 구속할 힘이 부족했다.

그런데 베트남은 중국과 국경을 접하고 있을 뿐만 아니라, 역사상 종종 중국의 영역에 속해져서 중국법의 영향하에 있었던 것은 일본이나 조선 이상이었을 것이다. 15세기 베트남 대월[黎氏]조의 법률(그것은 현존하는 가장 오래된 것이다)에는, 거슬러 올라가면 당대법에도 이를 수 있을 만큼 오래 된 내용이 포함되어 있고, 형법, 토지법, 거래법[4] 및 신분법 그 밖의 여러 분야에서 많든 적든 당대법 등 중국법의 영향력 하에 있었다고 생각하지 않을 수 없다.

---

2) 中田薰, 「唐宋時代の家族共産制」(『法制史論集』제3권, 1295쪽 이하).
3) 仁井田陞, 「唐宋時代の家族共産と遺言法」(市村 고희기념 『東洋史論叢』, 1933년 8월, 885쪽 이하). 또 仁井田陞, 『唐宋法律文書の研究』(1937년 3월, 543쪽 이하, 619쪽 이하) ; 仁井田陞, 『支那身分法史』(1942년 1월, 459쪽 이하) ; 仁井田陞, 『中國の農村家族』(1952년 8월, 106쪽 이하, 116쪽 이하, 124쪽 이하, 131쪽 이하, 219쪽 이하). 그리고 자손이 없는 경우의 유언처분에 대해서는 唐宋 喪葬令에 규정이 있었다. 中田(앞에서 인용한 책) 및 仁井田陞, 『唐宋時代の家族共産と遺言法』(앞에서 인용한 책) 참조.
4) 仁井田陞, 「元明淸代及び黎氏安南の保證制」(『史潮』제5년 3호 1935년 10월, 58쪽). 仁井田陞, 「唐を中心として見たる東亞の法律」(『東亞硏究講座』71집, 1936년 10월)의 71쪽 이하에는 보증제에 대해서, 74쪽 이하에는 사적 압류제에 대해서 포함하고 있다. 또 仁井田陞, 『唐宋法律文書の研究』(앞에서 인용한 책, 294·304쪽). 仁井田陞, 『中國法制史研究』토지거래법(1960년 3월) 제6장 및 제8장 참조. 山本達郎, 「安南黎潮の婚姻法」(『東方學報東京』제8책, 1938년 1월, 247쪽 이하).

그러나 베트남 법이 그 고유법의 모든 것을 내던지고 중국법을 수용한 것은 아니었다. 예를 들어 베트남에서는 손해배상제도,[5] 촌락제도 및 토지할환제도(土地割換制度) 등에서 고유법을 존속시킨 것이 많았다. 또한 베트남 법의 규정상 확인되는 한도에서, 그 가부장제는 일단 중국의 그것에 비견할 수 있을 정도였다. 예를 들면 대월[黎氏]조 형률[6]의 각 예율(例律)에는 십악(十

---

5) 仁井田陞, 『中國法制史』(1952년 6월 岩波全書, 100쪽) ; 仁井田陞, 『中國法制史研究』 (형법)(1959년 3월) 제12장 참조.

6) 『大越律(黎律)』 「名例」 十惡 "四曰惡逆(謂毆及謀殺祖父母父母, 殺叔伯父母姑兄姉外祖父母, 夫之祖父祖母父母者) …… 七曰不孝(謂告言詛罵祖父母父母, 及違背敎訓, 違缺供養, 居父母喪, 視身自嫁娶, 若作樂釋服從吉 ……)". 십악의 차례를 정하는 순서는 『당률』과 같다. 그리고 『歷朝憲章類誌』(「刑律誌」)에서는 "按十惡之名非古, 始起於齊, 而著於隋唐, 世因之, 著爲律令, 後世遂遵之云"이라고 한다. 다만 그 내용이 반드시 같지는 않다. 예를 들어 『당률』에서는 불효 가운데에 "祖父母父母在, 別籍異財"를 들고 있지만 『大越律(黎律)』에는 없다. 그리고 東洋文庫本을 검사해서 惡逆 가운데에 남편의 조부모·부모를 살해하는 것은 나와 있지만, 남편을 살해하는 것은 나와 있지 않다. 『대월률[黎律]』의 도적·간음지율에는 명청률과는 다르지만 『당률』과 같이 직접 조부보·부모를 모살한 경우의 규정이 없고 "諸謀殺期親尊長外祖父母及夫之祖父母父母者皆斬 …… 若尊長謀殺卑幼者, 各依謀殺人罪減二等, 已傷者減一等 ……"라고 되어 있을 뿐인데, 이것도 『당률』과 같이 期親尊長(백숙부)을 모살하여 참해지면 조부모·부모를 모살하기에 이르면 더욱더 심한 것이라는 유추해석(가벼운 것을 들어서 무거운 것을 분명하게 한다)이 허용되고 있는 점을 주의해야 한다. 『당률』에 관한 薛允升나 桑原의 설에는 찬성하기 어렵다(仁井田陞, 『中國法制史』, 1952년 6월, 岩波全書, 77쪽 이하). 『대월률[黎律]』의 도적·간음의 율에서는 "諸謀殺人者流近州 ……" "諸謀殺期親尊長外祖父母及夫之祖父母者皆斬云云"(이하 앞에 나온 것 참조) 또 『대월률[黎律]』의 毆訟詐僞之律에서는 "諸罵祖父母父母流外州, 毆者流遠州, 傷者絞, 過失殺者流外州, 傷者徒植田兵, …… 若子孫違反敎令, 而祖父母父母毆殺者徒犒丁, 而刃殺者徒象坊兵, 故殺者各加一等 ……" "諸妻毆夫者流外州, 折傷者流遠州, 田産並還夫, 妻(아마도 첩)犯者加一等致死者皆絞, 田産還夫子孫或宗人, 若妾犯妻者與夫同(謂同妻犯夫)" "諸夫毆傷妻者減凡毆傷三等, 致死者以毆殺論減三等償命錢減三分, 故毆殺者減壹等, 若有罪邂逅致死者別論, 卽毆妾致傷以上, 各減妻二等, …… 過失殺各勿論" "諸子孫告祖父母父母, 及奴婢告主者, 流遠州, 妻告夫者與同罪 ……" "諸子孫違反敎令, 及供養有闕, 而祖父母父母陳告者, 徒犒丁, 卽養子繼子失孝於養父者減一等, 失其所與財産"과 같이 조부모·부모나 남편이 자손이나 아내에 대해서 행한 가해행위는 일반인에게 행한 경우보다 처벌이 가벼운 것에 비해서 그 반대의 경우는 중하게 처벌되는 것이 예였다. 규정 중의 償命錢은 게르만 부족법의 Wergeld와 같은 것. 앞의 주 참조. 仁井田陞, 『中國法制史研

惡)의 네 번째로 악역(惡逆)을 규정하여, 조부모나 부모를 구타하거나 모살(謀殺)하는 것 등을 들고, 십악의 일곱 번째로 불효를 규정하여, 조부모·부모를 매도하거나 교훈을 위배하거나 부양을 게을리 하는 등의 행위를 들고, 그 도적·간음의 율이나 구송(毆訟)·사위(詐僞)의 율에서는 이들 행위의 엄벌규정을 두고 있었다. 조부모·부모나 남편이 자손이나 처에게 행한 행위에 대해서는 처벌하지 않고, 때로는 살해조차도 죄가 되지 않는 경우가 있었다. 그러나 그 반대의 경우는 처벌되어, 자손이나 처가 그 조부모·부모나 남편을 살해하였을 때에는 극형을 부과하였다. 베트남 법에서도 처는 자손과 함께 남편이 가지는 가부장적 지배에 복종하였다.

이런 점은 중국법 특히『당률』등과 동교이곡(同巧異曲)하였다. 그러나 그렇다고 해서 베트남의 가부장제가 직접 중국의 영향에 의해 성립되었다고 할 수는 없다. 또한 역대 중국법이 부자공산제를 취하고 있었음에도 불구하고, 베트남 대월[黎氏]조의 법률에서는 부부 공산을 전제로 하고 있었지만 자녀는 가산에 지분이 없었다. 이것은 학자들이 주목하고 있는 것이지만,[7] 이것과 함께 간과해서는 안되는 것이 베트남의 재산상속제에서 부모의 생전 처분 내지 유언, 즉 상속인을 확정하는 데 있어서 피상속인의 자유의사에 의한 자유상속주의를 전제로 하고, 법정상속을 보충적인 것으로 하고 있었던 점이다. 그것은 마치 로마법에서 유언상속이 원칙이고 법정상속은 유언이 없는 경우 보충에 불과하고, 또한 일본의『양로령(養老令)』의 재산상속제에서 처분상속이 전제로 되어 있고 법정상속이 보충적이었던 것과 같다. 따라서 이 점에 명료한 이해를 하지 않고 베트남의 법정상속제에만 주안점을 둔다면 베트남의 상속제의 태반은 이해되지 않은 채로 끝날 것이다. 베트남의 법정상속제에는 향화몫[香火分]이라고 하여, 조상제사를 위해 적자에게 다소의 할증을 허락하는 것 외에, 이 향화몫을 받을 사람을 제외하고는 모두 성과 연령을 불문하고

究』刑法(앞에서 인용한 책) 제12장 참조.

[7] 牧野巽,「安南の黎朝刑律にあらわれた家族制度」(『支那家族研究』). 牧野巽의 논문에서는 BEFEO에 수록한 바인 Deloustal, La Justice Dans L'ancien Annan. Traduction et Commentaire de Code des Lê. 등의 설도 참고하면서 독자적인 견해를 발표하고 있다.

똑같이 분할하는 것이 전제로 되어 있었다. 로마법의 균분주의는 자녀들 가운데 누구에게도 우위를 인정하지 않고, 여자도 남자와 함께 균등한 분여에 참여하였고, 그 균분주의가 철저하였다는 점에서는, 남성 및 남계친(男系親) 우선을 원칙으로 한 게르만법과 좋은 대비를 이루고 있다. 로마법이나 일본 『양로령』의 상속법과 베트남 상속법이 그 성립의 조건을 제외하고서 단순한 외형적 비교에 그쳐서는 안 된다.

그러나 이들 사이에는 적어도 외형상 특징적인 유사점이 있었던 것은 부정할 수 없다. 다만 이 가운데에 여자몫 제도가 반드시 중국 가산법사에 없었던 것은 아니다. 수전·미작지대를 왕조의 지반에 포함하고 있었던 남송시대(12·13세기) 여자의 지위는, 사료에서 파악되는 바로는 중국가산법사상 특색이 있는 것이기는 하지만, 그것에 대해서도 남송 이전부터 계속된 것이라고 생각해도 좋을 것이다.[8] 따라서 종전의 여러 학자들처럼, 중국법사상 어느 시기에도 또한 중국의 어느 지대에서도 여자의 지위를 일률적으로 과소평가하고, 여자의 지위라고 하면 한결같이 극도로 낮았다고 하는 것은 생각해 볼 일이다.

남송법 정도의 여자몫은 일본의 『양로령』에도 나타난다. 일본법(일본령)도 중국법(당령)의 영향을 받았다고 하지만, 중국법과는 달리 부친의 일재제(一財制, 專有制)를 전제로 하였다. 그리고 『대보령(大寶令)』가 법정상속을 원칙적으로 규정한 것과 반하여, 『양로령』에서는 처분상속이 전제로 되어 있어서 생전 처분이든 유언처분이든 불문하고 모두 처분이 없는 경우에 비로소 보충적으로 법정상속이 행해지는 것으로 되어 있었다. 법정상속은 적서이분주의(嫡庶異分主義)에 의하여 적자 2분, 서자 1분의 전제가 있고, 여자와 첩은 서자의 반액이었다.[9] 나라(奈良)시대의 상속제도는 후세에도 그 전통을 전수했다. 에도(江戶)시대의 서민 상속법에서도 은거(隱居)상속, 유언상속이 전제되

---

8) 仁井田陞, 「宋代の家産法における女子の地位」(穗積 선생 추도논문집, 『家族法の諸問題』1952년 7월, 35쪽 이하) ; 仁井田陞, 『中國法制史』, 앞에서 인용한 책, 222쪽 이하 ; 이 책 仁井田陞, 『中國法制史研究』(가족촌락법) 제3장 및 제4장 참조.

9) 中田薰, 「養老戶令應分條の研究」(『法制史論集』제1권, 43쪽 이하) ; 石井良助, 『日本法制史概説』(1948년 12월, 357쪽 이하).

었는데, 무유언 법정상속은 예외현상이었다. 무유언의 경우 형제간의 분할비율은 형 6분, 동생 4분으로 하는 것이 대체적인 표준이었다.[10]

따라서 중국법과 베트남법, 일본법과의 대비에 있어서, 전자가 가산공산제를 전제로 한 것에 비하여 후자는 그것을 취하지 않았다는 것과 함께, 후자가 법정상속을 보충적 제도로 채용하고 있었던 것을 특징으로 들 수 있을 것이다.

야마모또 다쯔로우[山本達郞]가 베트남으로부터 다수의 베트남사 연구자료를 갖고 온 뒤로 벌써 십수년의 세월이 지났다. 그 자료 가운데에는 역조헌장류지(歷朝憲章類誌)[11]를 비롯하여, 베트남의 토지매매증서,[12] 양자문서, 재산상속문서 등이 포함되어 있었다. 그 재산상속문서에는 모두 '촉서(囑書)'라고 적혀 있었다. 촉서라 함은 부모가 사후의 일에 관해서 그 자녀에게 써 준 의사표시이고, 중국이나 일본에서는 유언장에 해당하는 것인데, 베트남에서도 유언(유촉)이라고 하더라도 반드시 사망에 의해서 비로소 효력을 발생하는 단독행위만을 지칭한다고만은 할 수 없었다. 그 유언은 로마법이나 오늘날의 민법에서 말하는 유언보다는 그 폭이 넓었던 것 같다. 그러나 어쨌든 그 촉서는 베트남 대월[黎氏]조의 재산상속법이 유언상속 - 엄밀하게 말하면 생전 양도 및 유언 - 을 전제로 하고 있었을 뿐만 아니라, 현실사회의 상속에서도 또한 그것을 일반적인 예로 하고 있었음을 나타낸 것일 것이다.[13]

다만 유감스럽게도 이번 전쟁 가운데 이러한 귀중한 문서 등이 야마모또 다쯔로우[山本達郞]의 집과 함께 소실되고 야마모또[山本]의 수중에 남아있는 재산상속문서는 겨우 예전의 일부에 지나지 않는다. 그러나 그 남은 것만이라도 베트남의 상속법 규정을 뒷받침하는 것으로 매우 유력한 자료인 것은 틀림없다. 이 글의 초고를 쓸 때에 야마모또[山本]로부터 그 문서의 이용과

---

10) 中田薰, 「德川時代の親族法相續法雜考」(『法制史論集』제1권, 605쪽 이하) ; 石井(앞에서 인용한 책, 606쪽 이하).

11) 대월[黎氏]조의 형률도 수록되어 있다.

12) 山本達郞, 「安南の不動產賣買文書」(『東方學報東京』11의1, 1940년 3월, 370쪽 이하).

13) 仁井田陞, 『中國法制史』(앞에서 인용한 책, 223쪽)에서 『대월률[黎律]』는 "부친의 專有制를 기본으로 하여 유언상속에 큰 역할을 부과하고 있었다" 또 237쪽에서 "家父一財制와 유언상속제를 전제로 하였다"고 서술한 것은 더욱 엄밀하게 분석적으로 말하면 "부모동재제와 생전 양도 및 유언을 전제로 하고"의 뜻이다.

사진게재를 특별히 허락받았다. 또한 이 글에 인용한 대월[黎氏]조 형률은 예전에 야마모또[山本] 및 게이오대학 마쯔모또 노부히로[松本信廣]로부터 빌려본 『역조헌장류지』를 따른 것이지만, 『황월율례(皇越律例)』, 『대남회전사례(大南會典事例)』 등과 함께 이번에 새롭게 동양문고(東洋文庫) 所藏本[14]을 참조하였다. 아울러 기록하여 감사의 뜻을 표한다.

제2절 베트남 『대월률[黎律]』의 재산상속법

베트남의 재산상속을 규정하고 있는 현존 최고(最古)의 베트남 법전은 15세기 대월[黎氏]조 성종의 홍덕 연간(1470~1496)에 제정된 『홍덕률(洪德律)』 내지는 『국조조율(國朝條律)』이다. 『역조헌장류지(歷朝憲章類誌)』(文籍誌)에는 "國朝條律六卷 景興 38年(또는 30年)刪定印行, 大約依國初洪德原律"이라고 되어 있는 것으로 보아, 소위 『국조조율』 6권, 즉 대월조[黎朝] 형률은 홍덕의 원률(原律)을 거의 답습하여 경홍(景興) 38년(1777)[15]에 제정되고, 그 뒤에 계속 실시되었기 때문에, 『홍덕률』은 제정된 뒤 3세기 이상에 걸쳐 통용된 것이 된다. 대월조[黎朝] 형률은 『역조헌장류지』의 형률에 거의 수록되어 있는데, 그 형률지에 의하면 재산상속법을 포함하는 〈전산장(田産章)〉, 〈시증전산장(始增田産章)〉 등의 여러 규정은 『홍덕률』 제정 이전의 법률에서 유래한 것이라고 한다.[16]

---

14) 東洋文庫 베트남(安南)本 목록의 함가(函架)번호 및 책수는 ×76, 49권 16册本과 ×78缺卷이 있는 7册本의 양부(兩部).

15) 청 건륭(乾隆) 42년 또는 景興 30년(1769), 景興 38년(1777). 야마모또[山本]에 의하면 景興 28년(1767)이라고 한다.

16) 山本達郎, 「安南黎朝の婚姻法」(『東方學報東京』제8책, 1938년 1월, 249쪽). 여기에 인용한 『歷朝憲章類誌』卷42 文籍誌는 東洋文庫本에 따랐다. 이것의 46册本에는 "景興 30년", 7册本에는 "景興 38년"이라고 되어 있지만, 야마모또[山本]의 인용문에서는 "景興 38년"으로 되어 있다. 또한 다음 주(註)에 인용하는 牧野의 논문 689쪽 이하.

『대월률[黎律]』을 비롯한 대월조[黎朝] 법률의 원칙에서는 가산의 소유자가 부모라는 것이다. 예를 들어『대월률[黎律]』에서는 부모의 토지를 도매(盜賣)하는 죄가 성립된다. 부자공산을 전제로 하는『당률』에는 이러한 법률은 없다.[17] 또한『대월률[黎律]』「명례(名例)」 십악조의 불효에서는『당률』에 있는 "祖父母父母在, 別籍異財"라는 문구가 생략되어 있다.[18] 이것도『당률』이 부자공산을 전제로 하고 있는 것에 반하여,『대월률[黎律]』는 그것을 전제로 하고 있지 않기 때문이다.

부부간에는 공산제가 행해지고 있었기 때문에,[19] 엄밀한 의미에서는 로마에서와 같은 가부장의 전유제라고는 할 수 없지만, 어쨌든 중국법과 같이 부자공산제(父子一財)를 전제로 하고 있지는 않았다. 따라서 자손이 임의로 부모의 재산을 사용하고 처분하는 일은 허용되지 않았고, 자손이 임의로 그것을 매각한 경우에는 매수인은 선의·악의를 불문하고 매매의 목적물을 소유자인 부모에게 반환해야 했다. 그리고 선의의 매수인은, 부동산의 경우에 관한 규정에 의하면, 대가를 반환받을 수 있지만, 악의인 때에는 돌려받을 수 없다. 그뿐만 아니라 처벌을 받게 된다.[20] 재산을 처분할 수 있는 자는 그 소유자인 부모였다. 또한 부모는 촉서(즉 유언장)를 작성하여 그 재산을 그 자녀에게 분배할 수 있었다.

유언능력을 가지고 있는 자는 남자에만 한정하지 않았다. 부녀(母)도 스스로 독립적으로 유언하는 것이 가능하였다. 로마법의 유언은 일방적 행위이어

---

17)『歷朝憲章類誌』卷35「刑律誌」〈始增田産章〉 "諸父母在, 盜賣田産者, 男杖六十貶二資, 女笞五十貶一資, 追原錢還買主者, 其**田産還父母**(同居卑幼者, 盜賣**家長田産**同) 卽知情買者失原錢, 代書及証人知情各笞五十貶一資, 不知情者不坐" 牧野巽,「安南の黎朝にあらわれた家族制度」(『支那家族研究』, 694쪽 이하)의 여러 예 참조. 다만 仁井田陞,『中國法制史研究』, 705쪽에『대월률[黎律]』의 "諸奴奸主妻及主之女子媳婦者斬, 田産還夫主, 云云"을 들어 "家族共産制 부정의 유력한 방증이 될 수 있을 것이다"라고 했지만, 명청률에도 그것과 같은 종류의 규정이 있기 때문에 방증이라고 하는 데에는 그 점을 고려한 뒤의 설명이 더 필요할 것이다.

18) 앞 절의 주 6) 참조.

19) 牧野巽(앞에서 인용한 책, 705쪽 이하).

20) 주 17)에 게재한 규정. 또는 "諸同居卑幼輒用財者, 杖八十追還之".

서, 생전 처분이나 사인(死因) 처분과 같이 당사자의 합의를 요건으로 하는 쌍방행위가 아니고, 또한 생전 처분과 달리 유언자의 사망에 의해 효력이 발생하는 것이었다. 이에 비하여 중국이나 베트남에서 말하는 유언(유촉)은 유언자의 사후의 일에 관한 의사표시를 널리 가리키는 것이어서,[21] 생전 처분의 일종인지 로마법 등에서 말하는 유언(말하자면 협의의 유언)인지 애매한 경우가 많다.

따라서 촉서라고 하더라도 협의의 유언장이라고 할 수만은 없을 것이다. 『대월률[黎律]』에 의하면 부모의 재산은 촉서에 따라 자녀에게 분배되지만, 자녀가 촉서를 따르지 않고 다투는 경우에는 일단 분여된 재산도 부모의 친권 작용에 근거하여 임의로 몰수할 수 있고,[22] 부모의 교령을 따르지 않고 부양의 의무를 다하지 않는 자녀로부터도 마찬가지로 분여된 재산을 임의로 회수할 수 있도록 하였다.[23] 이런 일들은 분여에 생전 행위의 성격을 가진 경우가 있다는 것을 전제로 하고 있었기 때문일 것이다. 대월조[黎朝] 베트남에서는 촉서를 작성하는 시기에 대하여 언제라고 정해져 있지는 않지만, 일반적으로는 그 노후인 경우가 많았다.[24] 부모가 노년이 된 경우에 명하여 재산을 나누고 촉서를 작성하는 것이 일반관례이고, 법률도 이것을 전제로 하고 있었다. 부모가 모두 사망하고 유산의 분배에 대해 촉서를 남기지 않은 경우는 다른 문제이지만, 그것이 있을 때는 거기에 따라야 하는 것으로 되어 있었다.[25]

---

21) 仁井田陞, 『唐宋法律文書の研究』(1937년 3월, 621쪽).

22) 주 25) 참조.

23) 黎律 (毆訟詐僞之律) "諸子孫違反敎令, 及供養有闕, 而祖父母父母陳告者, 徒犒丁, 卽養子繼子失孝於養父繼父者減一等, 失其所與財產".

24) 『歷朝憲章類誌』卷35「刑律誌」增補香火令 "一, 爲父母者, **量其年老, 造立囑書**, 爲族長者, 均其多寡, 爲立**文書**, 其香火分遵如前例二十分之一, 如父爲族長者, 以干處田土爲香火分, 及子爲族長, 以前香火田土等處件入衆子各分, 每分得若干, 始再取香火二十分之一, 孫爲族長者亦如之, 然間有人多田少, 其香火分及各分, 本宗從便相分, 一皆順意, 無有相爭, 亦許隨宜". 牧野巽(앞에서 인용한 책, 715·722쪽)에는 "族長者, 均其多寡"의 "族長"을 "長族"이라고 하고, 長族이라는 용어가 현재는 많이 사용되는 것 같다고 註記하고 있지만, 여기에서는 東洋文庫本에 따라서 "족장"이라고 하였다. 東洋文庫의 兩本은 모두 같다.

이것이 광순(光順) 2년령에 이미 있었다는 것으로 보면, 그것은 『홍덕률』보다도 이전의 법이고 또 관례였음을 알 수 있다. 재산의 분여액과 분여를 받는 자가 함께 촉서에 기록된다. 배당에 참여하는 자는 촉서에 기록된 자뿐이다. 그 범위는 일반적으로 남녀를 불문하고 유촉자의 자녀인데, 만약 촉서에 그 이름이 없는 자가 배당을 다투는 경우에는 법률상의 제재를 면할 수 없다. 그런데 촉서의 작성에는 법정의 방식을 이행할 필요가 있으며, '본향관장(本鄕官長)'으로 대서(代書)하게 하고 그를 증인으로 삼았다. 이 작성자가 이러한 방식을 취하지 않은 촉서는 무효일 뿐만 아니라 작성자가 처벌되었다. 다만 그 작성자가 문자를 알고 있는 경우에는 자서(自書)하는 것도 무방하다고 하였다.26) 또한 분여액에 이의가 있어도 촉서에 기재된 이상의 배당에 참여할 수 없다. 그것보다 많은 배당을 억지로 요구하여 분쟁하는 자는 법률상의 제재를 받고 배당을 빼앗긴다.27) 이 경우 부모가 생존해 있다면, 부모는 양여재산을 일방적으로 회수할 권리를 가지고 있었을 것이다. 다만 유언이 절대적 자유였다고 할 수만은 없는 것 같다. 예를 들어 조상의 제사를 위한 향화묫28)에 대해서는 재산의 20분의 1을 할당하는 것이 만약 법률상 부동의 원칙이었다고 한다면, 그 점에서도 유언은 제한을 받게 된다.

---

25) 『歷朝憲章類誌』卷35「刑律誌」增補香火令 "一, 父母俱亡, 有田土, **未及遺下囑書**, 而**兄弟姉妹相分**, 以二十分之一, 爲奉事香火, 付與長男監守, 餘者相分, **妾婢子量減**, 若**已有父母命竝囑書, 卽依如例, 違者失其本分**(見光順二年令)" 여기에서 "父母命竝囑書"라고 되어 있는 이상 그것은 자녀에 대한 命令遺囑의 규정이다. 그리고 '광순2년령'은 東洋文庫의 兩本 모두에 나와 있는 것이기 때문에 그것에 따랐다. 牧野巽(앞에서 인용한 책, 715 · 722쪽)은 異本을 따르고 있다. 『歷朝憲章類誌』卷35「刑律誌」〈田産章〉 "諸强爭土宅貶二資, 若**已有囑書而强爭者**貶如之, 奪其分, 卽**父母不認爲子, 囑書內無名者**, 而强稱以爭, 貶三資, 倍取爭一分還主者, 宗人妄保貶一資".

26) 『歷朝憲章類誌』卷35「刑律誌」〈田産章〉 "諸造囑書文契, 不以**本鄕官長爲代書證見者**, 杖八十, 罰錢依輕重, 其囑書文契以虛論, **識字自書方咱**". 그리고 仁井田陞, 『中國法制史硏究』卷36「刑律誌」毆訟詐僞律에 "諸**詐僞囑書文字**, 及翻典文字爲斷契者, 主及代書, 徒象坊兵, 證見貶二資, 有爭財産者, 主及代書倍償一分, 證見三分之一"라고 되어 있어서, 촉서의 변조 · 위조의 경우의 제재규정이 있다.

27) 주 25) 참조.

28) 주 24) 참조. 그리고 향화묫에 대해서는 牧野巽(앞에서 인용한 책, 716쪽) 참조.

이와 같이 재산상속은 촉서의 작성에 의하여 '촉'(넓은 의미의 유언, 생전 행위로서의 재산양여를 포함한다고 해석된다)이 행해지는 것이 전제로 되어 있고, 촉서가 없든지, 있어도 무효일 때 비로소 법정상속의 규정이 보충적으로 적용되었다. 이 점은 일본『양로령』의 처분상속의 전제와 비슷하다. 다시 말해서 부모가 모두 촉서를 작성하지 않고 사망했을 경우, 부모의 유산은 남녀를 불문하고 법정상속인인 그 자 사이에 법정의 비율로 분배된다. 단 유산의 20분의 1만은 조상제사의 비용으로 할당해 두었기 때문에 향화몫으로 장남에게 그 할증이 인정된다. 즉 이 할증분을 제외한 유산이 남녀를 불문하고 균일하게 분배된다. 다만 이 경우에도 첩과 여자종의 자녀의 배당은 적출자에 비하여 적다.29) 양자가 적자 등과 양부의 유산을 분배하는 비율도 법정되어 있었다.30) 재산분배가 남녀간에 균일하여 남자는 그 한 명만을 특별히 우월하게 취급하지 않았던 것은 로마법이고, 게르만법에 비하여 특색을 보이지만, 동양에서도 베트남 법뿐만 아니라 어느 시기의 조선법(『경국대전』),31) 일본법(『양로령』) 및 중국법(남송의 영(令))에서는 남녀균등, 또는 균등까지는 아니더라도 상당한 폭의 여자몫을 인정하고 있었다.

이제까지 서술한 것은 부부에게 자녀가 있는 경우의 유산상속법이지만, 자녀가 없는 경우에도 (갑) 촉서가 있으면 그것에 따르게 되어 있다. 그리고 이것이 원칙이고, (을) 이하에 기술하는 것 같은 촉서가 없는 경우의 조치는 예외적 규정이며, 원칙에 대한 보충의 역할을 가진 규정이었다. 이 (을)의 경우에는 유산이 사자(死者)의 특유재산인지 부부 생활하는 동안에 취득한 공유재산인지에 따라 구별이 세워져 있었다. (1) 사자(死者)의 특유재산인 토지에

---

29) 주 25) 참조.
30) 歷朝憲章類誌』卷35「刑律誌」〈始增田產章〉"諸養子, 有養文字著輿田產, 其養父母 **歿無囑書**, 而田產分歸嫡子, 及養子, 若宗人, 不如法者(法謂田產分爲三, 嫡子二分養子一分, 若母嫡子而養子自幼同居, 則全歸之, 幼而不同居則歸養子二分, 宗人一分) 笞五十貶一資, 不著輿田產者, 不用此律" 東洋文庫本에 따른다. 다만 그 양본 중에 7冊本에서 "若母"는 "若無"로, "宗人一分"은 "歸宗人一分"으로, "不著輿田產"은 "不着輿田產"으로 되어 있다. 牧野巽(앞에서 인용한 책, 171쪽)과는 자구에 차이가 있다.
31) 『經國大典』(刑典私賤條)의 상속법에 대해서는 喜頭兵一, 『李朝の財産相續法』(1936년 3월, 39쪽 이하·171쪽 이하).

대해서는, (a) 사자(死者)에게 부모가 생존하고 있을 때에는 전부 부모에게 귀속되고, (b) 부모가 없을 때에는 이분(二分)하여 반은 사자(死者)의 종인(宗人; 부계혈족)에게 분여하여 제사의 용도로 제공하고, 다른 반은 생존배우자에게 건네진다.32) 다만 생존배우자는 겨우 일생동안에 한하여 물적 용익권을 향유할 수 있을 뿐이고[給養一世, 不得爲私], 그 사후에는 배우자의 종인에게 귀속된다. 즉 종인은 기대권을 가지는 것이다. 그리고 처가 재혼하면 그 용익권을 상실한다(남편이 재혼하는 때는 이런 제한이 없다).

이에 대해 (2) 부부가 혼인생활하는 동안에 취득한 토지는 둘로 나누어서, (a) 그 절반은 생존배우자에게 귀속되고, (b) 다른 절반은 다시 삼분하여 그 한 몫은 사자(死者)의 묘제의 용도로 제공하며, 사자(死者)의 부모가 있을 때는 그 부모에게, 없을 때는 종인에게 귀속된다. 그리고 (c) 다른 두 몫은 (1)에서와 마찬가지로 생존배우자의 일생동안에 한하여 그 이용을 하도록 제공하고[給養一世, 不得爲私], 사망 및 개가(남편의 재혼일 때는 제한이 없다)의 경우에는 배우자의 묘에 귀속되어야 한다.33)

---

32) 『歷朝憲章類誌』卷35「刑律誌」〈始增田產章〉 "諸夫妻無子, 或先歿無囑書, 而田產歸夫及妻, 若留祭祀, 不如法者 (法謂大宗田產, 分爲二分, 歸宗人一分, 以供祭祀, 歸妻一分, 咱給養一世, 不得爲私, 妻沒及改嫁, 則其分還夫宗, 父母在全歸之, 妻沒夫亦如之, 但不拘改娶, 若新造田產, 分爲二分, 歸妻及夫各一分, 妻分咱爲私, 夫分再分爲三, 歸妻二分, 留祭祀其墓一分, 其歸妻二分, 咱給養一世, 不得爲私, 沒及改嫁, 則其分還夫墓, 父母在主之, 無則宗人主之, 妻沒夫亦如之, 但不拘改娶) 笞五十貶一資, 宗人失所監" 글 가운데 '父母在主之, 無則宗人主之'의 宗人이나 '笞五十'의 十은 원래 東洋文庫本에 따른다. 牧野巽(앞에서 인용한 책, 706쪽 이하)의 인용에서는 '종인'은 '家人'으로 되어있어서, "가인이 이것을 감리하고"로 되어 있다.

33) 부부에게 자녀가 있는데, 부부 중 어느 한 쪽이 사망하고 이어서 자녀가 사망한 경우에 대해서는『歷朝憲章類誌』卷35「刑律誌」始證田產章 "諸夫妻己有子息, 或先歿, 子又繼亡, 而田產歸夫及妻, 若宗人, 不如法者 (法謂妻田產分爲三, 歸夫二分, 歸宗人一分, 父母在則分爲二, 歸父母及夫各一分, 其夫分咱給養一世, 不得爲私, 夫沒則其分還父母若宗人, 夫沒妻亦如之, 改嫁亦還之) 笞五十貶一資, 失其分"의 규정이 있다. "夫沒妻亦如之"의 沒은 東洋文庫本에 따른 것이다. 재혼을 해서 자녀에게 계부모가 있을 경우, 친부모가 사망한 경우에 대해서는, 마찬가지로『歷朝憲章類誌』卷35「刑律誌」〈始增田產章〉 "諸夫與前妻有子, 後妻無子, 及妻與前夫有子, 後夫無子, 或先歿無囑書, 而田產歸前妻前夫子, 若後妻後夫, 有不如法者 (法謂前妻有一子, 後妻無子, 則夫宗田產, 分爲三等, 前妻子二分, 後妻一分, 若前妻二子以上, 則後妻之分, 與

베트남에서는 19세기 초에 『황월율례(皇越律例)』(嘉隆 11년 1812년 6월 序)
가 제정되고, 19세기 중반에 율례를 포함한 『대남회전사례(大南會典事例)』[34]
가 편찬되었다. 그러나 그 내용은 거의 전부 청대 법전을 그대로 베낀 것이고
『홍덕률』과 같은 베트남 고유법의 모습은 거의 없다. 예를 들어 가산공산을
전제로 하는 규정이나, 생전 처분이나 유언을 전제로 하지 않는 가산분할규
정 등, 모두 청률 규정을 무비판적으로 답습하였을 뿐이다.[35] 그러나 아마도
『황월율례』·『대남회전사례』가 공포되었다고 하더라도 베트남 고유법이 갑
자기 소멸해 버린 것은 아니고, 오히려 이들 법전의 내용과는 모순된다고 하

諸子同, 其歸後妻分, 咱**給養一世**, **不得爲私**, 妻後沒及改嫁者, 則其分還夫之子, 妻沒
夫亦如之, 但不拘改娶, 若與前妻新造田產, 分爲二分, 歸前妻及夫各一分, 其前妻分歸
夫, 子(여기의 夫子는 子夫쪽이 좋은 것같다. 뒤르스탈, 牧野巽 두 사람에 따른다)
分又如前, 與後妻新造田土者, 亦分爲二, 歸後妻及夫各一分, 夫之分亦分如前, 其後
妻分咱爲私, 妻沒, 夫亦如之 笞五十贬一資, 卽父母別論" 참조. "夫宗田產, 分爲三
等"의 分이라는 글자는 東洋文庫의 16册本에는 없다. 牧野巽(앞에서 인용한 책,
706쪽 이하). 다만 牧野巽가 인용한 『歷朝憲章類誌』의 문장과 반드시 같지는 않다.
34) 紹治 3년 1843년 6월 유서(諭序), 嗣德 4년 1851년 12월 소(疏).
35) 『皇越律例』卷3 「名例」下 〈親屬相爲容隱條〉. 또한 『大南會典事例』卷184 刑部名例
下 "凡**同居**(同謂**同財共居**親屬, 不限籍之同異, 雖無服者亦是) 若大功以上親 (謂另**居**
大功以上親屬, 係服重) …… 有罪 (彼此得) 相爲容隱 ……"은 "淸律"과 같은 문장
이다. "淸律"은 家族共產, 특히 부자공산을 전제로 하고 있는데, 이런 점에 있어서
까지 皇越律令은 그대로 답습하고 있다. 『대월률(黎律)』에서는 "同居"의 구절이 없
다[牧野巽(앞에서 인용한 책, 695쪽)]. 따라서 동거에 대한 註도 없다. 『대월률(黎律)』
과 『皇越律例』에서는 입법태도가 아주 다르다. 또한 『황월율례』卷6 「戶律」戶役 卑
幼私擅用財條나 『大南會典事例』卷184 「戶律」戶役에는 "凡同居卑幼不由尊長, 私擅
用本家財物, 十兩笞二十, 每十兩加一等, 罪止杖一百, 若同居尊長應分家財不均平者,
罪亦如之"라는 律文이 있고, 附律條例로서 "一戶絕財產, 果無同尊應繼之人, 所有親
女承受, 無女者聽地方官詳明上司酌撥充公" 등이 함께 실려 있다. 이것들도 『淸律例』
처럼 家族共產, 특히 부자공산을 전제로 하고 있기 때문에 의미 있는 규정이다. 게
다가 『황월율례』에는 "卑幼與尊長**同居共財**, 其財**總攝于尊長**, 而卑幼不得自專也"라
는 명청률의 주석까지 그대로 인용하고 있다. 특히 앞서 언급한 附律條例 같은 것
은 청률에 있어서의 여자 지위에는 적합하지만, 남자와 같이 여자도 상속하는 구래
의 베트남법과는 모순된다. 『황월율례』卷6 「戶律」〈戶役〉나 『大南會典事例』卷184
「戶律」〈戶役〉의 別籍異財條의 경우에도 父子共財를 전제로 하는 청률의 답습에 불
과하다.

더라도 현실의 관습 가운데에는 고유법이 살아 있었을 것이다.

제3절 베트남의 재산상속문서(촉서)

야마모또[山本]가 수집한 베트남 문서 가운데에는 경흥(景興) 28년(1767) 11월의 촉서 등이 있다. 경흥(景興) 28년이라고 하면 『국조조율(國朝條律)』 6권이 제정되고 간행된 무렵에 해당한다(제1절 서설 참조). 따라서 이 촉서는 그 내용이 『국조조율』을 비롯한 베트남 법에 어떻게 대응되는지를 검토하려는 목적으로는 다시 얻기 힘든 귀중한 자료라고 말할 수 있다. 이러한 귀중 자료일 뿐만 아니라 해독하기 힘든 점도 있고, 나의 해독방법에 오류가 없다고는 할 수 없으므로, 촉서의 사진(단 중간을 생략)을 게재하기로 하였다(그림 5).

촉서는 본문과 재산목록의 두 부분으로 이루어져 있다. 전문의 첫머리에는

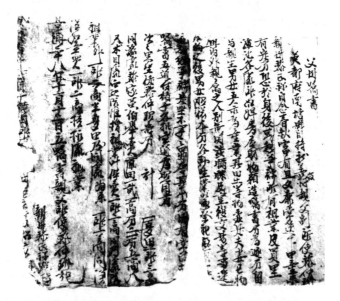

〈그림 5〉 베트남 경흥 28년(1767) 11월의 촉서

'부모촉서'라고 되어 있고, 촉서의 본문에도 부모가 그 자녀 다섯 명을 위해 함께 재산을 분여하는 일이 기록되어 있다.

父母囑書
英都府南塘縣自持社善被村親父副所使黎仲瑜親母黎氏祢, 自念春秋富有, 且又廉常, 遺下田產未有定分, 恐於身後惑起爭端, 所有祖業及買田土潭池各處所奴婢房屋財物, **預造囑**書, 分爲逐分, 留與**親生男女五人**, 永爲產業, 其田土等物, 委是**夫妻己物**, 與內外親屬之人, 別無關涉瞞昧及重復交易等事, **遺囑**之後, **男女**照依本分, 各勤生業, 以承祭祀, 敢有□□妄起紛爭端, 定坐不孝之罪, **奪其本分**, 國有**常法**, 故□(立)**囑書五道**, **付諸子**, **各執壹道**, 爲照用者
次々男生徒黎仲玿壽分　　計　　一夏田一所三高同濫處黎家黃伯擧賣, 原田一畝一高分二一分五高八尺木目處西邊阮惟檜祖(外)業叶?賣, 一所二高同乃處阮惟𢵧賣, 一所二高同乃處陳國休賣, 秋田一所三高同爭處祖內業, 一所二高同爭處??交, 文契在?好, 一所二高同廊誨祖內業, 一所一高同棋處胡此賣, 一所二高核楔處阮廷代賣兩務田一所三高八尺泡爭處祖內業, 一所二高八尺孟同瀶處祖內業, 一所四高孟同濫處祖內業, 一所一高孟同瀶處黃伯超賣 (中略) 次大銅鍋一口, 學田一所二高孟同□□祖內業, 替鬮廊壹高半阮廷賣, 錢柒貫又參貫, 取在富分一所四高核榜處阮春元賣, 中秋田祀三高泡永處黎廷墩交二高八尺孟同瀶處阮裕賣, (中略) 田典一所二高同瀶處阮惟屛賣五貫六陌三十文, 一所一高八尺同瀶處黃伯家賣リ五貫 (中略) 本族再分各處田土　　計　　一所土 (中略) 一所二高核?處祖業 (以下別行) 景興二十八年十一月十二日立囑書親父所使黎仲瑜記 (以下別行) 親母黎氏祢點持 (以下別行) 癸亥年十貳月十陸日所 (以下不詳)

그 기재내용의 개요는 다음과 같다. "우리 두 사람은 모두 노년이 되었지만, 재산을 자녀에게 어떻게 분배할지에 대해서는 이제까지 아직 정하지 않았다. 이대로 두 쪽 사후에 재산분쟁이 일어나지 않는다고 할 수 없다. 그래서 조상전래의 재산(祖業)이나 자기취득의 재산 및 토지를 비롯하여 연못, 노비, 가옥, 기타 동산에 대해서까지 미리 촉서를 작성하여 우리가 낳은 자녀 남녀 5인에 대해서 분여하려고 한다. 그 재산은 부부의 것[夫妻己物]이므로 친속이 이의를 제기할 수 없는 것이고, 그 권원(權原)에 대해서도 분명히 하고

있고, 달리 이중처분을 하고 있지는 않다.[36]

유촉한 뒤에 남녀는 모두 그 분여된 재산으로 생업에 힘쓰고 제사를 계승하여라. 만약 재산분쟁을 일으키는 일이 있으면 불효의 죄로 벌하고 그 분여재산도 몰수한다. 나라에 상법(常法)이 있으므로 (거기에 따라서) 촉서 5통을 작성하고 5명의 자녀에게 각각 1통을 교부하여 후일의 증거로 삼는다." 이 본문에 이어서 토지를 비롯하여 가마솥과 기물에 이르기까지 분여재산목록이 27행에 걸쳐 기재되어 있고, 다음으로 연월일 및 부모의 성명과 모친의 '점지(點指)'[37]가 기재되어 있다.

야마모또[山本]가 수집한 이 촉서는 5명의 자녀 가운데 차남에게 건네진 것이고, 그에게 분여된 재산만이 목록에 실려 있다. 이 촉서로 알 수 있는 것은 (1) 재산은 부자공산이 아니라 부모(부처)의 재산이다. (2) 재산분배에는 촉서가 작성된다. (3) 촉서작성시기는 부모의 노후이다. (4) 분할재산에는 조상전래재산, 부모의 자기취득재산이 모두 포함되고, 토지, 가옥, 노비, 그 밖의 동산도 나뉜다. (5) 여자도 남자와 함께 분배에 참여할 수 있다. (6) 유촉을 받은 자는 촉서에 따라야 한다. 만약 따르지 않고 재산분쟁을 일으키는 자녀는 불효의 죄에 해당하고 그 분여재산은 몰수된다. (7) 촉서를 작성하는 것은 나라의 상법(常法)이다. (8) 촉서는 분여를 받는 자녀의 수만큼 작성되고 자녀는 각자 1통씩을 수취한다. (9) 촉서라든가 유촉이라고는 하더라도 생전양여인 것 같다.

이들 9항의 내용은 모두 대월[黎氏] 베트남의 유산상속법과 거의 모순되지 않는다. 오히려 너무나도 일치하고 있다고 생각하게 한다. 다만 이 촉서에는 "以承祭祀"라고 되어 있지만, 향화몫에 대해서는 특별히 기록되어 있지 않다.

---

36) 그렇기 때문에 누구로부터도 추탈될 우려가 없다―추탈담보문언―.

37) A. Sallet, Le Diêm Chi, Ancienne mesure d'identité en Annam, L'anthropologie Tome XLIV, 1934, Nos.3-4, pp.337~340 ; 仁井田陞, 『唐宋法律文書の研究』(1937년 3월, 49·56·59쪽) ; 山本達郎, 「安南の不動産賣買文書」(『東方學報東京』11의1, 1940년 3월, 379쪽 이하). 중국에서는 點指라고도 하고 畵指라고도 하였다. 스스로 서명할 수 없는 자가 누군가에게 자신의 성명을 대서하도록 부탁하고 자신은 식지나 중지 손가락 마디에 해당하는 부분에 점을 찍었다. 이 장에 게재한 베트남 문서에서는 '點指'라고 하지만, 공교롭게도 손가락 마디 등의 부분에 점은 쓰여 있지 않다.

향화몫은 장자에게 주어지는 것이기 때문에 향화몫을 기재할 필요가 있었다면 장자에게 주어지는 촉서에 그것이 기재되어 있었을 것이라고 생각한다.

그리고 중국에서의 가산분할이 부모의 유촉형식을 취한다고 할 수는 없지만, 중국의 유촉문서 가운데에 앞서 언급한 베트남 문서와 형식이 비슷한 것을 게재해 둔다. 시대는 명 만력(萬曆) 연간의 것이다.[38)]

> (前略) 吾昔承先君遺命, 勤儉治家, 充拓基業, 僅能立門戶, 娶室生幾子, 男曰某, 矧各娶婦, 咸亦以藝自樹, 雖曰衣食頗有餘饒, 竊恐人口繁庶, 則用度亦不能支忍, 吾亦年邁幾壽矣, 安能善保始終, 而不求分異耶, 今則析之, 俾其自便, 於是, 將房屋基址田園山地家資器皿, 以新舊闊狹貴賤肥瘠輕重大小相配, 俱各品搭幾股均分, 抛闟拈定, 自分之後, 須各以父命爲尊, 共守天倫爲重, 毋得兄弟鬩墻角亏起怨, 惟以箕裘是紹, 幹蠱是期, 則子克家考, 無咎是言喜也, 如以德色犁鋤, 誶言箕箒, 以致乙普明之爭, 則願伏家長呈官公, 論以不尊父命有喪天倫, 執律治以不孝之罪, 惟此遺囑.

이 촉서가 작성된 시기도 부친(또는 모친)의 노후이고, 분할재산에는 토지나 가옥 및 기물도 포함되지만, 그러나 같은 유촉이라도 이것과 베트남의 촉서와 대비하여 주의를 기울여야 하는 것은, 우선 (1) 여기에서 재산이 부친의 것이라고도 부모의 것이라고도 쓰여 있지 않은 까닭은 가족공산이 전제되어 있기 때문일 것이다. (2) 가산은 (주로) 남자에게만 분여된다. 여자에 대해서는 언급되어 있지 않다. "남자는 가산을 이어받고 여자는 옷상자와 숫돌(吃穿)을 물려받는다"라는 속담이 있을 정도로, 가산법상 여자의 지위가 일반적으로 낮았다.[39)] 다만 남송법의 여자의 지위는 어느 정도 높지만,[40)] 이제까지

---

38) 『萬書萃寶』(萬曆15 丙申年 刊) 卷12「民用門」(分關式). 『五車拔錦』(萬曆16 丁酉年刊) 卷24「體式門」(分關體式)이라는 같은 종류의 책에도 다소 자구에 차이는 있지만 거의 비슷한 문장이 실려 있다. 자구가 다른 것은 "以藝自樹"를 "以義自樹"로 하고, "不能支忍"을 "不能相周"로 하고, "不尊父命"을 "不遵父命"으로 한 것 등이다. 문장 중의 "幹蠱"는 부모의 과오실패를 만회하는 것. 출전은 『易經』「蠱」. "箕裘"는 부친의 業을 계승하는 것. 『禮記』「學記」에 이르기를 "良冶之子, 必學爲裘, 良弓之子, 必學爲箕".

39) 仁井田陞, 『中國の農村家族』(1952년 8월, 125·293쪽). 吃穿은 음식과 의복을 의미.

알려져 있는 중국의 자료상으로는 달리 유례가 충분하지 않다. (3) 분할비율은 남자들 사이에서는 균등하다. (4) 가산은 남자의 수에 따라 균등하게 구분되지만, 임의의 선택을 하지 않고 제비뽑기로 취득몫을 정하도록 되어 있다. 베트남의 경우는 부모가 그 재산의 분배를 임의로 결정하기 때문에 제비뽑기의 방법을 취할 필요가 없었을 것이다.[41]

---

40) 이 책 仁井田陞, 『中國法制史研究』(가족촌락법) 제3장 및 제4장 참조.
41) 원재(原載) - 『東洋文化研究所紀要』제5책(1954년 2월).

제7장

신중국 혼인법의 기본문제

머리말

프랑스혁명, 러시아혁명의 경우와 마찬가지로 중국혁명의 경우에도 다른 어떤 법률보다도 앞서 제정·공포된 것이 혼인법이었다. 삼자(三者)가 그 방법을 같이 한 것은 우연이 아니라 필연이었다. 그런데 혼인법의 개혁은 토지법을 비롯한 경제개혁 없이는 실현되지 않는다. 중국혁명의 경우 혼인법의 변혁과 토지법의 변혁은 뗄 수 없는 관계에 있었다. 『중국법제사연구(中國法制史研究)』(토지법편) 제5장에서는 「손문(孫文)의 이른바 '경자유기전(耕者有其田)'과 그 뒤」에서 토지소유제 발전의 개요를 서술하였다. 여기에서도 그것에 상응하여 신(新)혼인법의 기본문제의 개요를 서술해 나간다. 상세한 것은 이 장 끝부분에 부기한 문헌 가운데 『중화인민공화국 혼인법(中華人民共和國 婚姻法)』을 참조하기 바란다.[1]

---

[1] 「中華人民共和國 婚姻法」(1950년 5월 공포) 平野義太郎 편역, 『現代中國法令集』(日本評論新社) ; 黑木三郎, 淺井敦 역(『國際經濟事情』20호, 1950년 3월) ; 陳紹禹, 「中華人民共和國婚姻法起草經過及び起草理由に關する報告」(『法社會學』2·3호, 1952년 4월, 53년 1월. 幼方直吉·長谷川良一 역) ; 仁井田陞 「婚姻法」『季刊法律學』17호 특집("新中國の法律制度", 1954년 1월) ; 仁井田陞, 「中國の人民民主主義革命と家族」(『家族問題と家族法』, 1957년 2월) ; 潮見俊隆·鍛冶千鶴子·黑木三郎·西村信雄 「中國婚姻法ききがき」(日本法社會學會 편, 『家族制度の研究』下, 1957년 4월) ; 馬起, 『中華人民共和國婚姻法概論』(1957년 1월).

1. 혼인법과 관계있는 신구 속담의 대조

여기에서 기술하려고 하는 것은 1950년 5월의 중국 신(新)혼인법에 대해서 인데, 그것은 전통 중국 혼인제도의 부정 위에 성립된 것이다.

중국의 옛날 속담 가운데에 "우동은 밥이 아니다. (그것처럼) 여자는 사람이 아니다"라는 것이 있었다. 아이들 수를 셀 때에도 여자아이는 수에 들어가지 않았다. 전통 중국 이혼 제도인 '칠출(七出)' 가운데 하나에 "아이가 없을 때는 쫓아낸다"라고 하더라도 그 아이에는 여자 아이가 포함되지 않았다.

여자는 노비와 마찬가지로 거래의 객체이기도 했다. 혁명전야까지 산서성 지방에는 "女子一歲, 身價一石"이라는 말이 있었다. 나이 한 살의 여자 아이의 값은 1석(石)이고 한 살씩 나이가 들어갈 때마다 1석씩 값이 오른다. 여자가 매매된 뒤에는 매수인의 지배에 복종하였다. 그래서 "맞아들인 처, 사온 말(馬)은 자신이 올라타든지 때리든지 제 마음이다"라든가 또는 "여자가 화를 내면 남편이 때린다. 남편이 화가 나면 역시 여자를 때린다"고 하였다. 남편이 처를 때리지 않으면 "저 놈은 마누라에게 약하다"고 하여 주위 사람들의 평이 좋지 않았다. 주위 사람들의 이목 때문에 구타를 하는 것은 조수리(趙樹理)의 소설인 『나한전』에도 쓰여 있다. '남편은 아내의 하늘'이라고 하는 유교사상은 이 경우 농민의식에도 공동적인 것이었다. 독립의 가능성이 없는 농민 여자는 구타를 당하더라도 남편을 떠날 수 없었다.

이에 대해 새로운 중국의 속담은 "남녀평등, 사람은 누구라도 한 사람 몫[一人一份]"이라는 것이다. 여성은 이제 부친에 의한 매매의 목적물도 아니고, 남편에 의한 지배의 객체도 아니다. 여성도 토지개혁에 의하여 한 사람 몫의 토지를 획득하고, 가정의 부를 창조하는 자이며, 모든 의미에서 대외적인 거래의 주체이고 임의로 공동조합(협동조합)의 회원이 될 수도 있다. 여자는 사람이 아니기는커녕 오늘날에는 남자와 나란히 사회건설의 중요한 일원이 되었다. 새로운 속담 "혼인법은 게으름병을 고치고 식량을 늘린다"는 것과 같이, 새로운 사회건설 도상에 있어서 혼인법의 역할이 중대한 것이었다.[2]

2. 토지개혁법과 신(新)혼인법

전통 중국의 경우 혼인자유의 부정은 여성에게 있어서 엄격하였지만, 남성도 혼인의 자유를 갖고 있지 않았다. 혼례식장이 아니면 남자는 상대 여자의 얼굴도 볼 수 없었다. 사진결혼이나 중매 등은 상당히 진보된 단계의 방식이다. 농가에서도 혼인에는 집안(재산)의 대등이 고려되었고, 또한 가족노동력의 규율상에서 보더라도 남녀가 임의로 그 배우자를 결정할 수는 없었다. 농가에서는 압도적으로 손을 쓰는 노동에 의존하고 있었다. 부유한 농가라면 몰라도, 일반적으로 고용노동을 받아들이거나 더욱이 기계를 이용하는 것이 쉬운 일이 아니었다. 양자도 며느리도 노동력으로 평가되었다. 아들은 현재 또는 장래의 가족노동력의 지주(支柱)였다. 자녀를 양육하는 것은 양로보험이었다. 사회적 보험제도가 가(家)에 부담지워져 있었다. "자를 양육하는 것은 노후를 위해서", 다시 말해 양로보험이라는 의미로, 기원전의 중국고전인 『한비자』에도 씌어 있다.

이러한 관계로 보아 아들의 처를 선택하고 그것을 결정하는 자는 가부장이었다. 며느리는 현재의 노동력이고 미래의 노동력인 자녀를 낳는 사람이었다. 그러한 며느리를 아들에게 자유롭게 선택하게 할 수 없었다. 가부장은 노동력을 얻기 위해 자기 가의 어린 남자에게 열 몇 살이나 연상인 여자를 처로 맞아들이기도 하고, 값이 비싸지 않은 어린 소녀를 사들여두고 장래 가남(家男)에게 처로 짝지어주는 일조차 종종 행하였다. 매입된 여자는 어릴 때부터 가족노동에 투입되었다. 이것이 욱달부(郁達夫)의 소설 『눈오는 아침』이나 조수리(趙樹理)의 소설 『小二黑의 結婚』 등에 나오는 민며느리이다. 여성이 거래의 목적물이 되어 마을 밖으로 나가버리는 이상, 촌락내의 여자의 수는 남자의 수에 비해 적어진다.

더구나 지주가 소작료뿐만 아니라 딸까지 수탈해 버리는 이상 마을 남자의

---

2) 仁井田陞, 「中國の農村家族」(1952년 8월) 외, 仁井田陞(앞에서 인용한 책) 두 종류의 책. 『中國經濟年報』제2집(1953년 6월 新島淳良 집필부분).

혼인은 점점 더 곤란해지지 않을 수 없었다. 일부다처나 축첩은 지주 등 여유 있는 자들 사이에서만 널리 행하여졌다. 특히 절망적 빈곤에 처한 농민들 사이에서는 처를 가질(살) 가망도 없었다. 나이가 들 때까지 처를 맞을 기회가 없어서 능력을 잃어버린 숙부나 형이, 조카나 동생에게 처를 맞게 하여 조카나 동생의 자녀로 장래의 가족노동력을 고려하는 것은 드문 일이 아니었다. 복건, 절강, 강서 등 여러 지방에서 특별히 볼 수 있었던 현상이라고 하지만, 처의 입질(典妻)이나 처의 임대(租妻)도 드문 일이 아니었다. 저당 잡히는 쪽뿐만 아니라 저당을 잡는 쪽도(또는 임대하고 임차하는 쌍방 모두) 절망적 빈곤자였다.

보통의 평범한 방법으로 처를 맞이하지 못하는 자는 이렇게라도 해서 처를 가지고, 낳은 자녀에 의해 장래의 노동력을 조달하는 방법을 생각했다. 그 자녀의 생리적인 부친이 누구이든지 질권 설정기간 내에 낳은 자녀는 질권자의 자녀가 된다. 그의 처는 수익질 형태의 인질이고, 밭이었다. 그리고 자녀는 분명히 '천연과실'이었다. 그것은 로마나 게르만의 노예나 가축의 법과 같은 형태였다. 남편은 일방적인 이혼권을 가지고 있지만, 이렇게까지 농민생활이 파탄될 경우에 지주 등 여유 있는 자들은 별문제이지만, 여유가 없는 농민들 사이에서는 이혼을 하고 싶어도 쉽게 할 수 없었다. 여자는 남자와 헤어져서는 살아갈 방도가 없고, 여자를 축출하고는 남자도 장가들 수 없다. 축출하여 손해를 보는 것은 남자이다. 처의 간통조차 남편은 눈감아주지 않을 수 없게 된다. 이렇게 해서 농촌의 경제적 파탄은 오히려 여성의 지위를 지켜주는 결과가 되었다.

이런 점에서 보면 객체적 조건의 변혁, 즉 토지개혁 없이는 주체적 조건의 변혁, 곧 혼인의 자유는 없다. 다시 말해서 변혁은 양 조건이 서로 수반되지 않으면 실현되지 않는 것임을 알 수 있다. 토지개혁법과 신(新)혼인법의 실시는 중국의 사회주의 건설을 위한 전제조건이고, 그런 만큼 두 법의 실체화의 성공 여부는 새로운 중국의 운명을 좌우할 정도의 큰 문제였다.

3. 신(新)혼인법의 기본정신

혁명중국의 혼인법은 1931년의 '강서(江西)소비에트' 공화국 혼인조례 이래 몇 단계의 발전과정에 따라 변화를 보였다.[3] 예를 들어 1950년의 신(新)혼인법은 단순히 해방이 아니라 새로운 건설목표와 깊은 관련을 맺고 있으며, 그 점에서 종전의 것에 비해 두드러진 특색이 보인다. 그러나 혁명중국의 혼인법은 그 발전의 여러 단계를 통해 기본적으로는 일관된 목표를 갖고 있었다. 혁명중국의 혼인법은 언제나 봉건적인 혼인제도를 부정하고, 혼인의 자유, 일부일처, 남녀의 권리평등, 부인이나 자녀의 정당한 이익옹호를 첫 번째로 내세웠다(혼인법 제1조).

중혼(重婚), 첩제도, 민며느리, 매매혼 등 가부장 중심, 가(家) 중심이며 남편 본위, 그리고 남성 본위 제도를 당연히 거부하였다(제2조). 결혼은 남녀 당사자들의 자발적인 의사에 의해야 하는 것이고, 미성년자의 혼인에 대하여 법정대리인의 동의를 요하는 규정을 두고 있지 않다(제3조). 그렇기 때문에 혼인적령도 남자는 20세, 여자는 18세로 하여(제4조), 연령도 혁명중국 이전의 법에 비해 높아졌다. 일정 범위의 혈연간의 혼인, 성병 등 건강하지 못한 사람의 혼인은 금지된다(제5조). 실질적 요건이 결여된 혼인은(일본민법처럼 무효·취소의 규정을 특별히 두고 있지는 않지만) 무효이다. 의식은 간소하게 하며, 새로운 사회에 어울리는 것이라면 금지하지 않는다. 그러나 그것을 요건으로 하고 있지는 않다. 의식을 거행하지 않아도 혼인은 혼인이다. 그리고 중국의 혼인법은 원래 종교와의 관련이 적었던 만큼, 신(新)혼인법도 러시아나 프랑스에서의 혁명의 혼인법과 달리 종교로부터의 환속이라는 의미는 적다.

---

3) 〈옮긴이주〉 이 부분에 대해서는 張晉藩, 『중국법제사』(소나무, 2006)의 「제6편 혁명근거지의 사회주의 법률제도」의 해당 부분(902~906쪽)이 참고가 될 것이다.

4. 등기제도

중국의 신(新)혼인법에는 등기제도(제6조)가 있어서, 혼인하는 당사자의 거주지4)의 인민정부에 직접 나아가서(대리는 허용하지 않는다) 등기해야 한다.5) 규정에 부합하는 혼인에 대해서는 등기기관이 결혼증을 교부하여야 한다. 등기기관에서는 본인의 자발적 의사에 의한 것인지, 연령 기타의 실질적 혼인요건에 대하여 실질적으로 심사를 하는데6), 그것은 조수리(趙樹理)의 소설『결혼등기(結婚登記)』에도 잘 나타나 있다. 등기장소에서의 심사로 당사자의 자발적 의사에 의하지 않은 가부장 등의 혼인강제, 매매혼, 민며느리, 유혼(幼婚), 중혼(重婚), 근친혼7)과 불건강혼8)은 거부되고 관문을 통과할 수 없어, 등기는 봉건주의를 배제하는 일대관문을 이룬다. 새로운 사회건설을 위한, 새로운 다음 시대를 이끌어 갈 자제를 기르기 위한 건강한 가정을 만든다는 면에서 보더라도 등기제도의 역할이 크다.9) 정부는 민중에게 혼인법의 정신을 충분히 가르치면서, 등기를 소홀히 하는 자에게는 적극적으로 등기 실행을 권고하였다.

그러면 등기가 요건인가라고 하면 여기에는 문제가 있다. 1950년 신(新)혼인법이 시행된 당초에 "혼인은 법에 따라서 등기하는 것이 그 유효한 필수조건이고, 등기하지 않으면 혼인의 효력이 있다고 인정할 수 없다"는 견해가 중국측에서 발표되었다. 그러나 근래 구로끼사부로우[黑木三郞], 아사이아쯔시[淺井敦] 등에 의해 그것과 다른 자료와 의견이 공개되었다. 아사이[淺井]가 제시한 자료인데, 1953년 3월 19일 발표한 중앙인민정부 법제위원회의 혼인문제에 관한 해답에서 "등기되어 있지 않은 혼인적 결합관계는 위법이기는 하

---

4) 구(區)·향(鄕).
5) 혼인법 제6조, 혼인등기변법(婚姻登記辨法) 제2조.
6) 혼인등기변법(婚姻登記辨法) 제3조.
7) 직계친, 5대 즉 8촌수 이내의 방계친 등과의 혼인.
8) 성병이나 정신이상 등.
9) 혼인등기법 전문(前文), 제3조.

지만 이에 대해서도 부부 관계를 인정하여, 당사자는 등기를 함으로써 언제라도 합법적 혼인으로 할 수 있다"라는 의미의 견해가 기술되어 있다.

물론 등기는 남녀의 혼인의사의 합치를 나타내기 위한 방법이므로 등기를 가지고 혼인의 성립을 인정하는 합리적 기초는 있다. 그러나 혼인법은 등기를 요건으로 하고 있지 않다고 한다. 최근 모리가와긴쥬[森川金壽]가 빌려준 마기(馬起)의 『혼인법개론(婚姻法槪論)』 등을 참고해보면, 중국 연구자 측에서도 요건으로 보지 않는 것이 일반적인 견해인 것 같다. 마기(馬起)는 등기의 설명을 '혼인성립의 조건'에서가 아니라 '혼인의 법정(法定) 절차'에서 하고 있다. 마기(馬起)에 의하면 "결혼등기는 부처(夫妻)의 인신관계를 확정하는 가장 유력한 공증적 법률행위로, 주관등기기관의 심사에 의해 결혼법정조건에 합치하였을 때 결혼증서를 발급하고 거기에서 부처의 인신법률관계가 발생한다. 동거하고 있는지의 여부, 결혼식을 거행했는지의 여부는 결혼성립에 영향을 주는 바가 없다", "혼인법 공포 뒤 사실상 이미 결혼하고 결혼등기 절차를 하지 않은 경우에도, 이와 같은 혼인관계가 유효한 것임을 인정해야 한다. 이것은 이른바 남녀가 결혼등기를 하지 않고 동거하는 '사실혼'이다. 다만 모든 미등기의 동거관계를 전부 사실혼이라고 하는 것은 아니고, 소위 사실혼에는 반드시 이하의 세 가지 조건을 갖추어야 한다. 첫째는 남녀쌍방 모두에게 혼인관계의 확신이 있어야 할 것, 운운(云云)"이라고 언급하고 있다. 다만 등기는 "부부의 인신관계 확정을 위한" 유일하지는 않지만 "가장 유력한 법률행위"이고, 부부 당사자들이 바라는 대로의 법률효과를 그것에 의해 인정하는 것이며, 등기가 단순히 증명을 위한 기술수단인 것은 아니다.

그런데 중국의 신(新)혼인법이 혼인의 형식을 등기와 사회적 사실의 이원적 입장에서 인정한 것은 봉건주의적 전통식 혼인에 대한 국가의 간여를 등기의 경우뿐만 아니라 그 이외의 경우에도 침투시킬 수 있고, 또한 여성과 그 자녀에 대한 법률상의 보호를 가능하게 하는 이점(利點)이 있고, 현실에 입각한 조치라고 할 수 있을 것이다. 나는 여기에서 신(新)혼인법에 있어서의 이 이원적 입장의 역사적 단계에 대해 언급해두고자 한다. 그것은 예전의 국가사회가 새로운 단계의 국가사회로 이행하는 경우에, 이행의 경사가 급하면 급할수록 그리고 법의 실천이 진지하게 고려되고 있으면 있을수록 일어날 수 있는 법현상이 아닐까.

새로운 국가법의 의도와 낡은 지난 시기의 의식 사이에는 빈틈이 생기기 쉽고, 국가법이 독주하면 법의 진보적인 외형에도 불구하고 민중의 어느 부분은 외면당하지 않을 수 없다. 이것은 사적(私的)으로 불리함과 동시에 공적(公的)으로도 불리하다. 이 문제를 해결하기 위한 방법은 각각의 국가사회와 그 단계에 따라 차이가 난다.[10] 중국의 신(新)혼인법이 등기제도를 제정하고 이것을 적극적으로 추진하면서도 사실혼(事實婚)주의를 폐지하지 않았던 것은 중국의 실태에 따른 매우 실천적인 정책의 결과라고 생각한다. 그것은 법률을 외형적으로 제정하는 것에만 열심이고 그 실천을 도외시하였던 전통 중국의 태도와는 완전히 상반된다.

그러면 신(新)혼인법의 등기제도의 법적 성격은 "종래의 법률혼(法律婚)·사실혼(事實婚)주의를 지양한 제3의 새로운 범주에 속하는 것"(淺井 설)이라고 이해해도 좋을 것인가, 라고 하면 나에게는 조금 더 음미해보아야 할 문제가 있다고 생각된다. 전술한 바와 같이 결혼등기제도는 법정조건을 구비한 혼인인지의 여부를 심사하기 위한 것이고, 특히 이 제도가 제정된 단계에서는 과거의 봉건주의의 인습을 배제하여 혼인의 자유를 지키고 여성과 그 자녀의 지위를 보호할 뿐 아니라, 고차원적인 사회건설을 목표로 하는 필요수단으로 되어 있었다. 국가가 등기하지 않은 사실혼(事實婚)도 마찬가지로 혼인으로 간주하도록 간여하는 것에도 같은 형태의 목적을 가지고 있었다.

따라서 이러한 봉건주의의 인습의 배제에 힘을 기울일 필요가 없는 사회가 실현되면 봉건주의 배제의 관문으로서의 등기의 한 가지 역할에 변화가 초래되기는 한다. 그러나 무엇보다도 사실혼(事實婚)주의까지 인정할 의미가 없어지고 등기에 대해서만 분명히 형식요건으로서의 성격을 부여하더라도 지장이 없는 것이 아닐까. 만약 그렇게 된다면 거기에는 '소비에트'법이 예전의 사실혼주의를 폐지한 과정이나 의미가 같지는 않겠지만 어느 정도의 공동성이 있게 될 것이다. 오늘날의 혼인제도는, 오히려 오늘날의 단계와 조건에 대

---

10) 일본 명치시대 민법 시행 전, 또는 1926년의 '소비에트'법에서 혼인등기제도를 유지하면서도 사실혼(事實婚) 주의를 폐지할 수 없었던 경우 참조.

응하는 과도기의 제도일 것이다. 지양이라고 하기보다 지양 전단계의 경향이 있을 것이다. 그리고 더욱 새로운 단계와 조건에서는 또한 그에 상당하는 혼인제도, 등록된 혼인에 대해서만 법이 정하는 부부의 권리의무를 발생시키고, 오늘날의 가족을 위해서뿐만 아니라 앞으로의 세대를 위해서도 안정되고 건강한 결혼을 보장하며, 국가사회의 건설에 크게 기여할 수 있는 것으로서의 등록혼(登錄婚)주의가 성립될 가능성이 없다고는 할 수 없을 것이다.[11]

5. 과거 단체주의의 부정과 새로운 집단체제 발전의 방향

그런데 부부간의 권리와 의무의 장(章) 제1조는 "부부는 공동생활의 반려이고, 가정 내에서의 지위는 평등하다"(혼인법 제7조)이다. 이 조문뿐 아니라 이 신(新)혼인법에서는 부부를 모두 평등한 지위로 규정하고 있다. 이 법은 오래 된 중국의 가족제도처럼 '家'에 의해 혼인이나 친자관계를 제약하는 것이 아니고, 이 법에는 처음부터 구래의 의미의 '家'제도가 존재하지 않는다. 중화민국 민법에는 존친속(尊親屬) 또는 비친속(卑親屬) 관계의 규정이 있었지만, 혁명 중국의 혼인법에는 이와 같은 존속・비속이라는 신분관계 제도도 없다. "부부는 서로 사랑하고 서로 존경하며 서로 돕고 서로 부양하며 사이좋게 단결하고 생산에 힘쓰고 자녀를 양육하며 가정의 행복과 새로운 사회건설을 위해 공동으로 노력할 의무가 있다"(제8조) "부부 쌍방은 모두 직업을 선택하여 일에 참가하고 사회활동에 참가할 자유가 있다"(제9조)라고 하여, 부부 중심의 규율은 볼 수 있어도 낡은 의미에서의 가의 규율, 신분관계 규정은 보이지 않는다. 직업선택의 자유, 사회활동참가의 자유의 강조는, 부부가 그 동거를 의무로 하지 않는 데까지 이를 것이라고 생각될 정도이다. 그러나 현실적으로는 그러한 것을 기대하고 있지 않다. 이 신(新)혼인법은 사회주의

---

11) 「婚姻登記辨法」(1955년 6월 공포), 淺井敦 역(『國際政經事情』20호) ; 黑木三郎, 「中國新婚姻法の基本的性格」(『國際政經事情』20호) ; 淺井敦, 「中華人民共和國における結婚登記について」(『東洋文化』21호 1956년 3월).

건설을 지향하는 새로운 경제체제에 대응하여, 완전히 그것을 목표로 하여 정비된 제도인 것이다. 하남성 노산현 농촌의 새로운 속담 "신(新)혼인법은 게으름병을 고치고 식량을 늘린다"는, 이런 의미에서 새로운 시대의 속담으로 적합하다. 그리고 이 속담도 새로운 혼인법뿐만 아니라 토지개혁법의 성과이다.

중국사회 구래의 신분적 재산제도로는, 첫째로 가산(家産)공산제가 행해졌다. 즉 부자·부부 혹은 형제와 같은 지배적(支配的) 단체 또는 '끼리끼리'·동배적(同輩的) 단체에 의한 소유제가 행해졌다. 또 두 번째로는 동족간에서와 같은 신분적 단체 소유관계가 있었다. 그런데 중화민국 민법의 부부 재산제는 외관상 거의 실효성이 없는 부부재산계약 규정을 포함한 40개조이지만, 혁명중국의 신(新)혼인법의 부부재산제는 가정재산의 소유권과 처리권을 정해놓은 다음의 한 조문뿐이다. "부부 쌍방은 가정재산에 대해서 평등한 소유권과 처리권을 가진다"(제10조).

진소우(陳紹禹)의 보고에 의하면, 여기에서 '가정재산'이라는 것에는 세 종류가 있다. 그 하나는 부부가 결혼전에 각각 소유하고 있던 재산, 둘째는 결혼 뒤에 취득한 재산, 셋째는 미성년인 자녀의 재산이다. 토지개혁법에는 남녀노소 모두 분배받는 토지가 균등하고, 성별·연령에 따른 차이가 없다. 다만 개인명의로 그것을 수취하거나 한 가족 단위로 수취해도 상관없지만, 한 가족 단위로 수취한 때에도 가족내 각 개인의 취득분은 명확하게 되어 있다. 그것은 가부장 또는 남편의 지배에 복종하는 가족공산이 아니다. "여자는 사람이 아니다"고 한 것은 과거의 일이고, 이제는 "남녀는 평등하고, 사람은 누구라도 한 사람 몫[一人一份]"이라는 것이 새로운 속담으로 되었다. 가정에서의 여자의 재산소유와 관리처분 등의 여러 권능, 가정에 대한 여자 자신의 기여가 명확하게 되었다. 이렇게 남녀(뿐만 아니라 가족 전체)가 대등한 지위에 서서 '계획적 생산과 공동노동'을 실행하는 것은 새로운 혼인생활의 목표가 되었다(鶴見和子)".

그러나 계획적 생산과 공동노동이라는 것은 한 가정의 테두리 안에서는 해결방법을 찾을 수 없어서, 한 가정의 테두리를 넘어서서 이제는 사회적인 집단 체제 가운데에 발전된 형태로 해결되어 가는 중이다.[12] 이것은 부부재산

내지 가정재산의 존재방식에도 큰 영향을 끼치지 않을 수 없다. 종래의 전통적 가족제도 체제는 이와 같이 새로운 중국의 혼인제도 및 토지개혁 실현을 통하여 마침내 쉼표를 찍을 때가 왔다. 그런데 토지개혁이 실시된 시점에, 아직 농가의 단독경영 단계에서는 토지는 남녀노소를 불문하고 각각 한 사람에게 일률적으로 분배되었더라도 일괄적으로 각 가에 통합되어 넘겨졌을 뿐만 아니라, 경영도 가(家)단위로 이루어졌고, 이런 점에서 보면 아직 노동 및 소비, 분배 등의 여러 부문에 가부장제 지배(父權, 夫權)의 뿌리가 남아 있지 않다고 할 수만은 없었다. 단독경영이 농기구나 노동력을 서로 교환하는 상호협조조(互助組)로까지 발전하더라도 그 단계에서는 여전히 마찬가지였다.

그러나 그것이 협동조합(합작사)경영이 되고, 특히 그것이 초급에서 고급의 합작사 경영이 되어서 생산의 협동화가 진전되면, 토지는 개별적 소유체제를 넘어서 집단적 소유(헌법 제5조 내지 제8조)로 넘어가고, 나아가 동시에 노동력도 사회화되어 가족노동에서 집단노동으로 전이되며, 토지의 소유와 경영 및 노동의 계획과 생산의 분배 등 여러 부문에서의 일관된 합리성을 초래함으로써 낡은 혈연주의, 낡은 단체주의를 불러일으키는 최후의 수단을 잃게 만든다. 노동력의 규율을 둘러싸고 성립된 가부장 지배(父權, 夫權)도 마침내 그 존재의 여지를 남기지 못하게 된다.

그 집단적 소유를 더욱더 추진하여 국가적 소유, 즉 전인민적 소유가 관철되는 단계까지 이르면 그것은 더욱더 그러하다. 부부 내지 가정재산의 존재방식도, 전통 중국사회의 경우에 비해서는 물론이고 토지개혁 직후의 경우에 비해서도 큰 변화를 보여 왔다. 새로운 사회체제로 진전하는 중국 사회에서는 마침내 생산수단, 그 경영·이용, 노동력 및 생산의 분배 모두를 일가(一家)의 테두리 내에 국한시킬 수 없게 되었다.[13]

---

12) 이 보고·집필 당시에는 아직 인민공사의 문제가 그다지 진전되어 있지 않았기 때문에 여기에 언급하지 않았지만, 인민공사의 발전과 여기에서의 기술과는 모순되는 것이 아님을 한마디 해둔다. 인민공사체제 가운데에서 노동력은 점점 사회화되고, 소유는 인민공사적 집단소유제를 실현하고 있다.

13) 仁井田陞,「中國の人民民主主義革命と家族」(前出) ; 仁井田陞,「舊中國社會の"仲間主義"と家族」(日本法社會學會편,『家族制度の研究』下, 1957년 4월) ; 仁井田陞,「中家

6. 이혼

신(新)중국의 혼인법에는 법률상의 남녀평등권, 혼인 및 이혼의 자유가 인정되고, 당사자인 남녀의 합의만이 혼인관계를 설정하고, 또한 그 합의만이 그 관계를 해소시킬 수 있으며, 남녀가 평등하게 이혼을 청구할 수 있다(혼인법 제17조). 특히 전통중국사회와는 달리 신(新)중국에서는 처가 제기하는 이혼 요구가 많았다. 그것은 토지개혁 등 경제적 측면에서 부인의 지위가 변혁되었기에 가능한 것이었다. 더구나 새로운 제도에서는 이혼의 경우에 남편은 처와 가정재산을 분할해야 하고(제23조), 공동생활하는 동안에 취득한 재산에서 완전히 지급되지 않은 부부 공동의 채무는 남편 쪽에서 변제해야 하는(제24조) 것이어서, 재래의 관습 가운데 일방적 지배를 계속하고 이혼권을 일방적으로 장악해 온 남편에게 있어서 이혼은 틀림없이 새로운 위협이 되었다.

1) 협의이혼

혁명중국의 혼인법에서는 언제나 협의이혼이 허용된다. 그 경우에 부부의 합의 외에 어떤 사람의 동의도 필요하지 않고, 가부장의 강제가 허용되지 않는다. 이혼 절차로는 구(區)인민정부에 이혼 등기를 신청하고 이혼증을 교부받아야 한다. 인민정부에서는 단순히 등기신청을 접수할 뿐만 아니라 사실심사를 하고 이혼 의사의 유무나 이혼한 뒤의 자녀나 재산 처리의 적부(適否)를 확인한다(제17조).

2) 이혼의 조정(調停 ; 調解)

새로운 중국제도에서는 이혼 신청이 있어도 법원이 바로 판결을 내리지 않고, 적극적으로 조정에 힘쓰게 되어 있다(제17조). 중국사회에서의 조정제도는 역사와 함께 뿌리 깊은 것이다. 전통 중국사회에서 민중이 직접 사건을 해결하려고 한 노력의 바탕이 새로운 중국 사회에도 계승되어 있었을 것이다.

人民共和國婚姻法」宮崎孝次郎, 『新比較婚姻法Ⅰ』(勁草書房, 1960年).

다만 전통 중국사회에 실시되어 온 권위주의적인 조정제도[14]를 그대로 이어 받은 것이 아니고, 이어 받으면서도 그에 상응하는 새로운 고려를 필요로 했을 것이다. 1954년 2월에 공포된 인민조정위원회 잠정조직 통칙에 의하면, 조정위원회의 임무는 민간 일반의 민사분쟁(혼인관계의 것도 포함) 등을 조정하는 것이다. 다만 조정위원회에서 행하는 조정은 소송을 위해 반드시 밟아야 하는 단계는 아니다. 그리고 이혼 사건에서 조정에 실패하여 소송이 법원에 제기된 뒤에도, 후기하는 바와 같이 법원이 조정의 수단을 다하게 된다. 그리고 이 이혼 조정제도의 착상 가운데에 하나는 '소비에트' 러시아의 이혼법에 있는 것이라고 생각된다.

중국 신(新)혼인법에 의하면, 남녀 중 일방이 끝까지 이혼을 요구하는 경우에 구(區)인민정부가 조정을 할 수 있다. 조정이 효과가 없는 경우에는 즉시 현(縣) 또는 시(市)인민법원이 처리하도록 이송하여야 한다(제17조). 즉 이 새로운 중국의 법제에서도 이혼 절차는 2단의 심리단계를 거칠 것을 요구한다. 제1단계(제1심)는 구인민정부의 조정화해절차이다. 만약 여기에서 화해가 성립되지 않을 때에는 제2단계(제2심)로서 현 또는 시인민법원의 심리로 보내진다. 이 법원에서 이혼 판결 또는 이혼 신청기각의 판결이 내려지지만, 이 법원에서도 판결전에 제1단계와 같이 조정·화해의 절차가 이루어진다. 그리고 이 두 단계 모두, 한편으로는 혼인에 대한 소위 자유주의적 경시를 억제하면서, 또 다른 한편으로는 남편 또는 시부모에 의한 축출이혼과 같은 일방적 강제도 저지하려고 한다. 가정생활은 여성의 입장에서뿐 아니라 자녀를 육성하는 쪽에서 보아도 새로운 사회경제건설과 불가분의 관계에 있으므로, 가정생활의 안이한 해체는 되도록 회피하지 않으면 안된다고 되어 있다.

3) 재판이혼

이혼 절차의 제2단계에 들어가 조정불성립의 경우에는 판결이 내려지는 절차가 된다(제17조). 법원의 판결은 이혼의 필요절차이기는 하지만, 결국 부부

---

14) 조수리(趙樹理)의 소설 『이가장(李家莊)의 변천』의 첫머리 제1에 나타나 있는 것과 같은 것.

가운데 한 쪽의 결정적인 이혼 요망이 혼인관계를 변동시키는 요인이 된다. 중화민국 민법에서는 이혼원인을 법으로 정하고, 이러한 이혼원인이 있을 경우에 부부 가운데 한 쪽에서 청구하는 것으로 이혼을 허락하였다. 즉 한정적 이혼원인주의를 취하였다. 그리고 이혼원인의 유무를 확인하기 위해 법원의 판결을 필요로 했다. 더구나 중화민국 민법의 경우에는 중혼, 간통 이외에 "처가 남편의 직계존속을 학대하거나 그로부터 학대를 받아 공동생활을 할 수 없다"는 것과 같이 직접 본인들 사이의 관계와는 다른 사항, 게다가 가부장 지배관계 사항까지도 포함하여 이혼원인을 한정적으로 열거하고 있었다.

그런데 1950년의 신중국 혼인법에서는 이혼원인에 대해서는 전혀 규정하는 바가 없다. 이혼 신청의 당부(當否)의 인정에 대해서도 한결같이 법원의 재량에 일임하고 있다. 이러한 완전한 상대적 이혼원인주의는 '소비에트'법의 특색이라고 하는데, 중국의 신(新)혼인법도 그것을 참고한 것이다. 그런데 부부 일방의 이혼 요망이 강하고 법원의 조정도 성공하지 못한 경우에는, 법원은 바로 판결을 내려야 한다. 그러나 법원이 항상 이혼 판결을 한다고 할 수만은 없다. 이혼의 자유라고는 하더라도 이혼의 경시, 이혼 제도의 악용에 대해서는 항상 경계한다. 이혼을 상대에게 강제하는 경우에는 강제할 만한 충분한 이유가 있어야 한다.[15] 법원은 이혼 신청기각의 판결을 내릴 수도 있다.[16]

---

15) 仁井田陞,「中華人民共和國婚姻法」(宮崎孝治郞편,「新比較婚姻法」, 1960년 6월) ; 仁井田陞,「中國の新しい法と道德」(『中國の法と社會』, 1960년 7월) ; 仁井田陞,「新しい中國の法と道德 – 中國の旅の印象」(『歷史學硏究』, 1959년 12호) ; 仁井田陞,「人民公社と家庭制度」(平凡社,『中國古典文學全集月報』9, 1959년 9월) ; 기타 『史苑』20권 2호(1959년 12월), 幼方直吉,「中國の近代化とその矛盾 – 村と鄕の關係を通じて – 」(アジア地域總合硏究組織,『アジア地域總合硏究連絡季報』2・3호, 1961년 12월).

16) (1958년 10월 比較法學會에서 발표) 원재(原載) – 『比較法硏究』18호(1959년 4월).

2부 서역에서 발견된 가족법 관계문서

돈황에서 발견된
당송(唐宋) 가족법 관계문서

제1절 서설

20세기 초 슈타인 및 펠리오(Pelliot)가 돈황(敦煌)에서 런던과 파리로 각각 운반한 다량의 고문헌 가운데에는 당대부터 송초에 걸친 고문서가 다수 보인다. 그리고 이들 문서에는 ① 가산분할문서, ② 유언장, ③ 양자문서, ④ 이혼장 및 ⑤ 노비해방 문서와 같은 가족법(신분법)관계문서도 포함되어 있다. 실제 사용된 것과 서식집의 문서서식이 서로 구별되는 것이기는 하지만, 모두 귀중한 문헌이다. 거래법 관계문서에 대해서는 다른 기회로 미루어 두고, 여기서는 우선 가족법관계문서(호적 등은 제외)에 대해서 서술하기로 한다.[1]

나는 「唐宋法律文書의 研究」 등에서 이제까지도 가산분할문서나 이혼장을 비롯하여 같은 종류의 슈타인·펠리오의 돈황문헌을 다루어 왔다. 그러나 야마모또[山本], 에노끼가즈오[榎一雄] 두 교수 외 여러 분의 협력으로 동양문고

---

1) 가족법 관계문서는 오히려 서식집에 더 많이 있다. 이것에 대하여 거래법 등 재산 법관계문서는 서식집보다는 실제 사용된 것으로 남아있는 것이 더 많다. 거래관계 문서는 仁井田陞, 『中國法制史研究』 토지법거래법(1960년 3월) 참조.
〈옮긴이주〉 이 책의 거래법 부분은 임상혁·임대희 옮김으로 번역 작업이 진행 중이다.

(東洋文庫)에 가져온 슈타인 문헌의 사진을 보니 그밖에도 다수의 자료가 있었고, 이제까지의 연구에 부족한 점이 있음을 알았다. 이 보고도 귀중한 자료들을 학계에 소개하고, 동시에 앞서 기록한 내용 중에 부족한 점을 보충하기 위한 것이다. 슈타인 돈황문헌의 조사와 관련하여 오래전 동양문고(東洋文庫)에서는 문고장(文庫長)인 이와이히로사시[岩井大慧] 외에도 다가와고조[田川孝三], 모리오까야스[森岡康] 등 여러 분의 도움을 받았다. 또한 슈타인문헌 사진을 자료로 게재할 수 있게 된 것은 영국박물관 및 동양문고(東洋文庫) 당국자의 배려에 의한 것이다. 여기에 이를 함께 기록하여 감사의 뜻을 표한다. 이하 본문의 요점을 기술한다.

(1) 이번에 조사한 슈타인 돈황문헌의 가산분할문서에서도 가산은 같은 세대에 있는 자들 사이에서는 균분하는 것으로 되어 있었다. 즉 형제와 같은 동배간에는 균분이 원칙이다. 숙부나 조카사이에서는 조카가 망부(亡父)를 대위(代位)하여 숙부와 균분한다. 조카가 몇 명 있더라도 그 부친이 받을 분깃만을 공동으로 수취하게 되어 있다. 분할문서 가운데에는 '분형절수(分荊截樹)'라든가 '포구위정(抛鉤爲定)' 등의 고사(故事)나 고어(古語)가 삽입되어 있다. 전자는 한대(漢代) 전씨 형제가 가산을 균분하여, 정원의 자형(紫荊)(봄에 보랏빛 꽃을 피우는 관목)까지 삼분하려고 한 고사에 기인한 것이다. 그것은 균분주의와 동시에 그 균분이 소재적(素材的) 균분이었음을 나타내고 있다. 후자는 토지의 분배에 낫을 던져서 각자의 분깃을 결정하는 것으로, 『신자(愼子)』나 『순자(荀子)』가 그 출전이다(中田). 그러나 당대의 가산분할에 '포구위정(抛鉤爲定)'이라는 방식이 반드시 행해졌던 것은 아니다.

(2) 이번에 조사한 슈타인 돈황문서에는 가산분할을 내용으로 하는 유언장이 몇 통 발견된다. 유언이라고 하더라도 그것은 인생의 황혼이 임박했음[桑楡已逼]을 자각한 가장이 사후의 재산분쟁을 미연에 방지하기 위해 한 것이었다. 그것은 생전 행위의 한 경우이며, 로마법이나 일본민법의 유언과는 같은 의미가 아니다. 이러한 유언장에 의하면, 그 가운데 하나(그림 6[2]))에서 볼 수 있는 것과 같이, 장남이나 차남뿐만 아니라 여자도 가산분할을 받는 자격

---

2) 〈옮긴이주〉 원문에는 7이라고 되어있으나, 내용상 6이 맞을 듯하다.

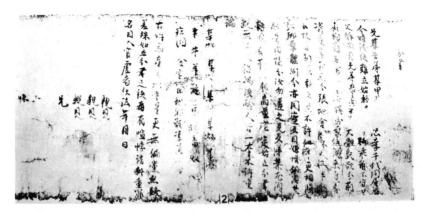

〈그림 6〉 슈타인 돈황문헌의 가산분할문서

자에서 제외되어 있지 않았다. 다만 이 경우의 분할비율에 대해서는 기록되어 있지 않다. 이런 종류의 유언장에는 유언자의 유언 당시 심신상태가 평소와 다름이 없고 완전한 의사능력이 있다는 것을 알려주며, 유언에 따르지 않는 자에 대한 저주문구가 나와 있다.

(3) 슈타인 돈황문헌의 양자문서에는 양자의 효양의무(孝養義務)나 불효의 경우 축출[罷養] 등에 대해서도 적혀 있다.

(4) 펠리오 돈황문헌의 이혼장 두 통에 대해서 나는 예전에 나바도시사다 [那波利貞]의 가르침을 받아 그 전문(全文)을 학계에 소개하고, 그것과 더불어 소견을 기술한 적이 있었다. 이 이혼장의 해독은 상당한 수고를 기울여 한 것인데, 슈타인 돈황문헌(그림 7, 8)에도 이혼장 몇 통이 있어서 그것과 비교해보니, 이전의 해독에 다소 합당하지 않은 부분이 있다는 것을 알게 되었다.

일본 『대보령(大寶令)』, 『양로령』에서는 이혼장을 '수서(手書)'라고 한다. 당대에서도 이혼장을 방처서(放妻書)라고 하는 것 외에 수서(手書)라고 하였을 것으로 추정되지 않는 것은 아니었지만, 그것을 확신할 수 있게 한 것이 이번에 슈타인 문헌 조사결과이다. 슈타인 및 펠리오 문헌의 이혼장은 그 용어상으로 (갑)(을)(병)의 세 종류로 나눌 수 있지만, 그 내용은 대체로 비슷하다. 그 어느 것도 칠출의 사유를 이혼원인이라 하지 않고, 남편과 처(또는

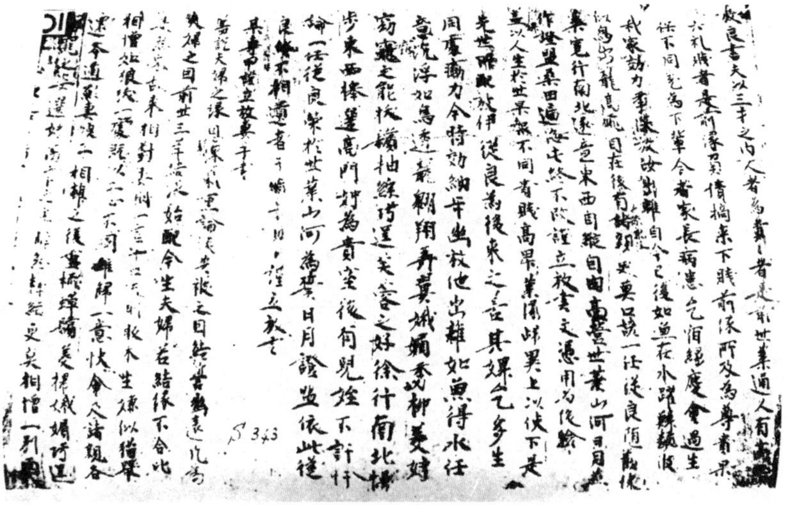

〈그림 7〉 슈타인 돈황문헌의 노비해방 문서와 이혼장

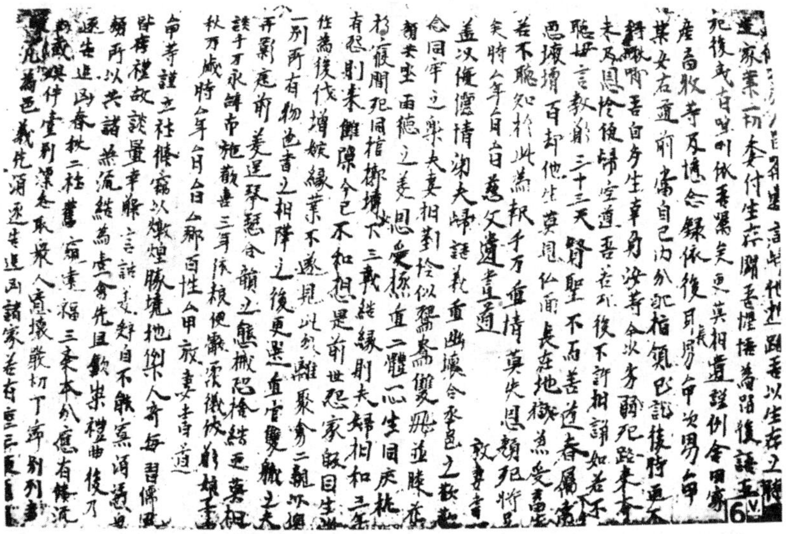

〈그림 8〉 슈타인 돈황문헌의 유언장과 이혼장

〈표 4〉 (S)는 슈타인 문헌을, (P)는 펠리오 문헌을 나타낸다.

갑	S. 6537	(放妻書) 緣業不遂, 見此分離, 聚會二親, 以俱一別
	P. 3730	(放妻書) 緣業不遂, 見此分離, 聚會二親
을	S. 6537	猫鼠同窠, 安能得久, 二人意隔, 大小不安, …… 請**兩家**父母六親眷屬, 故勒**手書**, 千萬永別
	S. 5578	猫鼠同窠, 安能得久, 二人意隔, 大小不安, …… (모든 양가 운운 부분은 결락)
	P. 3220	猫鼠同窠, 安能得久, 今對六親, **各自取意**, 更不許言夫說妻 (開寶十年丁丑歲**放妻**)
병	S. 343	似猫鼠相憎, 如狼狄一處, 旣以二心不同難歸一意快會及**諸親**, **各還本道** (年月日謹立**手書**)

시댁과 처) 사이의 불화를 원인으로 들고 있다. 이혼장에서는 그 불화를 '묘서 (猫鼠)의 동과(同窠)', '낭은(狼狄)의 동처(同處)'로까지 비유하고 있다(그림 7).

슈타인 문헌에서 이혼장은 남편이 처에게 주는 내용이고 남편을 중심으로 쓰는 방식을 취하고, 특히 '방처(放妻)'라고 하는 것처럼 남편의 일방적 의사에 의한 이혼인 경우의 표현이 사용되고 있다(그림 7, 8).

그것은 펠리오 문헌에서도 마찬가지였다. 그 이혼장은 남편의 전권적 이혼과 같은 경향을 갖고 있기는 하지만, 그러나 『수호전』에 나오는 임충(林冲)의 이혼장이나 고금소설에 나와 있는 장덕(蔣德)의 이혼장 등의 전권적 이혼 사례와 비교해 보면, 축출적이라는 표현이 온당하다. 돈황문헌의 이혼장[3]이 칠출(七出)의 사유가 있어도 그것을 모호하게 말하여 직접적으로 드러나게 표현하지 않으려고 하는 것인지, 협의상 이혼[4]으로 기울어 있으면서도 방처(放處)라는 표현을 쓰고 있는 것인지, 그 점에는 문제가 있다고 생각한다. 특히 이혼장 본문에 "聚會二親"이라고 하고, "請兩家父母六親眷屬"이라고 하며, "今對六親, 各自取意"라 하고 있는 것은, 남편 또는 남편 집안만의 의사에 의해 이혼하는 것과는 다른 의미가 나타나 있는 것은 아닐까. 문제가 되는

---

3) 펠리오 돈황문헌(東洋文庫원판)에는 그밖에도 여러 가지 형태의 이혼장이 있다. No.4001은 "女人及才夫**手書**一道"라고 제목 붙여진 이혼장이다. 그 본문 끝에 "押**指節**爲憑"의 문구가 있어 일본호령 칠출조(592쪽 참조)를 상기시킨다. No.6417도 이혼장으로 참조해야 하는 것이다.
4) 일방이 타방을 축출하지 않고, 양자가 헤어져 각각 그 본래의 노선으로 돌아간다.

문구를 돈황이혼장에서 (갑)(을)(병)으로 종류를 나누어 초록(抄錄)하면 다음과 같다.

다만 양쪽 부모가 모여서(양쪽 부모를 모아서) 양가(兩家)에 대해서 바라는 것이 반드시 협의를 위한 것이라고만 할 수는 없다. 『令集解』에 인용된 『당령석(唐令釋)』(唐令의 주석서)에 의하면, 이혼장을 작성하는 데 있어서는 남편 또는 남편측뿐만 아니라 처측의 친속이 동서(同署)하는 것으로 되어 있다. 따라서 이런 의미에서도 양쪽 부모를 모아서 양가에 대해 바랄 필요가 있었던 것이 아닐까하고 생각한다.

(5) 나는 이미 슈타인 문헌으로 노비해방 문서 몇 통에 대해서 소견을 밝힌 바가 있다. 여기에는 그것 외에 Stein No.343을 들기로 한다(그림 7). 이 No.343은 문서의 서식으로 피해방 노비가 노(奴)인지 비(婢)인지에 따라서 구별하여 쓰고 있다. 전자에게는 해방 뒤의 거주이전은 자유라는 취지가, 후자에 대해서는 혼인은 자유라는(따라서 거주이전도 자유가 된다) 뜻이 기록되고, 해방자는 물론이고 자손대대로 그것을 철회하지 않는다는 뜻이 기록되어 있다. 다시 말해서 해방은 무조건적이고 절대적인 것으로 되어 있다. 이

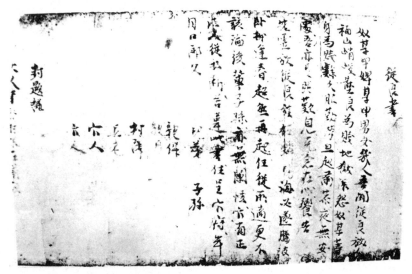

〈그림 9〉 돈황발견 당대 노비해방 문서

노비해방문서가 쓰인 연대는 그 서풍(書風)으로 보아 앞서 발표한 노비해방문서 No.4374(그림 2)와 마찬가지로 당말(唐末)까지는 내려오지 않는 것 같다.

그리고 본문을 설명하는 데에 필요하기에 돈황발견에 관련된 가족법관계문서표를 다음에 게재해 둔다. 문서서식집의 것은, 가족법관계 이외의 문서서식이어도 가족법관계문서와의 관계를 볼 수 있도록 편의를 위하여 표 가운데에 그 이름을 기록해 두었다. (S) 및 (P)는 각각 슈타인, 펠리오 문헌이다. *가 있는 것은 내가 이제까지 연구를 발표한 것, △표는 이번에 처음으로 연구·발표하는 것이다.

〈표 5〉 돈황발견에 관련된 가족법관계문서표

	번호 아래 문서의 순서는 원문 기재 순	年代	*표가 있는 문서의 주요 등재문서
S.343	△遺言狀(家産分割關係)(前缺), △奴隷解放文書, 離婚狀	당말까지 내려오지 않음	
S.2174	五代天復九年(開平三年)家産分割文書	五代	仁井田, 「唐宋法律文書의 硏究」
S.2199	唐咸通六年遺言狀	唐末	Stein, Serindia, 仁井田 (앞에서 인용한 책)
S.4374	社邑文書(前缺), 家産分割文書, 奴隷解放文書, 기타 一般文書	당말까지 내려오지 않음	仁井田, 「スタイン敦煌發見의 唐代奴隷解放文書」(東洋文化研究所 紀要一五册)
S.5578	財産目錄(前缺), 戊申年雇用文書, 離婚狀(後缺)	唐末, 五代, 宋初	
S.5647	遺言狀(家産分割關係)(前缺), 遺言狀, 家産分割文書, 養子文書	同上	
S.5700	家屋賣買文書(前缺), 奴隷解放文書, 養子文書, 奴隷解放文書(後缺)	同上	仁井田 (앞에서 인용한 책)
S.6537	養子文書(前缺), 離婚狀, 奴隷解放文書, 遺言狀(家産分割關係), 家産分割文書, 社邑文書, 遺言狀(家産分割關係), 離婚狀, 諸雜要綠字(社邑文書, 奴隷解放文書를 포함), 太子修道讚文, 大唐新定吉凶書儀	唐末以後 (文宗 무렵 이후)	仁井田 (앞에서 인용한 책)
P.2685	家産分割文書		敦煌掇瑣, 仁井田 「唐宋法律文書의 硏究」
P.3220	宋開寶十年離婚狀(前缺), 社邑文書5) 등	宋初	仁井田, 「支那身分法史」
P.3284	通婚書, 答婚書 등		敦煌掇瑣, 仁井田 (앞에서 인용한 책)

P.3410	遺言狀		敦煌掇瑣, 仁井田 「唐宋法律文書의 研究」
P.3443	壬戌年三月養子文書	唐末, 五代, 宋初일는지	玉井是博「支那社會經濟 史研究」, 仁井田(앞에서 인용한 책)
P.3730	社邑文書, 未年四月借穀文書 등, 離婚狀	同上	仁井田「支那身分法史」

[부기] 사주문록보(沙州文錄補)에 있는 송(宋) 건덕 2년 양자문서(仁井田陞『唐宋法律文書의 研究』수록)는 내용상 돈황문서로 판단할 수 있지만, 소장자가 명기되어 있지 않기 때문에 여기 부기하는 것에 그친다.

제2절 가산분할문서

나는 돈황발견의 가산분할문서로 슈타인 문헌과 펠리오 문헌에서 각각 한 통씩을 발표한 적이 있다.[6] 전자 Stein No. 2174는 천복(天復) 9년 윤8월 문서이다. 천복이라는 연호는 당말 소종(昭宗)시대의 것인데, 4년이 마지막이다. 천복 9년은 당이 망하고 나서 2년이 지난 오대(五代)의 후량(後梁) 태조(太祖)의 개평 3년(909)에 해당한다. 문서의 내용은 형제 3인이 가산을 삼분하였을 때의 것이고, 문서의 본문에 이어 분할목록이 실려 있다. 후자 Pelliot No. 2685는 첫 부분이 빠져있고 연도 미상의 것이지만, 당에서 송초까지 사이의 것으로 추정된다. 문서의 내용은 형제 2인이 가산을 이분하였을 때의 것이고, 본문에 이어 분할목록이 기록되어 있다.

이 두 통은 실제로 사용된 문서지만, 다음의 세 통의 슈타인 문헌은 모

---

5) 나바도시사다[那波利貞]로부터 예전에 펠리오 문헌의 이혼장 두 통의 교시를 받았다. 이것은 仁井田陞, 『支那身分法史』(1942년 1월, 694쪽 이하)에 기록해두었지만, 그 뒤 나바도시사다[那波利貞]로부터 재차 이것들 두 통의 사본과 그 두 통에 전후하여 쓰여 있는 관계문서의 사본을 받게 되었다. 개인적으로 감사해 마지않는 바이다. 여기에 기재해두는 것은 그것을 참조한 것이다. Pelliot No. 3730의 이혼장은 雛形이라고 생각되는데, 그 앞의 말년 4월 借穀文書는 실제로 사용된 것으로, 貸主는 永壽寺의 승려, 借主는 吳瓊岳, 그밖에 몇 명의 보증인이 세워져 있다.

6) 仁井田陞, 『唐宋法律文書의 研究』(1937년 3월, 609쪽 이하).

두 문서의 서식집에 실려 있는 것, 즉 문서서식이다. 3통 가운데 제1통 Stein No.4374는 노비해방 문서와 관련해서 그 전문(全文)을 발표한 적이 있다.[7][8] 서풍으로 보아 당 후기까지 내려가지는 않는다고 생각된다. 이제까지의 것 가운데 내가 아는 범위에서는 가장 오래 된 가산분할문서이다. 이 문서는 형제간에 가산을 분할하는 것을 내용으로 하고 있고, 분할문서를 분서(分書)로 기록하고 있다(그림 6).

分書 　　　　　　　　　　　　(이 문서 앞에 사읍(社邑)문서 있음)

兄某告弟某甲　　　忠孝千代同居
今時淺狹難立始終　　　?乖角不守
父條或有兄弟參商不□大體既欲分荊
截樹難制頹波駕?領分原任?從素?意家
資産業㪍(對)面分張地舍??人收半分
分枝各別具執文憑不許他年更相鬪
訟鄕原體例今亦同塵反目嫌憎ᵥ仍須禁
制骨肉情分汝勿違之兄友悌(弟)恭尤須
轉厚今業㪍(對)六親商量底定始立分書
既無偏坡將爲後驗人各一本不許重
論
　某物　某物　某物　某物　某物
　車　牛　羊　駝　馬　駝　畜　奴　婢
　庄園　舍堂　田地鄕?渠道四至
右件家産並以平量更無偏黨絲髮
差殊如立分書之後再有喧悖請科重罪

7) 仁井田陞, 「スタイン敦煌發見の唐代奴隷解放文書」(『東洋文化硏究所紀要』15책, 1958년 3월, 14쪽 이하) ; 仁井田陞, 『中國法制史硏究』 노예농노법 제2장에서는 이 문서의 일부를 생략하고 실었다.

8) L. Giles, Descriptive Catalogue of the Manuscripts from Tunhuang in the British Museum, 1957, p.259. 7571 A.(S.4374).

各目入官虛?者伏法年月日
　親見
　親見
　親見
　兄
　□(弟?)
　□(姊?)
　妹

　본문 가운데의 '분형절수(分荊截樹)'라는 것은, 한(漢)의 전씨 삼형제가 가산을 균분했을 때의 자형초췌(紫荊憔悴)의 고사(故事)에 의한 것이다.[9] 가재(家財), 농구(農具), 가축(家畜), 노비(奴隷) 및 장원(庄園) 모두 친족입회하에 털끝만큼의 차이도 없이 엄밀하게 균분하고, 분할문서작성 뒤에 분깃의 다소를 논하고 불복을 말하는 것은 허용되지 않는 것으로 하고 있다. 여기에는 분할한 재산목록이 추록되어 있다.
　제2통은 Stein No.6537이고 형제간의 균분을 나타낸 것이다.[10]

---

9) 『續齊諧記』에 나와 있다. 한대의 田眞 3형제는 가산분할에서 金銀珍物을 곡(斛)으로 측량하여 아주 세세하게 균분하고, 마침내 정원에 있는 紫荊(봄에 보랏빛 꽃을 피운다) 한 그루까지 三分하기로 했다. 분할의 이야기를 들은 만발하여 피어있던 자형이 시들었는데, 분할을 중지한다는 이야기를 듣고 회복되었다고 한다. 田氏 삼형제의 가산분할에 대해서는 中田薰, 「唐宋時代の家族共産制」(『法制史論集』제3권, 1310쪽), 仁井田陞, 『支那身分法史』(1942년 1월, 372·468쪽) 참조.

10) Giles, ibid. p.185, 5941에서는 紙背文書에 대해서 5단으로 나누어서 다음과 같이 설명하고 있다. 그러나 여기에는 이 문서의 연대에 대해서도, 假寧令에 대해서도 언급하고 있지는 않다. Verso: (1) Copies of various deeds and formal documents. Note at end: 正月廿五日淨土寺僧惠信書耳 …… (2) 諸雜要綠字 …… (3) 太子修道讚文 …… (4) A collection of six 詞 ts'ŭ or verse compositions in irregular metre. (5) 大唐新定告 (for 吉) 凶書儀一部並序. …… A collection of model letters for happy and unhappy occasions, with preface, by 鄭餘慶 (銀青光祿大夫吏部尚書兼太常卿). In 30 chapters, the titles of which are given after the preface. Those preserved here are (1) 年敍凡例 …… S. 6537.

夫以同胎共氣昆季情洶(深)玉茭金枝相美兄

(이 문서 앞에는 유언장 있음)

弟將爲同居一世情有不知烏將雨(雨)成飛分四

海堂煙習々冬夏推移庭前荊樹猶自枯

觜分離四海中歸一別今則兄△乙弟△甲今莉(對)

枝親村隣針量分割城外莊田城內屋舍家

資什物及羊牛畜牧等分爲△*分爲憑右

*△分은 형제 2인이라면 2分의 뜻.

件分別已後一々各自支配更不許道東說西?

說剩仗後有不於此契諍論者罰綾壹疋用

官中仍麥拾伍碩用充軍粮故勒斯契用爲

後憑　自今已後別開門戶樹大枝散茭落

情疎恒山四烏赤有分飛今莉(對)枝親分割爲

定　　　　　　　　　　(定에 이어 사읍(社邑)문서, 유언장 등이 있음)

　이 서식이 들어 있는 서식집에는 양자문서, 이혼장, 노비해방 문서 등 다수의 서식이 수록되어 있다. 다만 문서서식의 앞부분이 빠져있기 때문에, 그 부분에 무엇이 씌어 있었는지 분명하지 않다.

　이러한 다수의 법률문서 뒤에 『제잡요록자(諸雜要錄字)』[11] 일본(壹本), 『태자수도찬문(太子修道讚文)』 및 『대당신정길흉서의(大唐新定吉凶書儀)』가 연속해서 기록되어 있다. 이 『대당신정길흉서의』 병서(並序)를 보면 "은청광록대부이부상서겸 태상경(銀靑光祿大夫吏部尙書兼太常卿) 정여경(鄭餘慶) 찬(撰)"이라고 되어 있고, 그 목록에 의하면 제1「연서범례(年敍凡例)」에서 제30「공경사서내외족상복식도(公卿士庶內外族殤服式圖)」까지 30권이 있었다고 한다. 제8권 첫 부분까지밖에 남아 있지만,[12] 귀중한 일서(逸書)이다.[13] 정여경의

---

11) 이 가운데에 사읍(社邑)문서, 노비해방문서가 포함됨.
　　〈옮긴이주〉 원문에는 "諸雜錄字壹本"이라고 되어있으나, Stein No.6537문서에 "諸雜要錄字"라고 되어있으므로, 그에 따라 표기한다.
12) 다만 어딘가에 따로 남아 있을지도 모른다.
13) 鄭餘慶의 書儀에 대해서는 仁井田陞, 『支那身分法史』(앞에서 인용한 책, 602쪽 이

전기(傳記)에서는 대력(大曆) 연간에 진사(進士)로, 원화(元和) 15년(820) 졸(卒)이라고[14] 하므로, 이 자료의 연대는 그 무렵 이전까지는 거슬러 올라가지 않는다. 더구나 그 제3「공이평궐식(公移平闕式)」에는 "穆宗睿聖文惠皇帝忌, 正月二十二日, 右件國忌日, 竝廢務行香, **自大和元年今上帝登九五後**, 令京城七日香, 外州府一日香行道"라고 되어 있으므로, 이 자료는 태화(太和) 원년(827)에 제위에 등극한 문종(文宗) 무렵의 것이고, 일련의 문서식도 그 무렵 이후의 것임을 알 수 있다고 생각한다. 그 서풍(書風)으로 보아도 그것은 도저히 당 중엽까지는 거슬러 올라가지 않는다고 생각된다.[15]

분할문서 가운데 '玉茅'의 문자도 그 문서가 당대의 것임을 나타내고 있다. 이 문서는 문장상 형제간 가산분할문서와 다르지만, 내용상으로는 차이가 없다. 분할은 친족과 촌락 사람들 입회하에 행해지고, 분할의 목적물은 성(城) 밖의 장전(莊田), 성내의 가옥, 가재, 가축 등에 이른다. 성내에 주거를 갖고 성 밖에 장전을 두고 있는 예는 이밖에도 많다. 분할 뒤 분할에 대하여 이러쿵저러쿵 말하는 자에 대해서는, 벌로 비단 1필을 관(官)에 바치게 하고 보리 15석을 군량으로 충당하게 한다.

제3통은 Stein No.5647이다. 그것은 서풍으로 보면 당말에서 오대 송초의 것인 것 같다.[16] 숙질간의 균분을 내용으로 한 것이다. 그 경우 조카가 3인 있어도, 그 3인은 부친을 대위(代位)하여 부친이 받을 분깃을 수취하게 되어 있다. 즉, 숙부 1인의 몫과 조카 3인 공동의 몫이 균등하게 된다.

하 · 612쪽) 참조.

14) 『舊唐書』卷158 鄭餘慶傳. 『新唐書』卷165 鄭餘慶傳.

15) 이 자료에 인용되어 있는 假寧令은 開元 25년도의 것이라고 할 수 있다. "三元日, 正月十五日上元, 七月十五日中元, 十月十五日下元, 右件上元, 准**令格**, 各休假日三, 下元日休假一日, 並宮觀行道設齋投金龍, **假寧令**, 元正日冬至日, 右已上二大節, 准**令**, 休假七前三後四日, 降誕日, 玄元皇帝降誕, 二月十五日今上降誕, 右件降誕日, 並准勅休假一日行香, 云云".

16) Giles, ibid. p.184, 5917. An Exhortation to Virture, bequeathed by parents to an adopted son : (1) 父母遺册 1首…; (2) 契 agreement … S.5647에는 문서의 연대나 숙질간의 가산분할문서 등에 대해서는 설명이 없다.

蓋聞人之情義山岳　　(이 문서 앞에 유언장 있음)
爲期兄弟之恩劫
石不替況二人等忝
爲叔姪務意一般
箱櫃無私蓄積
不異結義之有尙?
護金之心骨肉之厚
不可有分飛之願叔唱姪和万事周
圓妯娌謙恭長
守尊卑之禮城
隍歎念每傳孔懷
之能憐里每嗟庭
莉有重滋重之瑞
己經三代不乏儒風

盖爲代薄時滴人
心淺促仏敎有氛
氳之部儒宗有異
見之懲兄弟之流
猶從一智今則更過
一代情義同前恐怕
後代子孫改心易意
謗說是非今聞家
家中殷實孝十七
傳分爲部分根原
免後子姪疑惧盖
爲姪某乙三人少失
父母叔*便爲親尊　　*숙부가 조카 3인을 위해 후견[17]
訓誨成人未申乳
哺之恩今生房分
先報其恩別無所
堪不忏分數與叔
某物色目前以結

---

17) 〈옮긴이 주〉 김경희, 「송대 고아 후견과 검교」 『법사학연구』36(2007) 참조.

義如同往日一般己
上物色獻上阿叔更
爲阿叔殷勤成立
活計兼与城外莊
田車牛駝馬家資
什物等一物已上分爲
兩*分各注脚下其名　　　*숙부와 3인의 조카 간에 양분
如後
右件分割家泍活具
十物叔姪對坐以諸
親近一一對直再三准
折均亭拋金勾爲定
更無曲受人情偏截
活業世代兩房斷
疑莫生怨望然則
異門前以結義如
同往日一般上者更須
臨恩陪加憂恤小者
更須去義轉益切
勤不令有唱蕩五
逆之子一則令人盡
笑二乃汚辱門風
一依分書爲憑各
爲居產更若後生
加謗再說偏波便
受五逆之罪世代
莫逢善事事兼有不
存禮計去就乖違
大者罸綾錦少者決
肉至骨分析爲定
更無休悔如若更
生毀伍說少道多
罸錦壹疋充助官18)

門恐後子孫不省

故勒分書用爲後憑　　(다음에 양자문서 있음)

　　분할문서를 분서라고 하고, 분할목록에는 각각의 몫을 수취하는 자의 이름이 기록된다. 분할은 친족입회하에 이루어진다. 본문 가운데 '포구위정(抛鉤爲定)'이라는 것은, "낫을 던져서 각자의 분깃을 정하는 관습", 이른바 "分馬之者用策, 分田之者用鉤"의 관습에 기인한 것이다.[19] 이렇게 해서 재산이 분할된 뒤에는 이론(異論)을 제기하는 일이 허용되지 않는다. 이론을 제기하는 자에 대해서는 벌로 비단 1필을 부과하여 관에 바치게 한다(國庫罰).

제3절 유언장(가산분할문서의 일종)

　　중국에서는 사자(死者)가 생전에 자기 사후의 일에 관해 행하는 의사표시를 넓게 유언이나 유촉이라고 하였다. 법률효과를 목적으로 하지 않고 임종시에 자손을 머리맡에 모아놓고 하는 훈계도, 임종이라고는 하지만 요컨대 생전의 가산분할의 교시(생전 행위)도 모두 그렇게 말하고 있다.[20] 그리고 그에 관한 문서를 유서나 유촉서라고 하였다. 그것은 돈황문서의 경우에도 마찬가지였다. 따라서 그것은 로마법이나 일본민법에서 말하는 유언과는 같은 의미가 아니다. Stein No.343의 서식집은[21] 첫 부분이 빠져 있어서 그밖

---

18) 罰錦이라는 것은 天復 9년 윤8월 문서 S. 2174에서는 罰黃金壹兩充官入用.

19) 『愼子』內篇(威德) "夫**投鉤以分財**, 投策以分馬, 非鉤策爲均也" 同(君人) "是以分馬者之用策, **分田者之用鉤**, 非以策鉤爲過於人智也, 所以去私塞怨也". 愼子는 群書治要에 따라서 校合한 4部叢刊本에 의한다. 中田薰 「律令法系の發達について」補考(『法制史研究』제3권, 1953년 11월, 16쪽)에 의하면, 신자는 법을 "分馬之策" "分田之鉤"에 비유하고 있다. 즉 "策은 말(馬)의 채찍, 구(鉤)는 풀 베는 낫으로, 말을 나누고 밭을 나눌 때 이것을 던져서 주(籌)를 대용하는 고래의 관습에서 유래하는 비유이다." 또한 『荀子』(卷8, 君臣) "**探籌投鉤**者, 所以爲公也"에 대해서는 中田薰, 『續南留別志』(1958년 4월, 108쪽) 참조.

20) 仁井田陞, 『唐宋法律文書の硏究』(1937년 3월, 619 · 621쪽).

에 어떤 문서의 서식이 기록되어 있는지 분명하지 않지만, 그 전해지는 부분에서 가장 중요한 것은 유언장이다.

그것에 의하면, 가장이 인생의 황혼이 임박하여[桑楡已逼] 그릇의 술, 물시계의 물도 종말을 고하려 하고(鍾漏將窮), 병약하여 몸의 건강상태도 좋지 않기 때문에, 자녀, 조카(직계 및 방계친) 등 가족을 모아놓고 가산분할의 지시를 내릴 때의 것이라고 되어 있다. 이 서식집의 서풍을 보면 분명히 당대풍이고, 당(唐)도 당말까지 내려오지 않을 것이라고 생각된다. 이 점에 대해서는 노비해방 문서 절(節)에서 다시 언급하기로 한다.

吾今桑楡已逼鍾漏將窮病疾縄(繼)身暮年不差日々承忘22)

痓損月々漸復更加想吾四體不安吾則似當不兇吾

與汝兒子孫姪家眷等宿緣之會今爲骨肉之深未得安

排遂有死奔之道雖則享負男女逝命天不肯容所是

城外莊田城內屋舍家活産業等畜牧什物恐後有不

亭爭論便併或有無智滿說異端遂令親眷相憎骨

肉相毀便是吾不了事今聞吾惺悟之時所有家産田

莊畜牧什物等已上並以分配當自脚下謹錄如後

右件分配並以周訖已後更不許論偏說剩如若違吾語者

吾作死鬼掣汝門?來共汝語一毁地下白骨萬劫是其

怨家二不取吾之語其莫見佛面謹立遺書限吾囑矣(이 문서 다음에 노비 해방 문서가 이어진다)

당대법에서는 가장이라고 하더라도 가산균분의 원칙을 준수해야 하는 규

---

21) L. Giles. Descriptive Catalogue of the Manuscripts from Tunhuang in the British Museum, 1957, p.202, S.6439에는 다음과 같은 기술이 있지만, 문서의 연대, 종류, 내용에 대해서는 기술되어 있지 않다. Forms of prayer for various occasions. Fairly good MS. Veso: Miscellaneouns fragmentary texts put together to form a roll, mostly without titles, ……. In different hands, good to mediocre. …… S.343.

22) 이 문서 앞에 두 줄 정도 불교관계 자료가 거꾸로 나와 있다.

정이 있었다. 분배의 불공평에 대해서 그 직계친이 아닌 한, 가족은 숙부이든 형이든 이것을 법정에 고소하는 것이 허용되어 있었다.[23] 이 소위 유언장으로도 분배의 불균등을 내용으로 하지 않는다. 가장의 사후에 가족간의 가산 분쟁을 미연에 방지하기 위하여 만년에 성 밖의 장전, 성 내의 가옥, 기타 가축, 가재를 미리 분할하려고 하는 것이다.

이 문서에서 주의해야 하는 것은, '유언'이라고는 하지만 그 이른바 유언은 유언자의 사망으로 효력을 발생하는 종류의 것이 아니고, 생전 행위라는 점이다. 또한 유언자의 유언 당시 심신상태는 평소와 다름이 없이 완전한 의사능력이 있는 자의 유언이라는 것이다. 즉 '임종난명(臨終亂命)'은 무효이고 법률에 의한 보호를 받을 수 없다.[24] 그래서 '吾惺悟之時'라고 특별히 밝히고 있고, 그 점은 세린디아에 나와 있는 슈타인 돈황문헌(당 함통 6년의 유언장)에서도 마찬가지이다. 유언장의 제2통은 Stein No.5647의 서식집의 것으로,[25] 서풍으로 보면 연대는 당말 이후의 것으로 생각된다. 첫 부분이 빠져 있어서 분명하지는 않지만, 가부장이 만년에 그 자녀에게 가산을 분배할 때의 것인 것 같다.

???親?割?　　　　　(이 줄 앞에 세 줄 정도 있지만 문자 불명료)
定及男女記數□
右件分割准吾遺
囑分配爲定或?
五逆之子不憑吾之
委囑忽有諍論吾
作死鬼亦乃不與
擁護若有違此條
流侶將此憑呈官
依格必當斷決者　　　(이 문서 다음에 유언장 별통(別通)이 있다)

---

23) 中田薰, 「唐宋時代の家族共產制」(『法制史論集』제3권, 3338쪽) ; 仁井田陞, 『支那身分法史』(1942년 1월, 463쪽 이하) 참조.
24) 仁井田陞, 『唐宋法律文書の硏究』(앞에서 인용한 책, 648쪽).
25) Giles, ibid. p.184. 5917 (S.5647) 앞 절 주 16) 참조.

제3통은 마찬가지로 No.5647에 있는 것이지만, 이것은 가산분할과는 관계 없는 가정교훈이라고 생각된다.

　　　父母遺書一道　　　(이 문서 앞에 유언장이 있다)
　　　吾報男某專甲
　　　?以年侵蒲柳髮
　　　白桑爲楡疾病
　　　衰羸漸加汎重
　　　陽烏過陳不容
　　　缺刻之間司命追
　　　秋豈能蹔駐吾
　　　爲汝父愛念恩深
　　　庭訓立身汝須莫
　　　忘好心褫負豈忘
　　　乳餔之恩迴乾

　　　今以汝別痛亦何言
　　　他劫來世無因再
　　　苹　汝　當　奉　敎
　　　時△年△月△日慈父母某專甲遺書
　　　　(이 문서 다음에 숙질간의 가산분할문서가 있다)

제4통은 Stein No.6537의 서식집 가운데에 있는 것이다.[26] 그것과 접속하고 있는 『대당신정길흉서의』에는 문종 태화 연간의 기사(記事)가 있고, 서의의 서풍도 당말 이후의 것이라고 생각된다. 앞의 문서와 서의는 같은 서풍인 것으로 보아 양자의 연대는 같은 무렵의 것으로 생각된다.

　　　(노비해방문서 마지막 1절에 이어서)遺書一道慕尊?
　　　身染患疾已經累旬種々醫療未蒙神咸今
　　　醒素之時剗(對)兄弟子姪諸親等遺囑房資

---

26) Giles, ibid p.185 5941 (S.6537) 앞 절 주 10) 참조.

產業莊園舍宅一々各支分數例名如下右△乙
生居杯幻?處在凡流今復若疾纏(纏)身晨昏不
覺准能報答因綠房資貧薄遺囑輕微
用表單心情?納受准前支給恐有諍論盟
路之間故勒斯契用爲後憑△年月日遺書
　　(이 문서 다음에 형제간의 가산분할문서가 계속된다)

　이 유언장의 내용에 의하면, 가장이 죽을 시기를 지각하고 심신이 정상적
인 상태에 있을 때(今醒素之時), 형제·자녀·조카들에 대하여 가재, 장원,
가택을 일일이 분할하는 것으로 하고 있다. 제5통은 마찬가지로 No.6537에
있는 것이다(그림 8). 이 경우 가산분할을 행하는 자는 가부장이다.

　　(이 문서 앞에 형제간의 가산분할문서, 거기에 계속해서 사읍문서가
　　있다)
正月五日慈父委曲達男△乙者吾遺書
夫悲世事以戛然命應南閻氣如風燭人生共壽
百歲七十者希　住世間之生榮現而魯電之?
炎死時忽就無路避逃固疾時漸加柔(深)重吾想此
疾以不成人留囑遺言歸他逝路吾以生存之時所
造家業一切委付生存鬪吾惺悟爲留後語吾若
死後或有喧吋依吾囑矣更莫相違謹例舍田家
產畜牧等及憶念錄依後身長男△甲次男△甲
某女右通前當自己內分配指領已訖後時更不
得啾唧吾自多生享負汝等今以劣弱死路來奔
未及恩怜便歸空道吾若死後不許相諍如若不
聽母言敎願三十三天賢聖不与善道春屬?不今
惡壞增百却他生莫見仏面長在地獄兼受畜生
若不聽知於此爲報千万重情莫失恩顔死將足
矣時△年△月△日慈父遺書一道
　　(이 줄 끝에 放妻書 세 글자가 있고, 이혼장이 이어서 기록되어 있다)

이것에 의하면, 이것도 가부장이 병이 중한 것을 알고 사후 가산분쟁이 일어날 것을 미연에 방지하기 위해 장원, 가옥, 가재, 가축을 그 자녀에게 분배하는 내용으로 되어 있다. 그 경우에 장남, 차남과 함께 여자도 분할을 받는 자격자에서 제외되어 있지 않다.[27] 그리고 분할한 뒤에 불복을 제기하는 것을 허용하지 않고, 사후 가산분쟁을 하고 모친의 교령을 거역하는 자녀에 대해서는 저주를 더하고 있다. 이 유언장도 유언이라고는 하지만, 생전 행위의 한 경우이다. 따라서 이 점에서 말하면, 앞 절에 서술한 가산분할문서에서의 가산분할과 구별할 이유는 없다고 생각한다.

제4절 양자문서

이제까지 내가 취급한 양자문서는 돈황문서이다. 하나는 펠리오 문헌 No. 3443, 다른 하나는 『사주문록보(沙州文錄補)』에 있는 송 건덕(乾德) 2년(964) 9월의 것이다. 이 양자는 모두 실제 사용된 것이다.[28] 이에 비하여 이하에 게재하는 슈타인 문헌은 모두 서식집의 것이다. 그 가운데 Stein No.5647[29] 과 No.5700[30] 두 통은 문구에 다소의 차이가 있는 것 외에는 거의 같은 글이다. 서풍으로 보아 모두 당말 이후의 것으로 생각된다. 글 중의 '世'자가

---

27) 당송시대의 가산법상의 여자지위에 대해서는 仁井田陞, 『中國社會の法と倫理』(法原理叢書 1954년 2월, 63쪽 이하). 仁井田陞, 「舊中國社會の "仲間" 主義と家族」(日本法社會學會編, 『家族制度の研究』(下), 1957년 4월, 166쪽 이하). 仁井田陞, 『中國法制史研究』 가족촌락법 제3장 및 제4장 참조.

28) 仁井田陞, 『唐宋法律文書の研究』(1937년 3월, 532쪽). 그리고 송 건덕2년 9월 양자문서(沙州文錄補에 수록)의 離緣 문구에 대해서 句讀의 잘못이 있어서 다음과 같이 수정한다. "空身趁出, 家中針草云云".

29) L. Giles. Descriptive Catalogue of the Manuscripts from Tunhuang in the British Museum, 1957, p.184, 5917 (S.5647) 제2절 주(9) 참조.

30) Giles, ibid. p.205에 의하면 다음과 같이 되어 있고, 문서의 종류, 내용은 언급하고 있지 않다. 나도 연대는 9세기나 10세기 무렵의 것으로 생각한다. 6504, Indifferent to mediocre MS of 10th cent Buff paper Booklet of 11 ff.(f. 1 mtd)······ S.5700.

당휘(唐諱)를 피하고 있지 않지만, 그것 때문에 당대의 것이 아니라고 단언할 수는 없다. 이제 두 통을 대조하여 그 전문(全文)을 게재해 둔다.

〈표 6〉 돈황에서 발견된 양자 관련 문서

S.5674	S.5700 (S.5674문서와 글자가 다른 곳)
(이 앞에 숙질 가산 분할문서가 있다)	
百姓吳*再昌先世	吳再昌, △專甲으로 되어 있다.
不種獲果不圓今	
生孤獨壹身更無	
子息忽至老頭無*	無 아래에 養글자 있음.
人侍訓*養所以五	訓養 두 글자 없음.
親商量養外男甥	
某專*甲男姓名爲	專글자 없음
如自後切須恭勤*	勤은 懃으로 되어 있음.
孝順父母恭敬宗*	宗은 尊으로 되어 있음.
諸懇苦力作侍奉	
六親成竪*居本莫	竪居는 聚品으로 되어 있음.
信閑人拘閃左南	
直北若不孝順者*	者글자는 없음.
仰至*親情當日趍	至글자는 諸로 되어 있음.
却更莫*再看兩共	莫글자 없음.
對面平章爲定	
更*無改亦*如若不	更글자 없음. 亦글자는 戾으로 되어 있음.
憑言約互生翻	
悔者便招五逆之	
罪恐*人無信故勒	恐글자는 怨으로 되어 있음.
私*契用爲後憑	私글자가 斯로 되어 있음.
△年月日△專甲養男契	△이하 10글자가 百性△甲으로 되어 있음.

이 문서의 내용으로는 양부가 될 자에게 아들이 없기 때문에 조카를 입양하여 양자로 삼는 것, 양자의 효양의무, 불효한 경우의 축출(파양) 등이 앞에 기록되어 있다. 제3통은 No.6537 가운데에 있는 최초의 문서인데,[31] 앞부분

---

31) Giles, ibid. p.185, 5941(S.6537). 제2절 주 10) 참조.

이 빠져 있다. 잔존부분에 대해서 보면 앞의 두 통과 같은 형식·내용의 것임을 알 수 있다.

(前缺)

    (閃左南直北若不孝順者仰諸親情當)

拘 [   ]

             (平 章 爲 定)

日趍却更莫再看雨(兩)共勃(對)面 [   ]

             (悔 者)

更無改易如若不憑言約(約)互生翻 [   ]

             (爲後)

便招五逆之罪恐人無信故勒斯契用 [   ]

驗ㄱ   (이 문서에 뒤이어 이혼장이 연결되고 있다)

결락(缺落)되어 있는 부분의 일부분은 앞의 두 통을 참고해서 보충하였다.

제5절 이혼장 - 日唐 戶令 七出條와의 관계

나는 몇 해 전 펠리오 돈황문헌 가운데 이혼장 두 통 - Pelliot No.3730과 No.3220 - 에 대해서 견해를 발표한 일이 있었다.[32] 두 통은 모두 나바도시사다[那波利貞]의 가르침을 받은 것이다. 그 가운데에 전자는 이혼장의 서식인 것 같다. 연대가 미상이기는 하지만, 당말 오대 송초 무렵의 것일 것이다. 부분적으로 불분명한 문자가 있기는 하지만, 대체로는 수미쌍전(首尾雙全)인 것이다. 이에 비하여 후자는 앞부분이 결락되어 있기는 하지만 실용에 제공된 것인 듯하여, 본문 끝부분에 성명 외에 "干時開寶十年丁丑歲放凄"와 같이 구체적인 연월일이 기입되어 있다. 개보(開寶) 10년은 태평흥국(太平興國) 2

---

32) 仁井田陞, 『支那身分法史』(1942년 1월, 694쪽 이하).

년(977)에 해당한다.

이 두 펠리오 문헌의 내용은 대체로 비슷하지만, 용어의 특징에 따라 (갑)(을) 두 종류로 구분할 수 있다. 슈타인 문헌 가운데에서도 몇 통의 이혼장이 발견된다.[33] 그것들의 대부분은 서식집의 것이다. 그리고 여기에도 펠리오 문헌과 같이 (갑)(을) 두 종류가 있고, 그밖에 (갑)(을) 양자의 용어의 특징을 함께 갖추었다고 할 수 있는 (병)도 나타나 있다. 이하 (갑)(을)(병)의 순서에 따라서 설명을 덧붙인다.

슈타인 문헌의 (갑)으로 들 수 있는 이혼장은, Stein No.6537의 서식집[34]에 있는 하나의 서식이다(그림 8). 그 연대가 당의 태화원년 이후의 것이라는 점이 서식집에 접속되어 있는 『대당신정길흉서의(大唐新定吉凶書儀)』에 의하여 추정된다. 이 이혼장 본문 가운데에 당휘(唐諱)의 '世'자가 사용되고 있어도 이 이혼장이 당대의 것이라는 점을 부정한다고는 할 수 없을 것이다. 이제 펠리오 문헌의 (갑) No.3730과 대비하여 그 전문을 게재한다.[35]

〈표 7〉 돈황에서 발견된 이혼장 비교

S.6537	P.3730 (S.6537문서와 글자가 다른 곳)
(이 앞에 유언장이 있고 그 유언장의 마지막 행 아래에 放妻書一의 네 글 자가 있다) 放妻書	放妻書가 △鄕百姓某專甲放妻書一道로 되어 있다.[36]
蓋以*优儷情淘(深)夫婦語*義重幽懷合*委邑之歡歡*	以글자가 須로 되어 있다. 語글자 없음. 合 아래의 세 글자가 合으로 되어 있다. 歡글자는 □歡으로 되어 있다.

33) 그러나 Stein No.5578의 이혼장은 말미 부분이 누락되어 있어서 이 점이 분명하지 않다.

34) L. Giles, Descriptive Catalogue of the Manuscripts from Tunhuang in the British Museum, 1957, p.185. 5941 (S.6537). 제2절 주 10) 참조.

35) 仁井田陞(앞에서 인용한 책, 703쪽). Pelliot No.3730의 이혼장에 대해서 문제시된 부분을 Stein No.6537의 이혼장과 대비하여 보면 다음과 같다. 3행째의 끝의 眛는 目변으로 해석되었지만, 슈타인 문헌에서는 月변으로 되어 있다. 6행째의 "今已不和, 相是前世怨家"의 "和, 相"을 "相和"로 한 것은 잘못된 것, 8행째 "聚會二親" 아래의 공백에 해당하는 부분에는 무언가 문자가 있어야 할 것으로 보였지만, 슈타인 문헌에서는 "以俱一別"로 되어 있다. 끝으로부터 2행째의 "柔儀"는 슈타인 문헌에서도 같다. "物色"도 "柔儀"도 아마 그대로도 상관없을 것이다.

念同牢*之樂夫妻相對恰似鴛鴦雙飛並朕*花	牢글자가 窂로 되어 있다. 朕글자가 胅로 되어있다.
顔共坐雨(兩)德之美恩愛極重二體一心生*同慶 (牀?)	生이하 일곱 글자 없음.
於寢間死同棺槨墳於*(墳)下三載結緣則夫婦相 和三年	墳글자가 塡으로 되어 있다.
有怨則來*雠陳今已不和想*是前世怨家自反 (反)目生嫌	來아래에 作글자 있음. 想글자가 相으로 되어 있다.
作爲後伐*(代)增嫉緣業不遂見此分離聚會二親 以*俱?	伐글자가 代글자로 되어 있다. 以이하 네 글자 없음.
一別所*有物色書之相*隔之後更選重官雙職之 夫	所이하 여섯 글자가 夫與妻物色具名書之로 되어있다. 相隔 위에 己歸一別의 네 글자 있음.
弄影庭前美逞琴瑟合韻之態械*(解緣)恐捨結更 莫相	械恐 두 글자가 解緣으로 되어 있다.
談千万永台辛(辭)布施歡喜三年依*(衣)粮便獻 柔儀伏願娘子千	依글자가 衣글자로 되어 있다.
秋万歲時*△年△月△日甲放妻書道(一道)	時이하 일곱 글자가 時次某年△月日로 되어 있다. △ 鄕 이하 열 글자 없음.

(이 다음에 諸雜要緣字, 太子修道讚文, 大唐新定吉凶書儀 등 있음)

이 이혼장의 본문에서는 "蓋以伉儷情深"으로 시작하고, "鴛鴦雙飛" "花顔共坐"와 같은 부부 관계를 나타내는 미사(美辭)나 "今己不和, 想是前世怨家"와 같은 부부의 인연을 나타내는 용어가 이에 이어지고 있어, 이것이 이런 종류의 이혼장의 용어상 특징이다. 그리고 그 뒤에 이혼에 이르게 된 사정이나 이혼 문구나 재혼허가문구 등이 기재되어 있다. 나는 앞서 펠리오 문헌 (갑)으로 이혼장의 요지를 기술한 적이 있는데, 새롭게 슈타인 문헌을 참조하여 그것을 다음과 같이 보정해 두고자 한다.

　　부부의 정은 깊고, 부부의 의(義)는 중하다. 합근동뢰(合졸同牢)의 기
　　쁨과 즐거움은 마음속에 간직한다. 부부가 마주볼 때는 원앙이 함께 나는
　　것 같고, 꽃이 함께 앉아 있는 것 같다. 두 가지 덕은 아름답고, 은애(恩
　　愛)는 매우 소중하다. 두 몸은 한 마음, 살아서는 이불을 같이 하고, 죽어

---

36) 仁井田陞(앞에서 인용한 책, 703쪽). 그 가운데 펠리오 문헌의 제1행 "放妻書一道"
　　가 "放妻書一通"으로 되어 있는 것은 誤植.

서는 분묘를 같이 한다. 그런데 (전생에) 3년 연(緣)을 맺으면 (이승에서) 부부상화(夫婦相和)하고, 3년 원(怨)이 있으면 불화를 초래한다고 한다. 지금 부부가 불화하는 것은 생각건대 전생의 원수(원수집안)이기 때문일 것이다. 이대로 반목을 계속해 나아가면 후세에는 불화가 심해질 것이다. 이렇게 하여 인연이 있어도 이루어지지 않고 부득이하게 이혼에 이르렀다. 여기에 부부 쌍방의 친족을 취회(聚會)하여 별리(別離)하고, 모든 것에 대한 성명을 기재한다. 헤어진 뒤에는 새로 중관쌍직(重官雙職)의 남편을 정해서 그와 정원의 달그림자에 모습을 비추고 흡족할 때까지 금슬상화(琴瑟相和)를 즐기기를 바란다. 이제 부부의 결연(結緣)을 해소하는 이상 앞으로 다시 함께 말하는 일은 없을 것이다. 3년간의 의복과 식량은 주겠다. 천추만세(千秋萬歲)를 기원한다. 때는 모년모월모일 모향(某鄕) 백성 모(某)

이 이혼장에서 "三載結緣"이라든가 "三年有怨"이라고 하는 것은 전생의 일인 것 같다. Stein No.343의 이혼장(후술)에 "前世三年結緣"이라고 있어서 그 의미를 잘 알 수 있다. 펠리오 문헌에서 말하는 "今已不和, 相是前世怨家"의 "相"은 본래 "想"의 뜻이다. 이 이혼장에 나타나 있는 이혼은 소위 칠출을 원인으로 하는 것이 아니다. 본문 가운데에 "聚會二親, 云云"이라고 한 점으로 보면 협의상 이혼의 경우인 것 같다. 그러나 이 이혼장은 남편을 중심으로 하여 쓰는 방식을 취하고 있고, 특히 본문 전후에 "放妻"라고 쓰여 있는 것은 축출이혼과 동일한 표현이라고 할 수 있다. 다만 협의상이라고는 하더라도 실질적으로는 축출이혼과 다름없는 것도 있을 것이고, 협의상의 경우에도 이러한 형식의 이혼장이 될 수 있었을까. 이 점은 (을)(병) 두 종류의 경우를 함께 살펴보아야 한다. 또한 이 이혼장에는 "所有物色書之"라고 해서 "物色"이라는 문자를 사용하고 있지만, 펠리오 문헌과 같이 "夫與妻物色具名書之"라고 쓰여 있지는 않다. 그 '소유'라는 것은 처의 지참재산이나 남편이 처에게 준 것만을 가리키는 것이 아닌 것으로 보인다. 이 점에 대해서도 슈타인·펠리오 두 문헌을 종합해서 충분히 살펴보아야 하고, 다시 후일의 연구를 기대하고자 한다.

슈타인 문헌 가운데에 (을)이라고 해야 할 제1통은 Stein No.6537에 있는 것이다.[37] 그 연대는 후속 문헌 및 서풍으로 판단하여 당 태화 연간 무렵 이후의 것으로 생각된다. 이것은 수미(首尾)쌍전(雙全)하고 결락된 부분이 없다. 그 제2통은 당말 오대 송초의 것으로 생각되는 Stein No.5578에 포함되어 있다.[38] 다만 이것은 전자에 비해 끝부분 약 3분의 1이 결락되어 있다. 자일스의 목록에는 이혼장으로 되어 있지 않다. 펠리오 문헌 가운데 같은 종류의 것은 Pelliot No.3220, 즉 송 개보 10년(사실은 태평흥국 2년)의 이혼장이다.[39] 이것은 본문의 첫 부분이 결락되어 있지만, 슈타인 문헌에 의해 대부분 보충할 수 있을 것 같다. 이런 종류의 (을)로 들었던 세 통에서 용어상 공동적인 특징이 된 부분은, "奉上有謙讓之道, 恤下無黨無偏"과 같이 부덕(婦德)을 칭송한 말 뒤에 바로 "六親聚而戍怨" "猫鼠同窠, 安能得久"로 역전(逆轉)시켜 혼인의 계속이 불가능한 상태를 기록하고 있는 부분이다. 다만 슈타인 문헌에는 펠리오 문헌에서 볼 수 있는 재혼허가문구 "更選重官雙職之夫, 云云" 및 처의 부양료에 관한 "三年衣粮. 云云"의 문구가 없다. 이런 문구들이 나와 있는 것만으로 말하자면, 펠리오 문헌은 (갑)과도 비슷한 것이므로, 이 펠리오 문헌은 (갑)(을) 양쪽과 비슷한 것, 즉 (병)과 비슷한 것으로 하는 것이 좋겠다고 할 수 있다. 이제 (을)에 해당하는 슈타인 문헌 두 통 및 이 펠리오 문헌 한 통을 대조시켜서 게재해 둔다.

---

37) Giles, ibid.
38) Giles, ibid. p.275. 7949 A. (1) List of clothing materials. Begin. torn. (2) Contract dated to 16th of the 1st moon of the mou-shên year [28 Feb. 948?] in which 朱員昌 ‥‥‥ hires 韋三 ‥‥‥ as a labourer to the end the 9th moon in return for payment in grain and clothing ‥‥‥ (3)(In an inferior hand) Short discourse on the relations between husband and wife. ‥‥‥ S. 5578. (2)의 고용문서 연대는 나도 948년경의 것으로 생각하지만, 여유를 두어 888년도 이 문서의 연대의 후보로 추가해두어도 좋을 것이다. (2)뿐만 아니라 이 일련의 자료의 연대도 (2)와 같은 무렵이라고 보아도 좋을 것이다. (3)에 대해서는 마지막 이혼 문구 부분이 절단되어 없어졌기 때문에 자일스가 이것을 short discourse라고만 해석한 것은 어쩔 수 없다고 생각하지만, 사실은 틀림없이 이혼장이다.
39) 仁井田陞(앞에서 인용한 책, 696쪽 이하).

<표 8> 돈황에서 발견된 이혼장 비교(2)

S. 6537	S. 5578	P. 3220
(앞에 양자문서 있음)		
蓋*聞婦(夫)夫(婦)之禮是宿世之因累*□共修今得緣會一從結契要盡百年如水如魚同歡終日生男滿十並受	婦夫두자(字)가 夫婦로 되어 있다. 累아래의 한글자, 却으로 되어 있다.	蓋이하. 並受까지 41자 결락.
公卿生女柔容溫和內外六親歎*美遠近似父子之恩九族邕怡四時如*(而)不增*更改奉上有謙恭之	歎자(字)가 嗽으로 되어 있다. 如자(字)가 而로 되어 있다. 增자 曾로 되어 있다.	
道恤下無儻*無偏*家饒不盡之財*妯*娌*稱長*延之樂*何乃結*爲夫婦不*悅數年	儻자가 當으로 되어 있다. 財자가 才로 되어 있다. 妯娌두자는 軸里로 되어 있다. 樂자, 喜자로 되어 있다.	儻자가 儻자로 되어 있다. 偏자 없음. 娌자는 孃자로 되어 있다. 長延두자 延長으로 되어있다. 樂자는 慶자로 되어 있다. 結자 없음. 不아래 네자 없음.
六親聚而成怨隣*里見而含恨蘇*乳之合尙*恐異流猫竄*(鼠)窠安能得*久二*人意隔大少不安更若連流家業破散顚鐺損却至*見宿活不殘擊鏉築兌便招困弊之苦男飢耕種衣結百穿女寒續麻怨(怨)	竄자가 擧로 되어 있다. 至자는 致자로 되어 있다.	隣里두자 九族으로 되어있다. 蘇자가 酥로 되어 있다.尙자는 上으로 되어 있고 竄자는 鼠로 되어 있다. 得자가 見으로 되어 있다. 二人意隔 이하 一言致定까지 163글자 없음.
心在內夫若擧口便*(婦)婦(便)生嗔婦欲發言夫則捻*棒相會終日甚時得見飯飽衣全意隔累年五親何得團會乾沙握合永無此	便婦두자는 婦便으로 되어있다. 捻자가 猃으로 되어 있고 曾자는 憎으로 되어 있다.	
期羊虎*同心一向陳話美詞*心不合和*當頭取辦夫覓上對(對)千世同歡婦娉毫宋鷰鴛鴦爲伴所要活業任意分將奴婢驅馳幾箇?	虎아래 同群安能久見兩个의 여덟자 있음. 詞자가 辭*로 되어 있다. 合和두자는 和合으로 되어 있다. 千世이하 결락	
不勤雨(兩)共取穩各白(自)分離更無期一言致定今*請兩家父母六親眷屬故勒手書千万永別忽有不照驗約倚巷曲街點眼弄眉恩尋舊事便招解胎之罪爲留後憑謹立		今請兩家이하에 해당하는 부분에 今對六親各自取意更不許言夫說婦今婦一別更選重官雙職之夫隨情窈窕凌聞音樂琴瑟合韻伏願郎娘子千秋万歲荷施歡喜三年衣粮便獻樂儀의 60자 있음. 그 다음에 宰·報雲의 서명 및 于時開寶十年丁丑歲放妻의 11자 있음.
	(이 문서 다음에 노비해방 문서 있음)	

본문 앞부분의 "蓋聞" 이하 "生男滿十竝受"는 펠리오 문헌에서 빠져있기 때문에 『지나신분법사(支那身分法史)』에서는 그 점에 대한 설명이 충분하지 않았다. 그밖에 펠리오 문헌의 문자의 오류는 이 슈타인 문헌에 의해 대부분 정정할 수 있다. 슈타인 문헌 두 통 가운데 Stein No.6537에 의하면 "所要活業任意分 云云"이라고 하여 재산분여를 행한다는 문구도 보인다. 또한 "請兩家父母六親眷屬, 故勒手書, 千萬永別"은 설명이 필요한 말이지만, 그 양가(兩家)라는 것이 원래 남녀양가이며, 수서(手書)라는 것이 이혼장의 의미인 것은 의심할 바 없다.

나는 이제까지 당대 무렵의 문헌 가운데에 이혼장을 수서(手書)라고 한 자료를 아직 발견한 적이 없다.[40] 다만 일본령이나 그 주석서로, 당령에도 수서의 규정이 있었을지도 모른다고 생각할 정도였다. 그런데 뜻밖에도 슈타인 문헌 No.6537 및 후기(後記)하는 No.343에 의해, 당대에서는 이혼장을 방처서(放妻書) 외에 수서라고도 하였던 사실이 명백해졌다. 일본의 호령 칠출조의 "皆夫手書棄之, 與尊屬近親同署, 若不解書, 畫指爲記"에 의하면, 남편이 수서하여 처를 버리는데, 수서에는 존속근친이 동서(同署)하는 것으로 되어 있으며, 만약 글자를 알지 못하여 자서(自署)할 수 없는 자는 화지(畫指)로 자서(自署)를 대신할 수 있다고 되어 있다.

또한 『영집해(令集解)』에 수록되어 있는 일본 『대보령』의 주석서의 고기(古記)에는 "以手書遞里長, 籍帳之時, 告國郡知耳"라고 되어 있고, 혈설(穴說)에 "手書進官司, 以計帳時除棄耳"라고 되어 있는 것처럼, 수서는 관사(이장)에 송부되어 계장호적(計帳戶籍)의 제부(除附)에 사용하는 것으로 되어 있었다. 마찬가지로 『영집해』에 인용된 「당령석」(당령의 주석서)의 이혼장[41]

---

40) 이 점에 대해서는 『周禮』「地官」司徒 下 司市條에 "鄭云, 若今下手書者, 漢時下手書, 即今畫指券"이라는 자료가 있다는 것을 부기한다. 여기서 말하는 畫指에 대해서는 『周禮』「地官」司徒 下 質人條 "小宰注云, 兩書一札同而別之, 云刻其面, 若今之畫指也"를 참조하기 바란다. 仁井田陞, 『唐宋法律文書の硏究』(1937년 3월, 45쪽) ; 仁井田陞, 『支那身分法史』(앞에서 인용한 책, 686쪽).

41) "唐令釋云, 男及父母伯姨舅, 竝女父母, 及伯姨(國書刊行會本云, 姨下舅脫歟), 東隣西隣及見人皆書, 令釋後云, 得理, 又依唐令釋, 男及男之親族(同上, 竝以下五字, 據金澤文庫一本), 東隣西隣及見人皆署也"

에는 남자(남편) 및 그 친족, 여자의 친족, 이웃 및 입회인이 서명하는 것이라는 설명이 나온다.[42]

당대에도 수서 내지 방처서에는 당령석에 쓰여 있는 것처럼, 그리고 일본의 수서가 그랬던 것처럼 남편 및 남편의 친족 외에 거의 친족도 함께 서명했을 것이라고 생각된다. 그래서 슈타인 문헌의 앞의 본문에 말하는 "請兩家父母六親眷屬, 故勒手書, 千萬永別"(故는 以 또는 乃)로 되돌아가서 살펴보면, 이 문구는 (1) 이혼에 대한 동의를 여자의 가에 요구하는 뜻인지, (2) 단순히 여자의 부모 이하에게 수서에 대한 동서(同署)를 요구하는 뜻인지, 또는 (3) 그 양자를 포함하는 뜻인지가 문제가 된다고 생각한다.

칠출의 사유가 있고 없음에 상관없이 남편의 전권적 이혼이 행해져 왔지만,[43] 칠출을 이혼 원인으로 들고 있지 않는 점을 참작해 보면 우선 (1)이나 (3)이라고 말할 수 있을지도 모른다. 또한 펠리오 문헌의 (을)에는 이 문제의 문구에 대응하는 표현이 "今對六親, 各自取意, 更不許言夫說婦"로 되어 있어서, 이것은 더욱 협의상의 이혼인 것처럼 보인다. 하지만 이 펠리오 문헌의 본문 끝에는 남편의 일방적 이혼 의사를 나타내는 것으로 보이는 '방처'라는 용어가 사용되어 있다.

남편의 일방적 의사에 의해 명실상부 방처가 이루어지는 경우는 물론이고, 협의에 의한 것처럼 보이는 경우에도 실질적으로는 남편의 일방적 의사에 의한 것과 그다지 차이가 없었던 경우가 종종 있었을 것이기 때문에, 그런 경우에는 방처라고 기록될 가능성이 컸다고 할 수 있을 것이다. 그리고 후세의 이혼장이기는 하지만, 남편의 일방적인 이혼 의사가 분명히 나타나고, 협의적인 문구는 발견되지 않는 것을 참고로 게재해 둔다.

그 하나는 수호전(水滸傳)에 나오는 임충의 이혼장[44]이다. 이것은 단지 남

---

42) 中田薫,「唐令と日本令の比較研究」(『法制史論集』제1권, 660쪽) ; 仁井田陞, 『唐令拾遺』(1933년 3월, 253쪽) ; 仁井田陞, 『唐宋法律文書の研究』(앞에서 인용한 책, 599쪽 이하 · 599쪽) 추기 참조.

43) 仁井田陞, 『支那身分法史』(앞에서 인용한 책, 670쪽 이하).

44) 東京八十萬禁軍敎頭林沖, 爲因身犯重罪, 斷配滄州, 去後存亡不保, 有妻張氏年少, 情願立此休書, 任從改嫁, 永無爭執, 委是自行情願, 卽非相逼, 恐後無憑, 立此文約爲照

편을 중심으로 일방적으로 기록하는 방식을 택하고 있을 뿐만 아니라, "情願立此休書"라고 한 것처럼 남편인 임충의 일방적인 이혼 의사가 명시되어 있다. 그리고 그것에 대한 처측의 합의를 보여주는 문언이 없다. 그것은 협의상 이혼(합의이혼)이 아니고, 남편의 일방적 의사에 의한 이혼의 전형적인 것이다.

명대의 소설인 고금소설이나 금고기관(今古奇觀)에 보이는 장덕의 이혼장[45]에서도,[46] "情願退還本宗"이라 하여 남편의 전권적인 이혼 의사가 직접적으로 명시되어 있고, 협의적인 문구는 전혀 눈에 띄지 않는다. 앞서 언급한 돈황문헌도 만일 전권적인 이혼장의 경우에 해당한다고 한다면, 그 전권적인 표현은 임충이나 장덕의 이혼장의 경우에 비하여 분명치 않은 것이 될 것이다.

이혼장인 (갑)(을) 두 종류의 용어의 특징을 겸하여 갖춘 이혼장 (병)은 슈타인 문헌에 있는데, 그것은 서식집 Stein No.343에 포함되어 있는 방처문서이다.[47](그림 7) 그 쓰인 연대는 돈황발견 이혼장 가운데에서는 오래 된 부류에 속한다. 아마 당말까지는 내려가지 않을 것으로 생각된다. 이 이혼장의 용어상 특징은 "前世三年結緣, 始配今生, 夫婦若結緣不合, 比是怨家"와 같이 부부의 인연을 설명하고 있는 것은 (갑)과 비슷하고, 부부의 불화를 "猫鼠相

年 月 日   林 冲 花 字
〔林冲手模〕

『忠義水滸全書』(李卓吾 評 120회본) 제8회 林敎頭刺配滄州道. 仁井田陞, 『唐宋法律文書の硏究』(507쪽 이하) ; 仁井田陞, 『支那身分法史』690 ; 仁井田陞, 「支那近世の戲曲小說に見えたる私法」(中田선생 회갑축하 『法制史論集』, 1937년 3월, 426쪽).

45) 立休書人蔣德, 係襄陽府棗陽縣人, 從幼憑媒聘定王氏爲妻, 豈期過門之後, 本婦多有過失, 正合七出之條, 因念夫妻之情, 不忍明言, 情願退還本宗, 聽憑改嫁, 竝無異言, 休書是實
成花二年 月 日
『古今小說』卷1 蔣興哥重珍珠衫. 仁井田陞, 『支那身分法史』(앞에서 인용한 책) ; 仁井田陞, 「支那近世の戲曲小說に見えたる私法」(앞에서 인용한 책, 427쪽).

46) 淸平山堂話本의 『快嘴李翠蓮記』에 이혼장의 공백부분에 손도장을 찍는 것이 있다 (仁井田陞, 『支那身分法史』, 682쪽). 그 손도장은 중국 고전문학 전집에서는 指判으로 해석되어 있지만, 앞서 기술한 水滸나 古今小說의 手模, 掌印과 마찬가지로 손도장이지, 지판은 아니다.

47) Giles, ibid. p.202, 6439. (S.343), 제3절 주 20) 참조.

憎"에 비유하고 있는 부분은 (을)과 비슷하다. 이제 그 전문과 대의를 다음에
게재한다.

某專甲謹立放妻手書　　　　　　　(이 문서 앞에 노비해방 문서 있음)
盖說夫婦之緣恩深義重論??被之因結誓幽遠凡爲
夫婦之因前世三年結緣始配今生夫婦若結緣不合比
是怨家故來相尅(對)妻則一言十口夫則目反(反)木(目)生嫌似猫鼠
相憎如狼狄一處旣以二心不同難歸一意快會及諸親各
還本道願妻娘子相離之後重梳蟬鬢美掃娥媚巧逞
窈窕之姿選娉高官之主解*怨釋結48)更莫相憎一別兩
寬各生歡喜于時年月日謹立手書
　(이 문서 다음에 불교관계 자료가 이어진다)

　　부부의 인연에 있어서 은애는 깊고 의리는 중요하다고 한다. 부부가
된 것은 전생에서 3년의 결연이 있었기 때문이고, 그렇게 해서 비로소 이
승에서 부부가 된 것이다. 만약 결연이 잘 되지 않는다면 그것은 원수가
되는 것이다. 부부의 사이가 나쁜 상태가 고양이와 쥐처럼 서로 증오하고
이리와 늑대(犴=犳)49)를 한 곳에 둔 것과 같아서 이제 그 나누어진 마음
을 하나로 합치는 것이 어렵다. 그래서 여기에 여러 친족을 회집하여 부
부가 각각 본래의 노선으로 돌아가도록 하였다. 이별한 뒤에는 다시 한 번
선빈(蟬鬢)을 아름답게 빗고 아미(娥媚)를 잘 정리하여 흡족하게 절조(窈
窕)있는 모습으로 높은 관직의 좋은 사람을 고르기 바란다. 여기서 원망을
풀고 맺힌 것을 해소한 다음에 이제는 서로 증오할 일은 없다. 오히려 모
두 편안해지고 즐거움이 있을 뿐이다. 때는 모년모월모일 삼가 수서를 작
성한다.

---

48) 解怨釋結은 S.6537에서는 械恐捨結, P.3703에서는 解緣捨結로 되어 있다. 解緣捨結
　이라면 결연을 해소하는 의미이다.
49) 狼(이리) 아래의 한 글자를 犴=犳 글자라고 한다면 늑대가 되지만, 狄 글자라면 서
　로 물어뜯는다는 의미가 된다. 後考를 기다린다.

본문 앞에 제목이 기입되어 있고, 그 가운데 방처수서(放妻手書)라고 한 점으로 보면 남편의 전권적 이혼의 경향이 강하다고 할 수 있겠다. 그러나 함께 보이는 '諸親'에 여자의 부모 이하도 포함시켰다면 앞에 언급한 돈황의 이혼장과 같은 문제를 생각할 수 있을 것이다. 또한 '各還本道'(부부 각각 모두 본래의 노선으로 돌아간다)라는 표현은, 장덕의 이혼장(앞에 든)에서의 '退還本宗'(처를 본가로 돌려보낸다, 또는 쫓아 보낸다)에서 볼 수 있는 남편의 일방적 권력의 엄격한 표현과는 상당히 다른 것이다. 협의상의 이혼이기 때문에 이런 표현을 사용하고 있는 것인지, 남편의 전권적 이혼이어서 이런 표현을 취하고 있는지에 대하여는 앞으로 연구해야 할 문제일 것이다. 그리고 이 이혼장에서도 7출의 사유에 해당하는 것이 나타나 있지 않다. 그것은 이제까지 알고 있는 돈황 발견의 이혼장에 있어서의 공동점의 하나이다.

제6절 노비해방 문서

슈타인 문헌 가운데에는 몇 통의 노비해방 문서(방서)가 있다. 그 대표적인 것은 No.4374 가운데의 한 통으로(그림 2), 그 기록된 연대도 당말까지는 내려가지 않을 것이다. 당대라 하면 중국 노비제 시기의 말기이고, 그 점에서도 연구상 의미가 있다. 나는 이미 이 한 통 외에 모두 다섯 통의 노비해방 문서를 슈타인 문헌 가운데에서 소개한 바 있다.[50] 다음에 게재하는 No.343 가운데의 두 통은[51] 그 이외의 것이고, 이 또한 서사(書寫)연대로 말하자면 당말까지는 내려가지 않을 것이다. No.4374의 것과 함께 슈타인 문헌 중의 노비해방 문서로서는 오래된 것에 속한다고 생각할 수 있다(그림 7). No.343에 의하면 남자 종을 해방하는 경우의 것과 여자 종을 해방하는 경우

---

50) 仁井田陞, 「スタイン敦煌發見の唐代奴隸解放文書」(『東洋文化研究所紀要』15책, 1958년 3월, 1쪽 이하) ; 仁井田陞, 『中國法制史研究』 노예농노법 제2장 참조.

51) L. Giles, Descriptive Catalogue of the Manuscripts from Tunhuang in the British Museum, 1957, p.202, 6439(S.343). 제3절 주 20) 참조.

제2부 서역에서 발견된 가족법 관계문서
제8장 돈황에서 발견된 당송(唐宋) 가족법 관계문서　**315**

의 것이 각각 다른 통으로 되어 있고, 그것이 다음과 같이 서로 접속되어 씌어 있다.

(이 앞에 유언장 있음)
放奴良書夫以三才之內人者爲貴々者是前世業通人有高卑
六礼賤者是前緣負債摘來下賤前緣所及爲尊貴果
保不同充爲下輩今者家長病患△乙宿緣慶會過生
我家效力季深放汝出離自今已後如魚在水躍鱗飜波
似鳥出籠高飛目(自)在後有諸親子孫兼及更莫口說一任從良隨歡?
?寬行南北逐意東西自縱自由高營世業山河日月並
作證盟桑田遍(變)海此終不改謹立放書文憑用爲後驗
盖婢以人生於世果報不同貴賤高卑業緣歸異上以使下是
先世所配放伊從良爲後來之善其婢△乙多生
同處勵力今時効納年幽放他出離如魚得水任
意沈浮如鳥透籠翶翔弄翼娥媚秀柳羨?
窈窕之能(態)拔鬢抽綜巧逞芙蓉之好徐行南北惕(慢)
步東西擇選高門嫱爲貴室後有兒姪不許忏
論一任從良榮於世業山河爲誓日月證盟依此從
良終不相遺者于時年月日謹立放書　　　(이 뒤에 이혼장 있음)

이 가운데 앞의 한 통의 의미는 대체로 다음과 같다.

귀하게 되는 것도 천하게 되는 것도 전생의 인연이지만, 여기서 해방(放汝出離)하는 이상은 물을 얻은 물고기, 새장을 나온 새와 같다. 앞으로는 자손이나 친족 등 아무도 이의를 제기해서는 안된다. 해방(一任從良)된 뒤에 어디로 갈 것인지, 어떻게 재산을 축적을 할 것인지, 그것은 자신의 자유이다. 산하일월(山河日月)이 함께 증명하며, 상전(桑田)이 변하여 바다가 될지라도 해방을 철회하는 일은 없다. 여기에 노비해방문서(방서)를 작성하여 훗날의 증거로 삼는다.

또한 뒤의 한 통도 대체로 같은 취지인데, 여기에는 특히 혼인에 제한을 가하지 않는다(그 의미에서 거주이전의 자유를 인정하고 있다)는 것이 분명

히 쓰여 있고, 그리고 자손 등에 의한 해방철회도 허용하지 않는(不許忤論)
것으로 하고 있다. 즉 이 두 통 모두 해방이 무조건적이고 절대적이라는 점은
슈타인 문헌 No.4374 등에서와 같다.[52]

---

52) 원재(原載) - 『東洋文化硏究所紀要』제17책(1959년 3월).

제9장

육조(六朝) 및 당초(唐初)의 신분적 내혼제

제1절 서설

사서불혼(士庶不婚)이라는 신분적 내혼제(특정한 씨족 사이에서만의 내혼제)는, 육조(六朝)에서 사서(士庶, 귀족·평민)간의 혼교(混交)에 의하여 발생하는 자기 붕괴를 피하고 사대부의 정치적·사회적 이익독점의 계속적인 보장으로서 형성된 것이다. 이 장에서는 그 성립과 당대(唐代)에서의 추이를 설명하고자 한다. 그 중심자료는 『문선』 및 돈황문헌이다. 다만 위의 문제와 연관이 있는 혼인현상에 대해서 조익(趙翼)의 『해여총고(亥餘叢考)』와 같이 암암리에 언급한 것이 없지는 않았다. 그러나 나는 문제를 자각적이고 동시에 적극적으로 다루고자 한다.

종래 연구자들간에 거의 간과되어 있던 일면이 이것에 의해 다소나마 명확하게 될 수 있다면 다행이겠다. 그리고 육조 및 당초(唐初)의 혼인형식의 시대적 특성이라고 할 수 있는 앞서 기술한 신분적 내혼제의 해명(제3절의 제2)이 이 장에서의 역점이지만, 우선 그 전(제2절)에 중국 역사상의 내혼제와 외혼제를 먼저 음미해 두고자 한다. 여기에서 소위 사서불혼제는 양천불혼제(예를 들어 자유인과 노비와의 혼인 금지)와 함께 내혼제의 범주에 속하지만, 저 동성불혼제와 같은 외혼제와는 범주를 달리 한다. 내혼, 외혼이라고 하는 혼인형식도 또한 법률사 연구상 간과해서는 안되는 문제이다.[1]

제2절 중국법사상의 내혼제와 외혼제

혼인은 그 혼인범위, 즉 배우자 선택권 제한에 따라 내혼제(endogamy)와 외혼제(exogamy)로 나뉜다. 다시 말해서 어느 특정범위 내의 자와의 혼인은 상관없지만 그 범위를 넘어선 통혼은 허용하지 않는 내혼제와, 어느 특정범위 내의 배우자 선택은 허용되지 않고 그 범위 밖에서 배우자를 구해야 한다고 하는 외혼제가 있다. 이 혼인의 두 형식이 여러 민족의 고법(古法)과 근대문화의 영향을 받지 않은 미개민족의 습속에 있고, 또한 근대법에도 있는 것은 웨스터 마크나 메인 등 여러 학자들이 연구한 바와 같다.

여러 민족 고법 가운데 내혼제가 두드러지는 일례는 로마의 고법에서이다. 이 법에서는 귀족과 평민의 통혼이 금지되어 있었다. 귀족 및 평민은 각각 동일신분을 가지는 자 사이에서만 혼인이 허용된다. 게르만 부족법이나 유럽봉건법에서도 귀족·자유인·반자유인 및 노예는 법률상 같은 신분인 끼리의 혼인이 가능했던 것에 지나지 않았다.

이것은 신분법상의 소위 동격(Ebenbürtigkeit)[2]이 두드러진 경우이다. 유대교도 사이에서는 크리스트 교도를 비롯해서 이교도와의 통혼을 오래전부터 금지해왔고, 반대로 크리스트교도 사이에서도 또한 유대교도와의 통혼을 오래토록 금지해 왔다. 또한 이슬람교도도 코란의 규정에 따라서 다신교도와 혼인을 하지 않는다. 인도에서도 힌두교도 사이에서 행해지는 것과 같이 힌두교도 이외, 즉 종교를 달리하는 카스트와의 혼인을 금지한 예가 있다. 이러한 내혼제는 신분, 기타 인종,[3] 종교 등의 차이에 근거하여 발생한 것이다.

외혼제는 많은 경우에 혈연의 회피로 나타난다. 민족에 따라 또는 동일 민

---

1) 이 장에 대해서는 〈제10장 돈황발견의 천하성망 氏族譜〉 및 仁井田陞, 『支那身分法史』(1942년 1월) 제2장 제4절 제2관, 제5장 제4절을 함께 참조하기 바란다.
2) Schröder u. Künßberg, Lehrbuch der Rechtsgeschichte, 6 Aufl., S.500ff.
3) 여기에는 지배자·피지배자, 또는 정복자·피정복자를 포함하는 경우가 있다.

족이라도 시대에 따라 금혼권(禁婚圈)에 광협(廣狹)의 차이는 있지만, 어쨌든 혈연간의 혼인이 법률상 금지된 예는 많다. 백숙과 생질과의 사이 또는 종형제자매나 형제자매 사이 등 극히 제한된 혈연간의 혼인금지의 예는 드물지 않고, 고대 인도의 동족불혼의 예에서 볼 수 있듯이 불혼의 범위가 넓은 경우도 있었다. 오스트레일리아 원주민의 씨족적 외혼 같은 것은 금혼권이 넓은 사례로 유명하다. 내혼제와 외혼제는 그 성립기반이 반드시 같지는 않다. 이 혼인의 두 형식은 때와 곳을 같이 하여 양립할 수 있었던 것이다.

중국에서도 내혼제와 동시에 외혼제가 행하여진 것은 다른 여러 민족의 예와 같다. 중국법사상의 내혼제의 예에는, 만인(滿人) 자신이 한인화(漢人化)되는 것을 방지하기 위해 정책상 한인과의 통혼을 금지한 예가 청대에 있지만, 그러나 많은 경우 이러한 민족적 내혼제가 아니고 신분적(내지 계급적) 내혼제이어서, 로마나 게르만이나 인도의 고법에서 볼 수 있는 다른 신분인끼리의 혼인금지와 동일한 예이다.

이 장에서 말하는 사서불혼제(士庶不婚制) 혹은 특정씨족간만의 통혼제도 신분적 내혼제의 일례이기는 하지만, 이러한 신분적 내혼제의 현저한 사례는 양천불혼제로, 양민(귀족, 자유인)과 천민(노비 등)의 통혼이 금지되었다. 천민이라는 신분도 여러 계급으로 나뉘어 있었는데, 부곡(部曲), 잡호(雜戶), 노비와 같은 것은 원칙적으로 각각 동일 신분, 즉 당색(當色) 사이에서만 혼인이 허용되었다. 이런 혼인형식은 당율령에도 규정되어 있고, 『송형통(宋刑統)』·『원전장(元典章)』, 명률 및 청률 등 천민제가 폐지된 청말에 이르기까지 법률로 존속했다.

중국에서 외혼제로 유명한 것은 동성불혼제인데, 고래의 예(禮)·법에 나타나고 근대법에서 폐지되기까지 그 전통을 고수해 왔다. 동성불혼제에서는 동종(同宗)·근친은 물론이고, 공동조상의 존재를 추정할 수 있는 동성간의 혼인도 예·법 모두 원칙적으로 허용하지 않았다. 이 동성불혼제는 주대(周代)에서부터 시작되었다고 하는데, 왕국유(王國維)도 『은주제도론(殷周制度論)』에서 은허의 복사(卜辭)에 근거하여 은대 여자는 성을 칭하지 않았기 때문에, 따라서 은대에는 동성불혼제가 없었다고 하여 동성불혼제의 주대(周代) 기원론을 지지하고 있다. 여자에 대해서 성(姓)을 기록하지 않은 것이 당연히 동성불혼제를 뒷받침하는 것이라고 하는 것은 일률적으로 논정(論定)하기 힘든 점이 있을 것이다.

중국에서의 외혼제 외의 예는 금혼친(禁婚親)의 제도이다. 이것은 『당률』, 『송형통』, 『원전장』 및 명청률에도 규정되어 있다. 시대에 따라서 금혼친의 범위가 동일하지는 않지만, 중국 고법에서는 그 범위가 비교적 넓은 것이 통례였다. 동성불혼제와 이 금혼친제는 모두 혈연을 회피한다는 점에 공통성이 있다. 중국 외혼제에서 특히 주의해야 하는 것은 몽고 색목인(色目人)의 혼인에 관한 명률의 규정이고, 동시에 이에 대한 원대법 및 청률의 입장이다. 명률에 의하면 몽고 색목인은 동류(同類)끼리의 혼인을 허용하지 않는다. 원칙적으로 한인(漢人)과 같은 이류(異類)와 통혼해야 하는 것이다. 다만 색목인의 용모가 추악해서 한인이 이와 혼인하는 것을 좋아하지 않는 경우에는 이 범위에 들지 않았다. 결국 몽고 색목인에 대해서 동족불혼제, 즉 외혼제를 정책상 시행한 것임에 틀림없다. 이 외혼제는 한인이 지배자였던 명대의 법률이고, 몽고인이나 만인(滿人)이 지배한 원대나 청대에는 외민족이라는 이유에서 비롯되는 이와 같은 차별법은 없었다. 『원전장』에서도 이런 규정을 발견할 수 없고, 청률에서는 명률을 이어받은 부분이 많다고는 하지만 이 외혼제는 삭제되기에 이르렀다.[4]

중국법사상의 내혼제의 대표적인 예는 양천불혼제·당색혼제(當色婚制)이고, 다음으로는 육조 및 당초의 사서불혼제, 특정 씨족간만의 통혼제이다. 외혼제로서 두드러진 예는 동성불혼제이고, 다음으로는 금혼친제나 명률의 몽고(蒙古) 색목인(色目人) 본류(本類) 불혼제(不婚制)이다. 예외가 없지는 않지만 중국에서도 내혼제는 신분적 및 계급적이고, 외혼제는 주로 혈연 회피의 기초 위에 성립되었다. 그리고 중국에서도 내혼제와 외혼제가 그 성립의 기반을 달리하면서 대립적으로 행하여져 온 것이다.

---

4) 『明律』「戶律」〈蒙古色目人婚姻條〉 "蒙古色目人, 聽與中國人爲婚姻, (務要兩相情願) 不許本類自相嫁娶" 그리고 『元典章』18「戶部」卷4 혼인, 혼례, 嫁娶聘財體例(『通制條格』卷3 婚姻禮制)에 "諸色人同類自相婚姻者, 各從本俗法, 遞相婚姻者, 以男爲主, 蒙古人不在此例"라고 되어 있는 것을 참조.

제3절 육조(六朝) 및 당초(唐初)의 신분적 내혼제

1. 신분적 내혼제 성립 배경

오까자끼 후미오[岡崎文夫]의 소론에 의하면, 후한 중엽 이래 이른바 군의 호족, 저성(著姓), 명족(名族) 또는 대성(大姓) 등으로 칭해지는 군망(郡望)의 사회적 지위가 대두하였다. 『위략(魏略)』에 의하면 천수군의 사성(四姓)으로서 강(姜)·염(閻)·임(任)·조(趙)를 들고 있다. 후한이 망하고 천하통일이 무너지기에 이르러, 지방의 질서는 이들 대성명족(大姓名族)에 의지하게 되었다. 삼국의 위는 법술(法術)에 의해 대성(大姓)명족을 억압하였지만, 사마진은 대성(大姓)명족 출신이어서 대성명족에 대해서는 관대한 정술(政術)로 임하니 자연히 대성명족의 사회적 지위가 무게를 더하기에 이르렀다. 이렇게 해서 진대(晉代)의 주요한 관직은 대성명족을 비롯해서 문지(門地)의 고하(高下)에 따라서 각각 문벌간에 독점되었다.

왕침(王沈)의 『석시론(釋時論)』에서 공문(公門)에 공(公)이 있고 경문(卿門)에 경(卿)이 있다고 하고, 유의(劉毅)의 상소문에 "上品無寒門, 下品無勢族"이라고 되어 있는 것 등은 당시의 흐름을 알 수 있는 참으로 좋은 재료이다. 한(漢)에서 위초(魏初)에 걸쳐 지방질서의 문란과 함께 인물의 유동이 심하여 한대에서 행해졌던 향거리선(鄕擧里選)법이 실시되지 않고 있었고, 위시대 중정(中正)이라는 직(職)을 정하여 이것을 지방의 유력자에게 수여하고, 지방의 인물을 구품, 즉 9등으로 나누어 인물을 선발하게 하였다(구품중정제). 이 중정은 진대에 있어서는 문벌의 관직독점기관으로 변화되고 "上品無寒門, 下品無勢族"인 상태를 출현시키기에 이르렀다.[5]

그리고 문지(門地)의 조사는 관리등용 때에는 빠짐없이 시행해야 하는 것이었고,[6] 자기의 출신을 나타내는 계보, 즉 보첩(宗譜, 族譜)은 매우 존중되

---

5) 岡崎文夫, 『魏晉南北朝通史』, 475~496쪽.

어 육조시대에는 조정이 보첩을 심사하고, 또 조령(朝令)에 의해 보첩을 편찬하는 일도 있었다.[7] 동진의 원제(元帝), 도강(渡江) 뒤에도 남조 역대의 지배자는 한인이었고, 문벌이 어떤 것이든 사회적·정치적 세력의 중심이 문벌임에는 변화가 없었다.

그러나 동진의 선(禪)을 받은 송대에서는 천민보다 상급신분인 양인끼리 이른바 상하의 구분이 법률상 분명히 규정되고, 호적상으로도 양자의 차이가 명시되기까지 이르렀다. 양자 가운데 하나는 사(士)라 하여 종전의 대성(大姓)명족을 중심세력으로 하여 관리이고, 조조(租調)·역역(力役)과 같은 공과(公課)를 부담하지 않는 자였다.

그리고 다른 하나는 서(庶)라 하여, 조조(租調)나 역역(力役)의 부담자였다. "至於士庶之際, 實自天隔"(『송서』권42 왕홍전)이나 "士庶區別國之章也"(『송서』권58 왕구전)와 같은 것은 송대에서의 사서(士庶)의 명확한 구분을 보여주는 것이다. 물론 『송서』(권94 恩倖傳序)에 심약(沈約)이 말하는 것처럼 "魏晉以來, 以貴役賤, 士庶之科, 較然有辨"이어서 사서의 구별이 송대에 갑자기 생긴 것은 아니지만, 제도상 두드러지게 분명한 구별을 송대의 자료에서 볼 수 있다.[8]

그리고 사(士)를 귀족이라고 하면, 서(庶)는 평민이고 자유인이라고 할 수 있다.[9] 그리고 같은 사(士)의 신분을 가진 자 가운데에서도 문벌(門閥)은 상하(上下)고저(高低)의 차이가 있었다. 가장 높은 문벌을 가진 자는 갑문(甲門)이었고, 무공(武功)으로 지위를 얻은 자는 훈문(勳門)이었다. 훈문(勳門)은 그 문지가 갑문(甲門)보다 낮지만, 남조의 왕실은 가문으로서는 오히려 후

---

6) 岡崎文夫,「九品中正考」(『支那學』제3권, 189~208쪽).

7) 『亥餘叢考』卷17 譜學.

8) 岡崎文夫, 『魏晉南北朝通史』, 590~594쪽. 또 호적제에 대해서는 增村宏,「黃白籍の新研究」(『東洋史研究』제2권 4호) 참조.

9) 『宋書』를 비롯한 남조의 자료 가운데에는 「士庶」(『宋書』卷42 王弘傳. 卷94 恩倖傳序. 『六臣注文選』卷40 彈事沈休文奏彈王源. 卷50 史論 下 恩倖傳論)외에 "士大夫" "庶民"(『宋書』卷81 周朗傳)이라는 말이 있고, "貴族"(『世說新語』卷下之上 賢媛)에 대해서 "平民"(『梁書』卷2 武帝紀 "奴婢男年登六十女年登五十免爲平民")이라는 말이 사용되고 있다.

자에 속한다. 또한 사(士) 가운데에서도 문벌이 낮은 자는 서민에 가까워져 이들 사이에 사서(士庶)의 혼교(混交)가 발생하기도 쉬웠다. 따라서 제(齊)시대에는 사서를 엄격히 구별해서 사회의 질서를 지키고 세수(稅收)의 증대를 도모하였다.10)

또한 진송(晉宋)시대에 권세를 남용했던 대성(大姓)명족도 양무제의 정책으로 점차 실세력이 감소되는 경향을 보였지만,11) 사서의 구분이 완전히 폐지되기에 이른 것은 아니었다. 남조에는 어쨌든 대성(大姓)명족을 중심으로 하는 정치적·사회적 세력이 형성되고 사서의 구분도 법률상 명료하게 나타내기에 이르렀지만, 북조의 지배자는 외인이고, 진대(晉代)부터 계속하여 대성(大姓)명족이 하나의 사회적 세력을 형성하고 있었다고는 하나 실세력은 남조의 그것처럼 확실하게 유력하지는 않아 외인(外人)지배에 의해 많은 영향을 받았다. 물론 북방의 대성명족 가운데에는 외인이 세운 황실과 통혼하는 자도 있었고, 황실 또한 이들 대성명족을 일률적으로 억압하지는 않았으며, 석씨(石氏)에 대해서와 같이 오히려 보호를 해 준 경우도 있었다.

그러나 이들 대성명족 가운데 어느 일부와 황실과의 관계만이 밀접해졌을 뿐, 대성(大姓)명족이 전체적으로 정치적 세력을 형성하기에 이르렀다고 할 수는 없고, 외인(外人)황실이 대성명족 외의 유력한 세력이었기 때문에 남조와 같이 대성명족 출신의 귀족을 중심으로 하는 정치형태를 취하지 않았다. 자연히 외인(外人)황실과 대성명족 간에 있었던 세력상의 모순은 피하기 어려웠다. 더구나 북인이 한인과 마찬가지로 문관이 되려는 요구도 강하여서, 남조와 같이 귀족의 인물 선발법인 중정제도를 충분히 이용할 수 없는 상태에 있었다. 북위의 효문제는 한인과 외인간의 벽을 제거하기 위해 씨족의 고하(高下)는 조정에서 직접 결정하는 것으로 하였다.

남천(南遷)한 북방의 귀족 특히 대성(大姓)명족이면서도 북방의 분란을 관찰하여 북방에 있어서는 자기의 정치적 지위가 반드시 안정될 수만은 없다는 것을 알아서 이제는 북귀할 의지가 없거나, 남천하지 않은 채 북방에 멈추어

---

10) 岡崎文夫(앞에서 인용한 책, 596~598쪽).
11) 岡崎(앞에서 인용한 책, 596~598쪽).

선 사람 가운데에도 북인의 황실과의 통혼을 떳떳하게 여기지 않고 가문의 청규(淸規)를 엄수하는 풍습이 자발적으로 생기기에 이르렀다. 이런 북조에서는 전반적인 귀족 진출의 노선에 방해되는 것이 있어서, 남조와 같은 의미의 귀족제나 사서의 엄격한 구별을 성립시키기에 이르지는 않았다.[12] 그러나 북방에서도 구래의 명족의 사회적 지위까지 전면적으로 소멸한 것이 아니라는 것은 말할 나위도 없다. 북방의 자료에도 남방에서와 같이 '귀족' '평민'도 보이고 '사서(士庶)'도 있으며,[13] 북방의 귀족 혹은 사서도 남방의 그것과 공통성이 전혀 없지는 않았다.

이렇게 해서 남방에서는 양무제 이래 귀족의 정치적 진출이 어느 정도 억제되었고, 북방에서는 원래 귀족의 정치적 발전성에 어떤 종류의 장애물도 없었던 것은 아니고, 그렇다고 하여 진대 이래의 정치적 특히 사회적 세력이 꼭 망하였다고는 할 수 없으며, 지속하여 내려왔다. 수(隋)가 남북을 통일하고, 특히 남방에 발전성을 가진 귀족중심주의의 중정제도가 수의 과거제도, 즉 인물본위의 관리등용제로 바뀌면서 귀족제가 큰 타격을 받았다. 당대도 수의 제도를 이어받아 귀족제는 정치상 옛 모습을 소실하기에 이르렀고, 당의 정관 이후 문벌의 등급은 당조(唐朝)에 대한 공적의 대소에 따라 정해지게 되어, 가문 평가의 기준도 일변하기에 이르렀다. 그러나 구래의 대성(大姓)명족의 사회적 세망(勢望)이 일조일석(一朝一夕)에 무너질 수 있는 것이 아니었지만, 당 중기 이후 점차 사회적으로 그 세망(勢望)의 쇠퇴를 보이기에 이르렀다.[14] 그리고 실제로 이 귀족의 사회적 지위의 성립과 변이에 따라 여기에 서술하려고 하는 신분적 내혼제도 성립되고 변화되어갔다.

---

12) 岡崎(앞에서 인용한 책, 645~658쪽).

13) 『魏書』만에서도 이런 말들을 제시할 수 있다. 예를 들어 "貴族"(卷5 高宗紀), "平民"(卷11 後廢帝安定王紀), "士庶"(卷7 下 高祖紀)와 같다. 또한 "士民"이라고도 한다(卷5 高宗紀, 卷7 上下 高祖紀 上下). 또한 "士民"은 『周書』卷2 文帝紀 下, 卷7 宣帝紀 참조.

14) 宇都宮淸吉, 「唐代貴人に就いての一考察」(『史林』第19卷 3호, 57쪽 이하).

2. 신분적 내혼제의 성립과 추이(推移)

그런데 진실(晉室)의 사마(司馬)씨는 하내(河內)온현(溫縣)의 호족(豪族)인데, 그 통혼자는 모두 각 군의 명족이었다.[15] 또한 『진서(晉書)』·『송서(宋書)』·『남제서(南齊書)』의 열전을 보아도 오(吳)와 회계(會稽)의 동남(東南) 명족(名族)이 서로 통혼하고 있다. 이것은 육조시대에 대성(大姓)명족의 통혼 범위가 자기와 대등한 대성(大姓)명족 사이였다는 것을 보여주는 예가 되지만, 이는 단순히 사실로서의 통혼범위를 나타내는 것에 그치고, 내혼제의 표현인지는 또 별도로 고려할 필요가 있다.

이와 반대로 동남의 대성(大姓)명족은 북방에서 이주해온 대성(大姓)명족과의 혼인을 좋아하지 않은 것 같다.[16] 또한 무공(武功)으로 새로 출신한 훈문이 갑족[일류의 대성(大姓)명족]에 대해 혼인을 구하더라도 거절당하는 일이 많았다. 저 "侯景請婚王謝, 梁武帝曰, **王謝門高**, 可於**朱張以下求之**"라는 것은 이러한 정세의 반영이다.[17] 그러나 이 또한 구래의 명족 등의 사이에 내혼(內婚)제가 행해지고 있었던 결과라고 할 수 없는 것은 물론이다. 이것은 구래의 명족들이 신래(新來)의 또는 신진(新進)의 혼인 신청을 거절할 뿐이고, 사회적 규범상으로 보면 신청을 할 수 없거나 또는 그것을 수락할 수 없는 것이 아니었다. 결국 이런 사실을 보는 것만으로는 아직 내혼제의 존부(存否)를 확인할 수 없다.

그런데 여기서 남제(南齊)의 심휴문(沈休文; 沈約)이 왕원(王源)을 주탄(奏彈)하는 글을 보면, 남조에는 사(귀족)와 서(평민)간에 내혼제가 있었음을 알 수 있다. 이 탄핵문[18]은 『문선(文選)』에 수록되어 있다. 탄핵자 심약은 남조

---

15) 岡崎文夫, 『魏晉南北朝通史』(60~478쪽).

16) 岡崎文夫, 「南朝貴族制の起源並び其成立に至りし迄の經過に就ての若干の考察」(『史林』 제14권 2호, 19쪽).

17) 『亥餘叢考』17 六朝重氏族. 岡崎文夫, 「南朝貴族制の一面」(高瀬 환갑기념 『支那學論叢』, 174쪽).

18) "給事黃門侍郎兼**御史中丞吳興邑中正**臣沈約, 稽首言, …… 風聞東海王源, 嫁女與富

의 제(齊)·양(梁) 양조에서 벼슬을 하였는데, 주탄할 때 그가 어사중승(御史中丞)이고 오흥읍의 중정(中正)이었던 점으로 미루어보아, 당시는 남제의 무제(武帝) 영명(永明) 연간(다만 영명 6년보다는 뒤)이었다고 생각된다.[19]

심약을 글을 요약하면, "송이 망하고 예교(禮敎)가 쇠하여 의관(衣冠)의 족속이 체면을 차리지도 않고 인아윤잡(姻婭淪雜), 시서(廝庶)를 헤아리지 않고 조종(祖宗)의 문지(門地)를 돌아보지 않고 자녀를 재물 보듯이 하여 이(利)를 구하는 자가 많아, 본조(本朝)가 크게 법도를 개혁하였지만 아직 유폐(遺弊)가 개선되지 않으니 이즈음 크게 혁신할 필요가 있다"[20]는 취지를 모두(冒頭)에 주장하고, 당시의 유폐를 한탄하여, 다시 왕원(王源)의 탄핵을 주장한다.

이르기를 "들리는 바에 의하면, 동해의 왕원은 그 딸을 부양의 만장에게 시집보냈다고 한다. 왕원의 인품은 용렬하지만, 증조인 왕아(王雅)는 위팔명

陽滿氏, 源雖人品庸陋, 胄實參華, 曾祖雅, 位登八命, 祖少卿, 內侍帷幄, 父璿, 升采儲闈, 亦居淸顯, 源頻叨諸府戎禁, 預班通徹, 而託姻結, 唯利是求, 玷辱流輩, 莫斯爲甚, 源人身在遠, 輒攝媒人劉嗣之, 到臺辨問, 嗣之列稱, 吳郡滿璋之相承云, 是高平舊族, 寵奮胤冑, 家計溫足見託, 爲息鸞覓婚, 王源見告窮盡, 卽**索璋之簿**閱, 見璋之任王國侍郎, 鸞又爲王慈吳郡正閤主簿, 源父子, 因共詳議, 判與爲婚, 璋之下錢五萬, 以爲聘禮, 源先喪婦, 又以所聘餘直**納妾**, 如其所列, 則與風聞符同, **竊尋璋之姓族**, **士庶莫辨**, 漫奮身殉西朝, 胤嗣殄沒, 武秋之後, 無聞東晉, 其爲虛託, 不言自顯, 王滿連姻, 寔駭物聽, 潘楊之睦, 有異於此, 且買**妾納**媵, 聘ócó賚, 施衿之費, 化充牀第, 鄙情贅行, 造次以之, 糾愍繩違, 允茲簡裁, 源卽罪主, 臣謹案, 南郡丞王源, 忝藉世資, 得參纓冕, 同人者貌, 異人者心, 以彼行媒, 同之抱布, 且非我族類, 往哲格言, 薰不猶雜, 聞之前典, **豈有六卿之胄**, **納女於管庫之人**, 宋子河魴, 同穴於興臺之鬼, 高門降衡, 雖自己作, 蔑祖辱親, 於事爲甚, 此風弗翦, 其源逾開, 點世塵家, 將被比屋, ……"(『六臣注文選』卷40「彈事」, 沈休文奏彈王源).

19) 『梁書』卷13「沈約傳」에 의하면, 沈約은 제나라 다음의 양나라에서도 벼슬을 하였고 양 天監 12년에 죽었는데, 심약은 吳興武康의 사람으로 제나라 때 太子家令 겸 著作郞이 되고, 이어서 中書郞本邑中正이 되고 또 御史中丞이 되었지만, 거기장사(車騎長史)로 전출되고 隆昌원년에 吏部郞이 되었다. 또한 『宋書』卷100의 自序에 의하면 『宋書』를 편찬한 永明 6년 당시는 아직 太子家令 겸 著作郞이었다. 따라서 심약이 吳興邑中正 御史中丞이었던 것은 齊나라 永明 6년 『宋書』의 편찬 뒤 中書郞이 되고나서 영명 말년 車騎長史로 전출되기 전까지의 기간이라고 생각된다.

20) 『文選』의 이런 기사나 그것에 계속하여 기록한 王源과 滿璋의 혼인 등에서 보면 남조에서 士庶不婚制가 있었다고 말할 수는 있으나 사실상 士庶婚媾가 있었음을 인정하지 않을 수 없다.

(位八命; 三公)에 오르고 조부와 부친도 각각 고관이었으므로 왕원은 명문의
후예이다. 그럼에도 불구하고 왕원에 이르러서 출신이 천한 만씨와 통혼하는
것은 명문을 오욕하는 것 가운데 큰 것이다. 지금 왕원은 멀리 남군에 승(丞)
으로 있으므로 중매인 유사지(劉嗣之)를 어사대로 출두시켜서 그 변(辯)을
들으니, 만씨는 고평의 구족(舊族)이고 박벌(薄閥)인데, 만장(滿璋)부자는 각
각 왕국의 시랑이고 오군(吳郡)의 정각(正閣)주부(主簿)이다. 이에 왕원은 그
딸을 출가시키고 빙재로서 돈 5만을 수령하고 그 빙재의 일부로 자기의 첩을
샀다고 한다. 은밀히 만장의 성족(姓族)을 탐문해보았더니 **사서(士庶)**를 구별
할 수가 없다. 그 조상들이 세상에 알려진 바가 없고, 만씨가 구족으로 일컬
어지는 것은 허탁(虛託)임이 명백하다. 그런데 왕씨·만씨가 통혼하기에 이
른 것은 실로 사람들의 이목을 놀라게 하는 바이다. 더구나 딸의 빙재로 첩을
사는 비정(鄙情)을 제멋대로 행하고 있다. 지금 이 풍습을 없애지 않으면 유
폐(流弊)가 세상을 뒤덮게 될 것이라고 한다.”

이에 심약이 “마땅히 왕원을 벌해야 하고 현재 있는 관직을 파면하고 종신
토록 관직의 노선에 오르지 못하도록 해야 한다”고 주장한다. 즉 왕원은 명가
의 후손이므로 사대부(士)의 신분인 자와의 통혼은 상관없지만, 만장과 같이
사서의 구분이 불분명하고 출신이 명료하지 않은 자와의 통혼은 탄핵할 만하
다는 것이다. 물론 “尋璋之姓族, 士庶莫辨”이라고 한 대로, 만씨는 사서의 구
분이 불분명하다는 것뿐이지 서민 이하의 신분이라는 것이 아님을 밝혀둔다.
나는 전술한 심약의 주탄문을 하나의 기초로 하여, 남조에는 신분을 달리하
는 사(士)와 서(庶)의 통혼은 허용되지 않고, ‘사는 사’, ‘서는 서’ 사이에서
각각 배우자를 구해야 하는 신분적 내혼제가 있었음을 생각하는 것이다.

물론 이것만으로는 재료가 불충분할 우려가 없다고 할 수 없으므로 후세의
자료로써 다시 그 근거를 뒷받침하려고 한다. 『옥해(玉海)』가운데에 마침
앞서 언급한 심약과 같은 시대에 이루어진 『제씨(諸氏)족보』 1권을 실어

梁天監七年, 中丞王僧孺所撰, 俾**士流案此譜, 乃通婚姻**

이라고 하고, 거기다가 “正(즉 貞)觀六年, 又命高士廉等, 定氏族明加禁約”이

라고 되어 있는 것을 볼 수 있다.[21] 이 뒤의 정관 6년 기사는 첫 번째 『정관씨족지(貞觀氏族誌)』 기사인데, 이것은 뒤에 상술하겠지만 천하 여러 군(郡)의 398성(姓)에 한하여 서로 통혼하는 것을 허용한다는 신분적 내혼제에 관한 것이다. 앞의 양(梁) 천감 7년의 기사는 이러한 내혼제를 실은 『정관씨족지(貞觀氏族志)』의 원류(源流)에 속하는 『제씨(諸氏)족보』의 기사여서, 사류(士流)로 하여금 이 족보를 연구하여 혼인을 통하게 하였다고 하는 이상 양대에도 사서불혼이라고 하는 신분적 내혼제가 있었다고 생각해도 좋을 것이다.

게다가 그것은 『문선』에서 볼 수 있었던 심약의 탄핵문과 표리의 관계에 있는 것이라고 생각된다. 제(齊) 영명 연간의 심약의 탄핵문과 심약이 죽기 5년전인 천감(天監) 7년에 작성된 「씨족보」에 관한 기사 사이에는 시대적인 차이도 별로 없고, 양자의 내용도 서로 지지하고 있어서, 제(齊) 및 양대(梁代)의 신분적 내혼제를 생각하게 하는 데 충분할 것이다.[22] 위에 기술한 신분적 내혼제는 이해(利害)를 공통으로 하는 귀족문벌의 정치적·사회적 지위의 확보를 위한 것이다. 이 내혼제의 확립에 의해 그들은 그 문벌의 내부적 붕괴를 회피할 수 있고, 따라서 정치적·사회적 이익을 계속적으로 독점할 수 있게 된다. 또한 문벌의 유지는 사회적 명예의 유지이고, 서민 또는 천민과의 통혼은 치욕으로 여겨지고 있었다고 생각한다. 그렇다면 이러한 내혼제는 어느 시대부터 존재하였는가. 그 기원은 상세하지 않지만, 적어도 남조에 있어서 사서의 구분이 법률상 명확해진 시대에는 존재하였던 것으로 생각할 수 있다고 여겨진다.[23]

---

21) 『玉海』卷50 「藝文譜牒」(唐編 古命氏) "書目, 永隆二年李利涉撰三卷凡二百五十六姓 著胃系之始末, 又載諸氏族譜一卷云, 梁天監七年, 中丞王僧孺所撰, 云云".

22) 『通志』卷25 氏族略 第1 氏族 序에 "自隋唐而上, 官有簿狀, 家有譜系, 官之選舉, 必 由於簿狀, 家之**婚姻**必由於譜系, …… **自五季以來**取士不問家世, 婚姻不問閥閱, 故其 書散佚, 而其學不傳"이라는 기사가 있어서, 簿狀이 官의 선거의 경우에 사용되는 것에 비하여 譜系는 집안의 혼인의 경우에 사용되었음을 말하고 있지만, 적어도 남 조에서는 閥閱間에 있어서는 閥閱이 배우자 선택의 범위였다는 의미로 이해하더라 도 상관없다고 생각한다.

23) 沈約의 탄핵문 첫머리에 "自宋氏失御, 禮敎彫衰, 衣冠之族, 日失其序, **姻婭淪雜**, **罔 計厮庶**, …… 自宸歷御寓, 弘革典憲, 雖舊布新, 而斯風未殄"이라고 되어 있는 것에

다음으로 북조에서는 혼인형식이 어떻게 표현되고 있는가. 북방의 대성(大姓)명족에 있어서는 침입한 외인 황실과의 통혼을 수치스럽게 여기고 오로지 가문의 청규(淸規)를 엄수하여, 범양(范陽)의 노(盧)씨, 형양(榮陽)의 정(鄭)씨, 청하(淸河) 박릉(博陵)의 두 최(崔)씨 등은 사족(士族)이 아니면 황실이라고 하더라도 통혼하지 않았다.24) 이것은 북조에 있어서의 대성(大姓)명족 가문의 풍습을 나타내는 것이기는 하지만, 아직 내혼제의 사료(史料)로서는 불충분하다. 또한 『신당서(新唐書)』「이의부전(李義府傳)」에 의하면, 그는 자신의 아들을 위하여 북위 태화(太和) 연간에 정한 망족칠성(望族七姓)의 어떤 자와 통혼하려고 했지만 거절당하였는데, 이에 분개하여 종래 계속되어온 망족칠성(望族七姓) 사이 끼리의 통혼금지를 주상(奏上)한 일이 기록되어 있고,25) 『신당서(新唐書)』「고검전(高儉傳)」에는 태원(太原)의 왕(王)씨, 범양의 노씨, 형양 정씨, 청하·박릉의 최씨 등 7성(姓) 10가(家)는 "不得自爲昏", 즉 7성에 있어서는 공적인 허가 없이 혼인을 해서는 안된다는 것이 당 고종 때 새로 정해졌음을 기술하고 있다.26)

이것에 의하면 북위 태화 이래 당초까지 7성간만의 통혼을 행한 것으로 생각되지만, 7성만의 통혼에 법적인 근거가 있었는지는 아직 확실하지 않다.27) 또한 북조에서도 사서의 명칭구분은 있었지만, 이것이 남조의 법률상의 구분과 반드시 동일하다고는 할 수 없었던 것 같다. 그와 동시에 사서의 통혼을 금지하는 의미의 내혼제까지 성립되어 있었는지는 의문의 여지가 있는 것 같다. 다만 서민과 공상(工商)조예(皀隷)와의 구별은 있었다.28) 그리고 사족(士

의하면, 사서불혼제가 사실상 확실한 형태였다고는 할 수 없으나 제나라 초기에는 물론 송대에도 있었음을 엿볼 수 있겠다.

24) 岡崎文夫, 『魏晉南北朝通史』, 645쪽.
25) 『新唐書』卷223 上, 姦臣列傳(李義府傳) "自魏太和中, 定**望族七姓**, **子孫迭爲婚姻**, 後雖益衰, 猶相夸尙, 義府爲子求婚不得, 遂奏一切禁止".
26) 『新唐書』卷95 高儉傳 "高宗時, 許敬宗, 以下敍武后世, 又李義府耻其家無名, …… 改爲姓氏錄, …… 義府奏悉索氏族志燒之, 又詔, 後魏隴西李寶, 太原王瓊, 榮陽鄭溫, 范盧子遷盧渾盧輔, 淸河崔宗伯崔元孫, 前燕博陵崔懿, 晉趙郡李楷, 凡七姓十家, **不得自爲昏**".
27) 이 점에 대해서는 앞으로 더 연구해보고 싶다는 생각을 하고 있다.

族)도 서민도 모두 공상천민과 통혼할 수 없었다.

고종 때의 자료[29])에도 나오고 있지만, 또한 고조 때의 자료[30])에도 나타나고 있으며, 거기에다가 "(태화 17년 9월)詔, 厮養之戶, **不得與士民婚**"[31])이라고 되어 있어서, 앞에 든 두 조서와 같은 내용이 보인다. 따라서 사민과 공상천민간에 혼인이 금지되어 있었다는 의미에서는 신분적 내혼제가 성립되어 있었다는 뜻이지만, 위의 조서는 통혼범위에서 사서의 구별이 있다고까지 말하고 있는 것은 아니기 때문에, 직접적으로 이것과 기술한 남조의 제도를 동일시할 수는 없다. 오히려 사민의 통혼은 금지범위에 들지 않았다고까지 상상해볼 수 있다. 북위의 태화 이후에도 사민의 통혼관계가 위에 상정한 대로였다고 한다면, 결국 북위에서 사서 각각의 사이에서만의 내혼제의 성립에는 이르지 않았을 것이다. 이 점은 후일의 조사연구의 여지를 남겨두고 싶다.

사서에 대한 남북의 다른 입장이 있었다고 하더라도 그것은 수당의 천하통일과 함께 통합되기에 이르렀다고 할 수 있다. 수 및 당 초기, 문벌이 몰락의 과정에 있었다고 하더라도 문벌존중의 풍습이 갑자기 근절된 것은 아니었다. 수의 문제는 명족 위씨의 종족이 남북으로 파가 분열되어 서로 연락히지도 않고 종보도 편찬하지 않았을 때, 백세(百世)의 경족(卿族)으로서 그런 일이

---

28) 『魏書』卷7上 高祖紀 上 "(太和元年)八月壬子, 大赦天下, 丙子詔曰, **工商皂隷**, 各有厥分, 而有司縱濫, **或染清流**, 自今戶內, 有工役者, 推上本部丞已下, 準次而授, 若階藉元勳, 以勞定國者, 不從此制" 卷7下 高祖紀 下 "(太和十一年)十有一月丁未詔, 罷尙方錦繡綾羅之工, 四民欲造任之無禁, 其御府衣服金銀珠玉陵羅錦繡, 太官雜器, 太僕乘具, 內庫弓弓矢, 出其太半, 班賚百官及京師**士庶**, 下至工**商皂隷**, 逮於六鎭戍士, 各有差".

29) "(和平四月十二月)壬寅詔曰, 夫婚姻者, 人道之始是以夫婦之義, 三綱之首, 禮之重者, 莫過於斯, 尊卑高下, 宜令區別, 然中代以來, **貴族**之門, 多不率法, 或貪利財賄, 或因緣私好, 在於苟合, 無所選擇, 令貴賤不分, 巨細同貫, 塵穢淸化, 虧損人倫, 將何以宣示典謨, 垂之來裔, 今制皇族師傅王公侯伯及**士民之家**, **不得與百工巧卑姓爲婚**, 犯者加罪"(『魏書』卷5 高宗紀).

30) "(太和二年) 五月詔曰, …… 又皇族貴戚及**士民之家**, 不惟氏族, 下與**非類婚偶**, 先帝親發明詔, 爲之科禁, 而百姓習常仍不肅改, 朕今憲章舊典, 祗案先制, 著之律令, 永爲定準, 犯者以違制論"(『魏書』卷7上 高祖紀.).

31) 『魏書』卷7下 高祖紀.

있어서는 안된다고 하고, 위정(韋鼎)으로 하여금 그 종보를 편찬하도록 명한 일이 『수서(隋書)』나 『남사(南史)』에 보인다.[32] 무덕 원년 당고조가 내사령 두위(竇威)에게 한 말 가운데에도 당시 산동의 구족(舊族) 최·노와의 통혼을 칭찬한 것이 있음을 엿볼 수 있는데,[33] 당초의 명신 방현령(房玄齡), 위징(魏徵) 및 이적(李勣)은 모두 산동의 구족과 통혼하였고,[34] 또한 고종의 상원 2년에 이부상서가 된 이경현(李敬玄)은 전후(前後) 3회나 산동의 구족과 통혼한 일이[35] 『신당서(新唐書)』 열전에 보인다.[36]

당의 『정관씨족지(貞觀氏族志)』의 성립사정도 또한 당 초의 구족과 서로 연관된 것이다. 『정관정요』[37]에 의하면, 산동의 최, 이, 정과 같은 구족은 정

---

32) 『隋書』卷78 韋鼎傳 "高祖嘗從容謂之曰, 韋世康, 與公相去遠近, 鼎對曰, 臣宗族分派南北孤絶, 自生以來, 未嘗訪問, 帝曰, 公**百世卿族**, 何得爾也, 乃命官給酒肴, 遣世康與鼎還杜陵, 樂飲十餘日, 鼎乃考校昭穆, 自楚太傳孟以下二十餘世, 作**韋氏譜七卷**" 『南史』卷58 韋鼎傳 "帝曰, **卿百代卿族**, 云云".

33) 『新唐書』卷95 竇威傳 "帝笑曰, 公以三后族夸我邪, **關東人與崔盧婚者**, **猶自矜**, 大公世爲帝戚, 不亦貴乎". 『舊唐書』卷61 竇威傳 그리고 『唐會要』卷36 氏族 참조.

34) 『新唐書』卷95 高儉傳 "先是, 後魏太和中, 定四海望族, 以竇等爲冠, 其後矜尚門地, 故氏族志, 一切降之, 王妃主婿, 皆取當世勳貴名臣家, 未嘗尙山東舊族, 後**房玄齡魏徵李勣復與昏**, 故望不減".

35) 『新唐書』卷106 李敬玄傳 "進史部尙書, 居選部久, 人多附, 繇**凡三娶**, **皆山東舊族**, 又與趙李氏合譜, 故臺省要職, 多族屬姻家, 高宗知之, 不能善也". 그리고 『舊唐書』卷81 李敬玄傳 참조.

36) 『新唐書』卷116 李日知傳 "日知貴諸子方惣角, 皆通婚名族, 時人譏之" 卷117 李懷遠傳에 "常慕山東著姓爲婚姻"이라고 되어 있는 것도 참조. 李懷遠은 당 현종 때의 사람.

37) "**貞觀六年**, 太宗謂尙書左僕射房玄齡曰, 比有**山東崔**, **盧**, **李**, **鄭四姓**, 雖累葉陵遲, 猶恃其舊地, **好自矜大**, **稱爲士大夫**, 每嫁女他族, 必廣索聘財, 以多爲貴, 論數定約, **同於市賈**, 甚損風俗, 有紊禮經, 既輕重失宜, 理須改革, 乃詔**吏部尙書高士廉**, 御史大夫韋挺, 中書侍郎岑文本, 禮部侍郎令狐德棻等, 刊正姓氏, 普責天下譜牒, 兼據憑史博, 剪其浮華, 定其眞偽, 忠賢者褒進, 悖逆者貶黜, **撰爲氏族**志, 士廉等及進定氏族等第, **遂以崔幹爲第一等**, 太宗謂曰, 我與山東崔盧李鄭, 舊既無嫌, 爲其世代衰微, 全無官宦, **猶自云士大夫**, 婚姻之際, 則多索財物, 或才識庸下, 而偃仰自高, 販鬻松價, 依託富貴, 我不解人間何爲重之, 且士大夫, **有能立功爵位崇重**, 善事君父忠孝可稱, 或道義淸素, 學藝通博, 此亦足爲門戶, **可謂天下士大夫**, 今崔盧之屬, 唯矜遠葉衣冠, 寧此當朝之貴, 公卿己下, 何暇多錢物, 兼與他氣勢, 向聲背實, 以得爲榮, 我今定氏族者, 誠

치적·사회적 지위의 변천 가운데 있으면서도 그 문벌을 자랑으로 여겨 스스로 사대부라 칭하고, 또한 이들은 딸을 위하여 통혼하려고 하는 자에 대해서는 막대한 빙재를 요구하여 흡사 매혼(賣婚)38)과 비슷했다. 그래서 정관 6년 태종은 이러한 폐단을 교정하려 하고 사실(史實)을 근거로 성씨를 판정하고 씨족지 편찬을 이부상서 허국공 고사렴 등에게 명하였다. 이것이 정관 제1차 씨족지인 것이다. 이렇게 해서 작성된 씨족지를 보면 문벌존중의 점에 이르러서는 구태의연한 것이 있었다.

고사렴(高士廉) 등의 씨족지 편집 태도는 천하의 보첩(諜)을 수집하고 사전(史傳)을 참고하고 보첩·사전의 부화(浮華)를 제거하고 진위(眞僞)를 정하여 충현(忠賢)인 자를 승진시키고 패악(悖惡)한 것을 물리치고, 거기에다가 고검(高儉)전에 의하면39) 종실을 우선으로 하고 외척을 그 다음으로 하고, **신문(新門)을 물리치고 구망(舊望)을 앞세우고**, 고령[富門]을 우(右)로 하고 한준[寒門]을 좌(左)로 하였다. 특히 산동의 최씨를 천하의 관족(冠族)으로 하고, 당 황실 출신의 농서 이씨 문벌 등은 그 하풍(下風)에 서게 하였다.

그래서 태종은 이에 심한 불만의 뜻을 표하고 그 개편을 명하여, 당조(唐朝)로부터 부여된 관직을 기준으로 하여 씨족의 등급을 세우게 하고 그 산동의 최씨를 제3등급의 위치에 두게 하였다. 이것이 제2차 씨족지 백 권인데, 정관 12년에 완성되어 천하에 반포된 것이다. 중국에서는 육조 및 당 초에 씨족지 등의 관찬(官撰)도 있었고, 당에서도 『정관씨족지(貞觀氏族志)』 뒤에 『성씨록』 같은 것이 완성되었지만, 이것에는 일본 나라시대 및 헤이안시대 초기의 『씨족지』나 신찬 『성씨록』의 명칭 또는 그 서적의 성립사정과 공통성

欲崇樹今朝冠冕, 何因崔幹猶爲第一等, 秖看卿等不貴我官爵耶, 不論數代已前, 秖**取今日官品人才作等級, 宜一量定用爲永則, 遂以崔幹爲第三等, 至十二年書成, 凡百卷頒天下**"(『貞觀政要』卷7 論禮樂).

38) 『貞觀政要』에는 "同於市賈"이라고 되어 있지만, 『新唐書』卷95 高儉傳에는 "嫁娶必多取貲, 故人謂之**賣昏**"이라고 되어 있다. 『唐 會要』卷36 氏族에는 "販鬻婚姻"이라는 것이 있다.

39) 『新唐書』卷95 高儉傳 "責天下譜諜, 參考史傳, 檢正眞僞, 進忠賢, 退悖惡, 先宗室, 後外戚, **退新門, 進舊望, 右膏梁, 左寒畯**, 合二百九十三姓, 千六百五十一家, 爲九等, 號曰氏族志".

이 없지는 않다.

그런데 요즈음 돈황에서 정관 8년 5월 10일 임진의 연월일 당초(唐初)의 어느 씨족 관계자료가 발견되었다.[40) 그것은 처음으로 학자들 사이에 『성씨록』으로 불린 것이지만, 당 현경 4년의 『성씨록』과 같은 것이 아니라 『정관 씨족지(貞觀氏族志)』 같은 것이라는 것이 향달(向達)의 소론이고,[41) 『정관씨족지(貞觀氏族志)』로서 제1차의 것일 것이라는 것은 우쯔노미야기요요시[宇都宮清吉]가 기술한 것과 같다.[42) 다만 이 자료에 앞서 언급한 것과 같이 "정관 8년 5월 10일 임진"이라고 되어 있지만, 우쯔노미야기요요시[宇都宮清吉]는 제1차 『정관씨족지(貞觀氏族志)』에 관한 『옥해』의 기사 "貞觀六年又命高士廉等定氏族"을 참고하여, 돈황 자료의 "8년 5월"은 "6년 6월"의 오류일 것으로 추정하고, 이것을 정관 6년도 『씨족지』로 상정하였다.

『옥해(玉海)』의 기사 부분은 잘 모르겠지만, 당대의 하나의 근본자료 『정관정요』에도 "**貞觀六年**, 太宗謂尙書左僕射房玄齡曰, … 乃詔吏部尙書高士兼, … 刊正姓氏"라고 되어 있으므로, 성씨 판정을 고사렴 등에게 명한 연대는 정관 6년임에 틀림없을 것이다. 이런 의미에서 씨족지를 정관 6년 씨족지라고 할 수 있겠지만, 『정관정요』도 『옥해』도 씨족지가 완성되고 주상(奏上), 반포한 시대를 언급하고 있지는 않기 때문에, 돈황 자료의 "貞觀八年 운운"은 책이 완성되어 황제에게 바친 연대와 같다고 할 수 있을지도 모른다.[43) 이 해석이 정확하다면, 제1차 『씨족지』는 정관 8년 『씨족지』라고 할 수도 있을 것이다.[44)

---

40) 陳垣, 『敦煌刧餘錄』, 向達, 『敦煌叢抄』(北平圖書館 발간 제5권 6호, 60쪽 이하·제6권 6호, 57쪽 이하).

41) 向達, 『敦煌叢抄』(앞에서 인용한 책, 제5권 6호, 60쪽 이하).

42) 宇都宮清吉, 「唐代貴人に就いての一考察」(『史林』제19권 3호, 99쪽 이하).

43) 『舊唐書』卷65 高士廉傳에 "(貞觀)五年, 入爲吏部尙書, 進封許國公, …… 及書(氏族志)成凡一百卷, 詔頒於天下, 賜士廉物千段, 尋同中書門下三品"이라고 되어 있고, 丁度, 貞觀 6년 내지 8년 당시에는 高士廉이 吏部尙書 許國公이었기에, 돈황자료에서 보였던 士廉의 관함과 비교해보면 이 돈황자료의 연대를 정하기 어렵다.

44) 이 돈황자료 가운데 보이는 숫자, 예를 들어 "今爲八千五郡" 등에 의문이 있는 것과 같이 "貞觀八年五月十日壬辰"은 문제가 있고, 연월일과 간지가 합치하지 않는다

이 돈황자료는 이와 같이 정관 제1차의 자료로 구태의연한 문벌존중 풍습이나,[45] 육조 및 당 초의 구족의 대세를 볼 수 있는 면에서 매우 귀중한 것이고, 역사가들을 위해서 틀림없이 좋은 자료일 것이라고 생각한다. 또한 나로서는 이것이 육조의 전통을 고수한 당 초의 신분적 내혼제를 알려준다는 면에서 둘도 없는 좋은 자료이다. 다시 말해서 한편으로는 육조의 신분적 내혼제를 생각하게 하고, 다른 한편으로는 당초(唐初)의 신분적 내혼제를 여실히 알 수 있게 해준다는 점에서 천하일품의 좋은 자료이다. 이것에 대해서는 허국림(許國霖), 『돈황잡록(敦煌雜錄)』이 출간되었을 때에 그 소개문에서 조금 언급해 두었다.[46]

그리고 이 자료에서 내가 특히 문제 삼는 점은 그 말미 부분인데,[47] 거기

는 것은 向達이나 宇都宮淸吉의 지적대로이다. 따라서 이 연월일을 "貞觀六年六月十日壬辰"이라고 할 수(宇都宮淸吉의 설)도 있겠지만, 혹은 이것을 "貞觀八年三月二十日壬辰" 또는 "貞觀八年五月二十二日壬辰" 등 여러 가지로 생각할 수 있는 것은 아닐까. 문제를 남겨두고 후일의 연구를 기대한다. 그리고 이 자료의 숫자 가운데 "三百九十八姓"이라고 되어 있는 점은 『新唐書』卷95 高儉傳의 293성과 일치하지 않아서 어느 하나에 오류가 있는 것이라고 생각하지만, 『玉海』所收의 『天下郡望姓氏族譜』(뒤에 나옴)에도 398성이라고 되어 있으므로 돈황자료가 반드시 잘못된 것이라고 할 수는 없을 것이다.

45) 구태의연한 내용인 점에서 보더라도 그 貞觀 제1차 氏族志임을 긍정할 수 있다. 예를 들어 『新唐書』卷95 高儉傳(주 12 게재)의 후위 이래의 7성 가운데, 榮陽 鄭씨, 范陽 盧씨, 淸河 崔씨, 및 趙郡 李씨 등은 모두 돈황자료에서도 각각의 군의 제1의 성으로 기록되어 있다. 『新唐書』卷199 儒學列傳(柳冲傳)이나 『唐會要』卷36 氏族에는 천하의 舊族大姓을 들고 있는데, 그 가운데에 예를 들어 "東南則爲(爲, 唐會要作有)吳姓朱張顧陸爲大"라고 되어 있는 朱張顧陸의 4성은 그 순서대로 돈황자료에 나타난다. "朱張" 등이 六朝 당시에도 著姓이었음은 말할 것도 없다. 나는 그 내용이 구태의연하다는 점에서 그 貞觀 제1차의 氏族志임을 긍정하면 충분하므로, 여기에서는 그 이상 깊이 들어가지 않고 깊은 연구는 전문가들의 손에 맡겨두고자 한다.

46) 仁井田陞, 「許氏敦煌雜錄と所收の法律史料」(『東洋學報』제26권 1호, 168쪽).

47) "以前太史曰堯置九州, 今爲八千五郡, 合三百九十八姓, 今貞觀八年五月十日壬辰, 自今以後明加禁約, 前件郡姓出處, 許其通婚媾, 結婚之始, 非宿(舊)委怠, 必須精加研究, 知其譜襄相承不虛, 然可爲疋, 其三百九十八姓之外, 又二千一百雜姓, 非史籍所載, 雖預三百九十八姓之限, 而或婚官混雜, 或從賤入良, 營門雜戶慕容高(商)賈之類, 雖有譜, 亦不通, 如有犯者, 剔除籍(籍), 光祿大夫兼吏部尙書許國公士廉等奉勅令臣等定天下氏族, 若不別條擧, 恐無所憑, 准令許(詳)事訖件錄如前, 勅旨依奏"(許國霖, 『敦煌雜

에 쓰여 있는 내용은 "옛날 구주(九州)가 위치한 땅은 지금 팔천 다섯 군(郡)으로 나누어져 있고, 군의 성(姓)은 모두 398개이다. 오늘날 즉 정관 8년 5월 10일 임진 이후로는 여기에 금약(禁約)을 마련하여 앞서 언급한 398성의 출신자는 그 398성[48]사이에서만 통혼을 허용하므로, 통혼할 때에는 반드시 그 성을[49] 조사한 뒤 이를 성혼시키도록 하는 것이다. 이 398성 외에 또 이천 일백의 잡성이 있지만, 그것은 사적(史籍)에 싣지 않는다. 따라서 이 성들과 통혼해서는 안되는 것이다. 비록 398성에 속하는 사람 가운데에도 구관(媾官) 등에 의해 성씨를 혼잡하게 한 자도 있고, 원래 천민인데 나중에 양민이 된 자도 있다. 이들은 설령 양민이라고 하더라도 통혼해서는 안된다. 영문(營門)[50]·잡호(雜戶)·모용(慕容)·상매(商買) 같은 것도 통혼자의 범위 밖이다. 만약 이 금약을 어기는 자가 있으면 군성(郡姓), 씨족의 적(籍)을 삭제한다. 광록대부 겸 이부상서 허국공 고사렴 등이 칙서를 받들어서 천하의 씨족을 정한다. 운운. '주(奏)에 따르라'고 칙지(勅旨)하였다"는 것이다.

이것은 천민, 기타 특정 신분인 자와의 통혼을 금하는 면에서 북조의 제도와 비슷하지만, 또한 특정의 씨족 398성과 그 이외의 통혼을 금하는 점에서 남조의 자료에서 볼 수 있었던 신분적 내혼제와도 동일하다. 『정관정요』 등에 의하면 정관 제1차 씨족지가 천하에 반포되었다고 하지 않는다. 그러나 돈황 자료의 연대를 일단 신용하면, 정관 8년 당시에 한 번 천하에 반포된 것으로 생각된다. 위 자료가 칙지의 형식을 취하고 있고, 게다가 '칙지의주

錄」)에 의한다. 다만 괄호 내는 向達, 『敦煌叢抄』(앞에서 인용한 책)와의 차이 중에 주요한 것을 기록한 것이다. "譜囊" 옆에 붙여진 점은 다른 예로부터 미루어 보아 점이 붙어있는 글자를 삭제하는 부호인 것으로 생각된다.

48) 주 44) 참조.

49) 보낭(譜囊)으로. 주 47) 참조.

50) 營門은 하마구찌[濱口]의 가르침에 의하면 營戶를 가리키는 것 같고, 군역에 충당되는 것이라고는 하나 部曲과는 다를 것이라는 점이다. 營戶에는 반역도나 이국인을 여기에 충당시킨 예가 있다. 『魏書』卷7上 高祖紀 "連川勅勒謀叛, 徒配靑徐齊兗四州, 爲營戶" 『宋書』卷77 沈慶之傳 "蠻被圍守, 日久竝饑乏, 自後稍出歸降, 慶之前後所獲蠻, 竝移京邑以爲營戶". 濱口重國, 「北朝の史料に見えた雜戶·雜營戶·營戶について」(『山利大學學藝學部硏究報告』8호, 1957년 12월, 61쪽). 濱口에 의하면 營門雜戶라는 것은 "영문 출신의 잡성의 戶, 즉 병사출신의 잡호"가 아닐까 한다.

(勅旨依奏)'라고 되어 있는 부분이 그 증거라고 할 수 있을 것이다. 또한 이 자료가 돈황과 같은 서변에서 발견되고, 게다가 자료의 끝 부분에 "大蕃歲次 丙辰後三月庚午朔十六日乙酉魯國唐氏芯窈悟眞記, 勘定"이라는 표지어[51]가 있는 것으로 미루어 알 수 있을 것이다.

이와 같이 일단 반포되었다고 하면, 이것이 칙지인 이상 그 법률적 효과가 있음은 물론이고, 당초부터 앞서 언급한 바와 같은 신분적 내혼제가 법률상의 제도였음을 알 수 있는 것이다. 정관 제1차 『씨족지』는 12년도의 제2차 『씨족지』에 의해 변경되었고, 게다가 얼마 안 있어 현경 4년의 『성씨록』에 의해 대체되었다.[52] 이것으로 신분적 내혼제가 어떻게 취급되었는지는 직접 알 수 없지만, 『옥해(玉海)』에 당(唐) 천보(天寶) 연간에 천하에 반포된 이림보(李林甫) 등이 편찬한 『천하군망성씨족보(天下郡望姓氏族譜)』 1권을 싣고

[志] 一卷林甫等 [書目] 天下郡望姓氏族譜一卷, 李林甫等撰(崇文目同)
記**郡望**出處凡**三百九十八姓**, **天寶中頒下**, **非譜裔相承者**, **不許昏姻**

이라고 말하고 있다.[53] 즉 여기에도 정관 제1차 『씨족지』와 마찬가지로 군망 398성간의 통혼이 아니면 허락하지 않는다는 취지의 내혼제에 관한 문장이 실려 있다. 아마 천보 무렵에 이르러서도 당 초의 내혼제는 법문으로 남아있었을 것이다.

---

51) 이 표지어 문자는 陳垣 및 向達(앞에서 인용한 책) 所錄에 따랐다. 許國霖 쪽에는 "勘定"라는 글자가 없고 기타 문자가 조금씩 다르다. 陳에 의하면 "勘定" 두 자는 붉은 글자(朱字)라고 한다. 그리고 이 표지어의 연대 및 "悟眞"에 대해서는 向達의 고증이 있다. 그에 의하면 "大蕃歲次 丙辰"은 당문종의 개성원년이고 "後三月"의 "三"은 "五"의 誤筆일 것이라고 한다. 向達, 『敦煌叢抄』(앞에서 인용한 책, 제6권 6호, 60쪽 이하) 참조.

52) 『唐會要』卷36 氏族 "顯慶四年九月五日, 詔改氏族志, 爲姓錄 (姓氏錄·姓氏譜)" 『新唐書』卷223上 姦臣列傳(李義府傳). 宇都宮淸吉(앞에서 인용한 책, 71쪽). 그리고 주 26) 참조.

53) 『玉海』卷50 藝文, 譜牒, 新定諸家譜錄.

그러나 이와 같은 군망간의 통혼제도 그 뒤 군망의 위세가 점점 땅에 떨어지게 되어서는 명실상부 그 의미도 자연히 소실되어 간 것이라고 생각한다.[54] 다만 양인과 천민의 통혼금지만은 육조, 어쩌면 더 이전부터 법으로 정해진 바였고, 그것은 분명히 당률령에도 나타나 있었으며, 게다가 후세에도 답습되었다. 또한 당대에 특정 씨족간의 통혼제가 율령에 명기되어 있었다는 증거는 없는 것 같고, 귀족 문벌이 번성한 육조에서도 사서불혼제가 율령에까지 명기되어 있었는지는 문제가 될 것이다. 아마도 당 시대와 마찬가지로 그것은 율령 외의 제도로 존재하고 소멸해간 것일 것이다.[55]

사서불혼제 내지는 특정 씨족간의 통혼제는 이렇게 하여 육조 및 당초에 존재하였고, 또한 그 변이는 문벌의 성쇠와 운명을 같이 하였다. 마찬가지로 육조에서도, 북인·한인의 정치적 대립이나 이민족간의 알력이 없었던 강남

---

54) 『亥餘叢考』卷17 「六朝重氏族」에는 "唐書高士廉傳 …… 義府爲子求婚不得乃奏禁焉, 其後轉益自貴, 稱禁婚家, 凡男女潛相聘娶, 天子不能禁云, 杜羔傳, 文宗欲以公主降士族曰, 民間婚姻, 不許官品, 而尙閥閱, 我家二百年, 天子反不若崔盧耶, 可見唐中葉以後, 民間猶仍此風"이라고 하고, 나아가 『五代史』崔居儉傳을 인용하여 五代에도 문벌존중의 풍속이 반드시 근절된 것은 아니었음을 서술하고 있다. 그러나 당말 오대에는 그 풍속도 예전의 자취가 남아있지 않았음에 틀림없다.

55) 『唐六典』卷3 戶部郎中員外郎條에 "**凡習學文武者爲士**, 肆力耕桑者爲農, 巧作貿易者爲工, 屠沽興販者爲商, (註略)**工商之家, 不得預於士**"라고 되어 있고, 『舊唐書』卷48 食貨志에 武德令을 인용하여 "武德七年始定律令, …… 士農工商四人, 各專其業, 食祿之家, 不得與下人爭利, **工商雜類, 不得預於士伍**"(中田薰, 『法制史論集』제1권, 665쪽 ; 仁井田陞, 『唐令拾遺』, 244쪽 이하)라고 한 것을 볼 수 있어, 士·農과 商·工의 무리는 그 신분에 있어서 큰 차이가 있었다. 여기서 한마디 해두고 싶은 것은 唐代의 士에 대해서이다. 당대에 이르러 과거제도가 시행되기에 이르러 관리는 남조처럼 특정씨족이 독점할 수 없었고, 士라는 것은 『唐六典』에서 보는 것처럼 문무를 학습하는 자여서 특정씨족 출신이 아니어도 문제가 되지는 않았다. 그래서 남조에서는 士와 관리와 특정씨족이 일치하는 것이 원칙이었다고도 할 수 있지만, 당대에서는 『당육전』이나 舊志를 참고해보면 관리는 士라고 할 수 있어도 반드시 특정씨족 출신이라고 할 수만은 없었다. 따라서 남조의 경우에 "士庶不婚制"라고 하면 동시에 특정씨족간의 통혼제를 나타낼 수 있지만, 그것이 당대의 경우에도 타당하다고 하기는 어렵다. 즉 당대에서 '사서불혼'이라고 한다면 남조에 있어서와는 다른 의미로 해석될 우려가 있으므로, 이 장에서는 당대의 문제에 대해서 '사서불혼'이라는 용어의 사용을 피하였다.

에서는 그것이 있었던 강북에 비해 문벌이 사회적으로도 정치적으로도 그 융성을 과시할 수 있었으며, 강북에 비하여 귀족·평민(사서)의 구별이 법률상으로도 분명하게 명시되어 있었고, 그 귀족제 붕괴에 대한 방벽으로서 사서불혼이라고 하는 신분적 내혼제도 성립시키기에 이른 것이다. 육조 뒤의 수당시대에도 문벌의 사회적 지위가 완전히 소실된 것은 아니지만, 문벌의 위세는 예전 같지 않게 되어 당대 중반을 지나서는 문벌의 조락(凋落)이 특히 현저해지고, 그와 함께 앞서 언급한 육조의 혼인제의 계통을 잇는 특정 씨족간의 통혼제도 자연 붕괴의 운명을 겪은 것이라고 할 수 있다.[56]

---

56) [原載] - 『歷史學硏究』제9권 8호(1939년 8월).

제10장

돈황발견의 천하성망씨족보(天下姓望氏族譜)
–당대의 신분적 내혼제와 관련해서

제1절 서설

　육조에서 당대(3~9세기)에 이르는 사회를 특징짓는 것의 하나는 카스트적인 신분집단, 즉 군망(郡望) 등 문벌에 자부심이 높은 씨족집단이다. 이들에 대해서는 오까자끼 후미오[岡崎文夫] 외 여러 분에 의해 깊이 있는 연구가 진행되어 왔다.[1] 나도 육조에서 당대에 걸친 신분적 내혼제를 연구 주제로 한 적이 있었다.[2] 이 논문도 내혼제와 깊은 관계가 있는 중국 사회의 이 카스트

---

1) 岡崎文夫, 『魏晉南北朝通史』(1932년 9월) ; 同 『南北朝に於ける社會經濟制度』(1935년 11월) ; 楊筠如, 『九品中正與六朝門閥』(중화민국 19년) ; 陳嘯江, 『魏晉時代之族』(國立中山大學研究院史學專刊, 1936년) ; 增村宏, 「黃白籍の新研究」(『東洋史研究』제2권 4호, 1937년 4월) ; 宇都宮清吉, 「唐代貴人に就いての一考察」(『史林』제19권 3호, 1934년 7월) ; 井上晃, 「後魏姓族分定考」(『史觀』9, 1936년 2월) ; 今堀誠二, 「唐代士族の性格素描」(1)(『歷史學研究』제9권 11호, 1939년 12월), 또 전후에는 布目潮渢, 「唐初の貴族」(『東洋史研究』제10권 3호, 1948년 7월) ; 竹田龍兒, 「唐代士人の郡望について」(『史學』24권 4호, 1951년 4월) ; 同 「貞觀氏族志の編纂に關する一考察」(『史學』25권 4호, 1952년 9월) ; 守屋美都雄, 「六朝門閥の一研究」(1951년 7월) ; 宮川尚志, 『六朝史研究』(1956년 2월) ; 宮崎市定, 『九品官人法の研究』(1956년 3월) ; 矢野主稅, 「世說敍錄の價値について」(『史學雜誌』제66편 9호, 1957년 9월) 등, 연구는 점점 세밀해지고 있다.

2) 仁井田陞, 「六朝及唐初の身分的內婚制」(『歷史學研究』제9권 8호, 1935년 9월) ; 仁

적 신분집단의 발전과 전환기, 특히 후자에 대하여 뒤에 나오는 슈타인 돈황 문헌과 같은 새로운 자료로 조명해보려고 하는 것이다.

중국 사회 역사상 카스트적 신분집단의 형성이 가장 뚜렷했던 것은 육조시 대였다. 당대는 그 전환기에 해당한다. 11세기 사람인 심괄(沈括)은 그의 수 필집인 『몽계필담(夢溪筆談)』[3]에서 중국에 있어서 신분계층이 가장 두드러 졌던 것은 역시 육조 때라고 하고, 인도 고대의 카스트를 예로 인용하고 있 다. 이 증거로 설명되는 시기는 육조가 가장 적합하며, 그 밖의 시기는 적절 하지 않다. 전통 중국사회에서는 소위 양천이라고 하여 출생신분적 계층이 양민(자유인)과 천민(비자유인)으로 크게 구별되어 있었는데, 전자에는 사대 부 신분과 일반 서민이 속해 있었고, 후자에는 노비 기타 천민이 속해 있었 다. 육조부터 당에 걸쳐서는 단순히 이러한 구분에 그치지 않고, 소위 양민 중의 사서(士庶)구분이 고정적으로 두드러지게 형성되어, 『송서』(왕홍전)에 서 말하고 있는 것과 같이 "사서를 나누는 것, 즉 신분에 이르러서는 실로 그 자체가 하늘의, 즉 자연의 격차이다[至于士庶之際, 實自天隔]"이라고까지 하 였다.

사서의 구분은 호적제도에도 나타났고,[4] 더구나 같은 사대부 신분 가운데 에도 계층이 발생하였다. 이미 후한말이나 삼국시대에도 지방의 문벌로 4성 을 드는 일이 행해졌으며, "康古袁氏爲四姓大族之甲者"(『華陽國志』卷3), "天水, 舊有姜・閻・任・趙四姓, 常推於郡中"(『三國志魏志』卷13 王肅傳注

井田陞, 『支那身分法史』(1942년 1월, 211쪽 이하・546쪽 및 555쪽 이하) ; 仁井田 陞, 『中國法制史研究』앞 장 참조.

3) 『夢溪筆談』卷24 雜誌 "士人以氏族相高, 雖從古有之, 然未嘗著盛自魏氏, 銓總人物, 以氏族相高, 亦未傳任門地, 唯四夷則全以氏族爲貴賤, 如天竺以利利婆羅門二姓爲貴 種, 自餘皆爲庶姓, 如毗舍首陁是也, 其下又有貧四姓, 如工巧純陁是也, 其他諸國亦如 是, 國主大臣各有種姓, 苟非貴種, 國人莫肯歸之, 庶姓雖有勞能, 亦自甘居大姓之下, 至今如此". 仁井田陞, 『中國法制史研究』에는 이 문장 다음에 『新唐書』卷199 柳冲 傳에 보이는 柳芳의 씨족에 관한 논의 등이 나온다.

4) 岡崎文夫, 『魏晉南北朝通史』(앞에서 인용한 책, 590쪽 이하, 594쪽) ; 同 『南北朝に 於ける社會經濟制度』(앞에서 인용한 책, 228쪽 이하). 호적제에 대해서는 增村(앞에 서 인용한 책).

引『魏略』薛夏傳), "吳郡有張・朱・陸・顧爲四姓"(『世說新語賞譽』第8 注引 吳錄士林)5) 등으로 전해지고 있었다.

북위의 효문제 태화 20년(496) 경에는 천하의 성족을 평정하여 문벌의 최고봉으로 범양(范陽)의 노(盧)씨, 청하(淸河)의 최(崔)씨, 형양(榮陽)의 정(鄭)씨, 태원(太原)의 왕(王)씨로 하여 4성(姓)으로 삼고, 이외에 농서(隴西)의 이(李)씨, 조군(趙郡)의 이(李)씨를 더해서 5성(姓)이라고 하였다. 그러나 이 4성의 선정방법은 한결같지 않아, 특별한 평가규준을 정한 것은 유방(柳芳)의 논(論)(『新唐書』卷199 柳沖傳 引)이다. 거기에 의하면 3세, 3공을 배출한 자가 부유하고, 또한 상서령(尙書令)이나 복야(僕射)를 배출한 자가 신분이 높고 풍족하고, 이것들을 갑성 중의 별격으로 하고, 상서나 구경(九卿) 이하, 관직의 상하를 따라서 이들을 배출한 자를 각각 갑성(甲姓), 을성(乙姓), 병성(丙姓), 정성(丁姓)으로 나누어, 그 가운데 들어가는 자를 4성으로 한다. 북위는 북방민족에 대해서도 8성 36국 99성 등을 정하였다.6)

육조시대에는 출신의 상하에 따라 관직의 상하가 결정되었다. 위의 성의 대족은 주요한 관직을 독점하여 "상품에 한문 없고 하품에 세족 없다"(『진서』권45 「유의전」)라는 말까지 생기게 되었다. 문벌은 단순히 사회적・영예적인 지위가 아니라 정치적・경제적 이해와 깊이 결합되어 있는 지위였다. 이리하여 가계는 이해관계에 있어서 문벌의 입장에서는 중대 관심사였다. 이 때문에 조상을 선현으로 가탁하거나 예를 들어 소(蕭)성이라면 한의 공신 소하의 후손으로 가탁7)하는 등 가계의 위작이 성행하기에 이르렀다.

따라서 가계의 심사를 필요로 하게 되기까지 하였다. 문벌 내지 사서의 구분은 이와 같이 국가의 관직과 깊은 관계를 갖고 있었을 뿐만 아니라, 신분적

---

5) 『世說新語』賞與 第八注引 吳錄士林의 "張朱顧陸"은, 『新唐書』卷199 柳沖傳에 인용되는 柳芳의 씨족의 논의를 비롯하여 唐代의 문헌에도 보인다.

6) 六朝 門閥에 대해서는 주 1)의 여러 논문을 참조하였지만, 宮川尙志, 『六朝史硏究』(앞에서 인용한 책)에서는 173쪽 이하・263쪽 이하・339쪽 이하・399쪽 이하 ; 宮崎市定, 『九品官人法の硏究』(앞에서 인용한 책, 88・161쪽, 431쪽 이하・574쪽 등. 그리고 주 2) 참조.

7) 『漢書』卷78 蕭望之傳 顔師古注. 仁井田陞, 『支那身分法史』(앞에서 인용한 책, 143쪽 이하・159쪽).

내혼제의 지반이었다. 그렇지만 그렇다고 하기보다는 내혼제가 문벌의 지반을 고수하기 위한 것임에 틀림없었다. 내가 육조의 신분집단을 카스트적이라고 하는 것은 이와 같이 사회적으로뿐만 아니라 국가적 제도로서의 내혼제와 뗄 수 없는 관계에 있었기 때문이다. 남조의 양(梁)에서는 천감 7년(508) 중승 왕승유가 편집한 제씨족보 한 권에 의거하면 사대부 신분인 자는 자기와 동일 신분인 자와 혼인을 해야 한다고 되어 있었다.[8] 이와 같은 사족적(士族的) 내혼의 규범에 따르지 않는 사족은 남조에서는『문선』에 보이는 남제(南齊) 심약의 주탄문처럼 탄핵을 받았다.[9] 북조에서도 문벌은 조상의 관력(官歷)과 함께 혼인관계에 주요한 기준이 되었다. 따라서 통혼에 있어서는 가문의 고려가 필요하였다. 가령 높은 가문에 속하는 자도 낮은 가문에 속하는 자와의 통혼에 의해 격하되었다.[10] 그러므로 혼인의 동격(Ebenbürtigkeit)은 문벌의 이해관계상으로도 애써 지킬 필요가 있었다.[11]

육조시대의 여러 왕조에서 이러한 문벌적 정치기구에 대하여 군주권을 중심으로 한 관인지배기구로 개편하는 노력이 이루어지지 않은 것은 아니었다. 즉 오래된 문벌의 이해에 근거한 출생에 의한 관리등용이 아니라 현재 정권을 장악하고 있는 군주권 측에서 그 이해에 근거하여 새로운 왕조에서의 공적, 능력을 기준으로 한 인재등용법을 수립하려는 노력이 이루어지지 않았던 것이 아니었다. 예를 들어 북주시대 국가에 훈공이 있었던 자는 그 자손도 귀족으로서의 특권을 향유하는 것이 국가 제도상으로도 인정되고, 새로운 문벌로서의 팔주국(八柱國)·십이장군(十二將軍) 제도도 정해졌다. 당 황실 이(李)씨성(氏姓)의 선조도 이러한 팔주국의 일원이었다.[12]

---

8) 『玉海』卷50 藝文譜牒(唐編古命氏) "諸氏族譜一卷云, 梁天監七年, 中丞王僧孺所撰, 俾士流案此譜, 乃通婚姻". 仁井田陞(앞에서 인용한 책, 558·586쪽).

9) 『六臣注文選』卷40 彈事, 沈休文奏彈王源. 仁井田陞(앞에서 인용한 책).

10) 『魏書』卷60 韓顯宗傳. 同 卷33 公孫表傳. 宮崎市定(앞에서 인용한 책, 427쪽 이하).

11) 趙萬里,『漢魏南北朝墓誌集釋』제4책 東魏元象元年(538) 12월 李憲墓誌銘의 이씨는 조나라 사람인데, 이 이씨와 통혼하는 성은 河間의 邢氏, 博陵의 崔氏, 渤海의 高氏, 榮陽의 鄭氏, 范陽의 盧氏처럼 唐의『新集天下姓望氏族譜』(슈타인 문헌)(제3절 참조)에서도 각 군의 여러 성 중의 제1위로 기록되어 있는 성이다. 廣平의 宋이라도 제3위이다.

또한 수 문제 시대에는 구래의 사서 구분에 구애되어 있던 여개(廬愷) 등이 관작을 박탈당했다.[13] 특히 수대에 제정된 새로운 인재등용법(科擧)은 구문벌적 지배체제를 뒤흔드는 일대변혁이었다. 역사도 수대까지 진전되면, 일찍이 위진시대의 관리임명제도, 소위 9품중정제도 혹은 9품관인법이 문벌적 귀족지배 앞에서 어이없이 무력화된 것과 같은 사태는 반복되지 않았다.

이와 같이 문벌지배에 대해서는 당 이전의 여러 왕조도 계속 취해야할 조치를 취했지만, 당 태종도 이전 왕조와 같은 계획 하에 당조의 지배이상에 따른 서열에 따라 문벌의 상하를 정하려고 하였다. 그래서 고사렴(高士廉) 등으로 하여금 정관 6년(632)에 『씨족지』를 편찬하게 하였다. 그러나 완성된 내용에는 천하제일의 명족으로 산동의 최씨를 들고, 당 황실인 농서 이씨는 그 아래 격을 차지하고 있었다. 고사렴(高士廉) 등은 구족의 대변자의 지위에 서 있었고, 새로운 사회정치정세에 대응할 수 없었다. 이러한 옛 문벌에 대한 여전한 신뢰에 대해서는, 당실 및 그것을 둘러싼 신흥세력으로부터의 비판을 피할 방법이 없었다. 그래서 당조의 관직을 기준으로 편집하고 대체하는 것이 명하여져, 농서의 이씨를 제1위로 하고 산동의 최씨는 제3위로 격하되었다. 이것이 정관 12년(638)에 완성된 『정관씨족지(貞觀氏族志)』백 권으로 역사에 전해지고 있는 것이고, 제2차 『정관씨족지(貞觀氏族志)』이다.[14]

그 후 몇 번인가 『씨족지』 등의 편집·수정이 있었고 그때마다 옛세력이 차지하는 지위의 동요를 엿볼 수 있다.[15] 또한 현실적으로 가문에 의하지 않

---

12) 『周書』卷16(권말) "故今之稱門閥者, 咸推八柱國家云" 또한 『唐會要』卷36 氏族 "武德元年, 高祖嘗謂內史令竇威曰, 昔周朝有八柱國之貴, 吾與公家, 咸登此職 ……" "蘇氏議曰, …… 高祖八柱國唐公之孫" 新『舊唐書』竇威傳. 仁井田陞(앞에서 인용한 책, 219·225쪽).

13) 宮崎市定(앞에서 인용한 책, 61쪽).

14) 『貞觀政要』卷7 論禮樂의 기사가 가장 많이 참고가 된다. 仁井田陞, 『中國法制史硏究』의 기사에 대해서는 仁井田陞(앞에서 인용한 책, 215쪽 이하). 종전의 연구자는 『新唐書』卷65 高士廉傳 등을 참고하였다.

15) 『唐會要』卷30 氏族(顯慶四年九月條) 등. 宇都宮淸吉(앞에서 인용한 책, 483쪽 이하) ; 今堀誠二(앞에서 인용한 책, 64쪽 이하) ; 守屋美都雄(앞에서 인용한 책, 125쪽 이하).

은, 그리고 서리 출신의 재상도 등장하였다.[16] 설령 옛세력의 뿌리 깊은 지반을 단번에 무너뜨릴 수 없고, 옛 세력이 새로 과거제도를 이용하여 관리의 대열에 가담하고 또 통혼 등의 방법을 통하여 새로운 관인세력과 결합을 도모했다고 하더라도, 어쨌든 출생이 바로 그 지위와 신분을 결정하는 조직은 점차 완화되고 고정된 계층만 독점하고 있던 관직도 서서히 해방되며 이제까지 한정되어 있던 신분적 내혼의 범위도 점차 제거되어, 당대의 역사는 신분제도 상으로도 일대의 전환기를 보이게 된다.

수당의 법에서는 공상(工商)은 관리로 임용될 수 없었고, 공상은 사대부 대오에 가담할 수 없었으며,[17] 또한 양천(良賤)불혼과 함께 사서(士庶)불혼의 전제가 유지되고 있었다. 그러나 당도 말기에 이르러서는 상공인의 자제 가운데에서도 등과(登科)하는 자가 배출되었다고 전해지고 있다.[18] 당 이전의 여러 왕조에서 기도되었으면서도 붕괴시킬 수 없었던 옛 문벌 지배체제는 이렇게 해서 점차 붕괴되고, 새롭게 대두된 지주층을 지배 권력의 지반으로 한 새로운 관인지배체제는 당말 오대를 거쳐 송대에 이르러 드디어 확고부동하게 되어 간다. 송의 왕명청(王明淸)이 말한 바와 같이[19] 당대의 성망(姓望)은 송대에서는 전혀 알려지는 바가 없게 된다.

이러한 당대의 전환기에 문제를 더욱 명확하게 해줄만한 문헌으로는 『정

---

16) 布目潮渢(앞에서 인용한 책, 32쪽 이하).

17) 『隋書』卷2 高祖紀 "(開皇十六年)六月甲午制, 工商不得進仕". 『舊唐書』卷48 食貨志 "武德令, …… 工商雜類, 不得預於士伍". 『唐六典』卷3 戶部郎中員外郎條 "工商之家, 不得預於士". 仁井田陞(앞에서 인용한 책, 590쪽).

18) 宇都宮淸吉(앞에서 인용한 책, 486쪽)은 『太平廣記』卷271 婦人類에 인용된 南楚新聞, "有齒差賈常某者, 囊畜千金, …… 深結託圖(關圖를 말함) …… 常公姐有一子, …… 咸通六年登科"를 참고하여 "賈人의 子弟도 등과했다"고 하고 있다.

19) 『揮塵前錄』(宋의 王明淸撰) 卷2 "**唐朝崔盧李鄭, 及城南韋杜李家**, 蟬聯蛙組, 世爲顯著, **至本朝絶無聞人**, 自祖宗以來故家, 以眞定韓氏爲首, 忠憲公家也, 忠憲諸子名連系字, 康公兄弟也, 生宗子, 宗生子, 名從玉字, 玉生子從日字, 日生元字, 元生子從水字, …… 若甫田之蔡, 毗陵祉胡, 會稽之石, 番陽之汪, 吳興之沈龍, 泉州之鮑, **皆今之望族**, ……" 이 중에는 新安(歙)의 汪처럼 『天下姓望氏族譜』(슈타인 문헌)에 보이는 唐代의 성망도 없지는 않지만, 당대의 姓望 가운데 대부분은 눈에 띄지 않게 되어왔다. 崔盧李鄭씨 등은 이미 들리는 바가 없다고 한다.

관정요』나『신당서』「고검전」및『고금성씨서변증(古今姓氏書辯証)』에 인용된『정관씨족지(貞觀氏族志)』일문(佚文) 등이 있지만, 그 중에서도 돈황 발견과 관계있는 당 정관 중의『씨족지』(원명은 기록되어 있지 않다)는 앞서 언급한『정관씨족지(貞觀氏族志)』일문(佚文)과의 비교로써도 알 수 있듯이[20] 문제가 있기는 하지만 역시 특기해야 할 것이다.[21] 그것은 북경도서관 소장본인데, 본문에서는 그것을 잠시『정관씨족지(貞觀氏族志)』(북경문헌)이라고 하기로 한다.

그것은 정관 12년의 제2차『정관씨족지(貞觀氏族志)』보다는 앞의 것으로 제1차『정관씨족지(貞觀氏族志)』에 해당되는 것 같고, 고사렴(高士廉) 등이 편찬하여 정관 8년(634)에 반포한 것으로 되어 있다. 이 문헌의 내용은 천하 주군별로 그 지방의 군성 398개를 들고, 그들간의 통혼을 정하고(내혼제), 이 규정에 위반하여 통혼하는 군성은 군성의 적(籍)을 삭제하는 제재 규정을 덧붙이고 있다. 그러나 이 문헌을 제1차『정관씨족지(貞觀氏族志)』라고 하면, 천하에 반포된 취지가 거기에 기록되어 있는 등, 내가 예전에『지나신분법사(支那身分法史)』에 쓴 바와 같이『정관정요』등의 기술과 모순되는 것 같기도 하여 문제가 없다고는 할 수 없다.[22] 이제까지 돈황 유품으로 연구된 주요『씨족지』류, 특히 신분적 내혼제에 관한 것은 이것 뿐인 것 같다.

---

20) 向達,『敦煌叢鈔』(『北平圖書館館刊』제5권 6호, 중화민국 21년 11·12월, 60쪽 이하, 그리고 자료원문은 21년 11·12월, 제6권 6호, 57쪽 이하) 참조. 또한 문자에 상당히 차이가 있지만, 許國霖『敦煌雜錄』(下輯, 중화민국 26년 6월)에도 姓氏錄이라는 제목이 붙어 원문이 게재되어 있다. 연구서로서는 向達(앞에서 인용한 책) 외에 宇都宮淸吉(앞에서 인용한 책, 99쪽 이하), 仁井田陞(앞에서 인용한 책, 216쪽 이하·224쪽·563쪽 이하·588쪽) 참조.

21)『古今姓氏書辯證』에 인용되는『氏族志佚文』과의 비교에 대해서는 牟潤孫,「敦煌唐寫姓氏錄殘卷考」(『文史哲學報』3기, 1952년 12월, 61쪽 이하) 참조.

22) 仁井田陞(앞에서 인용한 책, 565쪽)에서는 이 "돈황자료의 기록 연대를 일단 신뢰하면 운운" "만약 반포되지 않았더라도 운운"이라고 한 것과 같이 단언적으로는 말하고 있지 않다. 또한『貞觀政要』에 의하면 제2차『貞觀氏族志』가 백 권이 있었다고 하지만, 제1차『貞觀氏族志』도 그 정도의 권수는 있었을 것으로 생각된다. 그 경우에 이 북경문헌은 그 정도의 권수가 있었던 것 중 일부라고 할 수 있을지 여부도 생각해 보아야 할 것이다.

그런데 지난번 영국박물관의 후의(厚誼)와 또 야마모또 다쯔로우[山本達郎], 에노끼가즈오[榎一雄] 두 교수의 노력으로 동양문고(東洋文庫)에 보내진 슈타인 탐험대 돈황발견 사진 원판(및 사진)을 보면, 그 가운데에는 『씨족지』 또는 「씨족보(氏族譜)」라고 해야 할 단간(斷簡)(Stein Collection No.5861) 및 『신집천하성망씨족보(新集天下姓望氏族譜)』1권(Stein Collection No.2052)이 있는 것을 알 수 있었다.[23] 다른 문헌의 명칭과 혼돈되기 쉽기 때문에, 혼잡을 피해서 본문에서는 전자를 「씨족지단간」(슈타인 문헌)이라고 하고(도판 제8), 후자를 『천하성망씨족보(天下姓望氏族譜)』(슈타인 문헌)라고 부른다(도판 제9~13). 펠리오 문헌에도 또한 이것과 비슷한 것이 있지만, 그에 대한 언급은 후일로 미룬다.[24]

「씨족지단간」(슈타인 문헌)은 영국박물관에서는 네 개의 단편이 순서도 맞지 않게 비치되어 있었지만, 정리해보면 거기에 다음 세 가지 부분이 있음을 알 수 있다. (1)은 천하의 성망을 각 성마다 집계하고 있는 부분이고, (2)는 천하를 10도로 나누어 도내의 각 주군마다 성망을 들고 있는 부분이다. 또한 (3)은 단편이기 때문에 명확하게는 알 수 없으나, 『정관씨족지(貞觀氏族志)』 (북경문헌)의 뒷글과 같은 글은 아니더라도 그것과 비슷하여 천하의 성망을 398성으로 한정하고 그 들 끼리의 통혼 즉 씨족 내혼을 규정한 것인 것 같다.

「씨족지단간」(슈타인 문헌)의 내용의 연대는 10도의 구분이 행해진 시대, 즉 정관 이후 개원 무렵까지의 것이라고는 할 수 있지만, 그 가운데 언제의 것이라고는 정확히 말할 수 없다. 그렇기는 하지만 10도의 구분이 있는 것이 시대확정의 구분이 될지의 여부에도 문제가 있는 것 같다. 서풍은 그다지 세련되었다고는 할 수 없다고 생각한다. 서사연대는 당의 후반기인 것 같다. 그리고 이 문헌의 뒷글에 의해 보면, 천보 연간에 이림보(李林甫) 등이 편집한 『천하성망씨족보(天下姓望氏族譜)』 1권과 일치하는 부분이 있으나, 양자를 같은 판본이라고 하기에는 조금 더 연구할 필요가 있다고 본다.

---

23) 이하 참고문헌에 대해서는 다음 절 이하를 참조하기 바란다.

24) 펠리오 문헌(P. No.3191)에 대해서는 那波利貞・池田溫 등의 연구가 있다. 那波에 대해서는 그의 『支那社會史』(支那地理歷史大系 제7편, 1941년). 池田溫에 대해서는 다음 註 28) 참조.

『천하성망씨족보(天下姓望氏族譜)』(슈타인 문헌), 즉『신집천하성망씨족보(新集天下姓望氏族譜)』1권은『통지(通志)』「예문략(藝文略)」,『구당서(舊唐書)』,『신당서(新唐書)』,『옥해(玉海)』및『일본국견재서목록(日本國見在書目錄)』등에 실려 있는 당대의「씨족보」류에는 발견되지 않는 명칭인 것 같다. 앞서 든 이림보(李林甫) 등이 편집한『천하성망씨족보(天下姓望氏族譜)』1권과 명칭상 비슷한 부분은 있지만, 거기에 들고 있는 씨족의 수에 큰 차이가 있어서 양자는 같은 판본이 아니다.『천하성망씨족보(天下姓望氏族譜)』(슈타인 문헌)를 자료로 하기에는 그 내용의 연대(年代) 확정이 선결(先決)과제이다.

그러나 거기에는 문제가 있다고 생각한다. 이 문헌은 그 서풍(書風)으로 보아 당의 후반기에 속하는 것으로 생각된다. 만약 그 10도의 구분에만 의지한다고 하면, 정관원년(627)에서 개원 21년(733) 무렵까지의 내용이 될 것이다. 또한 빈주(豳州)는 개원 13년(725)에 빈주(邠州)로 개칭되었지만, 제1관내도에 '빈주(邠州)'로 되어 있는 것을 보면 이 문헌의 성립이 개원 13년 이전으로 거슬러 올라가지 않고, 그것이 이 문헌 연대의 상한이라고 생각한다.

개원을 상한으로 하는 것에 대해서는 다른 증거가 있다. 지금 만약 10도의 구분에 상관없이 시대를 내릴 수 있다고 하더라도 예주(豫州)라든가 예장군(豫章郡)이라고 되어 있는 이상, 보응(寶應)원년(762)이 이 문헌의 상한이 되는 것이다. 왜냐하면 보응원년에 대종의 명휘(名諱)인 예(豫)를 피하여 예주(豫州)가 채주(蔡州)로 바뀌었고,『통전(通典)』은 예(豫)를 생략하고 장군(章郡)이라고 바꾸었기 때문이다. 그런데『천하성망씨족보(天下姓望氏族譜)』(슈타인 문헌)의 제8 강동도에는 처주(處州)가 나온다. 처주는 본래 괄주(括州)라고 불리던 것을 덕종(德宗)의 명휘와 같은 음이었기에 이를 피해서 대력(大曆) 14년(779)에 개칭된 것이라고 한다. 그리하여 당대 처주(處州)라는 명칭이 그때 비로소 사용되었다고 보아도 된다면,『천하성망씨족보(天下姓望氏族譜)』(슈타인 문헌)의 연대가 8세기 말 이후로 내려가는 것은 결정적일 것이다.

일본에서도 8세기 후반 중국의『씨족지』에 해당하는 것의 편집이 시도되었고, 그것이『신찬성씨록』으로 완성된 것은 홍인(弘仁) 5년(814)이다. 그런데 『천하성망씨족보(天下姓望氏族譜)』(슈타인 문헌)에는 『정관씨족지(貞觀氏族志)』(북경문헌)와 같이 칙찬(勅撰)이라든지 천하에 반포되었다고는 씌어 있지 않다. 편자(編者)의 이름도 없다. 그 서문에 "입신하여 세상에 나온 자에 대해서 성망을 알 필요가 있음"을 설명하고 있을 뿐이다. 이른바 속인들의 책일 것이다.

또한 『천하성망씨족보(天下姓望氏族譜)』(슈타인 문헌)에서는 농서군 13성 가운데 이성(李姓)이 첫째로 거론되고 있다. 그것은 씨족이 문벌의 상하에 따라서 기록되어 있었음을 나타내는 것일 것이다. 적어도 그런 경우가 있다는 것은 확실하다고 생각한다. 『천하성망씨족보(天下姓望氏族譜)』(슈타인 문헌)에서는 『정관씨족지(貞觀氏族志)』(북경문헌)나 『고금성씨서변증(古今姓氏書辯証)』에 인용되고 있는 『정관씨족지(貞觀氏族志)』 일문(佚文) 등에 비해 주군에 들고 있는 성씨의 수가 많고 성씨의 순서도 바뀌어져 있는 점이 특징이다.

예를 들어 『정관씨족지(貞觀氏族志)』(북경문헌)에서는 발해군(渤海郡) 기주(冀州)의 4성이 이 문헌에서는 그 일곱 배인 28성에 이르고 그 기재 순서에도 변화를 나타내고 있다. 또한 전자에서는 범양군(范陽郡) 유주(幽州)에는 노(盧)씨 등 3성을 들고 있는 것에 그치지만, 『천하성망씨족보(天下姓望氏族譜)』(슈타인 문헌)에서는 3배인 9성으로 되어 있다. 청하군(淸河郡) 패주(貝州)는 전자에서는 7성, 후자에서는 19성, 그리고 전자 제1위인 최(崔)씨는 후자에서 제3위로 되어 있다. 제10도 영남도에 대해서는 잠시 제외하고, 천하의 여러 성망의 수는 9도분의 집계만으로도 『천하성망씨족보(天下姓望氏族譜)』(슈타인 문헌)에서는 791성에 이르러, 『정관씨족지(貞觀氏族志)』(북경문헌)나 「씨족지단간」(슈타인 문헌), 기타 천보 연간에 이림보(李林甫)가 편집한 『성씨족보(姓氏族譜)』 등에서 말하는 '398성'의 배에 달하고 있다.

이러한 내용상의 변화에는 당 정관 연간 이후 개원 천보 연간 무렵까지의 1세기, 나아가 그보다도 뒤에까지 미치는 정도의 기간 내에 새로운 문벌이 대두한 점, 옛 문벌에 대한 평가 기준이 변화한 점의 반영이 있는 것으로 생각된다. 즉 육조시대에 번영했던 옛 문벌은 당 황실, 외척, 공신들에게 때로는 그 우위를 양보하고 때로는 외척·공신들과 나란히 서며, 종래 문벌이 없었던 경우에도 과거제도를 통하여 귀족(관인)의 대열에 다수 참가하여 「씨족보」에도 이들이 많이 기재되고, 그 기재가 또한 새로운 신분적 서열에 따르게 되어 있었던 점을 반영한 것이라고 생각된다. 그리고 문벌의 수량적 증가는 이 경우에 스스로 문벌 성망의 높은 수준을 저하시키는 경향을 수반하였을 것이다.

당대의 지배자는 옛 문벌을 억제하려고 했지만 문벌 그 자체를 폐절(廢絶)시키려고 한 것은 아니었고, 스스로도 새로운 문벌을 세우기도 하였다. 그리고 그것이 머지않아 멸절(滅絶)할 운명에 있음을 알지 못했다. 그러나 예를 들어 범양(范陽)의 노(盧)씨, 조군(趙郡)의 이(李)씨, 형양(滎陽)의 정(鄭)씨 등 육조 이래의 구족(舊族)은 『정관씨족지(貞觀氏族志)』(북경문헌)뿐만 아니라 당의 후반기에 속하는 것으로 생각되는 『천하성망씨족보(天下姓望氏族譜)』(슈타인 문헌)에서도 여전히 여러 성 가운데에서 최상위를 차지하고 있다. 육조 이래 소위 명족의 하나로 여겨져 온 태원(太原)의 왕(王)씨도 그 군의 27족 가운데 2위로 기록되어 있다. 오군의 5성 가운데 앞의 4성은 여전히 육조 이래의 문벌인 주(朱)·장(張)·고(顧)·육(陸)씨에 의해 독점되어 있다.

이것으로 보면 구족의 성망이 반드시 추락하였다고 할 수는 없고,[25] 더욱 이 옛 문벌 스스로 관인화(官人化) 되는 것, 즉 과거제도의 이용, 새로운 관인층과의 통혼 혹은 그들과 족보를 통합하는 것 등으로서 새로운 지배세력에 순응하는 방법을 찾아내어, 그들은 이렇게 해서 그 성망을 보전할 수 있었던 것이 아닐까 생각한다. 이것은 당의 전반기까지는 그 경향이 강했다. 당 초의 명신인 방현령(房玄齡), 위징(魏徵) 및 이적(李勣)이 산동의 구족과 통혼하고, 그렇게 하여 산동의 구족 문벌로서의 지위가 하락되는 일이 없었다고 전해지지만, 상원 2년 이부상서가 되어 관인 인사의 실권을 장악하고 있었던 이경현(李敬玄)의 전기도 이러한 정세의 해부에 도움이 된다. 『천하성망씨족보(天下姓望氏族譜)』(슈타인 문헌)에서 외형상 여전한 구태와, 구태 가운데에서의 내질상의 변화는 아울러 고찰해 보아야 하는 문제라고 생각한다.

---

25) 돈황석실 제130호 굴의 "都督夫人太原王氏一心供養"의 그림 같은 것에는 당대 사회에서의 소위 명족의 지위에 대한 감정이 표현되어 있다.

『정관씨족지(貞觀氏族志)』(북경문헌) 뿐만 아니라 천보 연간 이림보(李林甫) 등이 편집한 『천하성망씨족보(天下姓望氏族譜)』로도 당대 씨족간의 신분적 내혼제가 있었음을 알 수 있다. 이에 비하여 이 『천하성망씨족보(天下姓望氏族譜)』(슈타인 문헌)은 직접 신분적 내혼제에 대해 기술하고 있지 않다. 그러나 『정관씨족지(貞觀氏族志)』(북경문헌) 또는 『천하성망씨족보(天下姓望氏族譜)』(슈타인 문헌), 특히 후자와 당대 성족의 통혼관계의 예(예를 들어 모리야미쯔오[守屋美都雄]에 의한 태원 왕씨의 연구)를 대비해 볼 때, 신분적 내혼제의 실태를 명확히 할 수 있다고 생각한다.

먼저 (1) 당대에 태원 왕씨와 통혼관계에 있었던 자는 다수가 앞서 언급한 두 문헌에 기록되어 있으며, 내혼제는 이 점에서 현실적 의미가 있었다. 그리고 (2) 이들 통혼자에는 앞서 언급한 두 문헌의 각 군 여러 성 가운데 첫째 또는 둘째로 기록되어 있는 소위 명족이 압도적으로 많다[예를 들어 영천(穎川)의 진씨, 박릉의 최씨, 팽성의 류씨, 형양의 정씨, 범양의 노씨처럼]. 이에 의하면 씨족간의 통혼이라고 하지만 마찬가지로 성족인 가운데에서도 가문의 선택이 행해지고 있었음을 알 수 있다. 이에 대해서 (3) 앞서 언급한 두 문헌에 기록되어 있지 않은 씨족과의 통혼도 개원(開元) 전부터 행해졌고, 모리야미쯔오[守屋美都雄]가 예를 든 범위 내에서는 2·3할 정도 보인다.

이러한 현상이 어떻게 발생하였는지, 또 태원 왕씨에 있어서 이미 그렇다고 하면 그 보다 가문이 낮은 씨족의 경우에는 『씨족지』 또는 「씨족보」에 기록되어 있지 않은 성과의 통혼경향이 더욱 큰 것이었는지 등 여러 문제가 있다. 그러나 어쨌든 당대의 씨족내혼제는 제재규정을 수반하고 있었음에도 불구하고, 국가제도로는 현실과의 사이에 부합하지 않는 점이 발생하였다고 상정할 수 있겠다.

그리고 여기에 부언해 두고 싶은 것은 후세의 족보[26] 등에서 볼 수 있는 「개원족망칙(開元族望勅)」에 대해서이다. 이것은 무양(武陽)의 이(李)씨, 형양(榮陽)의 정(鄭)씨, 농서(隴西)의 우(牛)씨 등 10성을 '국지주(國之柱)'라고 하고, 무양(無陽)의 가(賈)씨, 백수(白水)의 장(張)씨, 부풍(扶風)의 마(馬)씨

---

26) 예를 들어 『新安汪氏八公譜』(명 嘉靖 14년 12월 序 간행).

및 고양(高陽)의 허(許)씨 등 16성을 '국지량(國之梁)'이라고 하며,[27] 또한 천하 성망의 혼인에 있어서는 신분적 내혼 및 빙재수수에 대한 제한을 지켜야 하는 것을 내용으로 하고 있다. 이 26성은 『천하성망씨족보(天下姓望氏族譜)』(슈타인 문헌)에서는 형양(滎陽)의 정(鄭)씨, 고양(高陽)의 허(許)씨처럼 각 군 여러 성의 필두에 기록되어 있어서, 이 점에 있어서는 두 문헌이 서로 대응하고 있는 경우도 있지만, 이 『천하성망씨족보(天下姓望氏族譜)』에 전혀 보이지 않는 것도 있다. 이 「개원족망칙(開元族望勅)」이 어떤 자료적 가치가 있는지에 대해서는 이후의 연구에 맡겨두고자 한다.

이하에는 『씨족지』 관계의 슈타인 문헌 2종과 「개원족망칙(開元族望勅)」에 대하여 더욱 상세한 설명으로 들어간다. 관계 논문이 이께다원[池田溫]씨에 의해 인쇄·공표되었다. 그 일부분을 주에서 기록해 두니 참고하기 바란다.[28]

---

27) 26성의 결정은 영휘 6년의 일로 보인다.

28) 池田溫, 「唐代の郡望表─9・10世紀の敦煌寫本を中心として─」(上, 下)(『東洋學報』제42권 3・4호, 1959년 12월・1960년 2월)가 있다. 이것은 池田溫의 중요한 논문 가운데에서도 아주 훌륭한 것이다. 돈황문헌의 평가, 그 자체의 역사적 의미에 대한 이해 방법에는 참고할 점이 많다. 이하에 그 점을 지적해둔다. "'군망'이 사실은 문벌귀족의 현상에 밀착된 것이 아니라, 오히려 후세에 있어서의 추상적 지식임에 틀림없다고 이해될 수 있을 것이다. 따라서 군망은 실제로 어느 정도 이상은 관념에 반영된 것으로서 중요한 의미를 가졌던 것이다. 그러므로 우리들은 군망표를 사료로 취급할 때에도 항상 이 기본적 관념을 잊어서는 안된다" "그리고 현존하는 군망표 및 여러 책의 인용에 의해 살펴볼 수 있는 郡姓 및 姓望 기재는 모두 일정 시점에서의 制定을 그대로 전수한 것이라고 전제하는 것을 허용하지 않는다" 따라서 돈황문헌 A(북경 No.79) B(S. No.5861, P. No.3191) C(S. No.2052) 기타 "상호간의 차이로써 바로 貞觀과 天寶 사이 혹은 天寶와 9세기 모 시점 사이에 발생한 변화를 반영한 것이라고 해석하는 것도 경솔한 생각이다. 오히려 군망표는 오랜 기간에 걸쳐서 어수선하게 퇴적·집성된 지식으로 보아야 한다. 그리고 통속문헌이라는 성질 때문에 전승에 있어서의 엄밀성이나 확실성을 기대하기 어렵다는 것은 말할 것도 없다. 그렇기는 하지만 반면에 그 광범위한 보급은 내용이 사회통념과 일치한다는 것을 보증하는 것일 것이다." "그러므로 예를 들어 A에 등재되어 있지 않다는 점에서 그 가문의 저속을 예상하거나 혹은 A에 보이지 않고 C에 보이는 성족이 A와 C 사이의 年代에 대두하였다고 추측하는 것 등은 일단 최상의 해석이기는 하지만, 이것만을 가지고 단정하는 것은 위험하다." "마지막으로 군망표에서 주목해야

제2절 씨족지 또는 씨족지단간

슈타인 문헌에는 당의 「씨족지」(혹은 「씨족보」)라고 생각되는 4개의 단편 총계 30행의 자료가 있다(Stein Collection No.5861).[29] 영국박물관에는 그것이 순서가 맞지 않게 배치되어 있다. 순서대로 나열해보면, 제2단간은 첫 번째로, 제4단간은 두 번째, 제1단간은 네 번째, 즉 마지막에 두어야 하는 것으로, 정리한 결과는 다음과 같이 된다(도판 제8).

  (前闕)
    宋姓三望
  京兆郡宋河南郡宋廣平 郡 宋
    陽姓二(三)望
  中山郡陽滎陽郡陽河
    車姓二望
  河內郡車魯國郡車
    賈姓三望

하는 요소를 이루는 A, B등의 後文이 갖는 역사적 의의에 대해서 약간의 전망을 기술해 보자. 이들 후문은 군망표의 주체가 아니고, 또한 모든 군망표에 덧붙여진 것이 아니지만, 가장 널리 통용되었던 여러 성씨의 족보 및 『新修天下郡望氏族譜』에 부속해 있었던 점, 나아가 거기에서 서술되었던 신분적 내혼제의 이념이 군망표 제작·보급의 배경으로서 중요한 의의를 갖는 점에서 간과해서는 안되는 존재이다." "여기에서 염두에 떠오르는 것은 북위시대에 신분적 내혼제가 현저하게 존재하였고, 그와 동시에 그것을 유지·강화하려고 하는 정책이 발동된 사실이다. 특히 後文의 '營門雜戶慕容商賈之類'라는 말은 북위시대와의 관련을 시사한다." "어쨌든 우리들은 A, B 후문에 의해 군성간의 내혼제 이념이 사회에 깊게 침투하여 그들의 의식에 큰 작용을 미치고 있었던 사정을 엿볼 수 있다."

29) 向達, 「倫敦所藏敦煌卷子經眼目錄」(『北平圖書館圖書季刊』 新 제1권 4기, 1939년 12월) 및 向達, 『唐代長安與西域文明』(1957년 4월)에는 모두 이 논문이 실려 있지 않다(向達나 그밖의 학자가 S.5861문서를 연구한 것이 없는지 확인 필요).

河東郡賈平陽郡賈武 _____

(後闕)

(前闕)

海州　東苑30)郡

第七淮 南道

楊州　廣陵郡 _____

第八江南 道

越州　會稽郡七 姓

湖州　長城郡 _____

(後闕)

(前闕)

洪州　豫31)章郡五姓能 _____

潭州　長砂(沙)郡五姓劉 _____

泉州　安南郡二姓黃 _____

汴州　武陽郡□姓 _____

鄂州　江夏郡三姓 _____

第九劍南道

果州　武都郡二姓 _____

益州　蜀郡　二姓 _____

太史因堯置九州令(今?)分 _____

_____月32)十日 _____

(後闕)

(前闕)

定僞其三百九十八姓 _____

並非史籍所載或? _____

戸商價(賈)之類上柱國 _____

甫等　奏33)勅令 _____

---

30) 東苑, 天下姓望氏族譜作東海.

31) 豫字가 『通典』182에는 없음.

32) 월(月) 위는 3이나 5인 것 같다. 그 위는 연(年)이 아니고 재(載)나 세(歲)글자의 일부인 것 같은 것이 보인다.

33) 奏, 『貞觀氏族志』(북경문헌)에서는 봉(奉).

　이 「씨족지단간」(슈타인 문헌)에는 제7 회남도('남도'라는 두 글자는 원래 빠져있음), 제8 강남도('도'라는 글자가 원래 빠져있음) 및 제9 검남도라고 되어 있으므로, 그것은 정관(貞觀)원년(627)에 정해진 10도[34]에 의해 천하의 주군을 나눈 것임을 알 수 있다. 그 10도는 개원 21년에 15도로 분리되게 되었기 때문에, 이 점에 의지한다면 이 문헌은 개원 21년 이전의 것이 되는 셈이다. 그러나 개원 21년 이후의 것인데도 10도의 구분에 따라 기록한 것인지의 여부는 연구해 볼 여지가 있을지도 모른다. 그리고 이 문헌에 나타나 있는 예장군(豫章郡)의 예(豫)는 보응(寶應)원년(762) 대종이 등극하기에 이르러 그 명휘를 피하여 사용하지 않게 되었다고 전해지므로,[35] 이 문헌의 연대는 이것만을 기준으로 하여 말하면 그 연도 이후의 것이 될 리는 없을 것이다. 그러나 그것도 연대 결정의 기준이 되는 것이라고 단정할 수는 없다. 서사(書寫) 연대는 당 후반기인 것 같다. 문서의 기록 방법은 그리 능숙하지 않다.

　이 문헌은 세 부분으로 나누어져 있다. 첫째는 천하의 족망을 각 성마다 집계하고 있는 부분(제1단간), 둘째는 천하를 10도로 나누고 도내의 주군별

---

34) 『通典』卷172 州縣二 "**貞觀初**, …… **分爲十道**, …… **開元二十一年**, 分爲十五道, 置採訪使, 以檢察非法, 京畿, 都畿, 關內, 河南, 河東, 河北, 隴右, 山南東, 山南西, 劍南, 淮南, 江南東, 江南西, 黔中, 嶺南". 『唐會要』卷70 州縣分望道 "**貞觀元年**三月十日, 倂省州縣, 始因關河近便, **分爲十道**" 또 『新唐書』卷37 地理志 "太宗元年, 始命倂省 又因山川形, 便分天下爲十道, …… 開元二十一年, 又因十道, 分山南江南爲東西道, 增置黔中道及京畿都畿, 置十五採訪使"라고 한다. 『舊唐書』 地理志가 50道라고 하는 것은 잘못. 다음 절 주 2)의 補註 참조.

35) 『元和郡縣圖志』卷28에 의하면, 豫章縣은 寶應元年에 鍾陵縣으로 바뀌었다. 『舊唐書』卷40 「地理志」에도 그것은 肅宗(그것은 代宗의 오기)의 묘휘를 피한 것으로 되어 있다. 마찬가지로 豫州가 蔡州로, 豫寧縣이 武寧縣으로 개칭된 것은 『신당서』와 『구당서』의 지리지에 나타난다. 『通典』卷182 「州郡」에서는 唐은 물론이고 漢 이래의 豫章郡의 "예(豫)"를 생략하고, 단지 "章郡"으로 기록하고 있다. 다음 절 주(36) 참조.

로 족망을 들고 있는 부분(제2, 제3단간), 셋째는 뒷글 부분이다(제3단간의 일부와 제4단간). 이 가운데 첫째 부분은 『정관씨족지(貞觀氏族志)』(북경문헌)나 또는 나중에 언급할 『천하성망씨족보(天下姓望氏族譜)』(슈타인 문헌)에서도 발견되지 않는다. 다만 『정관씨족지(貞觀氏族志)』(북경문헌)는 첫머리 부분이 결락되어 있기 때문에, 이런 부분이 거기에 있었는지의 여부는 분명하지 않다. 둘째 부분에서 주군(州郡)의 순서 및 주(州)마다 열거된 족망(族望)의 수가 비교적 적은 점은 앞서 언급한 『정관씨족지(貞觀氏族志)』와 언뜻 보기에 가까운 것 같지만, 그러나 동일한 것이 아니며 족망의 수와 족망의 열거 방법에 차이가 있다. 예를 들면 이 「씨족지단간」에서는 중산군(中山郡)에 양(陽)성을 들고, 담주(潭州) 장사군(長沙郡)의 성의 수는 5, 천주(泉州) 안남군(安南郡)에서는 2(?36)), 과주(果州) 무도군(武都郡)에서는 2라고 하고 있다.

이에 비하여 앞서 언급한 『정관씨족지(貞觀氏族志)』(북경문헌)에서는, 중산군(中山郡) 원주(垣州)에 양(陽)성을 거론하지 않고 장사군(長沙郡) 담주(潭州)에서의 성의 수는 4, 남안군(南安郡) 천주(泉州)에서는 5, 무도군(武都郡) 과주(果州)에서는 1이라고 한다. 또한 10도의 구분을 세우고 있는 부분은 나중에 언급할 『천하성망씨족보(天下姓望氏族譜)』(슈타인 문헌)와 비슷하지만, 10도의 순서가 다르다. 셋째 부분은 『정관씨족지(貞觀氏族志)』(북경문헌)의 뒷글37)과의 사이에 차이가 없는 것은 아니지만, 유사한 부분도 많다. (1) "太史因堯置九州" (2) "其三百九十八姓" (3) "竝非史籍所載" (4) "戶商價之類"의 문구는 양자가 거의 일치하는 부분이다.

『정관씨족지(貞觀氏族志)』(북경문헌)를 참고하면 「씨족지단간」(슈타인 문헌)의 뒷글에 보이는 "竝非史籍所載" 위에 "又二千一百雜姓"과 같은 문구가 있었을 것이고, 그 "戶商價之類"는 "雜戶商賈之類"일 것이다. 결국 이 단간의 뒷글도 앞서 언급한 『정관씨족지(貞觀氏族志)』와 마찬가지로 당대의 신

---

36) 〈옮긴이주〉 이 부분의 물음표는 천주(泉州)가 안남군(安南郡)이 아니라, 남안군(南安郡)일텐데 잘못 표기되었을 것이라는 의미일 것이리라.

37) 仁井田陞, 『支那身分法史』(1942년 1월, 218쪽 이하·564쪽).

분적 내혼제에 관계되는 것으로 생각된다. 이 문헌의 "月十日"은 앞서 언급한 『정관씨족지(貞觀氏族志)』에서 말하면 "五月十日"에 해당하는 부분일 것으로 생각하지만, 이 문헌이 너무 불완전하기 때문에 이것으로 그 연월을 확정하는 것은 힘들 것 같다.[38]

앞서 언급한 『정관씨족지(貞觀氏族志)』(북경문헌)가 천하에 반포된 것이라고 하는 것은 『정관정요』 등의 기술과 모순되는 것이라고 생각되지만,[39] 그러나 어쨌든 "太史因堯置九州 운운, 奏勅令 운운(奏는 북경문헌에서는 奉)"과 같이 그 뒷글에 나오는 것에 대해서는 그밖에 유사한 자료가 있는 점만큼은 이 「씨족지단간」의 출현으로 확실하게 되었다. 따라서 전자, 즉 이 『정관씨족지(貞觀氏族志)』를 별도로 떼어내어 단독으로 논의할 수 없게 된 것이다. 그리고 이 「씨족지단간」(슈타인 문헌)에 "上柱國 ▢▢▢▢ ▢▢▢▢ 甫等奏勅 운운"이라고 되어 있는 부분에 의하게 되면 『정관씨족지(貞觀氏族志)』(북경문헌)와는 편찬자를 달리하고 있는 것으로 생각된다. 그런데 여기에 『옥해(玉海)』에 당 천보(天寶) 연간 천하에 반포된 이림보(李林甫) 등이 편찬한 「친하군망성씨족보(天下郡望姓氏族譜)」 1권이라고 하는 것을 싣고 다음과 같이 말하고 있다.[40]

　　[志]一卷 李林甫等 [書目] 天下郡望姓氏族譜一卷, 李林甫等撰(崇文目同)記郡望出處凡三百九十八姓, 天寶中頒下, 非譜裔相承者, 不許婚姻

그것은 천보 연간에 반포한 것이라고 하면서도, 거기에 열거되어 있는 군망의 수 및 거기에 나타나 있는 신분적 내혼제는 『정관씨족지(貞觀氏族志)』(북경문헌)뿐만 아니라 「씨족지단간」(슈타인 문헌)과도 마찬가지라고 할 수

---

38) 月의 위에 있는 글자는 三이나 五자의 일부인 것 같고, 그 위의 글자는 歲나 載자의 일부, 또는 十干十二支로 말하면 戌자의 일부인 것으로 보인다. 載라면 천보 연간 즈음의 것이 될 것인데, 과연 어떠할지.

39) 仁井田陞(앞에서 인용한 책, 565쪽). 앞의 절 주 22) 참조.

40) 『玉海』卷50 「藝文譜牒」〈新定諸家譜錄〉. 仁井田陞(앞에서 인용한 책, 565쪽). 『直齋書錄解題』卷8에서는 이 『天下郡望姓氏族譜』가 "天寶八年所纂"이라고 한다.

있다. 그리고 그것이 이림보(李林甫) 등의 편찬인 것은 이「씨족지단간」의 "上

柱國 □□□□□ 甫等奏勅 운운"과 부합하는 것 같은데,[41] 어떻게 보

아야 할는지? 이「씨족지단간」에서 개원(開元) 말 10도를 다시 15도로 한 그

구분에 따르고 있지 않는 것은, 이 단간을 개원(開元) 연간의 것이라고 하는

근거가 될지도 모르고, 따라서 그것을 천보(天寶) 연간의 것이라고 하기에 지

장이 있을지도 모른다. 다만 10도가 옛제도를 그대로 따른 채 기록된 것인지

의 여부는 더 연구해 보아야 할 것이다.

제3절 『신집천하성망씨족보(新集天下姓望氏族譜)』

슈타인 문헌에는 "『新集天下姓望氏族譜』一卷 竝序"라고 제목을 붙이고,

편자(編者)를 기록하지 않고, 서문에서는 천하의 성망을 알아야 할 필요를 역

설하고, 제명(題名)과 함께 전문 95행, 지배(紙背) 1행의 당초본(唐抄本)이

있다(Stein Collection No.2052).[42] 당대의「씨족보」류는『통지(通志)』「예문

략(藝文略)」,『신당서(新唐書)』,『구당서(舊唐書)』,『옥해(玉海)』및『일본국

견재서목록(日本國見在書目錄)』등에 그 이름이 보이고 있지만, 이『천하성

망씨족보(天下姓望氏族譜)』(슈타인 문헌)에 해당하는 것은 없는 것 같다. 이

문헌의 명칭은 예를 들어 앞 절에 언급한 이림보(李林甫) 등의『천하군망성

씨족보(天下郡望姓氏族譜)』1권과 비슷하고 권수도 동일하지만, 이 문헌이

이림보(李林甫) 등의『천하군망성씨족보(天下郡望姓氏族譜)』와 다르다는 것

은 열거되어 있는 씨족의 수에 큰 차이가 있는 것을 보아도 분명하다.

원문에는 판독하기 어려운 점도 있고, 미정리된 원고이지만, 이하 그 전문

(全文)을 게재한다(도판 제9~13). 이체(異體), 별체(別體)의 글자는 어느 정

---

41) 여기에 보이는 上柱國이 李林甫의 관함이라고 할 수 있을지. 李林甫가 開元 말에
   상주국이었던 것은 開元 25년「律疏斷簡」(敦煌石室碎金收)에 의하면 분명하다.

42) 向達,「倫敦所藏敦煌卷子經眼目錄」(『北平圖書館圖書季刊』新 1-4)에 대해서는 앞의
   절 주 1) 참조.

도 그대로 기록해 두었지만 옹(雍), 두(杜), 한(韓) 등 보통체로 한 것도 많다.

新集天下姓望氏族譜一卷幷序 夫人立身在世姓望爲先若不知之豈爲人子? 卽博學姓望殊乖晚長後生切須披覽但看 注脚姓望分明謹錄元出州郡分爲十道如右	
第一關內道八43)郡	
雍州44)京兆郡出卌姓	車杜段嚴黎宋秦鎬雍車田粟於米冷支員舒扈皮
晁申屠康別夫家郜豊杼史 倫邢金戔第五宗宜挾粟計	
雍州始平郡出四姓	馮龐宣陰
雍州武功郡出四姓	蘇韓是殳
岐州扶風郡出十一姓	竇馬曾魯萬寇井蘇惠班輔
邠州45)新平郡出四姓	古異附號
涇*州46)安定郡出八姓	梁皇隋(甫)席伍胡安蒙程
同州馮翊郡出八姓	魚吉党雷印合力寇
同州郃陽郡出四姓	支奉瓮骨
第二隴右道四郡	
涼州西平郡出三姓	申屠段池
涼州武威郡出六姓	索石賈安廖陰
渭州隴西郡出十三姓	李牛時辛董艾彭關騫閔萬厷邊
秦州 天水郡出卄姓	趙姜尹別嚴龍權秦上官荔桂庄郮皮雙智禺琴蒙玠
第三山南道五郡	
襄州襄陽郡出五姓	荔非剗輔騫
鄧州南陽郡出十七姓	白韓勝47)(滕)樂鄧宋茟穰岑翟曠井趙翛仇鹿
荊州江陵郡出五姓	能縣作戎酒
朗州48)武陵郡出五姓	伍龔卜冉華
鄂州49)江夏郡出七姓	李黃程費任衙喩
第四河東道十郡	
蒲州50)河東郡出十五姓	裴柳嚤儲蒲衛聶應廉麥扈昏滿朗賈
汾州西河郡出十姓	靳卜宋林植相里任臨欒?通
晉州平陽郡出十二姓	汪雙餗乘平柴巫景勾賈晉風
澤州高平郡出五姓	范巴翟過獨孤
澤州晉昌郡出五姓	唐杜乜爨炅
潞州上黨郡出六姓	鮑包陳樊苞尙

幷州51)太原郡出卄七姓	弘王郭郝溫尉遲祁令孤武閭宮邵孫伏昝霍問弓師義松酉廖易龍韶光
岱(代)州雁門郡出五姓	續解田文狄
虢州弘農郡出七姓	楊譚强晉虢裘
第五河北道52)十七郡	郌
冀州渤海郡出卄八姓	高吳歐陽赫連詹喻李㼀區金卿甘訾凌覃封刀辛童郌翼斯衡居倉關鳳郯
冀州中山郡出六姓	甄焦藺仲郎官
冀州高陽郡出五姓	許耿紀公孫蓟
洺州廣平郡出八姓	游程宋談籍㫊遲焦
幽州范陽郡出九姓	盧湯祖郖范簡張厲童
易州上谷郡出六姓	侯榮麻燕寇谷
定州博陵郡出五姓	崔邱壽幸濮陽
瀛州河間郡出八姓	刑53)(邢)俞家玄堯劉詹稅
相州內黃郡54)出四姓	路駱扈庫
貝州淸河郡出十九姓	張房崔戴莋聶孟傅盖卓隋尙汲檀且貴革舒路
刑(邢)金鹿(鹿)郡出六姓	魏耿特莫時郜
德州平原郡出七姓	莘(華?)熬孟常東方師內義
趙州趙郡出六姓	李司從(徒)睦朗也(乜)問閔
魏州魏郡出六姓	申暴栢懃頓蒦
衛州黎陽郡出四姓	璩桑衛枰?
懷州黎河內郡出十七姓	司馬尙叩向賀王車盖?宋文淳于懷茹古秋屈容
第六淮南道四郡	
揚州55)廣陵郡出十姓	高艾錢盛慶於立戴貤貢莉
楚州56)山陽郡出六姓	曲楚羋念郘蹇
廬州廬江郡出四姓	何況門兪
舒州同安郡出二姓	舒僕固
第七河南道卄二郡	
洛州河南郡出卄三姓	褚穆獨孤丘祝元聞人賀闌57)(蘭)慕容商南宮古山方藺慶閻丘利芮侯莫陳房庸宇文
許州潁川郡出十一	陳荀廋58)(庾)庫鍾栢許韓豆盧鮮于焉
鄭州滎陽郡出六姓	鄭潘毛陽牟郊子
滑州白馬郡出三姓	盛費上官
汴州陳留郡出十五姓	阮何謝衛殷卭蔡典虞邊申屠伊智曲全
宋州59)梁國郡出四姓	商宋葛賓
亳州譙郡出十姓	曹丁婁戴夏侯?奚桓薄汝

豫州(60)汝南郡出廿六姓	周?荊頂盛和宣南蔡梅袁翟貝應�汝矣言昌藍肚沙滿鞠寧仲
曹州(61)濟陽(陰)郡出八姓	丁卞江左蔡單曹郁
濮州濮陽郡出六姓	吳文扶黃慶濮
兗州(62)魯國郡出廿姓	唐呂孔齊兪宙冉萬宰會那夏車顏栗仙僕韶巢
兗州太山郡出四姓	鮑羊胡斟斯
兗州平昌郡出四姓	管盖牟孟
鄆州東平郡出六姓	魏呂萬平戢
靑州北海郡出廿六姓	史成盛倪盖譚歸晏查莫柯汎盡花左蜜終虔然危战并營彭鞠
靑州樂安郡出十二姓	孫任陶国長孫蔣种公孫供闔房賀曹
濟州(63)濟陰(陽)郡出四姓	卞單東門信都
徐州彭城郡出十二姓	劉朱到徐庄宛支宋政龔巢奉硐
徐州蘭陵郡出四姓	蕭繆万侯端木
泗州(64)下邳郡出八姓	關余浣剡(65)谷國皮滑
沂州瑯琊郡出十二姓	王顏諸葛繆眭慕艾干惠暢符幹
第八江東(66)(南?)道二十郡	
潤州丹陽郡出八姓	甘紀郁洪左沈鄔廣
宣州宣城郡出四姓	曠貟茝栞
蘇州吳郡出五姓	朱張顧陵(陸)暨?
杭州(67)錢塘郡出七姓	范岑褚盛仰
杭州塩官郡出五姓	翁戚束闕忽延
杭州餘杭郡出四姓	暨?隗戢監
湖州(68)吳興郡出十六姓	淦錢姚吳淸丘放宣荊金銀陰洗鈿木丘明
常州晉陵郡出四姓	蔣符莫周
越州會稽郡出十四姓	夏誰賀康孔虞盛資鍾離駱妓兪榮沈
處州(69)松陽郡出五姓	勞賴柰瞿曡
台州臨海郡出六姓	屈冷靖譚戈柰
婺州東陽郡出七姓	薊習苗姚哀難
歙州(70)歙郡出五姓	俤孫方諫授汪
洪州(71)豫章郡出八姓	羅雷熊除璩諶洪
饒州鄱陽郡出四姓	饒芮鐸夏
江州潯陽郡出六姓	陶翟淳瞿騫步
素(袁)州宜春郡出四姓	袁彭易斦
潭州長沙郡出六姓	曾吳羅彭茄?秦
度(慶)州南康郡出(72)四姓	賴柰銀尋

泉州73)南交74)(安)郡出四姓	臨仇弘單
第九劍南道二郡	
益州蜀郡出五姓	郗文費任郗
梓州梓潼郡出四姓	綿景文欒
第十嶺南道五府邕容75)杜(桂)廣安南等都管	
七十州並下出人姓望	家印76)
(以下 餘白)	
海州東海郡出十姓	徐匡戚竹喩關?毋欒芭茅

43) 八字原無, 今以意補.

44) 『通典』卷百七十一云, 開元三年改爲京兆府.

45) 『通典』卷百七十三云, 開元十三年改鄜爲邠.

46) 『新唐書』卷三十七地理志云, 涇州保定郡上, 本安定郡, 至德元載更名.

47) 勝, 貞觀氏族志, (北京文獻)作滕, 今依之.

48) 朗州는 『당육전』이나 『舊唐書』 지리지 등에서 강남도로 되어 있다.

49) 鄂州는 氏族志斷簡(슈타인 문헌) 및 앞에서 인용한 책 二書에는 강남도로 되어 있다.

50) 『通典』卷百七十九云, 大唐初爲蒲州, 開元九年五月置中都, 爲河中府.

51) 『通典』卷179云, 後復爲并州, 開元11年改爲太原府, 天寶元年加號爲北京.

52) 道字原无, 今以意補.

53) 『貞觀氏族志』(北京文獻)刑作邢, 今依之.

54) 郡字原无, 今以意補, 『貞觀氏族志』(北京文獻)有郡字.

55) 揚字原无, 今以意補廣陵, 『貞觀氏族志』(北京文獻)作廣陽, 誤.

56) 『通典』卷百八十一云, 東晉安帝時立山陽郡, 唐武德八年改爲楚州, 或爲淮陰郡.

57) 闌, 古今姓氏書辯證, 『貞觀氏族志』(北京文獻)並作蘭, 今依之.

58) 庚, 『貞觀氏族志』(北京文獻)作庚.

59) 『通典』卷百七十七云, 漢改爲梁國, 隋文帝置宋州, 煬帝初爲梁郡, 大唐復爲宋州, 或爲睢陽郡.

60) 『舊唐書』卷三十八『地理志』云, 寶應元年改爲蔡州.

61) 『通典』卷百七十七云, 大唐復爲曹州, 或爲濟陰郡.

62) 『通典』卷百八十云, 春秋戰國普魯國, 漢高后更爲魯郡, 大唐初改爲兗州, 後爲魯郡.

63) 『通典』卷百八十云, 大唐武德四年平王充, 改爲濟州, 或爲濟陽郡.

64) 『新唐書』卷三十八地理志云, 泗州臨淮郡上, 治宿預, 開元二十三年徙治臨淮, 天寶元年更郡名.

65) 郄, 『貞觀氏族志』(北京文獻)作郤.

66) 江東, 『貞觀氏族志』(北京文獻)通典等並作江南.

이 문헌에는 앞부분에 3행의 서문이 있고, 그 다음으로 10도의 구분에 따라서 각 주군마다 성망(姓望)을 열거하고 있다. 그 10도의 순서는 『당육전(唐六典)』이나 『당회요(唐會要)』 등, 또한 앞서 언급한 「씨족지단간」(슈타인 문헌)에 쓰인 것과는 다르다. 즉 당의 황실인 이씨를 배출한 위주 농서군을 포함하는 농우도(隴右道)는 옹주(雍州) 경조군(京兆郡)에 이어 두 번째에, 산남도가 세 번째에 놓이고, 하남도는 일곱 번째에 놓여 있다. 그리고 여덟 번째에는 강동도(江東道)라고 되어 있고, 「씨족지단간」(슈타인 문헌)이나 『통전(通典)』 및 『당육전(唐六典)』 등의 10도의 경우와 같이 강남도(江南道)라는 것은 없다.

다만 『정관씨족지(貞觀氏族志)』(북경문헌)에서는 10도의 구분이 없지만, 주군(州郡)의 순서는 이 『천하성망씨족보(天下姓望氏族譜)』(슈타인 문헌)의 경우와 비슷한 부분이 있다. 따라서 이 문헌에서의 주군의 순서를 이 문헌만의 특징으로 볼 수는 없다. 그리고 이 문헌의 군명이 앞서 언급한 『정관씨족지(貞觀氏族志)』의 그것과 반드시 동일하지는 않다. 예를 들어 전자의 산양군(山陽郡)은 초주(椒酒 ; 淮南道)이고, 후자의 그것은 연주(兗州 ; 河南道, 즉 산동지방)이다. 이 문헌이 쓰인 것은 서풍(書風)으로 보아 당대의 후반에 속하는 것 같다.

또한 이 문헌에는 '10도'라는 용어가 사용되고 10도의 구분이 있지만, 10

---

67) 『通典』卷百八十二云, 陳以爲錢塘郡隋置杭州, 煬帝初州廢置餘杭郡, 大唐爲杭州, 或爲餘杭郡.

68) 『唐會要』卷七十一云, 湖州開元七年置, 仍於烏程縣. 『通典』『新唐書』·『舊唐書』에는 모두 이에 해당하는 문자 없음.

69) 『元和郡縣志』卷二十六云, 大曆十四年改爲處州.

70) 『通典』卷百八十二云, 大唐爲歙州或爲新安郡.

71) 『通典』卷百八十二云, 大唐爲洪州, 或爲章郡.

72) 出以下三字原无, 今以意補.

73) 『通典』卷百八十二云, 大唐神龍以後, 始移置泉州於此, 或爲淸源郡.

74) 『貞觀氏族志』(北京文獻)南交作南安, 今依之.

75) 『舊唐書』卷四十一地理志云, 容州下都督府, 貞觀元年改爲容州, 開元中昇爲都督府.

76) 가인(家印)은 백(白)글자

도의 구분은 정관(貞觀)원년(627) 이후의 제도로 개원(開元) 21년(733)에는 경기(京畿)나 검중도(黔中道) 등을 더하여 15도로 분류되었다고 한다.[77] 10도 가운데 첫 번째인 관내도에 있는 빈주(邠州)는 원래 빈주(豳州)라고 하였다. 이것을 '빈주(邠州)'로 개칭한 것은 개원 13년(725)이다.[78] 열 번째 영남도에 5부의 하나로 용주(容州)가 열거되어 있는데, 용주도독부가 생긴 것도 개원(開元) 연간이다.[79] 이것으로 보면 이 문헌의 내용은, 개원 연간에 용주도독부가 생기고 개원 13년에 빈주의 명칭이 사용되고 난 뒤의 것이 틀림없다. 그리고 그것은 10도의 시기만을 근거로 하여 말하면, 10도의 구분이 이루어진 개원21년까지의 것이 될 것이다.

이 문헌의 군명은 옛날 명칭을 따르고 있어서 꼭 천보(天寶) 연간 이후의 것이라고 할 수만은 없다.[80] 그런데 일곱 번째 하남도에 있는 예주(豫州)의 예(豫)와 함께, 여덟 번째 강동도 가운데에 예장군(豫章郡)이라고 되어 있는 예(豫)는 대종(代宗)의 명휘로 보응원년(762) 이후 회피(回避)해 갔던 것이다. 즉 예주(豫州)는 채주(蔡州)로 변경되고, 『통전(通典)』도 예장군(豫章郡)의 예(豫)를 생략하여 장군(章郡)으로 하고 있다.[81] 이 점에서 말하면 이 문헌의

---

77) 10道로 구분하는 시대에 대해서는 앞의 절 주 31) 참조. 松本善海의 교시를 받은 바에 의하면, 15道로 나누어진 뒤에도 10도의 구분이 사용되지 않은 것은 아니었다. 예를 들어 『元和郡縣圖志』와 같다. 따라서 이 문헌이 10도의 구분을 따르고 있기는 하더라도 그 시대를 開元 이후의 것이라고 하는 데에 방해가 되지는 않는다.

78) 『通典』卷173 州郡三 "大唐復置豳州, **開元十三年改爲邠**" 『唐會要』卷70 州縣改置 上 "邠州, 開元十三年二月二十二日, 以豳字與幽字相涉, …… 改豳字爲邠" 그리고 『新唐書』卷37 地理志.

79) 『舊唐書』卷41 地理志 "容州下都督府, …… 貞觀元年改爲容州, …… **開元中升爲都督府**, 天寶元年改爲普寧郡, **乾元元年復爲容州都督府**".

80) 원문의 주기(註記) 참조.

81) 『舊唐書』卷38 地理志 "蔡州上, 隋汝南郡, 武德三年四月 …… 置豫州, …… 天寶元年改爲汝南郡, 乾元元年復爲豫州, **寶應元年改爲蔡州**". 卷40 지리지에서는 武德 5년 洪州를 두고 天寶元年 豫章郡으로 개칭하여 "**乾元元年復爲洪州**" 또는 "鍾陵 …… 隋改爲豫章縣置洪州, 煬帝復爲豫章郡, **寶應元年**六月, 以犯 肅宗諱, 改爲鍾陵取地名". 이것에 대해서 『舊唐書』校勘記 卷22에 말하는 "錢氏大昕云, **肅宗當爲代宗**". 『新唐書』卷38 卷41 地理志. 『通典』卷182 州郡. 『元和郡縣圖志』卷28. 『唐會要』卷70 州縣改置 上 "豫州, ……寶應元年十二月改爲蔡州".

연대는 10도의 구분에 대한 것을 제외하고 생각한 경우라도 대종 이후로는 내려가지 않고, 늦어도 8세기 중반 무렵까지의 것이 될 것이다.

그런데 이 문헌의 여덟 번째 강동도에 있는 처주(處州)는 『원화군현도지(元和郡縣圖志)』, 기타 여러 책에 있는 바와 같이 원래 괄주(括州)라고 불리던 것을 덕종(德宗)의 명휘와 동음이기 때문에, 대력 14년(779)에 처주(處州)로 개칭한 것이다.[82] 만약 처주라는 명칭이 대력 14년에 당대로서는 처음 사용되어졌다고 한다면, 이 문헌의 시대는 대력 14년(779), 즉 8세기 말이나 그 뒤에까지 내려가는 것이 결정적일 것이다. 그리고 뒤에 계속해서 서술하는 것과 같이, 이 문헌에 실려 있는 성씨의 현저한 증가는 문헌내용의 시대가 8세기 말 이후라고 하는 것에 상응하는 것 같다.[83] 그렇다고 하면 이 문헌에서 처주(處州)가 예주(豫州) 등과 동시에 기록되어 있는 것을 어떻게 보아야 할 것인가. 이 점은 문제점으로 남겨두려고 생각한다.

이 『천하성망씨족보(天下姓望氏族譜)』(슈타인 문헌)에서 농서군(隴西郡) 13성 가운데 이씨가 첫 번째로 기록되어 있는 것을 보면, 그 주군에서의 성씨는 문벌의 상하에 따라 기재되었던 것일 것이다. 적어도 그런 경우가 있었음은 확실할 것이다. 그런데 이 『천하성망씨족보(天下姓望氏族譜)』(슈타인 문헌)에서 두드러지게 눈에 띄는 것은, 각 주군마다 열거되어 있는 성씨의 수가 『정관씨족지(貞觀氏族志)』(북경문헌)이나 「고금성씨서변증(古今姓氏書辯證)」에 인용되어 있는 것 등[84]에 비해서 일반적으로 많다는 것이다(비교표 참

---

82) 『元和郡縣圖志』卷26 江南道 "處州, 開皇九年隋平陳, 改永嘉爲處州, 十二年又改爲括州, 大業三年改爲永嘉郡, 武德四年 …… 復立括州仍置總管府, 七年改爲都督府, 貞觀元年廢, 天寶元年爲縉雲郡, 乾元元年復爲括州, **大曆十四年以與德宗廟諱同音, 改處州**" 『舊唐書』卷40 地理志 "處州, …… 武德四年置括州 … 乾元元年復爲括州, **大曆十四年夏五月, 改爲處州, 避代宗諱**". 이 代宗은 德宗의 오기. 『通典』卷182 州郡. 『新唐書』卷41 地理志. 『唐會要』卷71.

83) 仁井田陞, 「唐の律令および格の新資料―スタイン敦煌文獻―」 『東洋文化研究所紀要』제13책, 1957년 11월, 114쪽)에서 『天下姓望氏族譜』(슈타인 문헌)의 연대를 『唐六典』과 같이 開元 무렵으로 본 것은 보정할 필요가 있다. 그리고 『당육전』卷3 戶部에는 括州로 되어 있다. 處州는 아니다.

84) 『古今姓氏書辯證』에 인용된 『貞觀氏族志』佚文에 대한 牟潤孫의 연구에 대해서는 제1절 주 21) 참조. 씨족지 일문에서는 德州 平原郡 8성, 懷州 河內郡 7성, 洪州 豫

조). 예를 들어 『정관씨족지(貞觀氏族志)』(북경문헌)에서는, 발해군(渤海郡) 기주(冀州)에는 오(吳), 구양(歐陽), 고(高), 도(刀) 4성 뿐이지만, 이 『천하성 망씨족보(天下姓望氏族譜)』(슈타인 문헌)의 성의 수는 그 7배에 달하여, 고(高), 오(吳), 구양(歐陽), 혁련(赫連), 첨(詹), 유(喩), 이(李) 등 28성이 열거되어 있고, 성의 기재순서도 바뀌어 있다. 전자 즉 『정관씨족지(貞觀氏族志)』(북경문헌)에서는 범양군(范陽郡) 유주(幽州)의 성망은 노(盧)씨 등 3성에 그치지만, 이 문헌에서는 그 3배인 9성을 싣고 있고, 청하군(淸河郡) 패주(貝州)는 『정관씨족지(貞觀氏族志)』(북경문헌)에서는 7성, 이 문헌에서는 19성, 그리고 『정관씨족지(貞觀氏族志)』(북경문헌)에서 제1위인 최(崔)는 이 문헌에서는 제3위로 되어 있다. 『정관씨족지(貞觀氏族志)』(북경문헌)에는 청주(靑州) 북해군(北海郡) 또는 상주(常州) 진릉군(晉陵郡), 요주(饒州) 파양군(鄱陽郡) 등에 대해서는 한 성도 들고 있지 않았다. 이에 비하여 이 문헌에는 북해군에 대해서는 26성, 다른 군에 대해서는 각각 4성을 열거하고 있다.

또한 『정관씨족지(貞觀氏族志)』(북경문헌)에서는 여항군(餘杭郡) 항주(杭州)는 3성을 들고 있는 것에 비해 이 문헌에서는 4성을 들고 있어서 성의 수에는 그다지 변화가 없지만, 내용은 완전히 바뀌어 있다. 다만 『정관씨족지(貞觀氏族志)』(북경문헌)의 오군(吳郡)에서는 구래의 성망인 주(朱)·장(張)·고(顧)·륙(陸)의 4성을 들고 있는 것에 비해 이 문헌에서는 거기에 1성을 더하고 있는 것에 그치고, 내용상의 변화가 적은 경우도 없지는 않다.

『정관씨족지(貞觀氏族志)』(북경문헌)에서는 청하군 패주가 최(崔)·장(張)·방(房)씨 등 7성이지만, 이 문헌에서는 장(張), 방(房)과 최(崔)의 순위를 역(逆)으로 하고 모두 19성을 열거해 놓고 있다. 이 문헌에서는 10도 가운데 마지막의 영남도를 제외한 9도 92군에 대하여서 만이더라도 각각 제시되어

章郡 6성, 括州 松陽郡 3성, 太原郡 10성, 洛州 河南郡 14성이라고 하는 것에 대하여, 『貞觀氏族志』(북경문헌)에서는 각각 3성, 9성, 5성, 4성, 11성, 7성이라고 하여 차이가 있다. 牟潤孫는 이 일문과의 비교 등을 통하여 『貞觀氏族志』(북경문헌)은 僞託의 씨족지라고 한다. 그리고 씨족지 일문에서는 회주 하남군 7성, 揚州 廣陵郡 4성, 태원군 10성, 낙주 하남군 14성이라고 한 것에 대하여, 『天下姓望氏族譜』(슈타인 문헌)에서는 각각 17성, 10성, 27성, 23성과 같이 그 수가 증대되어 있다.

있는 성(姓)의 수를 집계하면 791성에 달한다.[85] 즉 9도의 집계만으로도 뒷글에 나와 있는『정관씨족지(貞觀氏族志)』(북경문헌)의 398성에 비하여 두 배의 숫자이다.

다음으로「씨족지단간」(슈타인 문헌)에서는 전국에서 송(宋)성을 내고 있는 것이 경조(京兆), 하내(河內) 및 광평(廣平)의 세 군인 데 비하여, 이 문헌에서는 경조(京兆), 남양(南陽), 서하(西河), 광평(廣平), 하내(河內), 양국(梁國) 및 팽성(彭城) 7군, 즉 배(倍) 이상으로 되어 있다. 차(車)

〈표 8〉 兩 氏族譜의 姓望數比較表(抄錄)

州郡名		貞觀氏族志	天下姓望氏族譜
太原郡	幷州	11	27
渤海郡	冀州	4	28
范陽郡	幽州	3	9
淸河郡	貝州	7	19
內黃郡	相州	1	4
趙郡	趙州	2	6
滎陽郡	鄭州	4	6
陳留郡	汴州	4	15
汝南郡	豫州	7	26
魯國郡	兗州	7	20
北海郡	靑州	0	26
彭城郡	徐州	5	12
蘭陵郡	徐州	1	4
宣城郡	宣州	0	4
吳郡	蘇州	4	5
錢塘郡	杭州	0	7
松陽郡	括(處)州	4	5
潯陽郡	江州	2	6
豫章郡	洪州	5	8
鄱陽郡	饒州	0	4

성은 전자 즉「씨족지단간」(슈타인 문헌)에는 하내, 노국의 2군으로 되어 있지만, 이 문헌에는 거기에 경조군이 더해져 있다.「씨족지단간」(슈타인 문헌)은 회남도에 양주 광릉군(원문 누락으로 분명하지 않지만, 그밖에 있다고 하더라도 고작 1주군)을 드는 것으로 그치지만, 이 문헌은 이것에 4주군을 들고 있다.「씨족지단간」(슈타인 문헌)의 연대는 명료하지 않고, 게다가 분량도 많지 않기 때문에 이에 대해서는 잠시 제외시켜 두자.

그리고 여기에서 정관 연간에 고사렴 등이 편집하였다고 하는『정관씨족지(貞觀氏族志)』(북경문헌) 또는『고금성씨서변증(古今姓氏書辯證)』에 인용되어 있는 씨족지일문(氏族志佚文)과 이 문헌만을 총체적으로 비교해 보면(이제 전자를 정관의 것이라고 하고, 후자 즉 이 문헌을 개원 또는 그보다 뒤

---

85) 다만 구체적으로 열거하고 있는 성의 실제 수와는 다소 차이가 있다.

의 것이라고 하면), 정관 연간에서 개원 연간에 이르는 약 1세기 또는 그 이상의 간격이 있는 두 자료 사이에 이렇게 두드러진 내용상의 차이가 있게 된다. 그리고 그 차이는 새로운 문벌의 대두와 그 문벌에 대한 평가 기준의 변화를 나타내고 있는 것이 아닐까 생각한다. 즉 육조시대에 번영했던 구 문벌은 당의 황실, 그것을 둘러싼 외척 및 공신에게 때로는 그 우위를 양보하고, 때로는 외척·공신들과 나란히 서고, 종래 문벌이 없었던 자도 과거제도를 통하여 관인 대열에 가담하여 「씨족보」에도 그들이 많이 기재되게 되고, 또한 그 기재의 순위에 새로운 신분적 서열이 영향을 준 것 등 정관 이후(특히 당대의 중기 이후)에 있어서 구래의 문벌에 변화를 가져온 것이 이 「성망씨족보(姓望氏族譜)」에 반영된 것이 아닌가 생각한다.

그리고 문벌의 수량적 증가는 스스로 문벌 성망의 고상함을 총체적으로 저하시키는 경향을 수반하였을 것이다. 그런데도 예를 들면 구래의 문벌인 범양의 노씨, 조군의 이씨, 형양의 정씨는 각각 『정관씨족지(貞觀氏族志)』(북경문헌)에서 같은 군의 여러 성 가운데에 수위를 차지하고 있는 동시에, 『천하성망씨족보(天下姓望氏族譜)』(슈타인 문헌)에서도 같은 군의 여러 성 가운데에서 찾아볼 수 있고, 더구나 여러 성의 상위에 놓여 있다. 청하의 최씨는 전자에서는 1위, 후자에서는 제3위. 박릉의 최씨는 전자에서 결락되어 있어 분명하지 않지만 아마 수위(首位)였을 것이다. 후자에서는 수위로 되어 있다.

육조 이래의 명족 가운데 하나로 열거되고 있는 태원의 왕씨에 대해서는, 전자 즉 『정관씨족지(貞觀氏族志)』(북경문헌)에서도 아마 같은 군의 성씨 가운데 첫 번째나 두 번째 정도로 기록되어 있었을 것이다. 그 원본에는 결락되어 있어서 분명하지 않다. 『천하성망씨족보(天下姓望氏族譜)』(슈타인 문헌)에서는 태원 왕씨가 27성씨 가운데 제2위로 되어 있다. 구래의 문벌인 오군의 4성86)도 이 문헌에는 여전히 이전과 같이 기록되어 있다. 이러한 점은 어떤 이유에서일까. 소위 산동의 최(崔)·노(盧)·이(李)·정(鄭) 4성은 천하의 관족(冠族)으로 육조 이래 문벌군의 최고 지위를 차지할 정도로 성망을 갖고 있어서 『정관씨족지(貞觀氏族志)』가 그것을 그대로 긍정한 것인데, 당초, 당

---

86) 주(朱)·장(張)·고(顧)·류(陸).

실 및 그것을 둘러싼 신흥세력으로부터 비판의 대상이 되었다.[87]

그러나 노씨·최씨를 위시해서 옛 문벌이 그 사회적 지위를 완전히 상실한 것은 아니었다. 『정관씨족지(貞觀氏族志)』 개편의 경우에도 당실을 제1, 최씨를 제3으로 하는 것과 같이 옛 문벌의 평가가 종전보다 낮아졌으나,[88] 그러나 제외되지 않았으며 실세력이 아직 약화되었다고 보기는 어렵다. 또한 옛 문벌 스스로 관인화됨으로써 새로운 지배 형태에 순응하는 방법을 찾아내었고, 그런 것도 뒷받침되어 그들이 여러 군의 성씨 가운데에서 우위 또는 비교적 우위를 유지할 수 있었던 것은 아니었을까 생각한다. 구족이 그 지위를 유지하는 방법으로는 직접 과거제도를 이용하는 것도 있었고, 새로운 관인층과 혼인을 통하여 혹은 그들과 족보를 통합하는 것 등에 의한 것도 있었다.

당 초기의 명신인 방현령(房玄齡)이나 위징(魏徵) 및 이적(李勣)은 산동의 구족과 통혼하였으며 그 때문에 옛 문벌로서의 지위가 저하되지 않았다고 전해진다.[89] 상원 2년(675)에 이부상서가 되고 관인 인사의 실권을 갖고 있었던 이경현(李敬玄)은 소위 산동의 구족과 통혼하기를 세 번하고, 조군의 이씨와는 족보를 통합하여 당시 정부의 요직에는 이경현의 동족 또는 인척이 많았다고 전해지고 있다.[90]

『천하성망씨족보(天下姓望氏族譜)』(슈타인 문헌)에 대해서는 외형상 여전한 구태와, 구태 가운데에도 발견되는 내질상의 변화를 아울러 고찰해야 할 것이다. 그리고 여기에서 한 마디 해두고 싶은 것은, 개원(開元) 무렵부터 그 뒤의 씨족지 또는 「씨족보」류라고 해서 모두 이 『천하성망씨족보(天下姓望氏族譜)』(슈타인 문헌)처럼 씨족의 수를 대량으로 들고 있었다고 할 수만은 없다는 것이다. 이림보(李林甫) 등이 편집하고 천보 연간에 반포되었다고 전해지는 『천하군망성씨족보(天下郡望姓氏族譜)』(『玉海』 인용)에서도 언급된 씨족수가 『정관씨족지(貞觀氏族志)』(북경문헌) 등의 그것과 같이 398성인 것

---

87) 『貞觀政要』 제1절 주 14) 참조.
88) 이 최씨에 대한 낮은 평가가 『천하성망씨족보(天下姓望氏族譜)』(슈타인 문헌)의 청하 최씨에 나타나고 있다고 할 수 있을는지?
89) 『新唐書』 卷95 高儉傳. 仁井田陞, 『支那身分法史』(1942년 1월, 561쪽).
90) 『新唐書』 卷100 李敬玄傳. 仁井田陞(앞에서 인용한 책, 220·561쪽).

에 대해서는 앞 절에서 서술한 대로이다91).

이『천하성망씨족보(天下姓望氏族譜)』(슈타인 문헌)는『정관씨족지(貞觀氏族志)』(북경문헌)처럼 직접 신분적 내혼제를 언급하고 있지는 않았다. 그러나 이 문헌과 당대의 성족(姓族)의 통혼관계의 예, 이 양자를 서로 대비함으로써, 나아가 앞서 언급한『정관씨족지(貞觀氏族志)』와 삼자를 서로 대비함으로써, 당대의 신분적 내혼제의 실태를 어느 정도 명확히 할 수 있다고 생각한다. 모리야미쯔오[守屋美都雄]는 진·당 사이에 산동의 명족인 태원 왕씨를 둘러싸고 어떤 통혼관계가 있었는지에 대해서 빈틈없는 연구를 하고 있다.92)

그에 의하면 왕씨와 통혼한 상대방 성족은 농서(隴西)의 이(李)씨, 안정(安定)의 양(梁)씨, 영천(潁川)의 진(陳)씨, 박릉(博陵)의 최(崔)씨, 팽성(彭城)의 유(劉)씨, 하동(河東)의 배(裴)씨, 발해(勃海)의 고(高)씨, 거록(鉅鹿)의 위(魏)씨, 범양(范陽)의 노(盧)씨 등이고, 그들은『천하성망씨족보(天下姓望氏族譜)』(슈타인 문헌)에서 대부분 각 군의 성망 가운데에서 제1위 또는 2위로 기록되어 있다. 청하의 최씨는 이 문헌에서 제3위로 기록되어 있기는 하지만, 명족으로 천하에 널리 알려져 있어,『정관씨족지(貞觀氏族志)』(북경문헌)에서도 같은 군의 성씨 가운데 수위를 차지하고 있었다.

이 지위에 변화를 초래한 것은 제2차『정관씨족지』이후의 일이었을 것이다. 다만 무위(武威)의 성(成)씨, 남양(南陽)의 장(張)씨, 농서(隴西)의 단(段)씨, 경조(京兆)의 손(孫)씨처럼『천하성망씨족보(天下姓望氏族譜)』(슈타인 문헌)에 전혀 기록되어 있지 않은 성씨가 있다. 지금 모리야미쯔오[守屋美都雄]가 게재한 바의 통혼관계표 가운데 군(본관)이 분명한 것 약 50성에 대해서 이『천하성망씨족보(天下姓望氏族譜)』(슈타인 문헌)에 실려 있는 것과 그렇

---

91) 그리고『唐會要』卷36 氏族에서는, 제2차『貞觀氏族志』는 293姓, 1651家, 顯慶 4년 9월의 姓錄에서는 245姓, 287家이었다.『貞觀氏族志』(북경문헌) 등의 398성과『天下姓望氏族譜』(슈타인 문헌)에서의 성씨 수의 차이에 대해서는 시대 차이도 있지만, 하나는 官撰이고 하나는 俗書라고 하는 질의 차이도 생각해야 할 것이다(1958년 2월 8일 法制史學會 東京部會에서의 石井良助와의 질의응답을 근거하여 보충한다).

92) 守屋美都雄,『六朝門閥의 一硏究－太原王氏系譜考－』(1951년 7월, 136쪽 이하).

지 않은 것의 비율을 작성해 보면 3대 1의 비율이 된다. 다만 이『천하성망씨족보(天下姓望氏族譜)』(슈타인 문헌)에 기록되어 있지 않은 남양(南陽)의 장(張)씨는 문헌 원본의 기재누락일까. 원본에는 "남양군에서 십칠성을 내고 있다"고 되어 있지만, 16성 밖에 열거되어 있지 않다.『정관씨족지(貞觀氏族志)』(북경문헌)의 제1위에 있는 장씨가 누락되어 있는 것이 아닌가, 무언가 문제가 있는 것으로 여겨진다. 남양(南陽)의 장(張)씨가 누락되었다고 한다면, 태원의 왕씨와 남양의 장씨의 통혼은 4회에 이르므로, 앞서 언급한 3대 1의 비율이 4대 1로 고쳐져야 한다.

〈표 9〉 태원 왕씨 통혼관계표[93]

왕씨	통혼 상대의 본관	통혼 상대	왕씨의 졸년	(1)에 기재된 유무와 순위		(2)에 기재된 유무와 순위		備考
訥	潁川	庾琮女	晉	有	7	有	3	
渾	琅邪	顏氏	晉	有	2	有	2	
通	南陽	張氏	貞觀	有	1	無		『姓望氏族譜』에 남양 장씨가 없는 것은 기재누락인가.
玄裕	南陽	張氏	天授	有	1	無		同上
慶怍	淸河	崔氏	聖曆	有	1	有	3	
望之	淸河	崔氏	聖曆	有	1	有	3	
養	中山	成氏	長安	無		無		
伾	潁川	陳氏	景龍	有	1	有	1	
行果	中山	甄氏	景龍	有	1	有	1	『貞觀氏族志』에서는 단 甄씨만을 들고 있을 뿐.
景之	淸河	崔氏	景龍	有	1	有	3	
思齊	平原	張氏	開元	無		無		
某	彭城	劉氏	開元	有	1	有	1	
訓	會稽	朱氏	天寶	無		無		
爽	東平	呂氏	天寶	有	2	有	2	
景秀	鉅鹿	魏氏	大曆	有	2	有	1	
王夫人	南陽	張公	貞元	有	1	無		『姓望氏族譜』에 남양 장씨가 없는 것은 기재누락인가.
永	南陽	張氏	貞元	有	1	無		
開	河南	胡氏	元和	無		無		
講	滎陽	鄭氏	長慶以後	有	1	有	1	
英	彭城	劉氏		有	1	有	1	

93) 이 통혼관계표 가운데에서 [왕씨] 이하 [왕씨의 졸년]난까지의 왼쪽 4칸은 모리야 미쯔오[守屋美都雄](앞에서 인용한 책)을 참고했다.

質	滎陽	鄭氏	開成	有	1	有	1	
師正	河南	房氏		無		有	21	
師正의子	趙郡	李氏	咸通	有	1	有	1	
仲建	清河	張氏	咸通	有	2	有	1	
公晟	清河	張氏	咸通	有	2	有	1	
起의 妹	范陽	盧氏	貞元頃	有	1	有	1	

그러나 그래도 『천하성망씨족보(天下姓望氏族譜)』(슈타인 문헌), 비교적 큰 폭으로 성족을 열거하고 있는 이 「씨족보」에 조차 언급되지 않은 성족과의 통혼이 태원 왕씨의 경우에도 상당히 있었다. 다음으로 『정관씨족지(貞觀氏族志)』(북경문헌)에 실려 있는 성족과 태원 왕씨의 통혼관계를 이 『천하성망씨족보(天下姓望氏族譜)』(슈타인 문헌)의 성족과 대조하면서 통혼관계표를 작성해 보면 다음과 같이 된다.

앞서 언급한 『정관씨족지(貞觀氏族志)』에서는 성족을 기재한 부분의 태반이 결락되어 있다. 그 결락된 부분에 있었던 것으로 여겨지는 것은 농서의 이씨를 비롯하여 이 통혼관계표에 나타내지 않는다. 통혼관계표 기재사항 가운데 (1)은 『정관씨족지(貞觀氏族志)』(북경문헌)를, (2)는 『천하성망씨족보(天下姓望氏族譜)』(슈타인 문헌)를 나타낸다. 또한 '유(有)'는 왕씨와 통혼한 성족으로 (1)(2)에 등재되어 있는 경우, '무(無)'는 그렇지 않은 경우를 표시한다. 숫자는 (1)(2)의 각 군에 기록되어 있는 여러 성씨 가운데에서 왕씨와 통혼한 성족이 등재되어 있는 순위이다.

이것으로 알 수 있는 것은, 태원 왕씨와 통혼관계에 있는 성족이라도 『천하성망씨족보(天下姓望氏族譜)』(슈타인 문헌)에 실려 있지 않은 성씨는 『정관씨족지(貞觀氏族志)』(북경문헌)에도 역시 대부분 실려 있지 않았다는 것이다(다만 남양의 장씨는 별도로 생각해야 할 것이다). 하남의 방씨가 후자에 실려 있어도 그것은 하남의 성족 23성씨 가운데 제21위로 기록되어 있어서, 전자에서 들고 있는 7성에 들어갈 수가 없었을 것이다.

따라서 태원 왕씨의 경우 (1) 씨족지 또는 「씨족보」에 나와 있는 성족과의 통혼이 비교적 많았던 점, (2) 그 경우 거기에 나와 있는 높은 순위의 성족과 통혼한 경우가 압도적으로 많았던 점, (3) 거기에 나와 있지 않는 씨족과의 통혼도 어느 정도의 폭을 갖고 있어서[94] 개원 연간이나 천보 연간 이전에도 그런 상태가 있었던 점이 인정된다. 그 가운데 (2)는 태원 왕씨 정도로 가격 (家格)이 있는 경우의 경향일 것이다. 즉 성족 가운데에도 문벌의 상하가 통혼에 고려되었을 것으로 생각한다. 또한 (3)은 어떻게 해서 생긴 것일까, 태원 왕씨 정도의 가격이 없는 경우에는 (3)의 폭이 왕씨의 경우보다 컸을까 등 여러 가지의 문제가 있지만, 신분적 내혼제의 실태를 고찰하는 경우에 (3)은 (1)(2)와 함께 혹은 그 이상으로 등한시할 수 없는 문제일 것이다.

제4절 「개원족망칙(開元族望勅)」

당의 정관 연간 이후 족망이나 성망이라고 하는 것이 종전에 비하여 질적으로도 양적으로도 변화를 보였다고 생각되지만, 여기에서는 그와 관련해서 「개원족망칙(開元族望勅)」이라는 것을 언급해 두고자 한다. 이 족망칙은 족망 가운데에서 특정 족망을 '국지주(國之柱)' 또는 '국지량(國之梁)'이라고 하는 제도이다. 예를 들면 『신안왕씨팔공보(新安汪氏八公譜)』에는[95] 그것에 대해서 다음과 같이 기록되어 있다.

唐玄宗開元五年丁巳族望勅
開元考定從前至今族望
先奉勅旨四海望姓家永徽六年考二十六姓與諸姓不同各得出處遠近其
乾封元年君羨考定至今依令

---

94) 모리야미쯔오[守屋美都雄]가 예시한 예의 범위 내에서는 통혼수의 2·3할 정도.
95) 『新安汪氏八公譜』의 서문으로는 명(明) 嘉靖 14년 12월 敍를 마지막으로 하여, 거슬러 올라가서 大德元年 2월 序, 淳熙 戊申 冬八蠟日 新安朱熹序에 이른다. 왕씨의 44대는 당초 歙州 刺史가 된 왕화(汪華)로 기록되어 있다. 仁井田陞, 『中國法制史研究』의 卷1에 당 현종 開元 5년 丁巳族望勅이 있다. 仁井田陞, 『中國法制史』(岩波全書, 1952년 6월, 189쪽 이하). 그리고 여기에서 말하는 왕화(汪華)는 竹田龍兒(이글 제1절 주 1) 참조)가 『吳趨汪氏支譜』(宣統 2년 중수)에 대해서 말하는 왕화(汪華)와 동일 인물. 『吳趨汪氏支譜』에는 광서(光緒) 23년 중수본이 있고, 그 권두에 族望勅이 있다.

武陽李　榮陽鄭　隴西牛　幷州郭　上黨陳

河西汪　安定皇甫　中山鮑　河間劉　雁門夏

　　　右件十姓爲國之柱

武陽賈　白水張　扶風馬　京南葉　陳留王

馮翊趙　蒙扶水　冀趙蘇　京兆杜　河內荀 ○荀、葉氏族譜作苟

梁山鉅　南陽何　嶺南龐　安定胡　高陽許

南陽侯

　　　右件十六姓爲國之梁

勅旨天下諸州百姓婚姻不同者價納不依詔處分者准勅合徒二年諸餘可

結爲婚者一百五十改之主者施行

開元五年四月八日下

　　이것은 명간(明刊)뿐만 아니라 청간(淸刊), 예를 들어 동치(同治) 연간에 중
수(重修)한『엽씨종보(葉氏宗譜)』,[96] 중화민국이 되고 난 뒤의 것으로는『려
강군하씨대동종보(廬江郡何氏大同宗譜)』등[97] 그 예가 드물지 않다. 그러나
이런 종류의 자료는 내가 보기에는 이런 가보(家譜)류에서 발견될 뿐이고, 그
밖에 더 확실성이 있는 자료(예를 들면 여러 가지 당대의 문헌)가 있는지 여
부를 연구해 보아야 한다. 명청의 가보는 송대 이래 성행해 온 편찬을 계승한
것이고, 구래의 가보의 내용은 새로 편집할 때마다 대부분 답습되었고, 다른
성족의 가보와도 상호 영향을 주었을 것으로 생각된다.
　　「개원족망칙(開元族望勅)」도 원래 무엇인가 근거가 있고, 그것이 후세의
가보에 계승되어 온 것일까. 이 점에 대해서는 앞으로 더욱 연구할 필요가 있
기는 하지만, 여기에서는 대체로 문면에 나타나 있는 것에 한해서『정관씨족

---

96) 『葉氏宗譜』卷1에 "唐紀族望郡望"(從舊譜錄出)이라는 제목을 붙이고 開元族望勅을
　　수록하고 있다. 이 勅의 "梁山鉅" 다음에는 "南陽侯"라고 되어 있고, "南陽何"라는
　　것은 없다. 또한 마지막에 "南陽侯"라는 것은 없다. 卷1에 郡望이라는 제목에 "南
　　陽郡卽古荊豫二州之域, …葉氏有自葉徙其縣(즉 南陽縣)之南頓鄕高貴里而居焉, 族氏
　　繁盛, 至唐搜集天下姓望, 遂以南陽爲望"이라는 것이 보인다.
97) 『廬江郡何氏大同宗譜』卷1 郡望 "隋旣混一, 敍世家大者稱郡, 次者稱縣, 吾何旣郡廬
　　江矣, 至唐永徽時考定氏族, 以仕唐官秩爲高下, 表其著姓凡二十六家, 何乃易稱南陽
　　爲郡望, ……". 여기에서는 당의 관직 질서에 따라 고하를 정하여, 26가문을 나타
　　낸다고 한다.

지(貞觀氏族志)』(북경문헌)이나 『천하성망씨족보(天下姓望氏族譜)』(슈타인 문헌)과의 관련을 기록해 두는 것에 그친다. 「개원족망칙(開元族望勅)」에서는 국가의 주량(柱梁)을 '국지주(國之柱)'와 '국지량(國之梁)'[98]으로 나누어, 전자에는 문벌로서 저명한 형양의 정씨 등 10성을, 후자에는 고양의 허씨 등 16성을 들고 있다.

특정 문벌에게 국가가 이러한 신분을 내린 일은 남북조 시대의 주(周)에서도 예를 볼 수 있다. 주조(周朝)의 그것은, 예를 들면 '팔주국(八柱國)'이라고 하는 영예 제도였다.[99] 또한 당대에서는 현경(顯慶) 4년 10월에 농서의 이씨, 태원의 왕씨, 형양의 정씨, 범양의 노씨, 청하 및 박릉의 최씨, 조군의 이씨, 7성 10가(또는 7성 11가)에 대해서 스스로 통혼하는 것을 금한(그것 때문에 도리어 성족 측에서 스스로 '금혼의 가'라고 하였다) 적이 있었다.[100]

그러나 당에서 국지주 10성과 국지량 16성을 국가적인 제도로서 정한 것은 「개원족망칙(開元族望勅)」에 의하면 영휘 6년(655)의 일로 되어 있고, 또한 규정의 내용도 현경 연간의 제도와 다르다. 이 족망칙에서 볼 수 있는 26성을 『천하성망씨족보(天下姓望氏族譜)』(슈타인 문헌)와 대조해 보면, 형양의 정씨는 정주 형양군 6성의 수위로, 고양의 허씨도 기주 고양군 5성의 수위로, 농서의 우씨와 안정의 황보씨는 위주 농서군과 경주 안정군의 제2위로, 병주의 곽씨와 상당의 진씨는 병주 태원군 및 노주 상당군의 각각 제3위로, 하간의 유씨는 영주 하간군의 제6위로 나타난다.

그러나 무양(武陽)의 이(李)씨, 중산(中山)의 포(鮑)씨, 안문(雁門)의 하(夏)씨, 무양(武陽)의 가(賈)씨, 진류(陳留)의 왕(王)씨, 빙익의 조(趙)씨 등에 대

---

98) 湖北 黃岡의 『方氏聯宗統譜』(중화민국 13년 修, 嘉慶 25년 序 등이 있다)의 卷1 『方氏世族譜』에 의하면, 방씨의 조상은 方氏雷라고 하고, 風氏伏羲 등과 6씨의 하나가 되어 있다. 그리고 河南의 방씨는 唐代의 國之柱 26족의 하나였다고 한다. 26족이라는 것은 「개원족망칙(開元族望勅)」의 國之柱와 國之梁을 합한 수이지만, 開元勅 26성 가운데에는 하남의 방씨가 들어 있지 않다. 하남의 방씨는 宋代의 국지량 18족의 하나이고, 靈山의 방씨는 明代에도 7대 명족의 하나로 손꼽혔다고 한다.

99) 『周書』卷16 권말. 그밖에 周朝의 八柱國에 대해서는 제1절 주 12) 참조.

100) 『新唐書』卷95 高儉傳. 『唐會要』卷83 嫁娶. 『資治通鑑』胡注 卷200 唐 高宗紀. 仁井田陞, 『支那身分法史』(1942년 1월, 560·587쪽).

해서는 모두 기록되어 있지 않다. 이러한 포씨, 하씨, 왕씨에 대해서는『정관씨족지(貞觀氏族志)』(북경문헌)에도 마찬가지로 보이지 않는다. 이러한 자료끼리의 차이를 어떻게 보면 좋을지, 문제가 될 수 있는 것이 많이 남아 있다고 생각한다. 그리고 국지주, 국지량이 당조의 명신, 공신을 배출한 성씨를 모두 든 것도 아니고, 방현령, 위징, 장손무기, 저수량, 우지녕과 같이 재상 또는 삼공까지 된 인물의 성씨라도 여기에 발견되지 않는 경우가 있다.

그러나「개원족망칙(開元族望勅)」을 싣고 있는『신안왕씨팔공보(新安汪氏八公譜)』의 왕씨는, 그 팔공보(八公譜)에 의하면 당 초기 흡주자사(歙州刺史)가 된 왕화(汪華)의 일족으로 되어 있지만, 그 왕씨는『천하성망씨족보(天下姓望氏族譜)』(슈타인 문헌)에서는 흡주 흡군 5성의 다섯 번째로 기록되어 있다. 마찬가지로 족망칙을 싣고 있는『엽씨종보(葉氏宗譜)』의 엽씨는 남양의 엽씨이고,『천하성망씨족보(天下姓望氏族譜)』(슈타인 문헌)에서는 등주 남양군 17성씨 가운데 제5위로 기록되어 있다.

『려강군하씨대동종보(廬江郡何氏大同宗譜)』는「개원족망칙(開元族望勅)」에서 말하는 (국지량 16성씨 가운데의) '남양의 하'씨 및 기타 각지의 하씨를 모두 수록하여 대동종보를 형성하고 있지만,『천하성망씨족보(天下姓望氏族譜)』(슈타인 문헌)에서는 노주 노강군의 하씨가 같은 군의 4성 가운데 제1위에 놓여 있다. 이것으로 보면 당대의 성망 가운데에는 당 후기 사회적·정치적 의미가 희박해지거나 소멸해져 버린 뒤에도 오래도록 그 이름이 전승되어온 성씨가 있었다고 할 수 있다. 물론 가보의 기술에 대한 신뢰도는 또 별도로 고려해야 하는 문제라고 생각한다.[101]

---

101) 1958년 1월 3일 고(稿), 같은 해 2월 8일 法制史學會 東京部會 발표.
    원재(原載) -『石濱先生古稀記念東洋學論叢』(1958).

옮긴이 뒷글

　전통중국 가족법에 관한 연구는 비교적 많은 편이다. 재산을 비롯하여, 여성이나 종족 등에 관련된 연구를 포함하면 중국법사에서 차지하는 비중은 꽤 높은 편이다. 『청명집(清明集)』을 이용한 연구도 많았지만, 최근에는 각 지역의 자료들이 정리되어 나오면서, 그 가운데 조정(調停・調解)에 관한 기록들이 여기저기에서 새로이 나타나게 되다보니, 더욱 더 가족 등에 관련된 자료가 늘어나는 셈이며, 따라서 가족 문제와 관련된 법제사적인 연구가 늘어나고 있다. 가족 등 민법적 사항은 지역에 따라서 여러 가지 편차가 나타나기도 하지만, 이러한 사항을 이해할 수 있어야 현지의 일반인들의 사고방식이나 생활 습성을 이해할 수 있을 것이다.

　옮긴이로서는 이제까지 중국법사에 관한 책들을 번역하면서 본문에서는 가급적 한자로 된 부분을 한글로 표기하는 노력을 하고 있지만, 이 책의 경우에는 자료로 나오는 한문을 번역해서 제공하려고 하다보니, 오히려 너무 복잡해지는 것을 피할 수 없었다. 따라서, 자료 부분을 비롯해서 이 책에서는 한자를 그대로 실어놓은 곳이 많다. 완벽한 이해를 돕겠다는 취지에 부합되지 못 하였지만, 그나마 이렇게라도 해서 이 분야를 이해하는 데에 도움이 될 수 있다면 다행이라고 생각한다.

　현재의 민법에서 쓰는 용어와의 접점을 찾으려고 애를 쓰기는 했지만, 몇몇 곳에서는 이 책 나름의 용어를 사용하기도 했다. 가령, '여자몫'이라는 용어는 '여자분'이라는 용어를 쓰는 것이 낫지 않을까 여러 가지로 망설였으나, 한글 전용이 되는 경우에는 역시 '여자몫'이 낫겠다는 판단을 하게 되었다. '여자분'은 여성에 대한 존칭으로 오해받을 수도 있을 것 같기도 하였다. 오히려 민법에서 앞으로 여자몫으로 쓰도록 하는 것이 낫지 않을까 생각하기도 한다. 또한, 일본어로 '仲間'라고 쓰는 부분이 이 책에서 상당히 중요한 개념으로 나오고 있다. 이 부분에서는 '패거리', '同類' 등의 용어가 고려되었으나, 결국은 '끼리끼리'라는 용어를 채택하였다. 그밖에도 군데군데에서 용어 선택에 고민하였는데, 독자들이 읽기 쉬운 표현이 무엇일까를 기준으로 삼아서 선택하였다.

니이다 노보루[仁井田陞]씨는 중국법제사 분야에서 상당히 많은 업적을 남기었다. 그 가운데『중국법제사연구』(전4권)는 그가 쓴 기존의 연구를 종합적으로 모아놓은 책으로서 많은 시사점을 후학들에게 남겨주고 있다. 그러나, 이 책은 일괄적으로 한꺼번에 쓴 것이 아니어서, 책 내용에 중복되는 경우가 많기도 하다. 따라서 처음 읽는 독자들에게는 좀 불편한 편집이 되어 있다는 소리도 들린다. 어떤 분들은 이 책이 지나치게 현학적이라는 지적도 한다. 번역을 하는 입장에서 이러한 지적들을 귀담아들을 수 밖에 없었으므로, 내용을 고칠 수는 없지만 가급적이면 그러한 사항에 대해서 배려하여 조금이라도 읽기 쉽도록 표현하려고 노력하였다. 또한, 각주에 쓰인 내용이 원문에도 중복하여 실리는 경우가 많은데, 이 경우 가급적이면 각주에 표기하고 원문에서 줄이도록 하였다.

또한, 서적이나 문서 표시를 원저에서는 아무런 부호 없이 표기되어 있는데, 이 번역판에서는 꺾음표를 넣어놓았다. 책이름과 장절표기도 구분해 놓았다. 또한 족보 등의 구분도 표기해 놓았는데, 이 과정에서 중국의 검색 사이트를 활용하였다. 중국에서 족보 등이 인터넷을 통해서 판매되고 있었는데, 단독으로 판매가 되고 있는 경우에는 그 문헌을 서적으로 취급하여 표기하였다. 원저에는 많은 주석에서 앞에 나온 각주의 번호만을 인용해 놓는 경우가 있었는데, 이 부분은 친절한 인도가 될 수도 있지만, 독자에 따라서는 현학적이라고 하는 평가도 있으며 또한 오히려 혼란을 불러일으킨다는 지적도 있으므로 꼭 필요한 경우에는 그 부분의 서적명을 되풀이하여 인용하였다. 그리고, 원저자가 자료를 인용할 때에 글자 위에 방점을 찍어 강조하였는데, 이 책에서는 활자의 굵기를 달리하여 표기하였다. 방점을 찍을 때에 생기는 행간의 간격 차이를 막기 위해서 채택한 방식이다.

이 책은 1991년에 번역을 시작하였다. 초벌번역 이후에 고려대학교의 신영호 교수로부터 여러 가지 조언을 들었다. 그 이후에 경북대학교 교육대학원의 교재의 하나로 사용하기도 했다. 이를 통해서 수정된 원고를 경북대학교 법과대학 대학원 박사과정을 마친 도미진씨가 다시 손질해 주었다. 그 이후에 또한 경북대학교 교육대학원에서 중국가족법 관련논문을 쓴 우성숙 씨가 제5벌 번역에 참여하였다. 이 책의 기나긴 번역과정 동안, 몇 번이나 이 책을 교재로 사용하여 수업했던 적이 있다. 이와 관련된 내용이나 전후 시기의 배경을 ppt로 작업하여서 싸이월드의 중국문화탐방(http://junggug.cyworld.com)에 올려두었다. 그곳에는 갖가지 질문들도 올라와 있으며, 그에 대한 나름대로의 답변도 있으므로, 경우에 따라서는 이 책을 이해하는 데에 손쉽게 접근할 수 있는 방법이 될 수 있을지도 모르겠다.

이 책에서 자주 인용되고 있는『청명집(淸明集)』「호혼문(戶婚門)」의 경우에는『중국사연구』에 번역해서 게재하였으므로, 이를 이용하면 그 앞뒤의 상황을 파악할 수 있을 것이다. 처음에는 이 번역된 부분을 일일이 밝히려고 했으나, 그 자체가 오히려 독자들이 읽는 데에 더 복잡하게 될 수도 있어서 생략하였다. 단지,『청명집(淸明集)』「호혼문(戶婚門)」이 6권이나 되므로, 찾기가 쉽지 않은 점이 있으므로, 이 책에서『청명집(淸明集)』을 인용하였을 경우에는 몇 권의 몇 번째라는 것을 숫자로 표기하여 쉽게 찾을 수 있는 방안을 마련해 놓았다. 이 책을 읽을 경우에 한자(漢字)로 인용되는 부분을 찾으려면, 그 번호에 따라서『중국사연구』에 번역해 놓은 해당부분을 찾으면 될 것이다.『청명집(淸明集)』「호혼문(戶婚門)」은 박영철씨도 번역하여 책으로 출판하였다. 또한, 가와무라 야스시,『송대양자법』(임대희 옮김, 서경문화사, 2005)에도 이 책의 내용과 관련된 사항이 많이 실려있다. 아울러 송대의 여성에 관한 몇몇 논문들이 『법사학연구』(年 2회 발행)에 실려있으므로 관심있는 분들은 찾아서 참고하기 바란다.

중국에서는 법사(法史)가 사법고시의 시험과목에 들어간다. 그런데 한국에서는 로스쿨 체제로 전환되면서, 법사(法史)와 같은 기초법학은 아예 외면시(外面視)되게 되어버렸다. 전통 중국법은 서양법 체계와 마찬가지로 법체계의 커다란 줄기를 구축하고 있었다. 한국도 중국법 체계와 맥을 같이 하고 있었기에 우리의 문화 전통을 이해하기 위해서는 전통 중국법 체계를 이해할 필요가 있는 것이다.

옮긴이의 개인적인 일이기도 하지만, 이러한 전통 중국법 체계를 이해할 수 있는 바탕을 만들고자 노력하고 있으나, 어느 듯 태어났던 계사(癸巳)년이 다시 돌아왔다. 한국의 학계에서는 정년이 되면 전문서적을 출판하기도 쉽지 않다. 외국에서는 정년하더라도 꾸준히 해당 분야의 기반이 되는 작업을 하는 분들이 많은데 비해서 한국에서는 정년이 되기 전에 평생의 학술활동을 매듭지어야 한다는 강박관념을 가지게 된다. 이제 정년이 얼마 남지 않은 이 시점에서 보자면, 벌여놓은 전통 중국법사와 관련된 기반이 되는 작업을 제대로 마무리 지어야 할 것 같다.

서경문화사에서 이 책의 출판을 맡아주기로 결정하고, 이미 오래전에 니이다 노보루씨의 『중국법제사연구』의 번역출판을 위해서 동경대학출판회와 판권계약을 체결하였다. 번역을 맡은 옮긴이의 게으름 때문에 원고제출이 늦어졌다. 「형법편」은 여러 번에 걸쳐서 번역작업을 진행했었는데, 지금은 조지만 교수가 새로이 번역하는 수준으로 열심히 작업을 하고 있으며, 「거래법편」은 임상혁 교수가 재벌번역 작업을 진행하고 있다. 그리고 시가슈우조[滋賀秀三]씨의 『청대 중국의 법과 재판』(서정민·임대희 옮김)과 『중국 가족법의 원리』(임대희 等 옮김)의 번역도 작업이 진행되고 있다. 언젠가는 이러한 책들이 출간되면 이 분야에 새로이 발걸음을 내디딜 젊은이들이 중국법제사를 조금 더 홀가분하게 접근할 수 있게 되리라고 기대한다.

동경대학출판부와 번역출판 계약을 맺은 뒤부터 이 책의 출판을 위하여 본격적인 작업을 시작하였다. 이전에 번역하였던 단계는 그냥 읽는 데에는 큰 지장이 없었으나, 출판하는 단계까지는 도달하지 않았으므로, 이를 새로이 번역하다시피 작업을 하지 않을 수 없었다. 꼼꼼히 들여다보니, 고쳐야할 곳이 너무나도 많이 나타났기에 서두르지 않고 작업했던 것이 오히려 다행이었을지도 모르겠다고 위안을 하기도 했다. 이 과정에서 남인국 선생께서 꼼꼼히 읽고 여러 가지 조언을 아끼지 않았는데, 매번 이러한 번거로움을 끼쳐드려서 죄송하고 또한 감사하게 생각한다. 박선영 교수도 도움을 주었다. 특히, 한자를 입력하는 데에 많이 힘들었다. 컴퓨터에 없는 한자들을 조자(造字)하여야 하는 경우도 많았다. 다행히 최근에 인터넷을 통해서 한자필기인식기를 이용할 수 있어서, 어떻게 조합하면 될는지 판단하는 데에 도움을 많이 얻었다.

판매 부수가 그다지 많지도 않을텐데도 꾸준히 지켜보며 격려해 주신 서경문화사의 김선경 사장님을 비롯하여, 김소라·김윤희 씨 등의 수고에 감사드린다. 또한 이 책의 판권 교섭에 적극적으로 협력해 주신 동경대학출판회(東京大學出版會)의 마스다 사부오[增田三男] 편집총무부장님께도 감사드린다.